21世纪高等教育会计通用教材

# 公司理财案例

Gongsi Licai Anli

蒲丹琳　主编

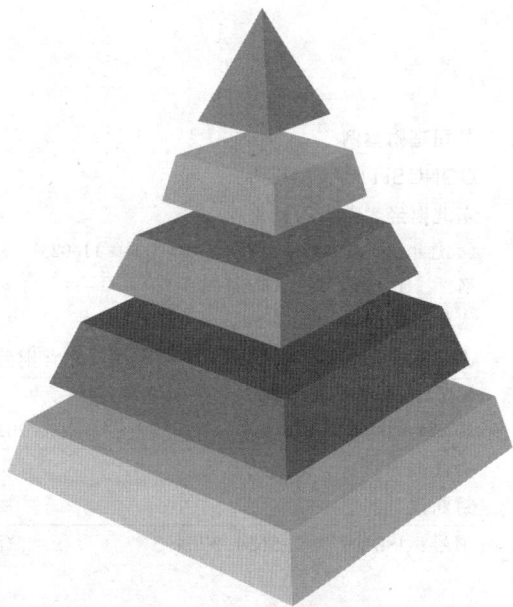

东北财经大学出版社
Dongbei University of Finance & Economics Press　大连

**图书在版编目（CIP）数据**

公司理财案例 / 蒲丹琳主编 . —大连 : 东北财经大学出版社，2025.8.—
（21世纪高等教育会计通用教材）. —ISBN 978-7-5654-5704-3

Ⅰ. F276.6

中国国家版本馆 CIP 数据核字第 20250PW140 号

**公司理财案例**

**GONGSI LICAI ANLI**

东北财经大学出版社出版

（大连市黑石礁尖山街217号　邮政编码　116025）

网　　　址：http://www.dufep.cn

读者信箱：dufep@dufe.edu.cn

大连东泰彩印技术开发有限公司印刷　东北财经大学出版社发行

| | | |
|---|---|---|
| 幅面尺寸：185mm×260mm | 字数：485千字 | 印张：20.75 |
| 2025年8月第1版 | | 2025年8月第1次印刷 |
| 责任编辑：高　铭　刘慧美 | | 责任校对：那　欣 |
| 封面设计：原　皓 | | 版式设计：原　皓 |
| 书号：ISBN 978-7-5654-5704-3 | | 定价：56.00元 |

# 前　言

随着经济全球化的推进和市场竞争的日益激烈，公司理财作为企业实现可持续发展和价值创造的核心环节，其重要性愈发凸显。高校对"公司理财"课程的教学需求不断增加。在这样的背景下，我们编写了这本《公司理财案例》，旨在通过剖析真实案例帮助读者深入理解公司理财的理论与实践，提升解决实际问题的能力。

本书以公司理财的理论框架为基础，结合当前企业面临的实际问题，精心选取了涵盖融资、并购、财务战略、风险管理等多个领域的经典案例。这些案例不仅涵盖了不同行业、不同规模的企业的理财实践，还反映了当前经济形势下公司理财的新趋势、新挑战和新机遇。特别值得一提的是，本书收录的11个案例中，多数案例来自中国管理案例共享中心入库案例，并经该中心同意授权引用。通过对这些案例的深入分析，读者可以更好地理解公司理财的复杂性和多样性，掌握应对各种财务问题的方法和技巧。

在内容架构上，本教材突破了传统案例集的简单汇编模式，构建起"多维驱动"的教学体系：在理论维度，每篇案例将包括SWOT模型在内的多项核心工具与实务操作精准对接；在思政维度，通过华夏幸福债务重组等案例，有机融入风险担当、合规经营等思政元素；在能力维度，设置"案例分析"的能力训练模块，培养学生在复杂情境下的战略思维和解决问题的能力。

党的二十大报告强调了高质量发展、创新驱动发展、防范化解重大风险等重要理念，本书也充分体现了这些理念，通过案例分析展示了企业如何在实现经济效益的同时，积极履行社会责任，推动可持续发展。例如，在企业融资案例中，我们探讨了企业如何获取资金、解决债务问题，以及通过不同融资方式应对挑战；在企业并购案例中，我们探讨了企业如何通过战略并购实现产业升级和协同发展，同时注重并购后的整合与风险管理，以确保并购活动能够真正为企业带来长期价值；在财务战略案例中，我们探讨了退市危机、战略转型、资产剥离与归核化战略，研究如何调整财务战略应对市场变化；在风险管理案例中，我们分析了企业在面对复杂多变的市场环境时，如何运用科学的风险管理工具和方法有效识别、评估和控制风险，保障企业的稳健运营。这些内容不仅有助于读者理解公司理财的理论知识，更引导读者思考如何将党的二十大精神融入企业财务管理实践中，推动企业高质量发展。

　　本书的特色在于其实践性和指导性。与传统教材相比，我们更加注重案例的真实性和时效性，力求通过最新的案例反映公司理财领域的最新动态。同时，本书在案例分析中采用了多种分析方法和工具，如财务报表分析、估值模型、风险评估等，帮助读者建立系统的分析框架，提升综合运用知识解决问题的能力。此外，本书还注重培养读者的批判性思维和创新意识，鼓励读者在学习过程中提出自己的见解和解决方案，以适应不断变化的商业环境。

　　本书适合作为经济管理类专业的本科生、研究生教材以及MBA教材，也可供企业财务管理人员、企业管理者以及其他对公司理财感兴趣的读者参考使用。通过学习本书，读者可以系统地掌握公司理财的基本理论和方法，提升财务决策能力，为企业的财务管理实践提供有益的参考。

　　本书的编写工作由蒲丹琳、党涵、姜琳、谭君、严琦、徐全亮共同完成。本书的出版得到了湖南省普通高等学校教学改革项目（2023JGYB067）和湖南大学本科教学改革项目的资助。在编写过程中，我们得到了众多同行专家和企业界人士的大力支持和帮助，在此表示衷心的感谢！

　　公司理财是一门不断发展和创新的学科，本书虽然力求内容全面、准确，但由于时间和水平有限，难免存在不足之处。我们真诚地希望读者在使用本书的过程中能够提出宝贵的意见和建议，帮助我们不断改进和完善。

编　者

2025年4月

# 目　录

1　**第一章　公司融资**

1　**案例1　开创债转股新模式——中金黄金新生之路**

1　案例正文

16　案例使用说明

27　**案例2　多轮问询促信披——达嘉维康闯关创业板之路**

27　案例正文

38　案例使用说明

53　**案例3　奥马电器：股权质押融资困境**

53　案例正文

64　案例使用说明

81　**第二章　公司并购**

81　**案例4　康芝药业关联并购：大股东的仗义驰援还是花式套现？**

81　案例正文

95　案例使用说明

119　**案例5　欲思并购利，必虑商誉殇——聚力文化跨界并购业绩大变脸的思考**

119　案例正文

129　案例使用说明

146　**案例6　中矿资源海外并购开启国际化发展之路**

146　案例正文

152　案例使用说明

163　**第三章　财务战略**

163　**案例7　"失声"的金嗓子缘何退市失败？**

163　案例正文

172　案例使用说明

183　**案例8　弃车保帅：沃森生物资产剥离助力归核化战略实施**

183　案例正文

197 | 案例使用说明

227 | **第四章　风险管理**

227 | **案例 9　遭遇做空巨头三连击，安踏集团何以化险为夷？**

227 | 案例正文

239 | 案例使用说明

272 | **案例 10　疯狂扩张，满"债"而归——华夏幸福债务违约及自救之路**

272 | 案例正文

284 | 案例使用说明

301 | **案例 11　扬帆起航：湖南省建行的中青旅供应链快贷之旅**

301 | 案例正文

305 | 案例使用说明

319 | **主要参考文献**

# 第一章　公司融资

## 案例1　开创债转股新模式——中金黄金新生之路①

### 【学习目标】

通过本案例的学习，您应该：①熟悉市场化债转股；②理解中金黄金实施市场化债转股的动因；③思考中金黄金市场化债转股方案的亮点。

### 【关键词】

市场化债转股　实施方案　财务效果

## 案例正文

### 一、引言

2018年，由于国家注重生态环境建设，自然保护区内部分矿山的开采被按下了暂停键，黄金产值下滑。因此，相关企业需要考虑转变运营形式、优化产业结构。中金黄金作为行业的龙头企业，自然受到影响。近年来其杠杆率仍高居不下，亟待寻找转机。

同时，国家为推动供给侧结构性改革，重点开展"三去一降一补"工作的决策部署，实施了新一轮市场化债转股。中金黄金积极响应国家号召开展市场化债转股。但现实中市场化债转股却存在签约多、落地少等问题，实施机构退出难、股权定价难等问题也影响到实施机构的参与热情。对此公司应该怎样设计债转股方案、吸引更多的投资者参与，以顺利完成此次市场化债转股呢？

### 二、公司及行业背景介绍

#### （一）公司背景介绍

中金黄金是我国黄金行业的第一家国有企业，于2000年成立，并在3年后挂牌上市，有"中国黄金第一股"之称。中金黄金自上市以来取得不凡的表现，并得到众多投资者和社会的普遍认可。

① 本案例由湖南大学工商管理学院的蒲丹琳、赵菁莹、刘成晨撰写，作者拥有著作权中的署名权、修改权、改编权。本案例授权中国管理案例共享中心使用，中国管理案例共享中心享有复制权、修改权、发表权、发行权、信息网络传播权、改编权、汇编权和翻译权。由于企业的保密要求，本案例对有关名称、数据等做了必要的掩饰性处理。本案例只供课堂讨论之用，并无意暗示或说明某种管理行为是否有效。

中金黄金集开采、选、冶、加工于一体，其业务包括：黄金、有色金属的地质勘查、选、冶炼、投资和经营；衍生副产品的出售；原料、燃料和设备的仓储及销售；生产技术咨询服务及进出口业务等。如图1-1所示，中金黄金的业务收入主要还是来自黄金和铜两项产品，2017年这两项产品分别占据公司营业收入的81.17%和18.83%。中金黄金近年来有序稳健地发展，在整个行业内具备良好的竞争优势。

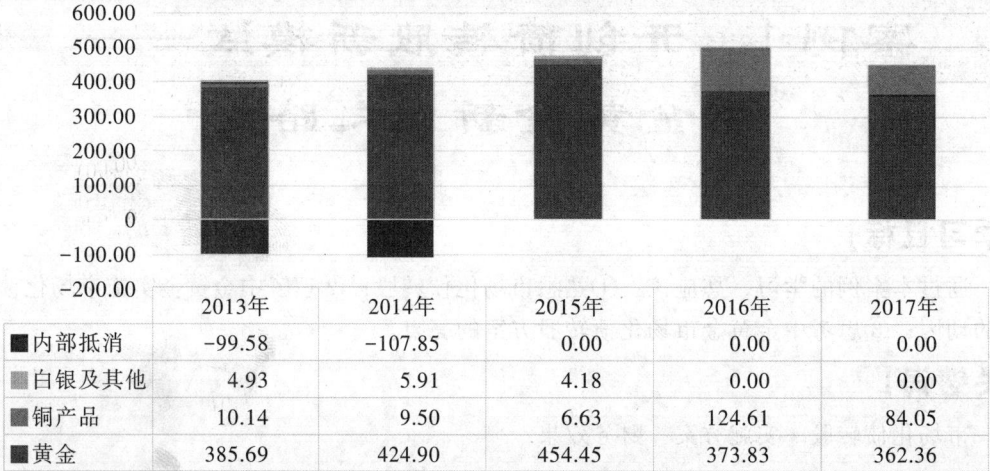

| | 2013年 | 2014年 | 2015年 | 2016年 | 2017年 |
|---|---|---|---|---|---|
| ■内部抵消 | −99.58 | −107.85 | 0.00 | 0.00 | 0.00 |
| ■白银及其他 | 4.93 | 5.91 | 4.18 | 0.00 | 0.00 |
| ■铜产品 | 10.14 | 9.50 | 6.63 | 124.61 | 84.05 |
| ■黄金 | 385.69 | 424.90 | 454.45 | 373.83 | 362.36 |

图1-1 2013—2017年中金黄金主营业务构成情况图（单位：亿元）

资料来源：作者根据同花顺iFinD数据整理。

（二）行业背景介绍

有色金属矿采选业是一种与交通、建筑、电力、机械、电器等领域密切相关的周期性产业，作为重要的基础产业，其产品价格走势受国内外经济的影响。近年来，由于国民经济发展和国家基础建设的需要，我国对有色金属和矿物资源的需求大大提高。我国有色金属产量较大，国家相关改革措施的推进使有色金属矿采选业迅猛发展。在最近10年里，我国有色金属产量、消费量和贸易量均居全球首位，行业规模也在快速增长。如图1-2所示，我国有色金属产量呈现递增趋势，但有色金属产量年均增长率近几年逐步下降。

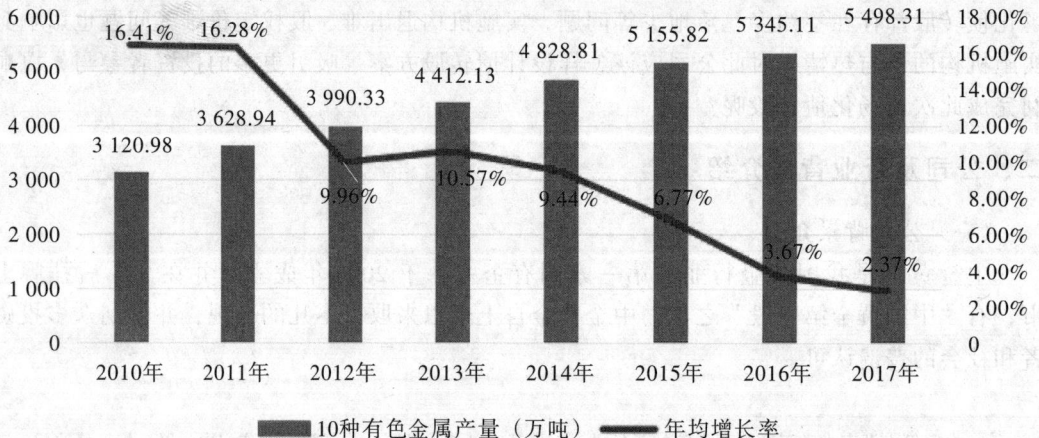

图1-2 2010—2017年我国10种有色金属产量及其增长率趋势图

资料来源：作者根据同花顺iFinD数据整理。

　　我国有色金属矿采选业的资产总额在 6 年内便增长了约 3 000 亿元，营业收入也在稳定增长，如图 1-3 所示。2016 年前我国有色金属行业利润受价格影响，呈现下滑趋势；而 2016 年后，国际市场有色金属价格开始回暖，整体行业利润也随之上浮。

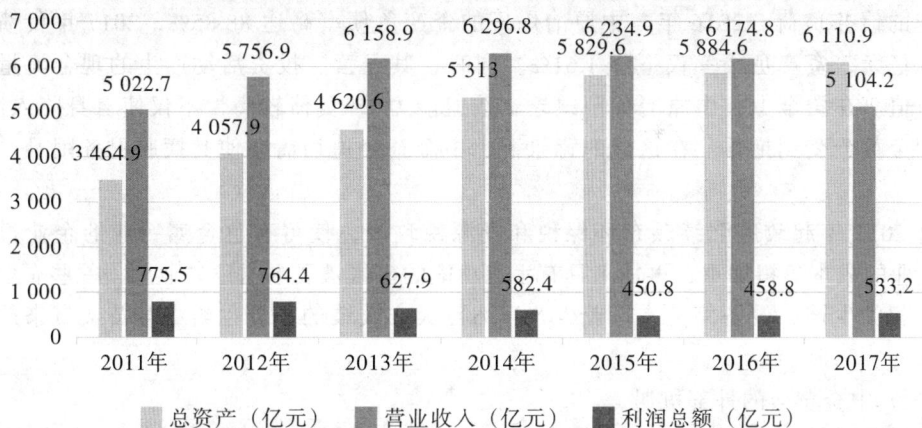

图1-3　2011—2017年我国有色金属矿采选业经济指标趋势图

资料来源：作者根据同花顺iFinD数据整理。

## 三、待新生：中金黄金的困境与机遇

### （一）中金黄金的内部困境

　　黄金行业属于重资产周期性行业，产业投资周期长、资本需求高、资产专用性强，企业在经营中需要进行大量资产投资。2013—2017 年，中金黄金由于维持自身经营、储备原材料、投资建设新项目以及子公司升级转型等原因，借款总额持续上升。中金黄金常年资产负债率在 50% 以上，2015 年其负债总规模高达 248.89 亿元，资产负债率高达 67.65%。截至 2017 年年底，其 59.39% 的资产负债率仍远超行业水平，如图 1-4 所示。

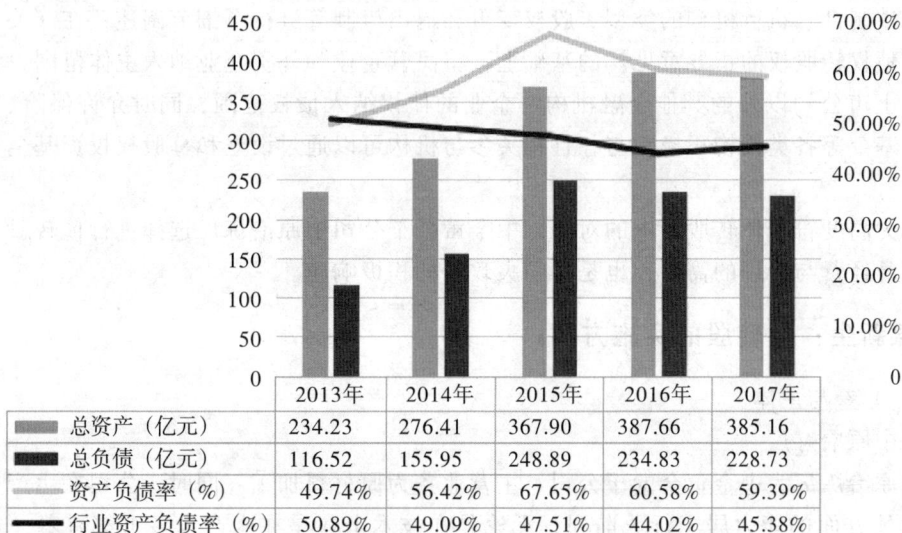

| | 2013年 | 2014年 | 2015年 | 2016年 | 2017年 |
|---|---|---|---|---|---|
| 总资产（亿元） | 234.23 | 276.41 | 367.90 | 387.66 | 385.16 |
| 总负债（亿元） | 116.52 | 155.95 | 248.89 | 234.83 | 228.73 |
| 资产负债率（%） | 49.74% | 56.42% | 67.65% | 60.58% | 59.39% |
| 行业资产负债率（%） | 50.89% | 49.09% | 47.51% | 44.02% | 45.38% |

图1-4　债转股前中金黄金资产负债率

资料来源：作者根据同花顺iFinD数据整理。

中金黄金有如此高的资产负债率主要是受其子公司中原冶炼厂的影响。自2013年以来，中原冶炼厂开展了一系列战略转型升级的行动，包括厂房搬迁、原料进口、矿山技改、产能扩建，其自身资金难以满足需求，需要借助外来力量维持升级转型，因此形成一定的债务负荷。2016年，中原冶炼厂的资产负债率高达88.85%，2017年负债总额为136亿元，资产负债率仅下降1.61%。同时，其经营、投资活动产生的现金流量净额均为负值。在资金上，中原冶炼厂缺乏"造血能力"，负债较高，不仅使自身陷入困境，也使中金黄金受到拖累。在这样的背景下，中金黄金迫切需要使其摆脱财务困难、重振旗鼓。

自2017年起政府陆续颁布环保税和资源税政策，使得有色金属行业的企业税负增加，企业的成本负担加重，再加上具有生态功能的矿区被要求退还矿业权，一些企业因此撤出了相关生产，设备停工，行业生产压力巨大。政策的影响也给中金黄金带来严峻的考验。

（二）中金黄金的外部机遇

自2015年11月中央财经委员会（原"中央财经领导小组"）第十一次会议首次提出供给侧结构性改革之后，我国政府陆续出台了一系列政策，不断完善供给体系，深化供给侧结构性改革，加大力度提升供给效率，重点做好"三去一降一补"工作，将去杠杆作为重点。

市场化债转股作为去杠杆的金融工具，在深化落实推动供给侧结构性改革中发挥着重要作用。但此次实施的市场化债转股由于缺乏实际经验，相关设计无法落实开展。因此，在这个时候，国家需要一批有胆量、有魄力、有责任感的企业来充当先锋，响应国家号召，积极落实去杠杆目标，完成去杠杆的工作任务，作为市场化债转股的先行者，给其他企业建立范例。

为顺利推进市场化债转股，国家多次召开重要会议，对实施主体、债权范围、交易价格、条件制订、执行机构的类型、股权变更和退出机制等进行了细节阐述：在《关于市场化银行债权转股权的指导意见》的基础上，将民营企业和外资企业纳入主体范围，将除了银行、上市公司以外的其他金融机构、企业的债权纳入债权范围，同时允许保险、信托、证券、基金等各类机构积极参与，且相关参与机构可以通过设立私募股权投资基金实施债转股。

作为高度符合债转股要求的对象，中金黄金子公司中原冶炼厂选择进行债转股，既满足其自身经营与治理的需要，也是对中央政策的积极响应。

## 四、谋新生：债转股的实施方案

（一）参与主体

1. 中原冶炼厂

中原冶炼厂为中金黄金的子公司，主营业务为原材料加工。同时，公司在生产有色金属、提纯方面的能力居于行业前列，无论是在技术上还是在生产设备上都有着一定的实力。但公司由于没有制定正确的发展战略，在发展初期投资过多，又因公司搬迁消耗了大量成本，背负大量债务，资产负债率高达 87.08%，陷入财务困境，急于改善经营状况。基于此，中原冶炼厂成为本次债转股的对象。

2. 内蒙古矿业

内蒙古矿业有限公司（以下简称内蒙古矿业）作为中国黄金集团旗下最优质的资产，资源丰厚，盈利能力突出。其主营业务是对矿产资源进行投资与管理，拥有较为丰富的有色金属资源，同时运营情况整体较好，财务状况较优，近年来的经营业绩呈现稳步上升态势，2017 年、2018 年两年的净利润分别为 6.73 亿元和 6.32 亿元，是中国黄金集团的优质子公司。其作为优质资本注入，在降低中金黄金杠杆率的同时，也增强了投资者的信心。

3. 其他投资者

2016 年 10 月，国务院发布《关于市场化银行债权转股权的指导意见》（以下简称《指导意见》），鼓励金融资产管理公司、保险资产管理机构、国有资本投资运营公司等多种类型的实施机构参与开展市场化债转股。

中金黄金对符合条件的 50 家机构进行筛选，再经过双向选择，最终有 5 家投资机构参与本次债转股，符合《指导意见》对实施市场化债转股运作主体的要求。这 5 家投资机构构成了中金黄金丰富的资金来源，包括资产管理公司、央企基金、投资管理公司、私募股权投资基金等：

（1）河南中鑫债转股私募股权投资基金（以下简称中鑫基金），是中银资产 2018 年特地为本次债转股项目设立的专项基金，主要从事市场化债转股业务。

（2）中国国新资产管理有限公司（以下简称国新资产），于 2005 年经国务院国资委批准设立，以风险投资为重点项目，以支持国企深化改革、优化配置和创新改革发展为核心，主要从事对国有股权、资产的管理。

（3）农银金融资产投资有限公司（以下简称农银投资），于 2017 年由农业银行投资成立，以债转股为主要业务，包括对债转股的实施、管理及咨询，以及积极帮助企业降杠杆。

（4）国新央企运营投资基金管理有限公司（以下简称国新央企基金），由国务院国资委发起成立，以自有资金从事投资活动，主要关注关乎国家安全的问题。

（5）北京东富国创投资管理中心（有限合伙）（以下简称东富国创），由东方资产于 2013 年设立，主要从事投资管理和资产管理业务。它的建立推动了国有资本的合理流动，促进了企业经营效率和质量的改善，使国有资产获得了持续的社会利益。

央企投资基金的参与表明，该产业是国家经济的重点产业，并具备一定的核心竞争能力。私募股权投资基金的加入，也表明社会资本对该项目有着较好的预期和投资信心，在未来有望满足社会资本的回报预期。

（二）实施路径

第一阶段：公司引入 5 家投资机构对中原冶炼厂增资

包括中鑫基金、国新资产在内的 5 家机构作为本次债转股的实施机构，为中金黄金子公司中原冶炼厂增资 460 000.00 万元，注册资本增加 303 141.87 万元。具体认缴出资额及持股比例见表 1-1。

表1-1                     中原冶炼厂增资后股权结构

| 股东名称 | 认缴出资额（万元） | 持股比例 |
|---|---|---|
| 中金黄金 | 194 000.00 | 39.02% |
| 国新资产 | 65 900.41 | 13.26% |
| 国新央企基金 | 65 900.41 | 13.26% |
| 中鑫基金 | 105 440.65 | 21.21% |
| 东富国创 | 32 950.20 | 6.63% |
| 农银投资 | 32 950.20 | 6.63% |
| 合计 | 497 141.87 | 100.00% |

资料来源：中金黄金股份有限公司董事会. 关于子公司河南中原黄金冶炼厂有限责任公司引入投资者增资及公司放弃优先认购权的公告［EB/OL］.［2018-12-27］. http://www.cninfo.com.cn/new/disclosure/detail? plate=sse&orgId=gssh0600489&stockCode=600489&announcementId=1205693259&announcementTime=2018-12-27.

在中原冶炼厂总增资的46亿元中，41亿元现金全部用于偿还子公司贷款，剩下的5亿元为债权直接转股权，此时的注册资本为497 141.87万元。中金黄金仍持有其39.02%的股权，为中原冶炼厂的最大股东，而五家投资公司共拥有60.98%的股权，并在董事会的13个席位中占有5个席位。中原冶炼厂具体股权结构占比如图1-5所示。

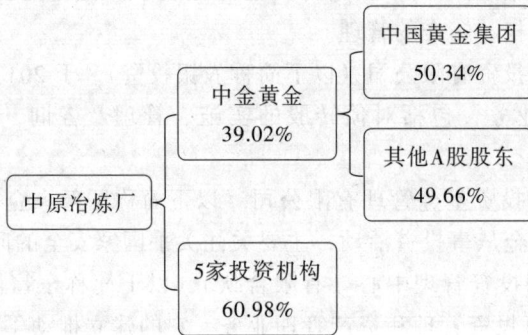

**图1-5　第一阶段增资后中原冶炼厂股权结构**

资料来源：中金黄金股份有限公司董事会. 关于子公司河南中原黄金冶炼厂有限责任公司引入投资者增资及公司放弃优先认购权的公告［EB/OL］.［2018-12-27］. http://www.cninfo.com.cn/new/disclosure/detail? plate=sse&orgId=gssh0600489&stockCode=600489&announcementId=1205693259&announcementTime=2018-12-27.

第二阶段：公司发行股份购入资产

中金黄金通过发行股票共向投资机构收购了中原冶炼厂60.98%的股权，从而使中原冶炼厂重新成为中金黄金的控股子公司，完成了股权置换，并以现金及发行股票的方式购买了中国黄金集团最有价值的子公司内蒙古矿业的90%的股权。经过第三方评估计算，本次交易总资产的价格为 854 777.87 万元，见表 1-2。第二阶段后，中金黄金分别持有中原冶炼厂 100% 的股权以及内蒙古矿业 90% 的股权，如图 1-6 所示。

表1-2　　　　　　　　　　　第二阶段标的资产及对价　　　　　　　　　　单位：万元

| 交易对方 | 标的资产 | 股份对价 | 现金对价 |
| --- | --- | --- | --- |
| 中国黄金 | 内蒙古矿业 90.00% 股权 | 322 777.80 | 56 960.79 |
| 国新资产 | 中原冶炼厂 13.26% 股权 | 102 334.63 | — |
| 国新央企基金 | 中原冶炼厂 13.26% 股权 | 102 334.63 | — |
| 中鑫基金 | 中原冶炼厂 21.21% 股权 | 163 735.40 | — |
| 东富国创 | 中原冶炼厂 6.63% 股权 | 51 167.31 | — |
| 农银投资 | 中原冶炼厂 6.63% 股权 | 51 167.31 | — |
| 合计 | | 793 517.08 | 56 960.79 |

资料来源：中金黄金股份有限公司. 发行股份及支付现金购买资产并募集配套资金暨关联交易报告书［EB/OL］.［2020-01-08］. http：//www.cninfo.com.cn/new/disclosure/detail? plate=sse&orgId=gssh0600489&stockCode=600489&announcementId=1207233049&announcementTime=2020-01-08.

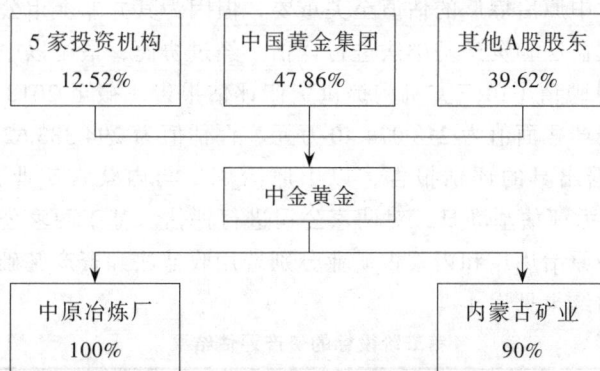

图1-6　中金黄金第二阶段增资后股权结构占比图

资料来源：中金黄金股份有限公司. 发行股份及支付现金购买资产并募集配套资金暨关联交易报告书［EB/OL］.［2020-01-08］. http：//www.cninfo.com.cn/new/disclosure/detail? plate=sse&orgId=gssh0600489& stockCode=600489&announcementId=1207233049&announcementTime=2020-01-08.

第三阶段：募集配套资金

在完成收购后，为使债转股工作更好地开展，中金黄金发布募集债转股配套资金的公告，计划通过发行股票的方式向特定投资者募集超过 20 亿元资金。最终，中金黄金向王敏和央企扶贫基金等 7 个国内外投资者定向增发股票，成功满额募集 20 亿元的配套资金，所募资金主要用于补充债转股中购买资产的现金对价和偿还公司债务，其余资金作为上市公司与标的公司的流动资金支持。

7 个机构投资者募集资金情况见表 1-3。

表1-3                    7个机构投资者募集资金情况

| 发行对象名称 | 获配股数（股） | 获配金额（亿元） |
|---|---|---|
| 王敏 | 102 354 145 | 10.00 |
| 中央企业贫困地区产业投资基金股份有限公司 | 32 728 764 | 3.20 |
| 中国国际金融股份有限公司 | 30 706 243 | 3.00 |
| JPMorgan Chase Bank，National Association | 12 282 497 | 1.20 |
| 创金合信基金管理有限公司 | 10 259 979 | 1.00 |
| 国新投资有限公司 | 10 235 414 | 1.00 |
| 国信证券股份有限公司 | 6 141 248 | 0.60 |
| 合计 | 204 708 290 | 20.00 |

资料来源：中金黄金股份有限公司董事会. 关于重大资产重组之非公开发行股票募集配套资金发行结果暨股本变动的公告．[EB/OL].［2020-08-08］. http://www.cninfo.com.cn/new/disclosure/detail?plate=sse&orgId=gssh0600489&stockCode=600489&announcementId=1208142115&announcementTime=2020-08-08.

（三）定价策略

第一阶段，5家投资企业通过直接债转股、现金注资等形式对中原冶炼厂进行了投资。在这一阶段，对中原冶炼厂的估值至关重要，但因为其并非上市公司，无法参考市场价格，双方分别以收益法和资产基础法进行评估。经过协商，最终以中原冶炼厂的资产评估结果为基础，同时聘请了第三方机构提供资产评估报告。截至2018年7月底，中原冶炼厂全部股权的净资产账面值为218 074.40万元，评估值为294 383.62万元。

第二阶段，根据出具的评估报告，以中原冶炼厂与内蒙古矿业为评估对象，选择2019年1月31日作为评估基准日，对两家公司进行评估。基于两家公司的不同情况以及对市场的影响，对中原冶炼厂和内蒙古矿业分别选用收益法和资产基础法的评估值作为最终的评估结果。评估结果见表1-4。

表1-4                    第二阶段标的资产评估结果                    金额单位：万元

| 标的公司 | 账面值（100%权益） | 评估值（100%权益） | 增值额 | 增值率 | 收购比例 | 标的资产评估值 |
|---|---|---|---|---|---|---|
| 中原冶炼厂 | 683 092.67 | 771 995.65 | 88 902.98 | 13.01% | 60.98% | 470 739.28 |
| 内蒙古矿业 | 158 834.31 | 421 931.76 | 263 097.45 | 165.64% | 90.00% | 379 738.59 |
| 合计 | 841 926.98 | 1 193 927.41 | 352 000.43 | 41.81% | — | 850 477.87 |

资料来源：中金黄金股份有限公司. 发行股份及支付现金购买资产并募集配套资金暨关联交易报告书［EB/OL］.［2020-01-08］. http://www.cninfo.com.cn/new/disclosure/detail?plate=sse&orgId=gssh0600489&stockCode=600489&announcementId=1207233049&announcementTime=2020-01-08.

另外，为保证标的资产评估的公平合理，中金黄金聘请独立的法律顾问、审计等第三方机构对本次交易进行评估，以保障公司及全体股东的利益。

本次股份发行的定价方式为市场价格法，定价基准日为公司股东大会审议决定的公告日。依据规定，股票的发行价格不能低于市场参考价格的90%，见表1-5。

表1-5 中金黄金交易日股价均价

| 股票交易均价计算区间 | 交易均价的90%（元/股） |
| --- | --- |
| 前20个交易日 | 7.04 |
| 前60个交易日 | 6.68 |
| 前120个交易日 | 6.69 |

资料来源：中金黄金股份有限公司. 发行股份及支付现金购买资产并募集配套资金暨关联交易报告书［EB/OL］．［2020-01-08］．http://www.cninfo.com.cn/new/disclosure/detail?plate=sse&orgId=gssh0600489&stockCode=600489&announcementId=1207233049&announcementTime=2020-01-08.

根据协议，债转股参与方选择以定价基准日前60个交易日内股价的90%，也就是每股6.68元作为此次股票定价。从股东大会审议决定的公告日到股票发行完成的期间内，若公司发生除权、除息事项，如派息、配股等，将依据下列公式调整发行价格：

派送股票股利或资本公积转增股本：

$P_1 = P_0/(1 + n)$

配股：

$P_1 = (P_0 + A \times k)/(1 + k)$

上述两项同时进行：

$P_1 = (P_0 + A \times k)/(1 + n + k)$

派送现金股利：

$P_1 = P_0 - D$

上述三项同时进行：

$P_1 = (P_0 - D + A \times k)/(1 + n + k)$

其中，$P_0$ 指的是初始股票发行价，$n$ 为该次送股率或转增股本率，$k$ 为配股率，$A$ 为配股价，$D$ 为该次每股派送现金股利，$P_1$ 则是调整后的有效发行价格。

2018年，中金黄金实施了利润分配，并于2019年7月完成了本次利润分配。根据价格调整，将此次交易发行价格从6.68元/股下调到6.66元/股。

本次债转股的发行价格是由第三方机构和上市公司的市场参考价格来决定的，具有很高的市场参与度，比较公平、合理，同时也考虑到各参与主体的利益。

（四）退出安排

实施机构可以根据债转股的相关规定采取市场化方式实施股权退出。作为极为重要的一环，退出方式的灵活性与流畅性直接影响了投资者的积极性以及相关项目实施的进度。

中金黄金采取了"双保险"的退出模式，即在二级市场上退出和转让合并协议。在此次债转股交易中采用资产购买的股票，除法律许可外，从上市之日起36个月内不得转让，且不得在股票市场上交易或协议转让。若存在股票价格在上市发行后的6个月内出现连续20个交易日的股票收盘价低于发行价或在取得股票后6个月内收盘价低于发行价，中金黄金对其所持公司股票的限售期将自动延长，延长期为6个月，则总计42个月内不得转让股票。

对于上述 5 家投资机构在债转股交易第一阶段购买取得的上市公司股份，如果前期已经连续持有满 12 个月，则从上市当日起计算锁定期，12 个月内不得转让；如果连续持有少于 12 个月，那么锁定期会延长 24 个月，在 36 个月内都不可以再进行转让。

在第三个阶段，即在募集配套资金的过程中，7 个投资者所认购的股票自发行结束之日起 6 个月内不得转让。

在锁定期满后，投资者可在二级市场上转让股份，实现退出，也可继续持有，获取分红，投资者有自由选择权。但同时实施机构在锁定期内不能对股票进行操作，也可能会错过合适的操作时机而产生损失。因此，锁定期对于投资者也是一项成本和风险。

（五）业绩承诺

2019 年 5 月中国黄金集团与中金黄金签订业绩承诺协议，中国黄金集团根据《内蒙古自治区新巴尔虎右旗乌努格吐山铜钼矿采矿权评估报告》给出的评估值，承诺内蒙古矿业于 2019—2021 年度经审计的矿业权口径净利润合计数分别不低于人民币 74 646.96 万元、73 417.71 万元和 69 102.99 万元。如果在业绩承诺期内涉及业绩补偿问题，将由中国黄金集团先实施股份补偿，剩余部分再进行现金补偿。

内蒙古矿业作为中国黄金集团旗下最优质的资产，给中金黄金注入了"新鲜血液"，未来还会给股东带来更大的利益。签订业绩承诺协议，一方面会使投资者对项目的信心更加充沛，对于其未来投资回报的预期更加积极，给公司带来良好的市场反应；另一方面也能促进内蒙古矿业提高公司运营水平，对中金黄金提升经营业绩、增强核心竞争力、巩固行业地位有着重要意义。

（六）股权管理

在本次债转股交易完成后，不同的机构投资者的注资丰富了中金黄金的股权结构，股权结构变得多元化、分散化。新股东们可依据债转股政策、公司章程等有关规定行使其股东权利。另外，上市公司的控股股东和特定的投资者之间也不存在一致行动安排。

根据《国务院关于积极稳妥降低企业杠杆率的意见》（国发〔2016〕54 号）的规定，在债转股过程中，实施机构作为公司新股东拥有《中华人民共和国公司法》赋予的股东权利。中金黄金将在公司章程规定的条件下，保障实施机构享有的股东利益，并鼓励新股东参与公司日常管理和重大经营决策，新鲜力量的加入也能使中金黄金的治理能力进一步提高。

## 五、迎新生：中金黄金重焕生机

2018 年年底，为做好债转股前期准备工作，中金黄金于 11 月 12 日开始停牌，14 天后复牌。复牌日前中金黄金股票价格起伏较大，如图 1-7 所示。在 2018 年 11 月 26 日复牌之后，中金黄金股价的波动比以前小了很多，并且开始上涨，2018 年 12 月 3 日和 2018 年 12 月 4 日涨幅较大，分别为 1.53% 和 2.02%。从股价走势情况可以看出，本次债转股的市场反应良好。

通过引进内蒙古矿业，中金黄金在资产、营业收入等方面的实力更加雄厚，盈利水平和核心竞争力也有了明显的提升。同时，中金黄金在铜矿方面的生产技术以及产量也在持

单位：元

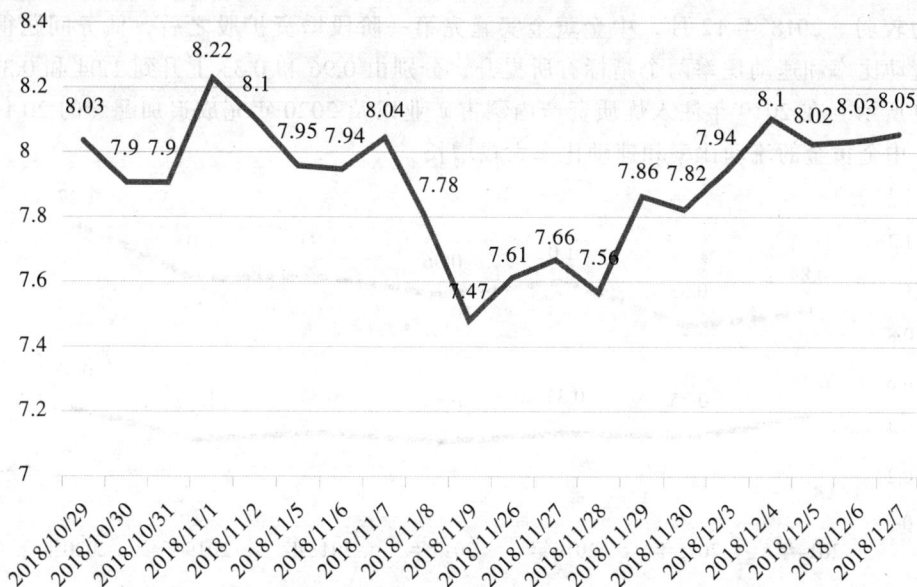

图1-7 2018年10月29日—2018年12月7日中金黄金股票价格波动走势图

资料来源：作者根据同花顺iFinD数据整理编制。

续提升。中金黄金通过引进优质资产以及收购中原冶炼厂，使其在黄金铜矿产业的地位更上一个台阶，业务布局也更多元化，大幅提升了公司的经营效率。

（一）偿债能力

如图1-8所示，中金黄金在债转股前资产负债率在60%左右波动，高于行业平均值，总体来看负债率偏高。通过本次债转股的实施，其资产负债率从2017年的59.39%降到了2018年的49.22%，直到2020年与行业平均值达到基本持平的状态。

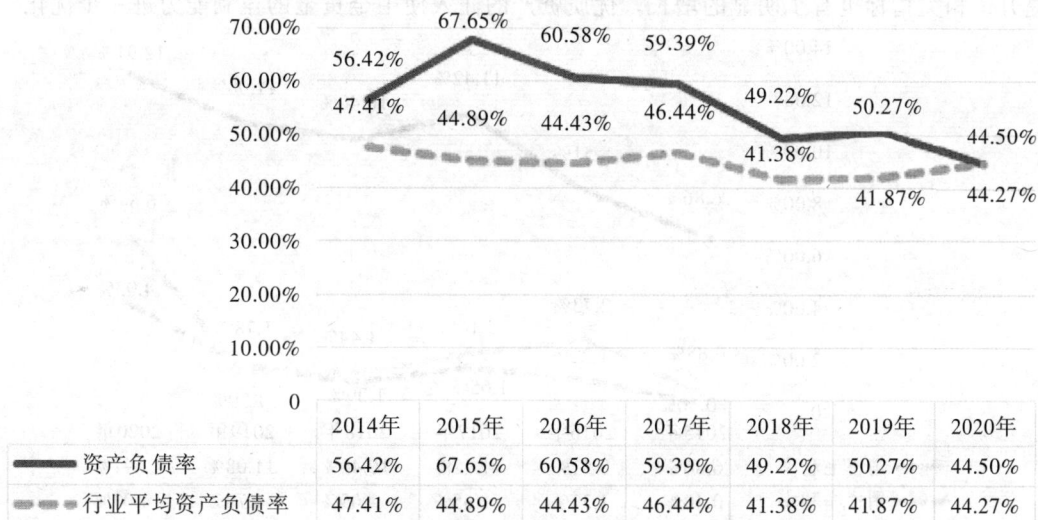

| | 2014年 | 2015年 | 2016年 | 2017年 | 2018年 | 2019年 | 2020年 |
|---|---|---|---|---|---|---|---|
| 资产负债率 | 56.42% | 67.65% | 60.58% | 59.39% | 49.22% | 50.27% | 44.50% |
| 行业平均资产负债率 | 47.41% | 44.89% | 44.43% | 46.44% | 41.38% | 41.87% | 44.27% |

图1-8 2014—2020年中金黄金长期偿债能力指标变化趋势图

资料来源：作者根据同花顺iFinD数据整理编制。

在短期偿债能力上，中金黄金在 2017 年前处于较低的水平，对短期债务的偿还及保障能力较弱。2018 年 12 月，中金黄金实施完第一阶段增资扩股之后，债务问题得到缓解，流动比率和速动比率两个指标有所提升，分别由 0.96 和 0.33 上升到 1.04 和 0.37，如图 1-9 所示。在 2019 年注入优质资产内蒙古矿业以及 2020 年完成追加配套的 20 亿元融资后，中金黄金的流动比率和速动比率大幅增长。

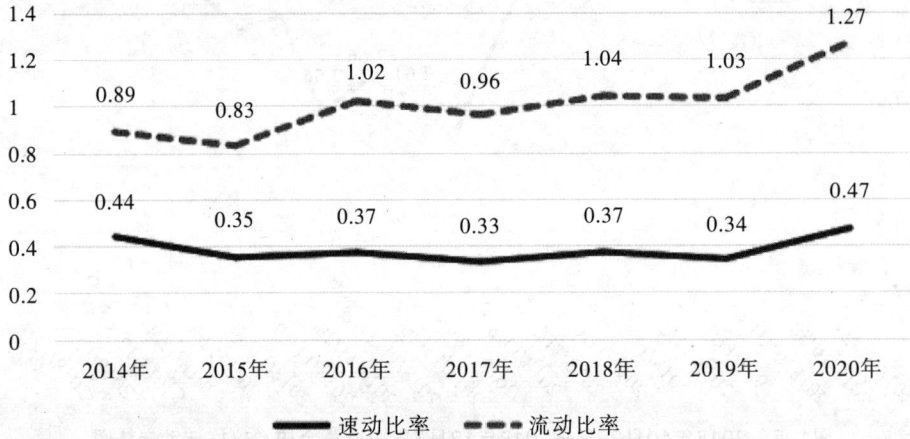

**图1-9　2014—2020年中金黄金短期偿债能力指标变化趋势图**

资料来源：作者根据同花顺iFinD数据整理编制。

## （二）盈利能力

在 2018 年 12 月中金黄金第一阶段增资完成后，受到相关环境保护政策的影响，部分矿山停止生产、进行整顿，使企业的经营成本及费用负担增加，给企业的盈利造成了一定影响。如图 1-10 所示，中金黄金的三个指标都出现了不同程度的下滑。在 2019 年第二阶段，中金黄金收购目标机构 60.98% 的股权并注入优质资产内蒙古矿业后，利润额大幅提升，相关指标也有了明显的增长。优质资产的注入使中金黄金的盈利能力进一步优化。

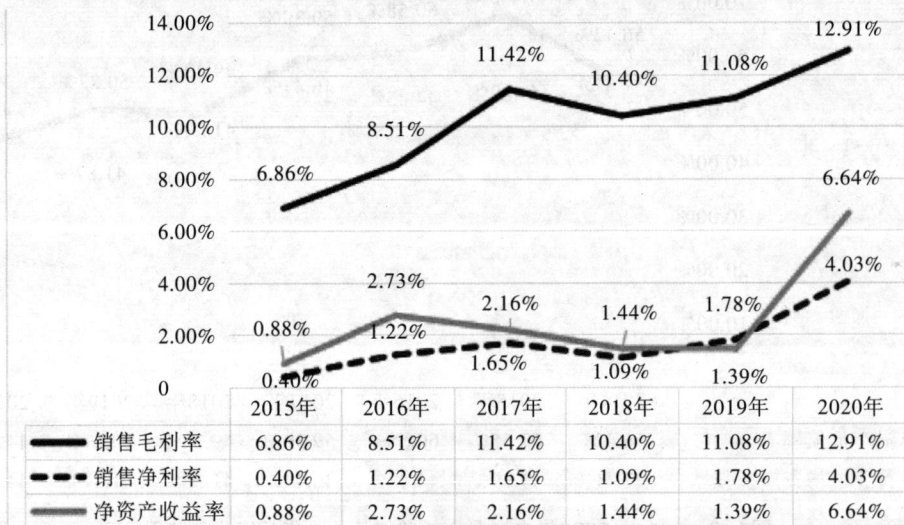

| | 2015年 | 2016年 | 2017年 | 2018年 | 2019年 | 2020年 |
|---|---|---|---|---|---|---|
| 销售毛利率 | 6.86% | 8.51% | 11.42% | 10.40% | 11.08% | 12.91% |
| 销售净利率 | 0.40% | 1.22% | 1.65% | 1.09% | 1.78% | 4.03% |
| 净资产收益率 | 0.88% | 2.73% | 2.16% | 1.44% | 1.39% | 6.64% |

**图1-10　2015—2020年中金黄金盈利能力指标变化趋势图**

资料来源：作者根据同花顺iFinD数据整理编制。

（三）营运能力

首先，在应收账款周转率上，中金黄金近年来呈现不稳定、上下波动的状态，如图1-11所示。在实行债转股后，中金黄金的应收账款周转率明显提升。在第二阶段完成优质资产引入后，中金黄金的企业规模随之扩大，经营范围遍布各省、市，管理难度增大。此外，合并后的整合同样也给中金黄金带来巨大的挑战，使其指标出现一定程度的下降。

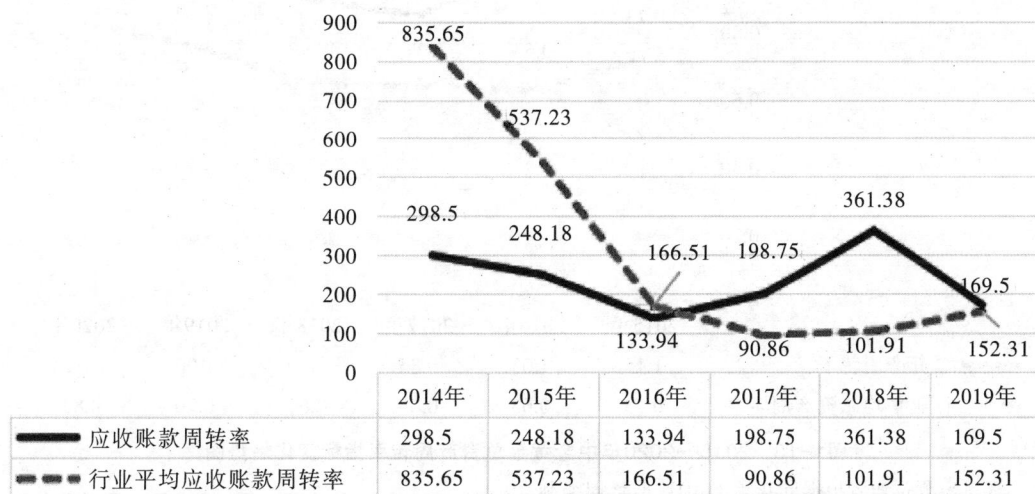

| | 2014年 | 2015年 | 2016年 | 2017年 | 2018年 | 2019年 |
|---|---|---|---|---|---|---|
| 应收账款周转率 | 298.5 | 248.18 | 133.94 | 198.75 | 361.38 | 169.5 |
| 行业平均应收账款周转率 | 835.65 | 537.23 | 166.51 | 90.86 | 101.91 | 152.31 |

**图1-11　2014—2019年中金黄金应收账款周转率指标变化趋势图**

资料来源：作者根据同花顺iFinD数据整理编制。

其次，中金黄金实行债转股后，存货周转率呈现稳定增长的趋势，但与行业平均存货周转率之间的差距拉大，如图1-12所示。债转股为中金黄金的转型升级奠定了基础，同时也给公司的经营和管理带来了新的生机。

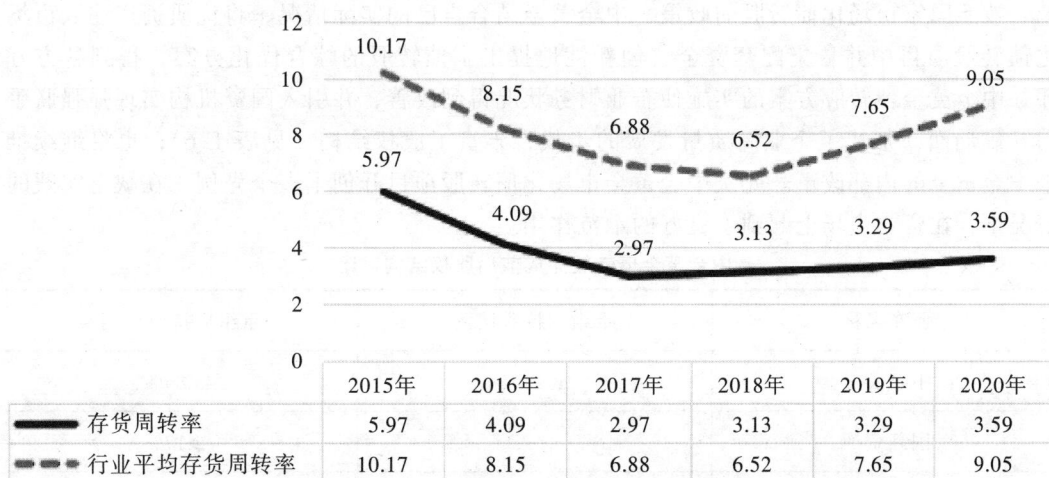

| | 2015年 | 2016年 | 2017年 | 2018年 | 2019年 | 2020年 |
|---|---|---|---|---|---|---|
| 存货周转率 | 5.97 | 4.09 | 2.97 | 3.13 | 3.29 | 3.59 |
| 行业平均存货周转率 | 10.17 | 8.15 | 6.88 | 6.52 | 7.65 | 9.05 |

**图1-12　2015—2020年中金黄金存货周转率指标变化趋势图**

资料来源：作者根据同花顺iFinD数据整理编制。

最后，从总资产周转率的数据来看，中金黄金与行业整体资产周转率呈现相同的变化趋势，且一直高于行业平均水平，如图 1-13 所示。同时，中金黄金的总资产周转率随着市场化债转股的实施显著提升。

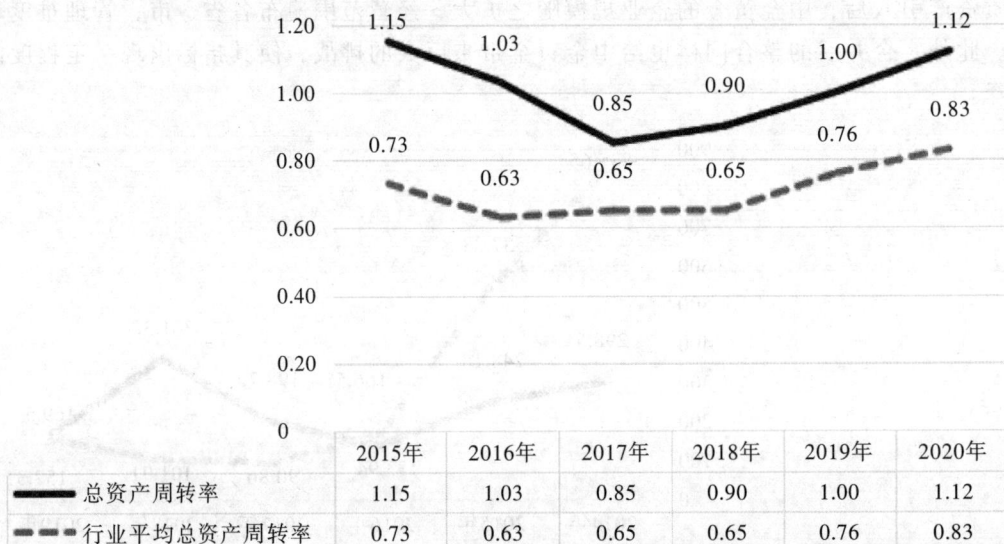

| | 2015年 | 2016年 | 2017年 | 2018年 | 2019年 | 2020年 |
|---|---|---|---|---|---|---|
| 总资产周转率 | 1.15 | 1.03 | 0.85 | 0.90 | 1.00 | 1.12 |
| 行业平均总资产周转率 | 0.73 | 0.63 | 0.65 | 0.65 | 0.76 | 0.83 |

**图1-13　2015—2020年中金黄金总资产周转率指标变化趋势图**

资料来源：作者根据同花顺iFinD数据整理编制。

## 六、尾声

2020 年 8 月 7 日，中金黄金公布了本次非公开发行股份募集配套资金及重大资产重组的有关权益变动情况的公告，意味着其已成功募集 20 亿元，本次市场化债转股项目顺利完成。

按照国家市场化债转股的政策，中金黄金结合自己的实际情况，将优质资产注入市场化债转股项目中并募集配套资金，创新性地提出了债转股的综合优化方案，得到各方好评。中金黄金债转股方案的实施使企业财务状况得到改善，并引入国资机构实现强强联手的共赢局面，加快了企业高质量发展的步伐，丰富了股权结构（见表 1-6），也将继续推进中金黄金的内部改革。此次中金黄金市场化债转股项目开创了多个先例，在缺乏实践的情况下，在资本市场上起到了良好的示范作用。

表1-6　　　　　　　　　　　　**中金黄金债转股完成前后股权结构对比**

| 股东名称 | 重组前持股比例 | 重组后持股比例 |
|---|---|---|
| 中金黄金 | 50.34% | 45.84% |
| 国新资产 | — | 3.17% |
| 国新央企基金 | — | 3.17% |
| 中鑫基金 | — | 5.07% |

| 股东名称 | 重组前持股比例 | 重组后持股比例 |
|---|---|---|
| 东富国创 | — | 1.58% |
| 农银投资 | — | 1.58% |
| 王敏 | — | 2.11% |
| 香港中央结算有限公司 | — | 1.42% |
| 中国证券金融股份有限公司 | — | 1.42% |
| 中央汇金资产管理有限责任公司 | — | 0.71% |
| 其他A股股东 | 49.66% | 33.93% |
| 合计 | 100% | 100% |

资料来源：作者根据同花顺iFinD数据整理编制。

## 七、启发思考题

1. 什么是市场化债转股？结合案例分析中金黄金实施本次市场化债转股的原因。

2. 市场化债转股有几种模式？本案例中中金黄金采取了哪种模式？

3. 在该模式下，中金黄金的市场化债转股方案具备哪些亮点？

4. 试分析中金黄金市场化债转股方案实施效果的作用机理是什么。

5. 通过案例学习，思考中金黄金市场化债转股项目顺利完成可以给相关企业提供哪些经验。

【政策思考】　　　　　　　**企业社会责任、可持续发展**

中金黄金实施市场化债转股的过程深刻体现了企业对社会责任的担当以及对可持续发展理念的践行。

从企业社会责任角度看，中金黄金积极响应国家供给侧结构性改革的政策号召，积极参与市场化债转股项目，致力于降低自身杠杆率、改善财务状况，这有助于企业摆脱经营困境，促进企业稳定健康发展，在行业中起到模范作用，从而推动行业健康发展。

从企业经济责任角度看，在项目实施过程中，中金黄金充分采用各种措施保障各方利益，如合理确定股权定价、设计灵活的退出机制、签订业绩承诺协议等。中金黄金在经济责任方面的积极作为体现了诚信与公平的原则。

从企业环境责任角度看，在面对环保政策的压力时，中金黄金虽然短期内经营成本有所增加，但依然积极调整生产经营策略，推动企业转型升级，通过提升生产技术、优化产业结构等方式，减少自身生产经营活动对环境的不利影响，努力实现经济发展与环境保护的协调共进，体现了企业对可持续发展的贡献。

中金黄金债转股项目引入了优质资产，优化了企业的资本结构，提升了企业的核心竞争力和盈利能力，有利于企业践行可持续发展理念，使企业在长期发展中更具活力和稳定性。

在当前的经济形势下，其他企业应借鉴中金黄金的经验，积极履行社会责任，将可持续发展理念融入企业战略和日常经营中。同时，企业也应关注国家政策导向，积极参与经济结构调整，努力实现经济效益、环境效益和社会效益的统一，为推动社会的可持续发展贡献力量。企业应在发展中实现人与自然、经济与社会的和谐共生，在实现自身价值的同时创造更大的社会价值。

# 案例使用说明

## 一、教学目标

1.本案例主要适用于"高级财务管理理论与实务"等课程的教学。

2.本案例的教学目的是帮助学员了解什么是市场化债转股、市场化债转股的特点和实施动因，以及政策性债转股与市场化债转股的区别。其中，应重点学习的是市场化债转股的理论及应用，以提高学生综合分析问题及运用相关知识解决实际问题的能力。

## 二、思考题分析思路

教师可以根据自己的教学目标（目的）来灵活使用本案例。本案例的分析思路如图1-14所示，仅供参考。

## 三、理论依据及分析

1.什么是市场化债转股？结合案例分析中金黄金实施本次市场化债转股的原因。

（1）理论依据

①定义

债转股，通常来说就是将债权转化为股权。当企业背负大量债务，而到期的债务本金及利息无法偿还时，由实施机构通过申请操作成为企业的投资主体，收购企业与债权方之间的债务，并将其转化为投资机构所拥有的股份。实施机构能够直接帮助企业缓解负债压力，从而进一步优化企业运营，提高企业的价值。在债转股完成后，实施机构可以通过上市平台转让、资产重组、回购等形式进行退出，收回资金。在我国，债转股的发展一共经历了两个阶段，分别是政策性债转股和市场化债转股。

政策性债转股始于20世纪90年代后期，当时大量国有企业陷入财务困境。政府为了帮助国有企业走出经营困境、减少银行的坏账，出资设立了四大国有资产管理公司。国家出资让实施机构购买国企的不良资产，帮助国企扭亏为盈。在当时，债转股无疑是一种政策性金融工具，帮助国企改善了财务状况。

始于2016年年末的这一轮市场化债转股，目的是帮助那些发展前景良好但在发展中遇到瓶颈的企业走出困境。在市场化和法治化的原则下，实施机构通过社会筹资或者

| 案例情节 | 启发思考题 | 理论知识 | 教学目标 |
|---|---|---|---|
| 1.待新生，公司及行业发展现状 | 1.什么是市场化债转股？结合案例分析中金黄金实施本次市场化债转股的原因 | 市场化债转股的概念特征及优势 | 了解债转股的模式和特点，掌握公司债转股的动因 |
| 2.谋新生，债转股的实施方案 | 2.市场化债转股有几种模式？本案例中中金黄金采取了哪种模式？ 3.在该模式下，中金黄金的市场化债转股方案具备哪些亮点？ | 市场化债转股的模式 | 学会判断市场化债转股的模式 |
| 3.迎新生，中金黄金重焕生机 | 4.试分析中金黄金市场化债转股项目方案实施效果的作用机理是什么 | 市场化债转股的实施效果 | 学会分析市场化债转股的实施效果及其作用机理 |
| 4.尾声 | 5.通过案例学习，思考中金黄金市场化债转股项目顺利完成给相关企业提供的经验 | 总结分析中金黄金实施市场化债转股的经验 | |

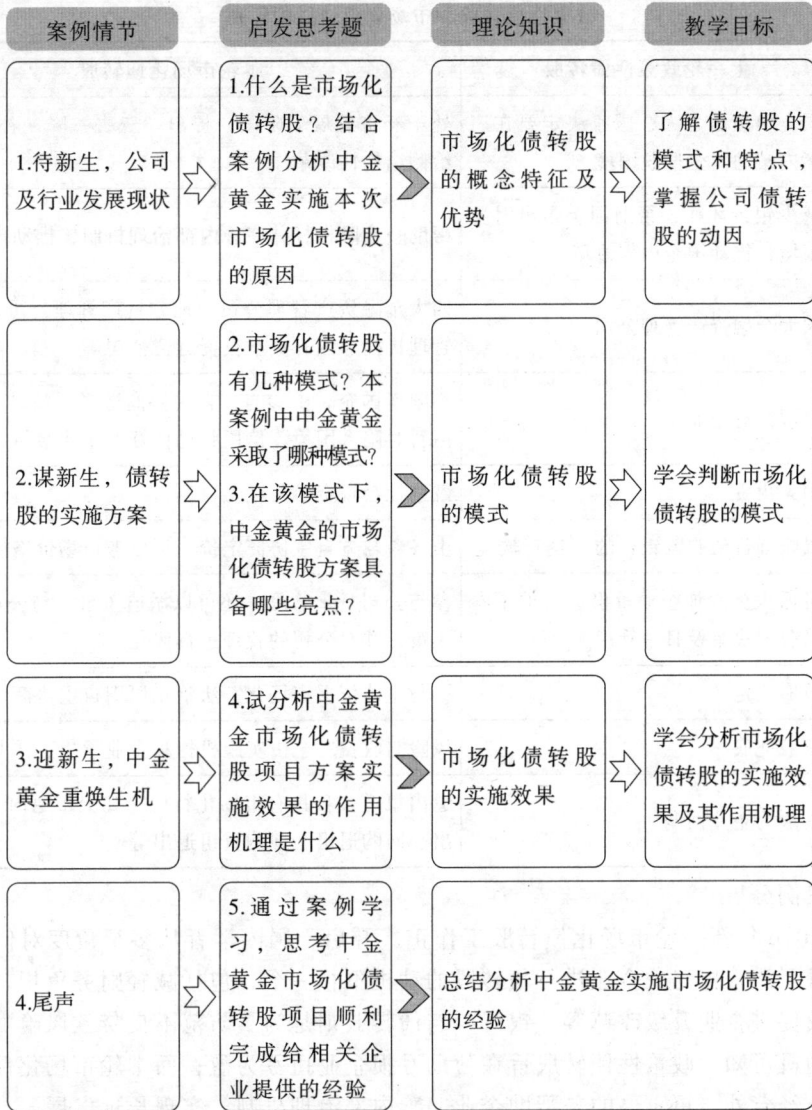

图1-14 分析思路

社会资本收购银行与企业之间的债权，并将其转换成企业的股权，从而成为企业的新股东。这样不仅可以帮助企业缓解债务压力，也能够参与企业股权管理，优化企业内部治理。

②特征

政策性债转股最大的特征即由我国政府主导，而市场化债转股最显著的特点就是市场化和法治化。市场化主要表现为市场参与程度高，参与双方可以自行协商并拥有更多的自主选择权；法治化则体现在为大力支持企业实施债转股工作，我国政府发布了相关政策文件，为新一轮债转股的有序开展提供了法律保障。

政策性债转股和市场化债转股的区别见表1-7。

表1-7 政策性债转股和市场化债转股的区别

| | 上一轮政策性债转股 | 本轮市场化债转股 |
|---|---|---|
| 背景 | 国企负债压力大，国家决定要在三年内帮助国企摆脱困境 | 处于经济发展新阶段，提出"三去一降一补"，推动供给侧结构性改革 |
| 目标 | 减少银行坏账，帮助国企走出财务困境，推动国企内部改革 | 帮助企业降杠杆并完善内部治理机制，推动内部改革 |
| 实施机构 | 四大金融资产管理公司 | 四大金融资产管理公司、地方资产管理公司、保险资产管理机构、国有资本投资运营公司等 |
| 目标企业 | 仅限国有企业 | 不限于国企，由参与方自主协商选择，鼓励有发展潜力但暂时陷入困境、信用状况良好的企业参与 |
| 资金来源 | 国家出资 | 鼓励社会资金参与 |
| 定价方式 | 以账面价值收购银行的不良贷款 | 由各参与方自主协商定价，可参考市场价格 |
| 股东权利 | 可派人员参加企业董事会，但不参与公司决策及日常管理 | 参与公司日常管理，还可以派遣董事参与公司的运营和决策，并对公司的管理进行优化 |
| 协商机制 | 政府决定 | 参与主体依据市场化、法治化原则自主协商 |
| 损失责任 | 政府兜底 | 风险与收益完全由实施机构和企业承担，并非政府兜底 |
| 退出机制 | 一般为企业回购 | 退出渠道多且具有市场化特色，如上市退出、第三方退出、回购退出、并购重组退出等 |

（2）案例分析

随着2016年新一轮市场化债转股工作正式开启，国内学者从多个角度对债转股的实施动因进行了深入探讨。企业进行债转股的动机不止一个，包括减轻财务负担、提高经营水平，以及促进企业升级改革等。银行参与债转股则是为了防范不良贷款风险。对比两轮债转股的动机可知，政策性债转股旨在帮助亏损企业扭亏为盈；而本轮市场化债转股除了要改善企业经营外，更重要的是帮助企业完善内部治理机制、实现长远发展。

在当前经济缓慢下行、产能过剩的大环境下，实施市场化债转股是一种新的救助方式，可以推动产业的结构调整。市场化债转股是新形势下政府为企业减轻债务负担所采取的一项重大举措，是我国深化金融供给侧结构性改革的必然选择。

中金黄金是我国黄金行业唯一上市的国有企业，其债转股工作从宣布起便受到了政府的高度重视。中金黄金实施债转股存在多方面的原因，除了要改善自身的经营情况、减轻财务负担外，更是受到国家发布实施市场化债转股政策的影响。

①政策导向以及债转股优势突出

2016年10月，国务院印发了《关于积极稳妥降低企业杠杆率的意见》（以下简称《意见》）及附件《关于市场化银行债权转股权的指导意见》，明确了以市场化方式实施债转股的企业、实施模式、资金来源和退出方式。《意见》鼓励企业积极、有序地进行市场化债转股，以降低企业杠杆率，并且提高经营能力，防范和化解债务风险。债券发行必须遵循市场化、法治化的原则，以提高企业的核心竞争力；同时也有助于推进我国上市公司的股权多元化、金融结构优化、现代公司制度的完善，以及经济的健康发展。

在上一轮债转股的实践中存在僵尸企业霸占国家资源的情况，而在本轮市场化债转股的实践中，国家为了保障资源的有效利用，明确规定了不允许参加债转股的四类企业，同时也鼓励具有较好发展前景但由于公司负债水平过高而陷入财务困境的中大型企业积极参与。

中金黄金自上市以来取得了较好的经济效益，有良好的发展前景，符合实施债转股的各项条件。中金黄金自身资源丰厚，旗下子公司多，且拥有行业内数一数二的核心技术，但是自身资产负债率高。因此，在政府的支持下，中金黄金应该抓住机会来改善自身情况。当债转股实践过程中出现阻碍时，政府部门也在不断地研究应对措施，相继发布补充文件，为加快推进市场化债转股提供保障。国家政策文件的大力支持为中金黄金打消了顾虑。

在中金黄金实施债转股前，已有多家企业成功实施债转股项目，并取得了良好的成效。根据已实施债转股企业的表现来看，债转股在一定程度上帮助各类企业减少了负债、化解了财务风险，为提高公司治理水平提供了一定的保障。可见市场化债转股优势突出，将保护和支持具有前景的优质生产能力发展作为首要目标。因此，中金黄金也可参照这些优秀案例，结合自身发展情况来开展市场化债转股。

②改善企业经营状况

我国企业的债务规模近年来不断扩大，特别是中金黄金所处的有色金属矿选行业，属于重资产行业，近年来杠杆率居高不下。

自2017年起，政府陆续颁布环保税、资源税政策，环保费改税的变化导致部分环境污染严重的企业须缴纳更多的税费，从而加重了企业的成本负担。同时，企业的部分矿山停产整顿，导致生产规模大幅度下降，利润减少，偿债能力下降。在此背景下，中金黄金的财务状况更加严峻。

本次债转股的实施主体中原冶炼厂由于公司整体搬迁改造，从外部借入大量负债。在进行债转股之前，公司的负债总额高达147亿元，其资产负债率不仅高于母公司，还远远超过了行业的平均水平，高达87.08%。高负债率也伴随着高风险。中原冶炼厂近年来经营发展受限，需要长期依靠借债来维持经营，但大量债务到期后无法偿还，不仅影响到公司的经营业绩及盈利额，甚至对母公司中金黄金乃至中国黄金集团的经营业绩造成负面影响，缓解债务压力迫在眉睫。

内蒙古矿业是中国黄金集团旗下规模最大的一家企业，拥有集团内质量最优的资产，业绩稳定，盈利能力强，年净利润高达7亿元，对中金黄金提升经营业绩、增强核心竞争力、巩固行业地位有着重要作用。

中金黄金通过本次综合债转股方案，不仅能够减少负债、提升公司盈利水平，还能提升综合实力，为企业的长期持续发展做好充分准备。

③有效促进企业转型升级

资源在有色金属行业中扮演着重要的角色。中金黄金坚持"内涵式发展"与"外延式扩展"的有机结合，围绕战略转型转变发展方式以提升资产质量，同时以加快资源占有、资本运营为抓手，持续夯实资源保障。

中金黄金完成此次债转股后，所控制的铜矿资源将大幅增加。公司将在政策的指引下，以资源为中心努力实现可持续发展，并充分发挥自身的优势，提升资源的综合利用能力，通过多种途径拓展产业链，强化企业的核心竞争力。中金黄金也将继续坚持低成本、高效益的业务拓展道路，力求使经济效益和股东利益达到最大，巩固在国内甚至在全球的行业地位。

同时，实施机构也通过本次债转股转变身份，成为上市公司的新股东。实施机构为了获取回报，需要积极参与公司运营，改进公司的内部管理制度、提升公司的运营效率。企业为了实现长期持续发展，不仅需要自身的努力，也需要从外界获取一定的帮助。从经营理念、管理方式到战略规划，实施机构都能够帮助企业开拓新的发展思路。

企业的财务状况和内部治理结构等都会对其转型升级有很大的影响。实施市场化债转股可以使企业提高市场竞争力、改善内部治理，从而促进企业转型升级。

2.市场化债转股有几种模式？本案例中中金黄金采取了哪种模式？

（1）理论依据

①市场化债转股的模式

A.收债转股

收债转股，指实施机构将银行与企业之间的债权转为实施机构与企业之间的股权，成为公司的新股东。四大资产管理公司在上一轮债转股时，先将债权打折，再进行收购，并只针对有需求的国有企业实施债转股。但本轮债转股的实施机构和企业大多没有选择此模式，这是因为在实施该模式时，实施机构需折价收购企业债权，在谈价过程和实际操作中环节多、沟通周期长、交易成本高，降低了参与各方的积极性。

B.发股还债

发股还债是指企业在金融市场上发行股票筹集资金，再用筹得的资金还债。在本轮市场化债转股中，发股还债已然成为实施机构和企业热衷的形式，因为发股还债并不需要对债务进行折价定价，转股对象通常为正常类贷款，投资机构增资扩股引进的资金根据规定全部用于偿还债务。按照账面价值偿付既能降低企业的道德风险，又能最大限度地保障参与方的积极性，同时简化操作、节约时间，减少了债权人协商谈判的环节。

②债转优先股

债转优先股是指目标公司将优先股发行给实施机构，而公司在获得资金后，将其用于偿还负债。在公司破产清算时，先偿还优先股股东再偿还普通股股东，优先股具有债务性质。如果公司的经营情况得到改善，优先股股东则可以获得一定的分红。但是，这种模式目前在我国并不常见，其难点是政府对公司发行优先股有一定的限制，并且对非上市公司来说退出较难。

③两步走模式

两步走模式是指以集团上市公司为平台，通过两个步骤进行债转股。第一步是由上市公司引入投资者，投资者先对上市公司的子公司以现金或者债权的方式进行增资并成为子公司的新股东，子公司用这笔资金还债。第二步，上市公司向实施机构发行股票重新收购子公司的资产，然后上市公司重新获得子公司的全部控制权，而实施机构则拥有上市公司的股份，便于股份退出。

目前来看，"两步走"模式与前几种模式相比更能突出此轮债转股的市场化特点。因此，越来越多的企业根据自身情况选择"两步走"模式。本文研究的中金黄金市场化债转股项目也是在此模式的基础上加以创新，创造了适合自己的债转股模式。

（2）案例分析

新一轮市场化债转股是在符合法律法规的前提下，基于参与多方的利益诉求，根据企业的自身需求进行模式选择和设计。目前开展市场化债转股的企业越来越多，但是各实施主体情况各不相同，单一的债转股模式无法满足所有企业的需求。因此，实施模式应与企业需求和实际情况相匹配，体现"一企一政"的特征。

从我国已落地的市场化债转股项目来看，大部分企业选用的是"一步走"模式，该模式又分为设立外部基金发股还债和利用有关机构直接开展债转股两种方式。中国重工在此基础上创新了"两步走"模式，即实施机构先通过上市公司的子公司进行债转股，再通过定向增发拥有上市公司的股权。中金黄金在"两步走"模式的基础上根据自身情况注入优质资产并募集配套资金，以满足自身的需求、达到更好的效果。

由于中金黄金和旗下子公司均面临资产负债率过高的问题，财务问题突出，需要通过增资减债来缓解财务压力，若采用"一步走"的模式，仅能对中金黄金或者子公司进行债转股。子公司中原冶炼厂并未上市，无法进行公开增发融资，而投资机构拥有非上市公司的股权后无法通过二级平台退出，未体现市场化的特征，投资者的参与积极性也会大大降低。

根据证监会的规定，公司在重组后首次公开发行股票，其最近3个会计年度的加权平均净资产收益率不得低于6%，而在债转股前的3个会计年度，母公司中金黄金的加权平均净资产收益率均低于6%，并不符合证监会的要求。因此，中金黄金并不适用"一步走"模式。然而，由于中金黄金及其子公司的财务压力较大，而且与中国黄金集团下属子公司内蒙古矿业存在着严重的同业竞争，"两步走"的模式也无法完全解决中金黄金及其子公司的问题。

因此，中金黄金在本次方案中结合自身情况，在"两步走"模式的基础上融合了优质资产注入和募集配套资金。中金黄金注入内蒙古矿业的决定，吸引了大量投资机构参与此次债转股，大大提高了投资者的参与热情和对此次债转股的信心。中金黄金采用这种模式进行债转股，在缓解财务困境的基础上使资产规模进一步扩大，其发展潜力也得到极大提高，既可以吸引社会资本解决公司的财务问题，又能有效解决与集团旗下公司的业务重合的问题，保障中金黄金对多样化资源的控制，巩固公司在行业中的地位，推动企业战略改革，以达到长远发展。同时，配套资金的募集也能够及时补充公司的流动资金，缓解上市公司的资金支付压力，使中金黄金能够集中现有资源对债转股后的业务进行整合，提高整体绩效并抓住产业机遇。

综上，中金黄金在现有债转股模式下结合自身发展，设计出综合性债转股方案，推动了债转股项目的顺利进行。

3.在该模式下，中金黄金的市场化债转股方案具备哪些亮点？

下面对中金黄金本次市场化债转股方案的亮点和经验进行总结。这些经验对本次债转股的顺利实施起到了至关重要的作用，并且充分协调了投资者和中金黄金的利益诉求。

（1）引入大规模社会资本

本次中金黄金所推行的市场化债转股项目方案，首次设计了债转股嵌套资产注入，并引入了众多私募机构，社会资本的参与也在极大程度上推进了债转股的进程。

在资管新规实施之前，这一轮市场化债转股大多是由银行的资金进行的，对银行理财资金的安全性有很高的要求，为了确保其到期安全顺利退出，一般由投资机构进行回购。政府则希望通过募集大量的社会资本进行市场化运作：一方面，市场化运作需要长期资本，但很难快速找到合适的资金；另一方面，债转股是为了缓解公司的债务压力，其费用不能过高。社会资金由于投资回报率高，参与程度有限，而通过发起型私募基金来完成社会资本的运作解决了社会资本参与难的问题。

中银资本对本项目投资了 10 亿元，剩余的 6 亿元由三门峡市投资集团有限公司、河南资产管理有限公司作为有限合伙人认缴。这 3 家公司在河南省郑州市组建了专门的债转股基金。中鑫基金也是为本次中金黄金的市场化债转股特别设立的专项基金，规模大、针对性强。

私募股权投资是一种较为成熟、专业化的投资方式，其优势包括融资渠道广、投资周期长、以权益投资为主等。相对于普通市场投资者，私募基金管理公司更热衷于关注投资对象的未来成长和可发展性。私募基金管理公司经验丰富、专业能力强，将积极推动债转股工作的进行。中金黄金此次债转股实现了资金渠道的多样化，有助于多方发挥比较优势，推动项目顺利落地。

（2）快速降低企业杠杆

目前，我国企业的债务规模不断扩大，严重影响到企业经营。在供给侧结构性改革的推动下，我国部分企业的杠杆率有所降低，但受产能过剩等问题的制约，我国钢铁、煤炭、化工化肥、有色金属行业的杠杆率仍然居高不下。

当公司面临着巨大的债务压力时，一旦资金循环的某个环节出了问题，就很有可能导致资金链断裂。因此，实行债转股的第一个目的就是尽可能地降低公司的资产负债率。如此，企业便可将节约的财务费用投入研发、服务、生产等核心业务流程，提高核心竞争力，为企业实现产品升级、提质增效奠定坚实的基础。

我国债转股的签约企业越来越多，但在实际操作中常出现后续资金落地难的问题。在本方案中，中金黄金运用综合化的债转股模式，在 2018 年 12 月 27 日与 5 家实施机构签订增资协议，不到一个月的时间内资金便很快到位，快速地缓解了子公司的债务压力。资金顺利落地的原因有二：一是在实行债转股的第一阶段，企业与机构投资者之间的协商不用像"定向增发"那样经过层层审批；二是中金黄金拥有清晰的资金来源，5 家机构投资者债转股经验丰富，有专门的债转股基金，拥有相对充足的资本。

（3）妥善解决债权与股权的定价问题

定价策略是整个债转股交易的价值传导桥梁。在第一阶段引入 46 亿元的投资者增资时，除了 41 亿元是以现金方式直接增资，还有 5 亿元是以债权出资。由于中原冶炼厂的债权为正常类贷款，不需要进行折价，故按照账面价值直接入股。同时，在对非上市公司中原冶炼厂进行评估时，由于没有市场参考价，在第三方评估的基础上由双方协商来确定最终的评估值。这种定价模式相对公允，能保障交易双方的合理利益，还能激发市场各主体参与市场化债转股的热情。

在第二阶段，中金黄金通过发行股票来重新拥有子公司的股权，见表1-6。本次发行股份的定价方式为市场价格法，定价基准日为公司股东大会审议决定的公告日。按照有关法律，股票的发行价格不能低于市场参考价格的90%。

最终，本次股票发行价格采用交易前60个交易日的平均值的90%，即6.68元/股。在此基础上，经过公司利润分配，最终将交易价格调整到6.66元/股。本次交易定价确定的前20个交易日的股票交易均价比其他时间段低，且在此基础上给予投资机构最大程度的优惠，其发行价格确定为股票交易均价的90%。

在定价机制上，债权和股权价格都考虑了参与各方的利益，市场参与程度高，定价较为公平合理。参与双方在定价时并未只图眼前利益，而是从长远利益出发。为了保障自身的利益，投资机构也会积极参与公司运营。中金黄金的上述操作使投资机构拥有了更多的股份，相应地，投资机构以后进行股权退出时也将获得更多的收益，实现多方合作共赢。

（4）债转股嵌套优质资产注入

中金黄金基于自身的发展情况以及实际需求设计了一套综合性的债转股方案，有着独特的战略意义。中国黄金集团为助力债转股的实施，将旗下最优质的资产内蒙古矿业注入中金黄金。

内蒙古矿业的产品以铜精粉和钼精粉为主，旗下的乌努格吐山铜钼矿是是中金黄金加快发展大工业基地的重点示范工程，也是集团内部统筹资源整合、推动产业升级的重点项目。这一举措，不但降低了中金黄金的资产负债率，也大大提升了公司的净利润、每股盈利，实现了由"债转股"向"债转股+"的转型，提高了公司的价值，令社会投资者对获得更高的投资回报充满信心。

中金黄金债转股方案是一个将债转股与注入优质资产相结合，同时募集配套资金的综合性方案，在全国尚属首创。这种创新的债转股方案为今后想要实施债转股的企业提供了新思路。国务院国资委也称中金黄金市场化债转股项目起到了良好的示范作用。

（5）提供畅通的股权退出渠道

市场化债转股的核心问题是退出机制与交易价格，其中最重要的一环就是退出机制。中金黄金的"两步走"模式的最大优点就体现在退出机制上。

目前，债转股已落地的企业普遍采用二级市场、约定分红、业绩补偿+股权回购等方式进行股权退出，但这些方式在现实操作中或多或少地存在一定缺陷。如果企业选择以业绩补偿及股权回购的方式进行股权退出，当企业的财务状况无法得到改善或者经营困难时，无法实现对机构投资者的业绩承诺，公司的经营风险将会增加，这与企业实施债转股的动因相违背。市场化债转股的实施过程应以市场化为原则，通过市场平台退出股权既方便又顺畅，投资者的参与积极性才会被激发出来，从而更好地进行债转股的后续活动。

在中金黄金实施债转股的第二阶段，投资者成为上市公司的新股东，在锁定期满后，实施机构可以根据实际情况自由退出（即出售股票）。通畅透明的退出通道给予了实施机构充分的选择权，打消了实施机构退出难的顾虑。

4.试分析中金黄金市场化债转股项目方案实施效果的作用机理是什么。

（1）理论依据

债转股的实施可以直接减少企业的债务负担，进而提高公司的治理水平及运营水平，促进公司的长期发展。在深化推进供给侧结构性改革的大背景下，市场化债转股是降低企业的杠杆水平、推进企业改革及长远发展的一种有效举措。

在短期内，债转股可以从市场反应中看到投资者的态度；从长期看，经营状况的改善以及资本结构的优化也会促使企业改革，有助于企业价值的提升。债转股通过财务效应和非财务效应两个方面来影响企业的经营绩效。

从财务效应看，债转股最明显的作用就是帮助企业直接降低杠杆率、缓解债务压力、优化资本结构，使暂时陷入困境的企业扭亏为盈、提升价值。债转股在一方面可以减轻企业的债务负担，其中最明显的表现就是对企业财务指标的影响；另一方面有助于经济市场的稳定和国民经济稳健发展。开展市场化债转股在短时间内能够优化企业的经营状况，长期来看也能对市场经济环境产生积极影响。

从非财务效应看，实施债转股引进新股东可以优化股权结构、完善内部治理结构、加强对企业的监管，进而影响企业的决策，促进企业升级转型。同时，实施债转股还能够给企业带来积极的市场反应。

经过综合分析后可知，债转股的实施效果包括：直接减少企业的负债和利息支出；帮助企业获取长期资本，有益于企业的长期发展；有助于银行对不良贷款规模的控制。

（2）案例分析

下面结合中金黄金市场化债转股的财务效应和非财务效应对债转股的作用机理分别进行分析。

①对财务效应的作用机理分析

权衡理论认为，当资本结构最优时，公司价值最大。当债务结构处于一个合理的水平时，负债所带来的利息支出会相应地降低，而公司可支配的资金也会越来越多。公司财务压力降低，融资渠道拓宽，形成一个良性的循环，公司的经营水平和盈利能力都会得到提高。

债转股直接作用于既有的企业债务，以债权转股权或者现金入股还债的方式显著降低企业的资产负债率，这一结果直接体现在财务报表上。通过直接降低杠杆率，企业有效改善了财务状况，减少了财务费用的支出，从而降低了公司的期间成本，减少了持续运营的不确定因素，增强了抗风险能力。

在实施债转股前，中金黄金债务压力大，且子公司中原冶炼厂的债务规模已经影响到了企业经营。实施债转股后，投资机构帮助中原冶炼厂偿还债务，有效减少了公司的债务规模，快速降低了公司的资产负债率，并体现在财务报表上。同时，公司的资金结构也得到了合理调整，融资渠道进一步拓展。中原冶炼厂在实施市场化债转股前主要依靠长期借款维持经营，而长期借款所产生的利息又占用了公司的大量资本，使得公司的债务本息不能及时偿付，融资成本也逐年上升。在实行债转股后，中原冶炼厂极大地缓解了偿债压力，提高了融资能力，公司的持续运营有了资金保障。

当企业减轻了还贷压力后，日常运营所获得的资金将用于设备及生产技术的优化升级等。同时，企业还可以从多种融资渠道获得资金，为日常运营提供保障，进一步增强盈利能力、提升运营效率。从中金黄金实施债转股后的财务指标也可以看出，在债转股的第二阶段，中金黄金收购完中原冶炼厂股权并注入优质资产内蒙古矿业后，利润额大幅提升，资产运营效率和使用效率也得到了提高。这些为中金黄金的转型升级奠定了基础。

②对非财务效应的作用机理分析

市场化债转股自开展以来取得的成效有目共睹，而能够开展市场化债转股的一般都是发展潜力好的企业。由信号传递理论可知，可以实施债转股的企业通过发布公告向社会公众传达了企业具有良好发展前景的信息，有利于增强和提高企业对各类市场和社会资本的吸引力。同时，公司负债减少、运营风险下降对于投资者来说都是利好信息，对提高公司的价值颇有益处。市场投资者根据披露信息对企业未来的发展空间进行判断，而投资者对披露信息的态度可以通过股票价格反映出来。中金黄金实施债转股后股价呈稳中上升的趋势，由此可以看出市场投资者对中金黄金债转股项目大体持乐观态度。

代理理论认为契约各方因为利益诉求不一致易产生冲突。通过实施债转股，债权人成为公司的新股东，双方的利益诉求也达成一致。在实施市场化债转股的协议条款中，中金黄金明确规定保障投资机构的股东权利。新股东的加入促进了企业股权多元化，对建立现代化的公司治理机制以及推动企业战略改革有重大意义。股权多元化一方面可以降低管理层的代理成本，另一方面可以减少代理冲突，增加公司决策的准确性，保障债转股各方的利益。同时，市场化债转股的方案中一般明确包含对低效资产及时清理和重组的计划，要求债转股企业及时清理低效资产、突出主营业务、增强核心竞争力。中金黄金本次债转股的综合方案充分发挥其自身优势，注入优质资产，扩大资产规模，极大提升了公司的盈利能力，同时优化了产业结构，突出了核心产业的地位。债务负担的减轻也让公司拥有充分的精力和财力来重新规划产业布局，研发创新生产技术，迎合市场需求，最终实现战略转型。

5.通过案例学习，思考中金黄金市场化债转股项目顺利完成可以给相关企业提供哪些经验。

（1）根据企业需求创新债转股模式

从我国市场化债转股落地企业的情况来看，企业还是更青睐于使用"发股还债"等传统的市场化债转股模式。然而，公司的财务状况、交易方式各不相同，传统的市场化债转股模式不一定能满足所有企业的需求。面对自身需求和实际情况，企业只有在原有模式的基础上设计出适合自己的债转股方案，才能高效、高质量地完成债转股。

在本次综合优化方案中，中金黄金债转股模式的创新严格遵循市场化、法治化原则，既保障了参与方的利益诉求，也能推动项目平稳有序落地。在债转股主体的选择上，中金黄金和战略投资机构拥有自主选择权，中金黄金同时使用"收债转股"和"入股还债"两种模式进行债权转股权，投资机构可以根据自己的利益需求选择最优债转股方案，提高债转股的实施效率和质量。在债转股方式上，实施机构先入股上市公司旗下的子公司，日后再转换为上市母公司的股票，这种做法在加快债转股资金落地方面效果显著。在债权和股权的定价方面，中金黄金主要采用市场价值或者第三方评估机构的评估价值，债权和股权的定价相对公允。在股权退出方面，中金黄金借助上市平台优势设计了市场化股权退出渠道，在锁定期结束后投资者可以根据需求自由退出。中金黄金在进行股权置换的同时注入优质资产，进一步巩固了核心板块的业务实力，同时提高了公司的盈利能力和核心竞争力。

综上，债转股的模式并非固定单一，还存在着各种各样的可能性。在市场化法治化的原则下，债转股方案应结合企业的实际需要进行优化设计，并在实践中不断探索出符合其发展规律的路径，不断创新。

（2）债转股应与企业改革紧密结合

债转股缓解了企业的债务负担，但并不能从根本上改善企业的运营状况。如果企业仅仅用债转股来消除债务负担，而没有抓住这个机会来改善运营状况，很可能重新陷入财务困境。因此，企业应该抓住债转股的机遇，从外到内倒逼自身改革，才能使债转股发挥持久的作用，推动企业长远持续发展。

在中金黄金的市场化债转股过程中，投资机构的加入丰富了企业的股东结构，它们积极参与到企业的运营管理中，并对企业的战略规划提出了宝贵意见。中金黄金也在此过程中不断调整产业结构、控制成本支出、延伸产业链、巩固核心产品地位。这也是本次债转股的核心部分。

所以，要使债转股能够持续有效地发挥作用，就必须把债转股与公司的内部改革有机结合。公司一方面要优化、调整自身的资产结构和业务布局，根据市场需要对资源进行整合，提高生产效率，管控成本；另一方面也要对内部治理结构进行彻底的改革。

同时，投资机构也需要积极参公司的经营管理，加强人才储备，提升股权投资管理的专业化水平，从而更好地监控公司的日常运营，避免公司管理层或大股东损害公司的利益，进而完善公司的治理，达到双赢。

## 四、背景信息

1-1 背景信息

## 五、关键要点

（一）关键点

了解市场化债转股的特点和具体运作过程，并结合实际了解债转股的实施效果。

（二）关键知识点

1.市场化债转股。

2.市场化债转股的财务效应和非财务效应。

（三）关键能力点

1.综合分析能力。

2.解决实际问题的能力。

# 案例2 多轮问询促信披——达嘉维康闯关创业板之路[①]

## 【学习目标】

通过本案例的学习，您应该：①了解创业板注册制下IPO审核问询机制的流程与重点，以及各轮问询的特点与作用；②掌握企业在应对审核问询过程中完善信息披露的方式；③理解审核问询对IPO定价效率的潜在影响，思考企业信息透明度的提升与市场定价之间的关联。

## 【关键词】

IPO 注册制 审核问询

# 案例正文

## 一、引言

2021年10月26日，湖南达嘉维康医药产业股份有限公司（以下简称"达嘉维康"）正式登陆深圳证券交易所（以下简称"深交所"）。达嘉维康的股票发行价为12.37元，但上市首日开盘价为26元，较发行价格上涨110.19%，彰显了市场对达嘉维康的强烈信心和期待。然而，达嘉维康的IPO申报过程罕见地经历了深交所的4次问询，可谓困难重重。2018年10月，达嘉维康便引入国金证券作为主办券商，并自此开始谋求转板上市。2020年7月21日，达嘉维康提交的创业板IPO申报材料获得受理，深交所信息披露审核徐徐展开。深交所对创业板IPO的审核问询是如何进行的？深交所对达嘉维康IPO的审核问询重点是什么？具有哪些特点？对达嘉维康的最终上市产生了怎样的效果？

## 二、药者达嘉，维康天下

湖南达嘉维康医药产业股份有限公司成立于2004年6月。公司主要从事药品、生物制品、医疗器械等产品的分销及零售业务，并于2019年开始涉足医院领域。公司通过大力发展专业药房"新零售"模式，开展线上线下融合，逐步从传统的药品流通服务商向提供大病、慢病管理和临床服务解决方案等综合服务的智慧医药服务商转型，建立了以数据为纽带的开放共享的大健康生态圈。同时，公司通过收购和设立合资公司的方式，布局医药工业领域，

---

① 本案例由湖南大学工商管理学院的蒲丹琳、夏尧以及陈珊珊撰写，作者拥有著作权中的署名权、修改权、改编权。本案例授权中国管理案例共享中心使用，中国管理案例共享中心享有复制权、修改权、发表权、发行权、信息网络传播权、改编权、汇编权和翻译权。由于企业的保密要求，本案例对有关名称、数据等进行了必要的掩饰性处理。本案例只供课堂讨论之用，并无意暗示或说明某种管理行为是否有效。

积极拓展产业链上游业务，加速向上游医药工业布局，充分发挥公司的医药分销业务优势与医药工业业务协同效应，实现优势互补和产业互动，逐步形成上下联动的规模化医药产业业务体系。依托批零一体化发挥供应链优势，达嘉维康已形成集"医药流通、医药零售、终端医院"于一体的大健康产业链布局，"三驾马车"齐头并进，共同推动公司业绩快速增长。

达嘉维康自成立以来积极履行企业社会责任，历年的慈善捐赠额累计 3 000 多万元，曾荣获"最具社会责任医药企业""湖南省疫情防控突出贡献企业""全国百家优秀民营医药商业流通企业""湖南省万企帮万村精准扶贫行动先进民营企业"等多项荣誉。面对新的机遇和挑战，达嘉人以"担当、奋斗、创新、共赢"的企业精神，紧紧围绕"关注健康，服务人民"的服务宗旨，着力将公司打造成基业长青的中国知名品牌企业。

### 三、注册制试行，瞄准创业板

（一）以信息披露为核心的注册制

为进一步推动我国资本市场的信息披露透明化，国家推出了以信息披露为中心的"注册制改革"，于 2019 年 7 月率先在上交所科创板进行试点，于 2020 年 4 月铺开到创业板。2020 年 8 月 24 日，创业板首批注册制企业于深交所挂牌上市。

在注册制下，发行人的价值判断权回归市场，证监会不再对证券以及发行人作实质判断，全面的信息披露和更为严格的信息披露监管将成为 IPO 市场的重点。注册制的推行引导了投资者回归理性，提高了资本市场定价效率。信息披露是注册制的核心，而审核问询作为信息披露的重要一环，是注册制下创业板发行上市的重要环节。审核问询制度具有以下特点：第一，从"审出好公司"到"问出真公司"，明确了信息披露标准；第二，从"全面问询"到"重点问询"，有效提升信息披露质量；第三，从"单方主体"到"多维主体"，推动实现各方主体归位尽责。

IPO 终止大多归因于企业主动撤回，值得关注的是撤回一般见于审核问询阶段，可见在 IPO 过程中深交所的审核问询需要得到发行人的充分重视。

（二）多方探讨，勇闯创业板

为谋求企业进一步发展，达嘉维康逐渐向资本市场谋求发展机遇。达嘉维康于 2015 年 3 月在全国中小企业股份转让系统公开挂牌转让，但于 2018 年 1 月 19 日终止挂牌。达嘉维康希望能将批零一体化优势及丰富的专业药房运营经验快速复制，助力公司快速扩张，以持续稳定健康的发展和更加优异的业绩回馈股东、回报社会。2018 年 10 月，达嘉维康引入国金证券作为主办券商，并开始谋求转板上市。在国金证券、天健会计师事务所与通力律师事务所 3 年多的共同辅导下，达嘉维康通过仓储物流技术创新、服务模式创新等多项措施，向智慧型医药服务商转型，打造医药产业链集成服务；积极把握医院处方外流的巨大市场机会，结合湖南省医保政策的有力支持，借助批零一体化经营，较早布局以"特门服务"药房及 DTP 药房为主的专业药房零售新模式；积极探索"互联网+"处方药零售新业态，通过处方信息共享加速承接处方外流；并于 2019 年开始涉足生殖医院领域。达嘉维康在 2019 年和 2020 年分别实现扣除非经常性损益后归属于母公司股东净利润 8 720.92 万元和 6 295.65 万元，符合最近两年净利润均为正且累计净利润不低于 5 000 万元的创业板上市条件。

经过与中介机构的协商，2020年7月21日，达嘉维康首次递交招股说明书以及一系列相关材料，申请在深交所创业板上市，成为在注册制下最先进行创业板IPO的企业之一。

## 四、协力申报，问询来袭

达嘉维康于2020年7月21日被深交所受理创业板IPO申请。同年8月17日，在约见问询、现场检查等核查程序完成后，深交所发起了对达嘉维康的首轮问询。整体审核问询呈现首轮全面问询、后续刨根问底的特点。

首轮问询作为强度最大的一轮，问题的数量最多，发行人及其中介机构的答复时间最长，并且回复的信息篇幅最大；第二轮问询的各项指标虽然只有首轮问询的一半或一半以下，但也披露了一定的信息量，是首轮问询的进一步补充说明；后续轮次则是对前两轮的刨根式探索，问题的数量更少，发行人的反应时间更短，具体见表2-1。

表2-1 达嘉维康审核问询与回复基本情况

| 问询 | 回复周期/天 | 问题数量/个 | 回复篇幅/页 |
|------|------------|------------|------------|
| 首轮 | 61 | 28 | 1 033 |
| 第二轮 | 33 | 13 | 279 |
| 第三轮 | 7 | 7 | 140 |
| 第四轮 | 3 | 5 | 95 |

资料来源：作者根据深交所创业板官网公开文件整理。

在问询审核阶段，达嘉维康经历4轮问询，共被问询53个问题。根据招股说明书的主要章节对问询内容进行分类统计可知，有关财务会计的信息最多，一共有23个问题，占全部提问的近四成，与业务、技术相关的提问紧随其后，有14个问题，具体见表2-2。值得注意的是，在审核问询的重点上，首轮的关注点比较全面，达嘉维康几乎在方方面面都被问；第二轮则针对首轮的重点提问领域，即财务信息、业务与技术、发行人情况以及公司治理与独立性，进行深挖提问；后续轮次的提问数量依次递减，并且回复函的内容不多，但重点依然集中在财务会计信息方面。从问询内容来看，财务会计信息在每一个轮次均被提问，贯穿整个问询过程。

表2-2 达嘉维康审核问询问题分类统计

| 问询内容分类 | 问询内容举例 | 首轮 | 第二轮 | 第三轮 | 第四轮 | 占比 |
|------------|------------|------|--------|--------|--------|------|
| 财务会计信息 | 关于营业成本 | 11 | 5 | 4 | 3 | 40.36% |
| 业务与技术 | 关于特殊合作模式 | 8 | 5 | 1 | 0 | 24.56% |
| 发行人基本情况 | 关于实际控制人 | 5 | 1 | 1 | 1 | 14.04% |
| 公司治理与独立性 | 关于与关联方的合作事项 | 2 | 2 | 1 | 1 | 10.53% |
| 风险因素 | 关于行政处罚与法律纠纷 | 2 | 0 | 0 | 0 | 3.51% |
| 合计 | 53 | 28 | 13 | 7 | 5 | — |

资料来源：作者根据深交所创业板官网公开文件整理。

（一）财务会计信息披露审核

财务会计信息问询篇幅偏大，在审查中最重要。由于发行上市条件突出了企业要达到财务指标要求并具备持续经营的能力，因此对信息质量提出了更高的要求。与此同时，信息披露要求也规定了财务信息要真实、有效，所以财务信息在被询问时应该做到客观真实并符合法律法规规范。

达嘉维康经历的首轮问询涉及财务会计信息披露的方方面面。其中，针对收入、应收账款以及销售费用有8个细分小问题，几乎是整体细分小问题平均数的2倍，即上述3项为财务信息核查的重点。具体来说，在关于收入的问题12中，深交所要求达嘉维康对收入确认政策的合理性、各个业务下的收入确认情况、收入确认的归属期间等问题进行进一步披露。问题17涉及应收账款与应收票据，要求达嘉维康进一步披露逾期账款形成、应收票据金额变动大等问题的原因。

后续轮次的问询审核不再以全面性为第一要义，而是在首轮问询的基础上进行补充与扩展，形式上进行了简化，但内容上进一步深挖，是对首轮问询的查缺补漏。在有关财务会计信息的问询中，第二轮问询提及了首轮问询没有涉及的返利问题，要求发行人对返利政策、金额与变动情况、合规性等进行披露；此外，对于首轮问询中忽视的履约保证金的相关信息，第二轮进行了补充问询，并要求发行人对履约保证金及其坏账计提准备的合理性进行披露。

在完成前两轮问询回复后，如果交易所认为信息披露依然没有达到标准，还会进行更多轮次的问询。具体来说，在第三轮问询中，深交所对达嘉维康前次问询回复中提及的销售退回情况进行问询，追问该业务活动收入确认的充分性与一致性，要求发行人对其相关会计处理进行披露，并对发行人前轮次问询回复中提及的分销业务采用总额法核算的合规性提出疑问，要求发行人进行补充披露。第四轮问询继续追问达嘉维康退货商品的问题，包括退货商品的处理情况，以及相应的存货跌价准备计提问题。由此可见，后续问询对重点问题进行了深挖，并进一步提高了对发行人信息披露质量的要求。

（二）关于业务与技术

业务与技术模块具体描述企业自身的经营模式与专有技术，在创业板企业中，业务和技术是较为核心的问题，关系到企业在创业板的定位、发行上市的条件评判和发行人的经营风险等，值得决策相关人重点关注。

首轮问询针对达嘉维康的经营模式、客户与供应商、行业发展等方面进行了具体提问，平均每个大问题下又细分3.8个小问题。具体来说，对于企业经营模式，深交所在关于商业调拨业务的问题1中要求发行人进一步披露商业调拨业务的基本情况及其内在商业逻辑，在关于委托配送权及医药政策的问题4中要求发行人对其委托配送业务的途径及其困难进行披露；对于客户与供应商，在关于客户的问题13与关于供应商的问题15中，要求发行人补充披露向前五大客户和供应商的销售和采购情况，以及客户与供应商的具体情况，分析销售或采购情况的差异及其具体原因；对于行业发展情况，在关于门店经营资质的问题9中要求发行人披露其经营合规性，在关于房产抵押及租赁的问题10中要求发行人补充披露公司租赁房产与抵押房产是否可能导致医疗安全等风险，是否对发行人主营业务产生重大不利影响等。

深交所的次轮问询对首轮信息进一步深挖，在首轮问询的框架下在更具体的方面提出问询。例如，深交所在首轮问询了达嘉维康零售业务的基本情况与从业资质，而到了次轮问询，深交所进一步要求发行人对上述零售模式中的"特门服务"、DTP 药房服务所带来的竞争优势及其可持续性进行补充披露，并且对 DTP 药房的数量不变但收入高增长这一异常情况提出疑问，对零售门店数量逐年下降的原因及合理性提出披露要求。

（三）其他方面

首轮问询还涉及其他方面，主要包括发行人基本情况、公司治理与独立性以及风险因素等。

关于发行人基本情况，每个大问题下细分小问题的均值接近平均水平，为 4.2 个。从具体内容来说，深交所要求发行人补充披露：企业实际控制人及其亲属的关联关系，以及董事、监事、高级管理人员与其他核心人员的具体情况（问题 5）；历史沿革股权转让情况（问题 6）；发行人收购达嘉维康物业的情况（问题 19）等。

关于公司治理与独立性情况，仅有 2 个大问题，但平均细分小问题有 6.5 个，相较其他方面更为细致。具体而言，在关于特殊合作模式的问题 2 中，深交所对发行人与地方医药公司、单体药房、地方性连锁药房开展合作存在关联关系与利益输送存疑，要求发行人进一步披露相关信息。

关于风险因素一共有 6 个大问题，主要涉及生产经营风险。在关于新冠疫情影响的问题 26 中，深交所要求发行人补充披露新冠疫情带来的经营风险；在关于行业情况和未来发展的问题 28 中，要求发行人披露未来的市场竞争风险。风险因素的相关问询平均有 3.5 个细分问题，是细分问题最少的事项，可见在风险因素方面不仅问题数量不多，问询深度也相对较浅。深交所问询对于风险因素的关注度存在提升空间。

达嘉维康与中介机构根据上述审核问询函的具体问题进行了深入核查。在两个月之后，发行人及第三方中介机构根据企业核查情况对深交所的提问作出了信息补充披露，并在深交所官网公开了问询回复函，回复函内容包括发行人与保荐人、会计师事务所以及律师事务所的回复意见。同时，达嘉维康同步更新了招股说明书等相关 IPO 申报文件。

## 五、IPO 审核，信披之旅

随着证交所与发行人的问询回复的推进，达嘉维康同步更新招股说明书等申报文件，相关的信息披露得到进一步补充与完善，进而提升了发行人 IPO 信息披露的充分性。

（一）招股说明书的更新篇幅

深交所对达嘉维康提出了 4 轮问询，共 53 个问题。招股说明书的申报稿、上会稿以及注册稿的更新篇幅的对比统计见表 2-3。

31

表2-3 达嘉维康招股说明书篇幅增长变化

| 招股说明书版本 | 篇幅/页 | 篇幅增加/页 | 增幅 |
|---|---|---|---|
| 最初申报稿 | 378 | — | — |
| 上会稿 | 572 | 194 | 33.92% |
| 注册稿 | 605 | 33 | 5.45% |

资料来源：湖南达嘉维康医药产业股份有限公司. 首次公开发行股票并在创业板上市招股说明书〔EB/OL〕.〔2021-12-02〕. http://www.cninfo.com.cn/new/disclosure/detail? orgId=gfbj0832098&announcementId=1211764256&announcementTime=2021-12-02.

达嘉维康一共经历4轮问询，上会稿比最初提交的招股说明书申报稿增加了194页，增幅为33.92%，增加内容系审核问询后的信息补充；从上会通过到注册生效，达嘉维康最终公布的招股说明书注册稿比上会稿增加了33页，增幅为5.45%，更新内容系上会与注册落实函答复的信息补充。

可见，经历4轮审核问询后，达嘉维康的招股说明书承载的信息量大幅增加，这意味着审核问询增加了达嘉维康在IPO过程中的信息披露。在上会之前，达嘉维康已经对审核阶段的大多数问题作出了解答，使前期存在的信息披露问题得以解决，所以注册稿的篇幅增加不多。由此可见，审核问询环节才是达嘉维康在IPO过程中增加信息披露的主因。

（二）招股说明书的具体补充或修改

从前文可知，达嘉维康第一次公开的招股说明书申报稿共378页，在4轮问询期间更新了4个版本，在通过上市委员会审议之后，上会稿增加到572页。按照招股说明书的章节结构，更新后的招股说明书对财务会计信息与管理层分析、业务与技术、发行人基本情况等重要章节进行了修改与补充。值得一提的是，财务会计信息与管理层分析、业务与技术两个部分的补充信息最多，约占上会稿篇幅的24%，具体增加篇幅如图2-1所示。

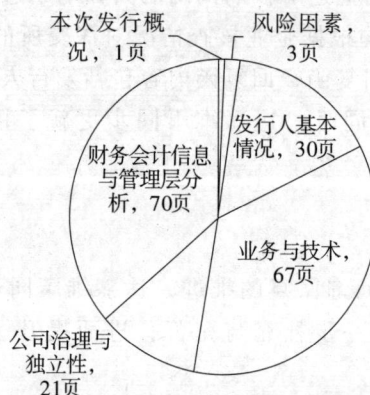

图2-1 达嘉维康招股说明书上会稿各章节增加篇幅

资料来源：湖南达嘉维康医药产业股份有限公司. 首次公开发行股票并在创业板上市招股说明书〔EB/OL〕.〔2021-12-02〕. http://www.cninfo.com.cn/new/disclosure/detail? orgId=gfbj0832098&announcementId=1211764256&announcementTime=2021-12-02.

在整个审核问询过程中，达嘉维康针对 53 个问题中的 48 个问题在招股说明书中进行了更新。其中，得到主要补充信息披露的有财务会计信息与管理层分析、业务与技术两个章节。这两个模块也是深交所问询的重点关注部分，分别有 23 个问题和 13 个问题。此外，招股说明书还更新了发行人基本情况、公司治理与独立性等章节内容。审核问询重点与招股说明书信息披露的更新情况基本相符，说明达嘉维康在答复深交所审核问询时，基于问询审核原则与重点修订了招股说明书，从而提高了其 IPO 信息披露的充分性。达嘉维康招股说明书重要章节篇幅变动与补充披露问询问题数如图 2-2 所示。

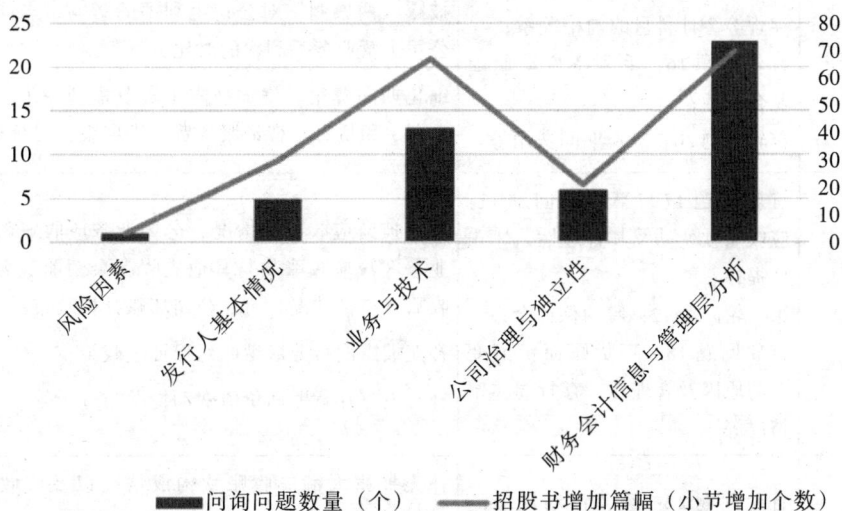

图2-2 达嘉维康招股说明书重要章节篇幅变动与补充披露问询问题数

资料来源：作者根据达嘉维康审核问询回复函与招股说明书整理。

1.财务会计信息与管理层分析

这部分的问询问题最多，招股说明书的更新内容也最多。该模块的问询集中于经营成果、资产质量分析两个部分，因此招股说明书这两节更新的内容最多，会计政策与会计估计、关键审计事项等小节也有内容增加，并且新增了财务报告审计截止日后的主要财务信息及经营状况小节。此外，招股说明书更新了部分财务数据，并增加了 2020 年上半年的财务数据披露。

具体来说，首轮问询中针对经营成果的问题有 6 个，涉及达嘉维康的收入、营业成本、毛利率、销售费用、管理费用与政府补助等内容。因此，招股说明书的上会稿在经营成果分析章节中更新了营业收入分析、营业成本分析、毛利率分析、期间费用分析、营业外收支及其他收益的变动分析。

对于资产质量，首轮问询涉及应收账款及应收票据、存货与其他应收款的相应内容，因此招股说明书的上会稿重点更新了资产质量分析章节中的流动资产构成及变化分析部分。这样一来，招股说明书的财务会计信息与管理层章节的内容更加翔实，信息披露的充分性得到提高，见表 2-4。

| 表2-4 | 财务会计信息与管理层分析问询与披露信息更新 | |
|---|---|---|
| 小节 | 相关问询 | 具体信息披露更新 |
| 经营成果 | 首轮问题12与第二轮问题6：纯销业务，DTP业务，特门服务业务收入及其合理性；<br>第三轮问题4：销售退换货；<br>首轮问题14：主营业务成本结构、主要药品采购、成本结转、存货等会计科目的勾稽关系；<br>首轮问题16：毛利率变动原因及合理性；<br>首轮问题20、21：期间费用等 | 增加披露纯销业务与调拨业务的收入分析信息、DTP药房与特门服务业务药房数量及单店收入情况；<br>增加披露了销售退换货情况；<br>补充披露主营业务成本结构，以及报告期内主要药品采购、成本结转、存货等会计科目的勾稽关系；<br>披露"两票制"对公司毛利率的影响、与同行业上市公司主营业务毛利率的对比分析；<br>细化期间费用，增加披露工资及福利费用、办公及水电费、租赁费、咨询服务费、推广服务费分析等 |
| 资产质量 | 首轮问题17与第二轮问题11：应收账款变动及其合理性，坏账计提；<br>第二轮问题12：履约保证金；<br>首轮问题18：存货账面价值变动的原因及合理性，存货周转率情况等 | 补充披露应收票据情况、分销业务应收账款情况、各业务客户应收账款与其他应收款余额前五名情况、应收账款核销情况、可比公司坏账计提政策；<br>补充披露同行业缴纳履约保证金政策；<br>补充披露存货账面价值变动情况与分析等 |
| 持续经营能力 | 首轮问题22：经营活动现金流差异与波动；<br>首轮问题24：应付账款等 | 补充披露大额应收账款构成情况以及应收账款账龄分析；<br>补充披露公司的净利润与经营活动产生的现金流量净额调节关系 |
| 新增小节 | 第三轮问题6与四轮问题4：业绩变化问题 | 新增披露财务报告审计截止日后的主要财务信息及经营状况 |
| 会计政策与会计估计 | — | 补充披露存货可变现净值确定的具体执行方法；<br>修改、补充披露收入的确认计量相关政策 |
| 关键审计事项 | — | 补充披露收入确认相关事项、应收账款减值相关事项 |

资料来源：湖南达嘉维康医药产业股份有限公司. 首次公开发行股票并在创业板上市招股说明书［EB/OL］.［2021-12-02］. http://www.cninfo.com.cn/new/disclosure/detail? orgId=gfbj0832098&announce-mentId=1211764256&announcementTime=2021-12-02.

2. 业务与技术

在业务与技术章节，招股说明书依然按照问询重点进行了更新，具体更新内容主要在"销售与采购情况""主营业务情况""行业基本情况""行业竞争情况"四个小节，新增了"主要生产经营场所环境、安全、医疗健康认证情况""重点监测药品销售情况及政策影响"两个小节，并对行业经营资质与产品质量控制的相关内容进行了小幅度更新，具体内容见表 2-5。

表2-5 业务与技术问询与披露信息更新

| 小节 | 相关问询 | 具体信息披露更新 |
|---|---|---|
| 销售与采购情况 | 首轮问题 1：商业调拨业务的销售情况；<br>首轮问题 13：客户基本情况；<br>首轮问题 15：供应商与采购基本情况；<br>第三轮问题 3：采购退货约定等 | 补充披露纯销业务、商业调拨业务前五名客户的销售情况；<br>补充披露前五大供应商的基本情况；<br>新增披露因换届选举的新任独立董事，向其担任独立董事的供应商采购的情况；<br>新增披露前五大退货供应商采购合同中的退货约定情况等 |
| 主营业务情况 | 首轮问题 3：直营药房、"特门服务"药房业务、DTP 药房的经营情况；<br>第二轮问题 7：门店数量逐年下降的原因及合理性；<br>第二轮问题 8：返利政策与变动情况等 | 补充披露"特门服务"药房业务、DTP 药房与其他综合药房的具体区别；<br>新增披露公司获得国家组织药品集中采购和湖南省抗菌药物专项集中采购情况等；<br>补充披露供应商返利类型、金额、政策、比例、合规性以及同行业情况等 |
| 行业基本情况 | 首轮问题 4：2019 年修订的《中华人民共和国药品管理法》的"两票制"、"一票制"、集中采购和零售药店分类分级管理等政策制度的影响；<br>第二轮问题 4：《全国零售药店分类分级管理指导意见》与医保支付政策的影响等 | 补充披露"两票制"下医药分销收入的影响、获得国家组织药品集中采购和湖南省抗菌药物专项集中采购的影响、全国零售药店分级管理的相关信息；<br>新增披露"一票制"和统一支付结算政策及其影响、"两票制"相关行业政策的主管单位信息；<br>补充披露我国医药流通行业相关信息、我国医药行业竞争格局等 |
| 行业竞争情况 | 首轮问题 4：竞争对手的可配送额情况，发行人的竞争优势；<br>首轮问题 28 与第二轮问题 10：发行人行业发展情况；<br>第二轮问题 3：同行业公司情况等 | 补充披露分销业务的主要竞争对手信息；<br>新增披露与客户保持长期、稳定的销售关系的有关信息；<br>补充披露同行业可比公司的比较情况等 |
| 新增小节 | 首轮问题 10：经营场所的环境、安全、医疗健康认证要求<br>首轮问题 27：重点检测药品目录与其带来的影响 | 新增披露主要生产经营场所环境、安全、医疗健康认证情况<br>新增披露重点监测药品销售情况及政策影响 |
| 经营资质 | 首轮问题 9 与第二轮问题 2：与发行人经营相关的资格证书等 | 补充披露辐射安全许可证、放射诊疗许可证信息；<br>新增披露于 2021 年年底到期的资质证书的影响；<br>新增披露申请"特门服务"、DTP 药房的条件信息 |

续表

| 小节 | 相关问询 | 具体信息披露更新 |
|---|---|---|
| 产品质量控制 | 首轮问题10：发行人对药品质量风险的合理、有效控制 | 补充披露药品购进情况质量评审管理制度、收货管理制度等；<br>新增披露公司承担的质量责任信息 |

资料来源：湖南达嘉维康医药产业股份有限公司. 首次公开发行股票并在创业板上市招股说明书〔EB/OL〕. 〔2021-12-02〕. http://www.cninfo.com.cn/new/disclosure/detail? orgId=gfbj0832098&announce-mentId=1211764256&announcementTime=2021-12-02.

### 3. 其他部分

在发行人基本情况、公司治理与独立性、风险因素的章节，更新主要集中在持有发行人5%以上股份的主要股东及实际控制人的基本情况、发行人规范运作与关联关系两个小节，以及经营风险与法律风险部分，具体见表2-6。

表2-6　　　　　　　　　　其他部分问询与信息更新

| 章节 | 小节 | 相关问询 | 具体信息披露更新 |
|---|---|---|---|
| 发行人基本情况 | | 首轮问题5：实际控制人王毅清、明晖，以及发行人董监高的基本情况与关联关系；<br>首轮问题6：发行人历史股权转让情况等 | 新增披露发行人历次认定的实际控制人情况；<br>补充披露持有发行人5%以上股份的主要股东的部分情况；<br>补充披露控股股东及实际控制人控股、参股的部分企业的注销原因与合规性等 |
| 公司治理与独立性 | 发行人规范运作 | 首轮问题11：发行人相关内部流程及药品安全生产经营内部控制措施合规性与整改效果等 | 新增披露发行人处理不合格药品和退回商品方式的合理性及合法合规性；<br>新增披露发行人报告期内商业调拨符合"两票制"规定 |
| | 关联交易 | 首轮问题2：与地方医药公司、单体药房、地方性连锁药房开展合作；<br>第二轮问题2：关联方合作等 | 补充披露向关联方销售商品情况分析，向合作的地方医药公司、单体药房、地方性连锁药房销售情况的分析；<br>补充披露租赁相关信息等 |
| 风险因素 | 经营风险 | 首轮问题28：发行人的未来发展风险等 | 新增披露新冠肺炎疫情影响公司经营活动的风险、丧失相关带量采购药品配送权的风险等 |
| | 法律风险 | — | 补充披露因合作的地方医药公司导致的潜在涉诉风险、销售过程中药品的质量风险等 |

资料来源：湖南达嘉维康医药产业股份有限公司. 首次公开发行股票并在创业板上市招股说明书〔EB/OL〕. 〔2021-12-02〕. http://www.cninfo.com.cn/new/disclosure/detail? orgId=gfbj0832098&announce-mentId=1211764256&announcementTime=2021-12-02.

经历审核问询后，达嘉维康的招股说明书的篇幅和内容都有了较大的变动，IPO信息披露的充分性得到了增强。

## 六、审核通过，注册上市

2020年7月21日，达嘉维康首次递交招股说明书以及一系列相关材料，报送深交所申请创业板上市。同年8月17日，达嘉维康开始经历首轮问询，直到2021年2月10日发行人上传上会稿，问询阶段历时七个月后结束。2021年5月28日，达嘉维康上传注册稿提交注册，最终于2021年10月26日注册生效。

注册成功后，达嘉维康进入询价与路演阶段。在与主承销商同时也是保荐机构的国金证券协商后，达嘉维康初步形成发行价格区间，并形成面向网下投资者的投资价值研究报告，于2021年11月14日对外发布询价与推介公告。该公告中提到，达嘉维康拟公开发行股票5 162.6425万股，占发行后总股本的25%；最终网下发行量为2 658.7425万股，占拟发行股数的51.50%。

在经历了网下投资者询价与申购后，达嘉维康与主承销商国金证券根据网下投资者的报价情况进行磋商，决定于2021年12月7日以12.37元/股的首发价格向市场投放股票。达嘉维康创业板IPO从审核问询到最终发行的全过程如图2-3所示。

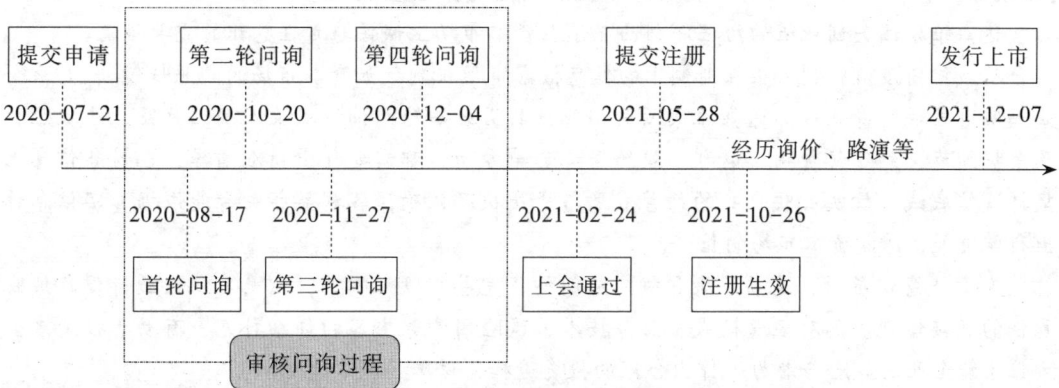

**图2-3　达嘉维康创业板IPO过程**

资料来源：作者根据深交所公开资料整理制作。

在挂牌上市当天，达嘉维康以股票代码301126向二级市场网上投放2 503.9000万股，占本次发行总量的48.50%。在此次发行中，达嘉维康募集资金总额达6.39亿元，比计划募集资金金额多出1.29亿元。在上市首日，达嘉维康的股票开盘价为26元/股，较发行价大涨110.19%，总市值超50亿元。

## 七、尾声

信息披露是注册制的核心，而保证信息披露质量的重要手段是审核问询监管机制，其是注册制IPO的特色环节。达嘉维康作为注册制改革背景下创业板IPO的排头兵之一，较为少见地经历了四轮审核问询，审核问询与答复的信息完全对外公开，审核问询制度的"黑箱"从此在大众面前打开。随着审核问询的推进，达嘉维康的申报材料也在同步更新，向市场较为全面地展示了其进行 IPO 审核问询回复的过程。

## 八、启发思考题

1. 注册制下创业板股票发行上市过程中的信息披露审核理念是什么？

2. 深交所的问询是否可以提高达嘉维康 IPO 的信息披露质量？如果是，请简要分析达嘉维康 IPO 信息披露质量提升的具体表现。

3. 试分析达嘉维康进行 IPO 审核问询回复对 IPO 定价效率的影响。

4. 结合达嘉维康 IPO 的信息披露审核过程，谈谈其能够为拟申请创业板上市的企业及其保荐机构带来哪些启示？

## 九、附录

2-1 附录

【政策思考】
### 资本市场上的诚信与责任意识

达嘉维康闯关创业板的历程深刻凸显了在资本市场上诚信与责任意识的重要性。

从诚信角度看，创业板注册制下的信息披露审核机制犹如资本市场的"照妖镜"，要求企业如实地呈现自身状况。达嘉维康闯关创业板共历经四轮问询，从收入确认政策、应收账款及票据细节，到销售费用、返利、履约保证金等方面，都需要作出精准阐释，在财务信息上坚持诚信底线，切实反映自身的经营成果与资产状况，确保各利益相关者能依据真实信息作出科学决策，维护资本市场的信任基石。

在责任意识层面，达嘉维康积极回应问询、完善招股说明书，这是其积极履行信息披露责任的直接体现。其对经营模式、业务技术、风险因素等内容的详细补充，有助于投资者全方位了解企业的风险与潜力、作出合理的投资选择，保障了投资者的权益。

企业应将诚信与责任融入企业文化中，构建完善的内控制度，确保信息生成和披露的可靠性、及时性。资本市场应健康、有序发展，而诚信与责任意识正是核心要素。

# 案例使用说明

## 一、教学目标

1. 本案例主要适用于"证券市场监管与信息披露""公司理财"等课程的教学；

2. 本案例的教学目的：

（1）使学生掌握回应性监管理论，从而理解审核问询对信息披露的监管效应；

（2）使学生了解信息披露制度，掌握信息披露的充分性、一致性与可理解性的概念与具体衡量；

（3）使学生掌握信息不对称理论与信号传递理论，了解 IPO 定价制度，从而理解审核问询制度的信息效应；

（4）为注册制下IPO的参与者以及审核问询的监管方提供建议。

## 二、思考题分析思路

教师可以根据自己的教学目标来灵活使用本案例。这里提出本案例的分析思路，如图2-4所示，仅供参考。

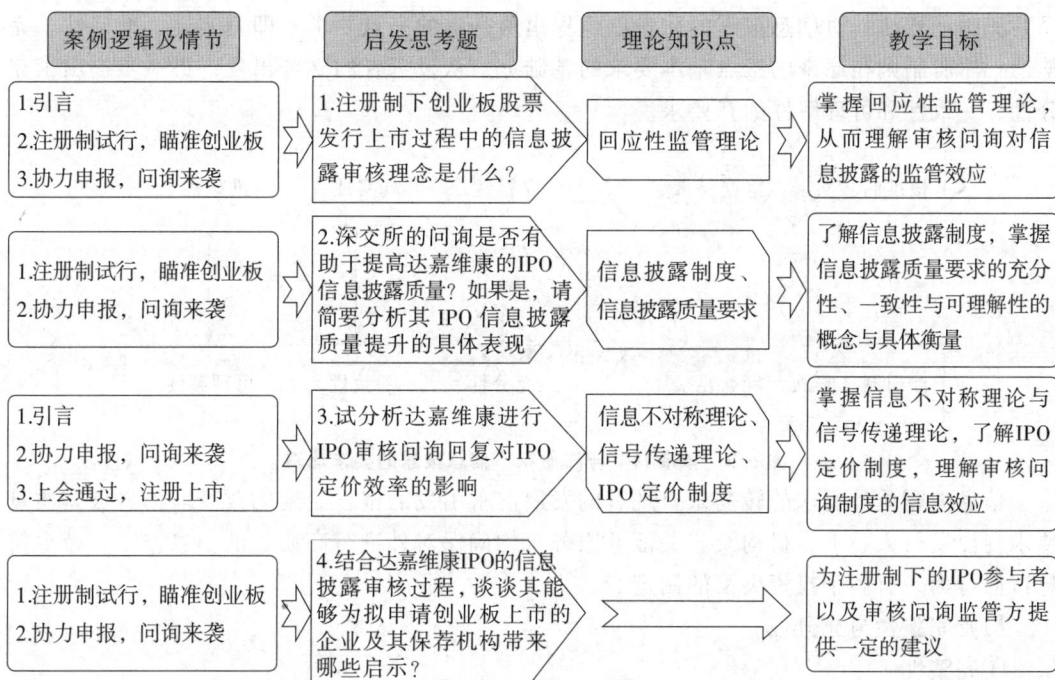

| 案例逻辑及情节 | 启发思考题 | 理论知识点 | 教学目标 |
| --- | --- | --- | --- |
| 1.引言<br>2.注册制试行，瞄准创业板<br>3.协力申报，问询来袭 | 1.注册制下创业板股票发行上市过程中的信息披露审核理念是什么？ | 回应性监管理论 | 掌握回应性监管理论，从而理解审核问询对信息披露的监管效应 |
| 1.注册制试行，瞄准创业板<br>2.协力申报，问询来袭 | 2.深交所的问询是否有助于提高达嘉维康的IPO信息披露质量？如果是，请简要分析其IPO信息披露质量提升的具体表现 | 信息披露制度、信息披露质量要求 | 了解信息披露制度，掌握信息披露质量要求的充分性、一致性与可理解性的概念与具体衡量 |
| 1.引言<br>2.协力申报，问询来袭<br>3.上会通过，注册上市 | 3.试分析达嘉维康进行IPO审核问询回复对IPO定价效率的影响 | 信息不对称理论、信号传递理论、IPO定价制度 | 掌握信息不对称理论与信号传递理论，了解IPO定价制度，理解审核问询制度的信息效应 |
| 1.注册制试行，瞄准创业板<br>2.协力申报，问询来袭 | 4.结合达嘉维康IPO的信息披露审核过程，谈谈其能够为拟申请创业板上市的企业及其保荐机构带来哪些启示？ | | 为注册制下的IPO参与者以及审核问询监管方提供一定的建议 |

图2-4　分析思路

## 三、理论依据及分析

1.注册制下创业板股票发行上市过程中的信息披露审核理念是什么？

创业板实行股票发行注册制，在此制度安排下，对发行人股票价值的判断回归市场，市场公开信息披露成为投资者决策的主要依据。因此，为了规范股票发行过程中发行人的信息披露行为，深交所发布了《深圳证券交易所创业板股票上市规则（2023年修订）》等文件以及一系列业务规则与指南，明确了注册制下深交所创业板特设互动问答的形式进行审核，从而监督发行人的信息披露、提高发行人的信息披露水平，这些文件是创业板IPO信息披露监管的重要方法。

审核问询是注册制的亮点，深交所期望站在投资者的角度在与发行人的一问一答之间让企业的真实面貌呈现于公众视野中，而最终目的是让投资人充分了解发行人的状况，进而提高IPO定价效率。

信息披露制度是指需要被公众监督的上市企业对外公开信息的规范，其要求上市企业依规定期披露经营方式、财务业务状况及面临的风险等重要信息，上报证券管理部门并对社会公众公开，从而使市场参与者对企业有更加全面的认识，减少信息不对称，保护投资者利益，提高市场配置效率。

信息披露制度体系还提出了信息披露质量要求，为信息披露的监督、使用与市场反馈提供统一的依据，从而便于投资者作出决策。信息披露质量指的是公司对外披露的信息对投资者制定投资决策的满足程度。随着时代的变迁和经济的发展，投资者的决策需求也会发生变化，信息披露质量的概念也随之发生变动。如图2-5所示，在核准制下，《中华人民共和国证券法》对信息披露的质量已经提出最基本的三点要求，即真实性、准确性、完整性；注册制则在原来的三点基本要求的基础上，从投资者的立场出发，进一步提出了充分性、一致性和可理解性的新要求。

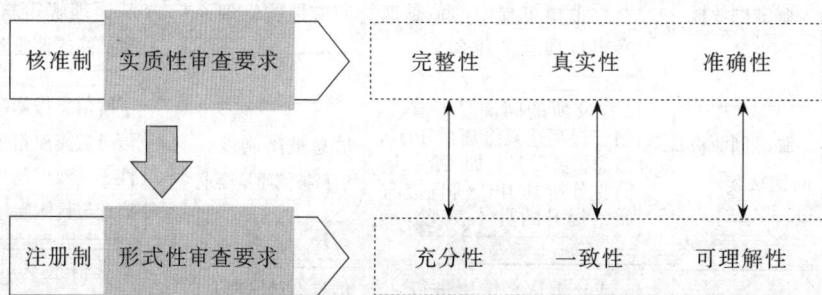

图2-5　核准制下与注册制下信息披露的要求比对

信息披露质量要求的转变来自现有的发展需求引发的审核制度的改变。信息披露质量要求促使发行人、中介机构及相关证券服务机构确保对外进行高质量的信息披露，减少信息造假行为，有利于投资决策的制定。

（1）完整性与充分性

①完整性

完整性指的是依据法律法规和相关部门的规章，上市企业不能故意隐瞒或者忽视披露重大情况，并对外公开一切有利于作出投资决策的信息。为了让上市企业披露的信息与投资者或其他信息使用者的经济决策相联系，完整性要求信息披露完整反映公司的经营绩效、财务数据、内部治理等情况，从而为投资者的投资决策提供充分的依据。内幕交易是造成资本市场信息不透明的主要原因之一，而完整性要求则通过减少信息不对称来降低上市公司发生内幕交易的概率，从而使投资者的利益得到最大程度的维护。

②充分性

充分性在完整性的基础上有了新的侧重，即在完整的信息披露的基础上，更加突出了重要性。由此可见，充分性要求兼容了信息披露的完整性，同时遵循了重要性原则。《深圳证券交易所上市公司证券发行上市审核规则》对充分性的解释同样突出了这一特点。充分性没有否定完整性，而是对完整性的进一步补充。充分性要求企业的信息披露在完整的基本前提下关注与保护投资者，要求企业站在投资者利用信息的立场上进行信息披露。

（2）真实性与一致性

①真实性

真实性要求上市企业所披露的信息不能含有虚假信息，应客观反映企业的经营状况。

信息披露的真实性是市场不断成长的第一基础，更是企业信息披露有效的先决条件。违背真实性原则的信息披露破坏了公平性，进而妨碍了市场的调节功能。

②一致性

《深圳证券交易所上市公司证券发行上市审核规则》对一致性的解释是：企业所披露的信息一致、合理且具有内在逻辑性。《深圳证券交易所创业板股票上市规则》要求上市公司所披露的内容前后逻辑统一，财务信息合理勾稽，非财务信息相互印证，信息之间不存在冲突与矛盾，并可以合理说明财务数据变化或同行业公司之间的差异。如果企业披露的信息与前期信息存在重大差异，则应当作出合理说明来充分揭示其原因。

真实性要求企业披露信息以客观事实为依据，做到真实可靠、有章可循，真实性审核属于实质性审核要求；而进一步提出的一致性要求，则主要指信息间能够相互验证，在逻辑上是统一的，没有矛盾之处。较之于真实性，一致性更多的是对内容形式的要求，亦比较契合注册制审核的重点。

（3）准确性与可理解性

①准确性

准确性要求企业向公众呈现的信息在内容上准确、没有关键性谬误，在表达上简单明了、没有歧义或误导，在格式上满足法规要求或监管部门的特定要求。准确性有两个具体要求：一是可读性，即信息披露应当便于投资者了解与使用；二是适法性，要求企业的信息披露格式符合相关的规定。

②可理解性

可理解性与准确性构成交叉关系。准确性包括适法性和可读性，其中可读性虽也有便于投资者理解、运用信息之意，但注重以恰当的方式准确呈现信息；而可理解性同样遵循重要性原则，侧重信息的可读性和简明性。《深圳证券交易所上市公司证券发行上市审核规则》要求上市公司的信息披露简明易懂，便于一般投资者阅读和理解；《深圳证券交易所创业板股票上市规则》要求上市公司的公示文件突出重点、逻辑严整，切忌使用较多的专业术语、晦涩表述以及外文缩写，避免含糊、空泛、模式化、冗余的信息表达。也就是说，可理解性要求信息披露的语言表述易于理解，并且精简篇幅、突出重点，减少了发行人借用高深的词汇或冗长篇幅蓄意掩盖或遮盖重点信息的机会，使投资者对公开信息的理解更准确。

2. 深交所的问询是否可以提高达嘉维康 IPO 的信息披露质量？如果是，请简要分析达嘉维康 IPO 信息披露质量提升的具体表现。

（1）理论依据

证券交易所向上市公司发放问询函通常意味着公司的信息披露不规范，从而期望通过发函的形式督促企业改善并加强对外的信息披露。回应性监管理论揭示了审核问询机制对信息披露的监管效应的内在机制。回应性监管理论于 20 世纪 90 年代初被提出，该理论以监管行为的主体、内容和方式进行积极变革为基础，通过强调监管过程中各参与方之间的互动来提高监管有效性，是世界监管治理领域影响广泛的理论之一。

回应性监管理论主要有三个层次的含义：

一是对命令控制性质较强的强监管模式表示批判。回应性监管理论认为，监管不能过分倚重法规和一刀切式地采用处罚，而应当根据被监管主体的具体状况与相关特点有针对性地实施监管方法。

二是鼓励多元化监管方法与监管主体。具体来说，监管方法不只有硬性的强制执行，还有相对软性的方式，诸如称赞鼓励或批评教育等；监管主体不只有单一的政府主体，也可以由中介机构等其他组织形式来担任。这意味着，政府可以将资源重点放在规范其他监管主体的意识上，发展其能力，从而使其发挥监管功能，塑造多元角色共同监管的格局。

三是通过"协商"的方式进行监管。监管机构在与被监管者的协商对话中认识到后者的具体特征，依据这些特点采用对应的劝说或指导方法，让被监管主体朝着监管者所期待的方向转变。

（2）案例分析

注册制下企业 IPO 的审核以信息披露为核心，夯实各方主体的信息披露责任，追求市场信息透明化。IPO 审核问询则是注册制下 IPO 审核制度的特色手段，旨在通过回应性监管的方式一问一答地在市场投资者面前展示企业的真实面貌。

为此，深交所在问询过程中严格遵循信息披露审核质量要求，在关注信息披露的真实性、准确性和完整性的同时，进一步提出了充分性、一致性、可理解性的要求，通过与发行人的问答互动，引导发行人在证交所引导的方向提高其信息披露质量。对于发行方而言，其出于监管压力，在收到证交所的问询函后，会针对问询侧重点对自身的 IPO 文件信息进行更新，从而为投资者作出投资判断与决策提供优良的信息基础。

在实际操作过程中，达嘉维康在每一轮问询后发出审核问询回复函的同时会更新招股说明书。值得关注的是，其大多数问询答复会明确提及在招股说明书的对应章节进行了补充披露，这在更新的招股说明书中也得到体现。上述步骤一直持续到审核问询阶段结束。

此外，审核问询过程强化了发行人和中介机构的信息披露意愿：发行人作为 IPO 的核心主体自然希望上市成功，而中介机构作为 IPO 项目的最强辅助也需要维持自身的声誉与业绩。证交所发出问询函会激励发行人与中介机构尽善尽美地按照证交所的要求披露信息。这样一来，就将发行人与中介机构从被监管的客体逐步塑造成自我监管、相互督促的监管主体，从而实现多元监管主体共同促进 IPO 信息披露的局面。具体来说，中介机构有履行下述职责的意愿：保荐机构负责对事前风险进行防控与核查、对 IPO 质量进行把关、监督 IPO 的信息披露质量，是 IPO 工作的核心机构，承担着"看门人"的监管职责；承销商在 IPO 过程中主要承担尽职调查、证券估值、推销股票三项职责；会计师、律师作为提供专业财务与法律服务的机构，负责对发行人的财务与法律相关内容进行核查，并出具专业意见报告。总的来说，证交所问询强化了发行人与中介机构进一步披露信息的意愿，塑造了多元监管主体的局面，进而从源头促成发行人 IPO 信息披露质量的提高。

基于上述原因，在深交所的回应性监管下，达嘉维康的 IPO 信息披露质量得到了有效提高。IPO 审核问询对 IPO 信息披露的影响路径如图 2-6 所示。

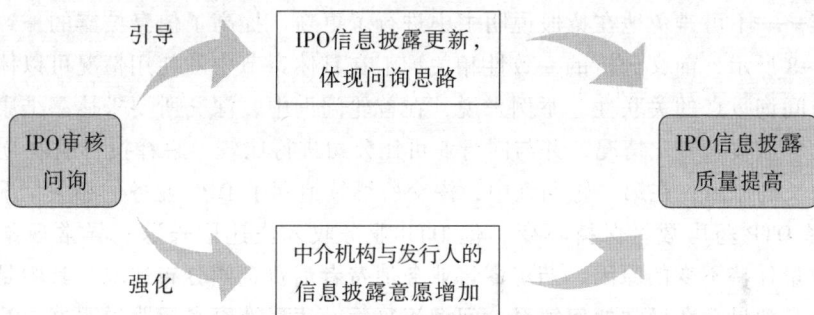

图2-6　IPO审核问询对IPO信息披露的影响路径

深交所进行审核问询后，达嘉维康 IPO 信息披露质量提升的具体表现如下：

①达嘉维康 IPO 信息披露的一致性提升

一致性要求发行人所披露的内容前后逻辑统一、财务信息合理勾稽、非财务信息相互印证、信息之间不存在冲突与矛盾，并可以合理说明财务数据变化或同行业公司之间的差异。发行人在招股说明书等文件中会使用"依据""核算"等词汇体现财务信息的一致性；采用"差异""同行业"等词汇体现数据变动或同行业差异的合理性。基于此，可以对比这些一致性相关词汇在达嘉维康各个版本的招股说明书中的使用频率，以此分析其IPO 信息披露一致性水平的变化，如图 2-7 所示。

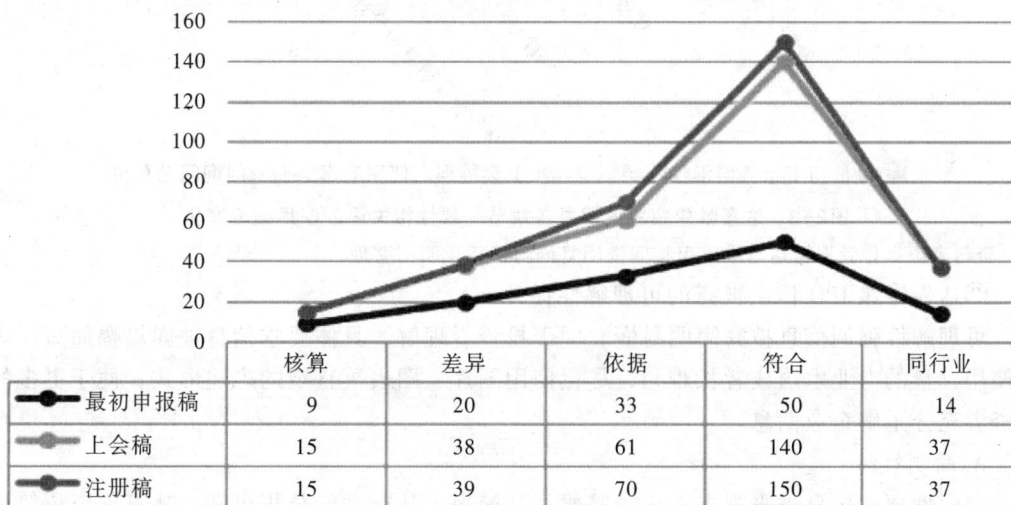

| | 核算 | 差异 | 依据 | 符合 | 同行业 |
|---|---|---|---|---|---|
| 最初申报稿 | 9 | 20 | 33 | 50 | 14 |
| 上会稿 | 15 | 38 | 61 | 140 | 37 |
| 注册稿 | 15 | 39 | 70 | 150 | 37 |

图2-7　达嘉维康招股说明书一致性相关词汇使用频率变化

资料来源：湖南达嘉维康医药产业股份有限公司.首次公开发行股票并在创业板上市招股说明书〔EB/OL〕.〔2021-12-02〕.http://www.cninfo.com.cn/new/disclosure/detail?orgId=gfbj0832098&announcementId=1211764256&announcementTime=2021-12-02.

由图 2-7 可知，在被审核问询后，达嘉维康更新招股说明书时大幅增加了一致性相关词汇的使用频率。这意味着达嘉维康招股说明书在财务数据勾稽、非财务信息与财务信息互相印证等方面的信息披露质量均有所提升，其 IPO 信息披露一致性得到提高。

另外，一致性要求也体现在深交所的问询中。达嘉维康在问询答复过程中，会针对一致性涉及的信息在招股说明书中进行补充。被问询的重点部分——财务会计信息、业务与技术等内容——不可避免地在招股说明书中进行了更新，提高了信息披露的一致性水平。

如图 2-8 所示，前文分析的一致性相关词汇在具体章节中的使用情况可以体现一致性水平提升与问询重点的关联性。举例来说，在首轮问询中，深交所要求达嘉维康补充披露 DTP 业务的单店收入变化情况，并与同行业可比公司进行比较，解释报告期内 DTP 业务收入大幅度增长的原因；在第二轮问询中，深交所继续追问了 DPL 业务的相关情况，要求达嘉维康解释 DTP 药房数量保持不变，但 DTP 业务收入快速增长这一异常现象，并披露 DTP 药房数量保持不变的原因、药房零售业务消费者消费金额分布情况、其中是否存在异常情况，以及如果存在异常如何解释。问询答复后，达嘉维康在招股说明书中补充了 DTP 药房的相关信息，解释了 DTP 业务收入与总营业收入之间的勾稽关系，从而提高了招股说明书信息披露的一致性。由此可见，审核问询有助于发行人提高信息披露的一致性。

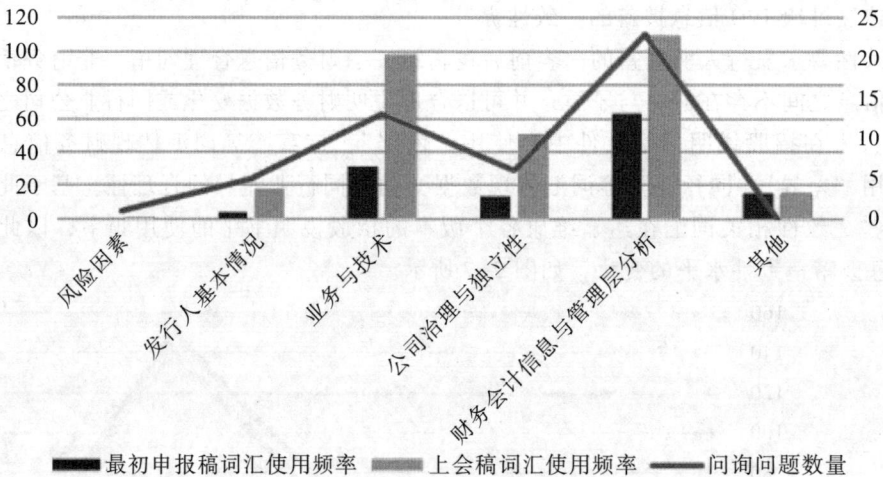

图2-8　达嘉维康招股说明书各章节一致性相关词汇使用频率变化

资料来源：作者根据达嘉维康审核问询回复函与招股说明书整理。

②达嘉维康 IPO 信息披露的可理解性提升

可理解性强调信息披露简明易懂、便于投资者理解，具体要求信息披露篇幅简短、避免使用大量的专业术语或者长难句，尽量使用图片、图表等直观的表述形式，便于更多的投资者充分了解企业信息。

A. 简明性

简明性要求信息披露观点精炼、篇幅尽量简短。从前文的分析可知，达嘉维康招股说明书上会稿比最初版本的申报稿更新了 194 页，约占总篇幅的 33.92%。但实际上，达嘉维康上会稿更新前的四版问询回复稿，包括发行人、保荐机构、会计师与律师的全部答复稿，共计 1 547 页，招股说明书仅补充了问询回复内容的 12.54%。这意味着，发行人在对 IPO 信息披露修订的过程中，遵循了重要性原则，从而提高了 IPO 信息披露的可理解性。同时需要关注的是，达嘉维康的招股说明书更新虽然遵循了重要性原则，但在篇幅上可以进一步精简。也就是说，达嘉维康的 IPO 信息披露的可理解性依然有可以提高的空间。

B. 可读性

可读性要求表述避免使用晦涩的专业词汇，尽量使用图片、图表等直观形式披露。为表现审核问询对达嘉维康IPO信息披露可读性的影响，下文对达嘉维康招股说明书的专业词汇含量以及图表数量进行具体分析。

**减少专业词汇的使用频率。** 大量使用专业术语势必增加阅读的难度。会计术语是招股说明书中使用较多且最为重要的通用专业术语，但对于大多数阅读者，尤其是不具备专业背景的阅读者来说，会计术语在招股说明书中的使用频率会很大程度地影响到信息的可读性。达嘉维康招股说明书中的会计术语使用频率见表2-7。

表2-7　　　　　　　　　　达嘉维康招股说明书会计术语使用情况对比

| | 最初申报稿 | 上会稿 | 注册稿 |
|---|---|---|---|
| 会计术语数量 | 3 735 | 4 997 | 5 385 |
| 完整句 | 2 176 | 3 309 | 3 474 |
| 平均每句含有的会计术语 | 1.72 | 1.51 | 1.55 |

资料来源：湖南达嘉维康医药产业股份有限公司．首次公开发行股票并在创业板上市招股说明书［EB/OL］．［2021-12-02］．http：//www.cninfo.com.cn/new/disclosure/detail? orgId=gfbj0832098&announce-mentId=1211764256&announcementTime=2021-12-02.

由表2-7可知，经过审核问询后，达嘉维康招股说明书上会稿中的会计术语使用频率明显下降。与上会稿相比，注册稿中平均每句含有的会计术语个数有所回升，但幅度较小，基本维持上会稿的水平。整体来看，达嘉维康更新后的招股说明书中平均每句含有的会计术语个数明显减少，降低了IPO信息披露文件的专业化程度，从而更利于读者理解。

**增加图表表达。** 相较于单纯的文字表述，图表带来的效果更加直观，也更容易理解。在不同阶段达嘉维康公开的招股说明书的图表使用频率如图2-9所示。

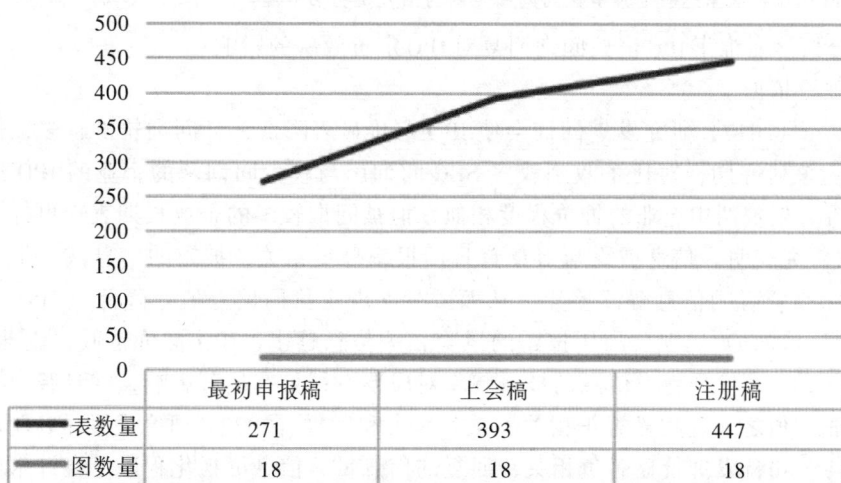

| | 最初申报稿 | 上会稿 | 注册稿 |
|---|---|---|---|
| 表数量 | 271 | 393 | 447 |
| 图数量 | 18 | 18 | 18 |

图2-9　达嘉维康招股说明书的图表使用频率统计

资料来源：湖南达嘉维康医药产业股份有限公司．首次公开发行股票并在创业板上市招股说明书［EB/OL］．［2021-12-02］．http：//www.cninfo.com.cn/new/disclosure/detail? orgId=gfbj0832098&announce-mentId=1211764256&announcementTime=2021-12-02.

由图 2-9 可知，达嘉维康的招股说明书随着版本的更新，使用的表格数量逐渐增加。通过折线的走向可以看出，上会稿对图表的使用频率增势最为迅猛，这也是达嘉维康经历深交所审核问询后信息披露变动的最直观体现，注册稿在上会稿的基础上再次增加了图表数量。

并且，达嘉维康招股说明书上会稿对表格使用的增加与证交所的审核问询明显挂钩，图表的增加主要集中在问询的重点篇章，即财务会计信息与管理层分析、业务与技术、发行人基本情况等章节，如图 2-10 所示。这就意味着，审核问询确实促进了达嘉维康招股说明书可读性的提升，也使其 IPO 信息披露的可理解性得到了提升。

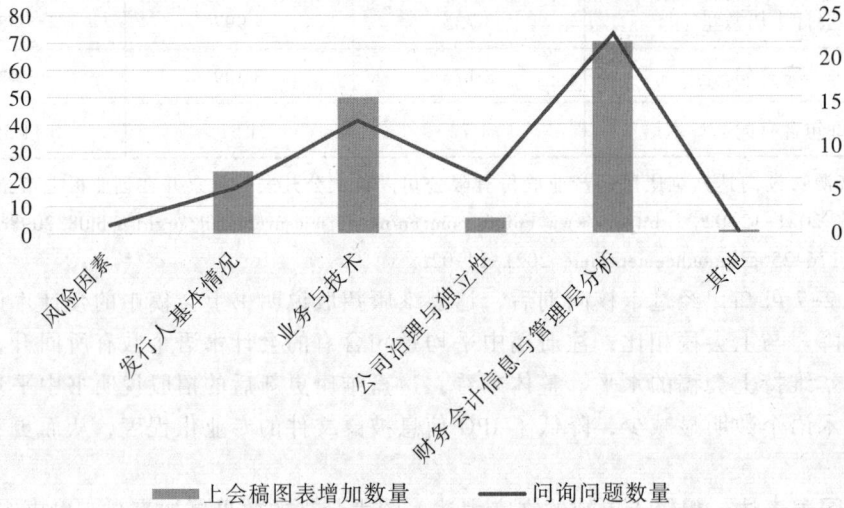

图2-10　达嘉维康招股说明书图表使用在各章节的增加情况

资料来源：作者根据达嘉维康审核问询回复函与招股说明书整理。

3.试分析达嘉维康 IPO 审核问询回复对 IPO 定价效率的影响。

（1）理论依据

Li 和 Liu（2017）研究发现问询会使 IPO 定价显著降低，且问询轮次越多，价格降低幅度越大。该研究同样对比了收到较多 SEC 问询函与较少问询函的企业的 IPO 抑价程度和长期表现，发现两组企业的抑价程度相似，但被问询较多的企业长期表现更好。徐光鲁（2018）的研究表明，信息披露与 IPO 首日回报率呈负相关，披露的信息减少了一级市场和二级市场投资者的信息解读差异，从而减少两者定价的偏差值，降低了 IPO 首日回报率。姚颐等（2016）发现公司所披露的风险相关信息越多，IPO 抑价越低，流动性越强。傅传锐等（2019）发现智力信息的披露频率对股票发行价有显著影响，并且智力资本信息披露与企业市值之间存在显著正相关关系。薛爽和王禹（2022）研究发现，IPO 审核问询回复质量与公司首发抑价显著负相关，回复的信息量、信息可视化程度、会计术语密度均会对首发抑价程度产生影响，公司研发投入作为中介变量也会作用到回复质量对首发抑价的影响上。胡慧娟等（2023）研究发现，上市公司的信息披露可以提高一级市场 IPO 定价效率。韩鹏和沈春亚（2017）研究发现研发信息披露的数量与质量是影响创业板 IPO 抑价的重要影响因素，这是因为机构投资者对研发信息的解读能力不足，致使披露水平越高，定价效率越低。

审核问询影响 IPO 定价效率的相关理论有：信息不对称理论、信号传递理论以及 IPO 定价制度等。

①信息不对称理论

信息不对称理论，是斯宾塞基于劳动力市场模型提出的。该理论认为信息的不对称导致了市场交易双方收益和风险的非对称分布，具体表现为经济活动过程中各个主体获得的信息存在差距，全面占有资料方将常居优势地位，而信息获取较少者居于劣势地位。在我国现有的市场条件下，信息不对称现象常见于各市场主体与市场运行过程中，导致了市场交易中双方利益的不平衡，影响了社会公平，降低了市场资源配置效率等。

按照信息经济学的观点，在交易时间上，可以把信息的不对称划分为事前的信息不对称和事后的信息不对称。事前信息不对称，是指成交前交易参与者掌控的信息存在不均衡，而这种信息不均衡来源于交易双方的信息来源不足或过分依赖。优势方能够事先作出利己决策，从而出现逆向选择。因此，事前信息不对称对市场效率有着极大的影响，甚至可能致使整体市场崩塌。事后信息不对称，是指成交后交易参与各方的信息掌控存在着不均衡，信息缺乏的一方不能及时得到有用的信息，而信息有利者会采取某些为前者带来损害但利己的做法，自此出现道德风险。由于我国现有证券市场机制不完善，信息不透明程度较高，投资者缺乏对证券价格进行估测的必要信息，从而加剧了证券市场上的逆向选择与道德风险问题，而解决上述问题的最好办法就是促使发行人对外披露更多真实、充分、及时的信息。

②信号传递理论

信号传递理论以信息不对称为先决条件，认为一些经济活动或市场行为可以看作一种传递到市场的信号，它们具有一定的信息含量，相关者可依据该信息而制定新的决策。而为了使投资者更清晰地了解（拟）上市企业的真实经营状况，监管者通常会向市场发出一系列具有倾向性的问询函件，引起广大投资者的注意，同时希望企业能够及时解释监管者及投资者的疑惑。依据信号传递理论，监管方就具体问题对（拟）上市企业发放问询函，传达了监管者对于企业潜在风险的重视，也增加了一份对利益相关者有用的有关企业特质的资料。也就是说，审核问询行为本身就意味着信息增量。另外，问询函发放公告与问询函回复公示本身也是一种公开信息披露，在当今互联网信息飞速传递的时代背景下，公示行为将迅速地进入公众视野，从而引起相关主体的广泛关注，影响投资决策行为。因监管问询函的种类不一、内容各异，所以不同函件传达的信号也不一样，理性投资者将视公示内容、问题性质、提问多少而作出最终决策。

总而言之，无论是交易所的发函，还是企业的回函，都给市场参与者传递了一定的信号，投资者基于上述资料作出相应的公司价值判断，投资决策与交易行为也随之发生转变。

③IPO 定价制度

按照相关规定，首次公开发行股票时，股票发行价格可在询价后制定，也可以通过自行协商直接制定。创业板股票首次公开发行，通过向网下投资者进行询价来制定发行价格，可先进行初步询价，再决定发行价格，还可在初步询价后决定发行价格区间，再由累积投标询价决定发行价格。根据《股票上市规则》的规定，创业板上市公司应当采用网上竞价交易模式进行新股发行，并要求网上竞价交易中的询价由券商、基金管理公司或保险公司等专业机构投资者参与。值得一提的是，询价对象仅限于证券、基金、期货、信托、保险等专业机构投资者（也叫作"网下投资者"）。

询价定价方式的主要步骤为：

A. 主承销商披露询价及推介公告，创业板公司向网下投资者披露投资价值研究报告；

B. 主承销商及发行人对投资者进行现场或互联网路演推介；

C. 投资者基于对外披露文件、路演等，了解企业信息，从而对其进行总体估值，并通过网下发行电子平台提交报价单，包括申购价格和申购数量；

D. 承销商和发行人根据投资者的报价情况，剔除部分无效报价和高报价，确定一个发行价格。

创业板通过询价方式定价的步骤如图 2-11 所示。

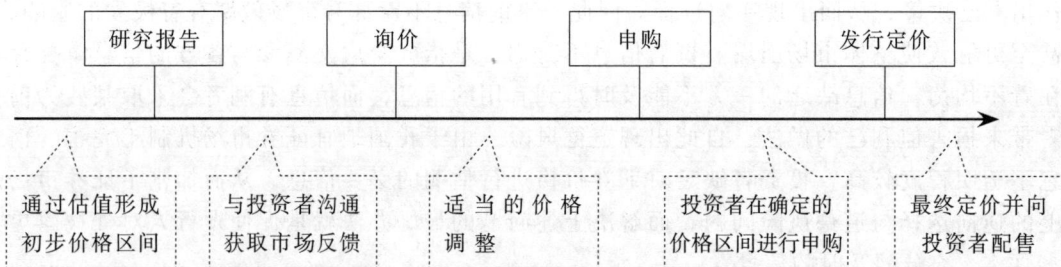

| 研究报告 | 询价 | 申购 | 发行定价 |
|---|---|---|---|
| 通过估值形成初步价格区间 | 与投资者沟通获取市场反馈 | 适当的价格调整 | 投资者在确定的价格区间进行申购 | 最终定价并向投资者配售 |

**图2-11  创业板通过询价方式定价的步骤**

首次公开发行股票若采用直接定价方式，则全部向网上投资者发行，不进行网下询价和配售。

（2）案例分析

IPO 定价效率的合理性取决于二级市场投资者的非理性投机行为是否严重、市场资源配置情况是否合理。只有发行人理性定价、充分披露信息，二级市场的投资人才能获知拟上市企业的真实情况，从而接近企业的真实估值，作出理性投资抉择，这对我国资本市场的资源合理配置、平稳良好运行十分重要。

①定价合理性的确定

根据现行规定，创业板股票发行上市的定价方式有询价和直接定价两种。达嘉维康在创业板发行上市采取的定价方式为询价定价。在询价对象上，深交所规定只有 7 类机构投资者可以作为询价对象，个人投资者没有作为询价对象的资格。选择专业水平更高、投资素养更好、风险承受能力更强的机构投资者作为询价对象，旨在加强询价定价的专业性和合理性，而机构投资者在承销商与发行人确定的询价区间内进行的报价影响着后续承销商与发行人的定价，进而形成一个完整的询价定价流程。

**机构投资者。**在达嘉维康的 IPO 定价过程中，机构投资者起到提供报价，从而影响最终发行定价的作用。基于信号传递理论，IPO 审核问询公开的过程引发了市场关注，尤其是专业水平相对较高、投资感知度敏锐的机构投资者的关注。IPO 审核问询中的信息披露及其带来的对信息披露的治理效应，即达嘉维康 IPO 的信息披露更新，能够被机构投资者敏感地捕捉到，机构投资者也因此能更深入地了解拟发行人的真实情况。上述过程将很大程度地减少发行人与机构投资者之间的信息不对称，从而使机构投资者在达嘉维康注册成功后的询价环节能够提供更接近企业真实价值的报价，在一级市场机构投资者跟投的定价水平也得到了提高。

**承销商。** 承销商与发行人为机构投资者制定询价区间，并且是达嘉维康最终发行定价的决策者之一。由于承销商承担着达嘉维康首发定价与上市发行的重要工作，基于信号传递理论，IPO审核问询的公开势必会引起其注意。国金证券既是达嘉维康的主承销机构，也是其保荐机构，执行对达嘉维康的核查程序，但是其作为拟发行人的外部利益关系者，与发行人之间依然存在着信息壁垒（拟发行人或许会隐瞒不利业绩和相关关联关系等投资不利信息）。深交所对达嘉维康进行审核问询，达嘉维康公开对审核问询的答复，促使承销商与拟上市企业之间的信息不透明程度降低，对承销商与拟发行人制定合理询价区间与后续决定首发价格起到重要作用。

总而言之，达嘉维康的IPO审核问询环节，使机构投资者能够更加了解拟上市公司，进而在询价环节提供相对合理的报价，有助于承销商与拟上市公司更合理地定价。

②IPO发行首日价格表现

在公司发行上市之前，二级市场的投资者难以获取IPO公司的相关信息，事前信息披露能够缓解市场信息不对称问题，通过影响二级市场投资者的决策行为影响IPO的定价效率。

达嘉维康对审核问询进行公开回复，当然也会将信号传递给二级市场投资者。二级市场的个体投资者占比高，相较于机构投资者而言，其投机心理相对较强，整体专业水平较低，获取消息的内部渠道也不多，因此与发行人的信息壁垒更厚。深交所对发行人进行审核问询，发行人对审核问询进行公开答复，在对IPO信息披露予以调整的同时，还向投资者进行信号传递，再加上审核问询监管创造了更好的信息环境，因此投资者对达嘉维康的经营情况有了更多的了解，从而能够作出及时有效的判断。二级市场投资者以更接近企业真实价值的价格进行投资，将促使交易价格与企业价值的偏离程度降低，从而提高达嘉维康的IPO定价效率。

因此，IPO定价效率同时受机构投资者、承销商与发行人的定价端，以及二级市场投资者的交易端，两个层面的影响，具体影响机制如图2-12所示。

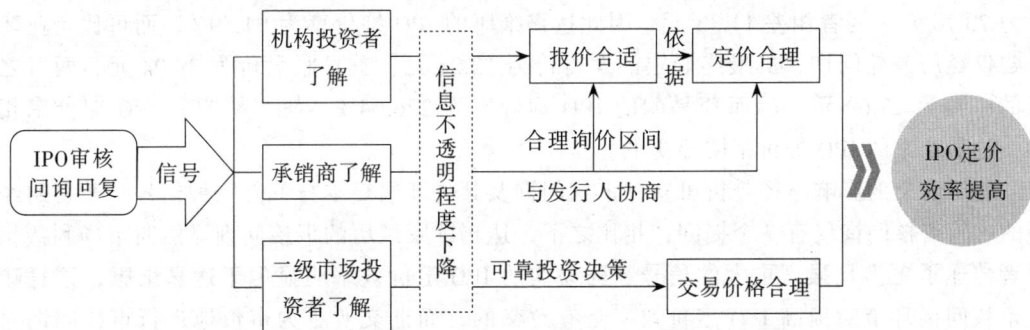

图2-12 审核问询对发行人首发定价效率的影响机制

资料来源：作者根据相关理论与制度背景制作。

③达嘉维康的IPO定价效率

基于前文的理论分析，本文使用IPO抑价率来度量IPO定价效率，通过二级市场新股定价（收盘价）与一级市场发行估值（发行价）的差额与发行价之比计算得到IPO抑价率指标。

通过查询资料，筛选出同属于创业板从事医药批发与零售业务的四川合纵药易购医药股份有限公司作为可比公司。

达嘉维康与可比公司的基本情况见表2-8。

表2-8 达嘉维康与可比公司的基本情况

| 企业简称 | 上市板块 | 审核问询 | 发行时间 | 业务架构 | 营收规模 |
|---|---|---|---|---|---|
| 达嘉维康 | 创业板 | 四轮审核问询 | 2021-12-07 | 湖南省区域性企业，药品批发为主 | 25.92亿元（2021年年报） |
| 药易购 | 创业板 | 一轮审核问询 | 2021-01-27 | 四川省区域性企业，药品批发为主 | 34.01亿元（2021年年报） |

资料来源：作者根据深交所公开数据整理。

通过对比药易购的IPO抑价率与达嘉维康的IPO抑价率来判断达嘉维康IPO定价是否合理、投资者是否获取了足够的信息从而给出合适的交易价格，以及达嘉维康在二级市场的IPO定价效率。

达嘉维康与可比公司的IPO抑价率见表2-9。

表2-9 达嘉维康与可比公司的IPO抑价率

| 企业简称 | 审核问询情况 | 发行价 | 首日收盘价 | 收盘与发行差额 | IPO抑价率 |
|---|---|---|---|---|---|
| 达嘉维康 | 四轮审核问询 | 12.37 | 23.70元 | 11.33元 | 91.59% |
| 药易购 | 一轮审核问询 | 12.25 | 39.94元 | 27.69元 | 226.04% |

资料来源：作者根据新浪财经相关数据整理。

由表2-9可知，达嘉维康经历四轮审核问询，最终确定发行价为12.37元，首日收盘价为23.70元，两者相差11.33元，因此达嘉维康的IPO抑价率为91.59%；而可比企业药易购仅经历一轮问询，其最终确定的发行价为12.25元，首日收盘价为39.94元，两者之间的差额为27.69元，因而药易购的IPO抑价率为226.04%。与药易购的IPO抑价率相比，达嘉维康的IPO抑价率明显更低。

基于前文的影响路径分析可知，审核问询及其公开回复本身就是一种信号。药易购经历的一轮审核问询仅有7个提问，相比之下，达嘉维康经历的审核问询显然向市场利益相关者传递了更多且强度更大的信号。药易购的IPO定价效率明显劣于达嘉维康，这意味着审核问询环节对提高IPO定价效率是有意义的，而证交所更为审慎地进行审核问询对于IPO定价效率的优化是有影响的。

4.谈谈达嘉维康IPO的信息披露审核过程能够为申请创业板上市的企业及其保荐机构带来哪些启示。

（1）发行人自身层面

①发行人要明确上市的目的

发行人需要明确自身情况，了解企业的真实需求，进而作出上市的决定。发行人不可寄希望于财务包装、抱有侥幸心理；否则，无论IPO成功还是失败，均会消耗大量成本，并产生其他风险，如披露虚假信息或者发生财务舞弊等，这对公司的长远发展是不利的。

②发行人在作出上市决策后要坚定发行意志

证交所要求IPO企业披露至少前三年的信息，向证交所提交申报材料后的审核周期也超过一年，本案例中的达嘉维康的审核过程就历经一年半。在这么长的时间内，发行人需要明确上市目标、坚定上市决心，不断改进企业自身的经营情况以达到上市条件，同时在申请发行上市的过程中不断提高信息披露水平。

③发行人要主动、积极地进行信息披露，端正自身态度，紧跟证交所审核节奏

深交所对达嘉维康提出的问询，是基于达嘉维康提交的申报材料与后续申报材料的信息更新，因此，发行人在申报材料中的主动信息披露至关重要。在撰写招股说明书等IPO信息披露材料时，发行人应当端正自身的态度，积极主动地对外披露企业的真实情况，严肃对待证交所发出的问询函，不可持有投机心理，紧跟证交所的审核节奏持续披露企业信息，从而提高发行人IPO信息披露的质量。

（2）中介机构层面的启示

①中介机构要对发行企业进行质量把关

企业自身的质量是发行人能否发行上市的关键条件，而是否扶植拟上市企业走上IPO的道路取决于中介机构对发行人的质量判断。只有达到以下三个条件，中介机构才能接受企业的IPO意愿，帮助其进入IPO项目流程：第一，中介机构认为企业具有实力与潜力；第二，通过至少3年的辅导与培训，企业可以达到创业板的上市条件并且后续发展可观；第三，包含保荐机构、会计师事务所与律师事务所在内的中介机构都认可企业具有发行上市的条件。由此可见，中介机构对发行上市企业的筛选要负责，对于抱有投机心理的企业，中介机构必须严格把关，从而推进市场信息透明化，促进资本市场良好发展。

②中介机构要对发行人的信息披露质量严格把关

拟上市企业的申报材料基本是在中介机构的指引下完成的，因此中介机构对信息披露质量标准的把控尤为重要。这牵扯到中介机构两个层面的问题，即对证交所信息披露标准的了解与中介机构自身的职业能力。中介机构对证交所的信息披露质量要求越了解，对发行人IPO信息披露重要性的把控越准确，应对证交所的审核问询就越有针对性，对发行人最终披露信息的质量提升就越大；另外，中介机构的职业水平越强，主观上对拟上市企业的IPO信息披露的质量要求越高，所产生的结果也越好。因此，中介机构要充分重视监管方对企业IPO信息披露质量的要求，并尽可能提高自身的职业能力，提高发行人IPO信息披露的质量。

③承销商同时作为保荐机构，其监督责任重大

承销商也是 IPO 市场中的重要参与者，影响着 IPO 的最终定价。但是，承销商的佣金是根据募集资金的比例抽成，意味着承销商的收入取决于发行人上市后募集的资金规模，也就是说，发行人能否上市成功以及新股的发行价格对承销商而言至关重要。这就导致了承销商有动机为了实现短期收益，而对发行人进行财务包装，影响发行定价水平。

为了减少承销商的投机行为，注册制设计了承销商跟投制度。深交所创业板则仅对未盈利企业、存在表决权差异安排企业、红筹企业以及发行价格（或者发行价格区间上限）超过中位数和加权平均数孰低值的四类企业实施承销商跟投制度，要求跟投主体使用自有资金认购发行人 IPO 股数的 2% 至 5%，并且设定 2 年的跟投锁定期。承销商跟投意味着承销商的收入不仅来自承销抽成，还有锁定期满后的跟投股票收益。承销商跟投制度旨在构建以保荐业务为中心的共同担责体系，改变承销商以往"赚快钱"的投机主义行为，使承销商在拟上市公司 IPO 过程中既承担承销业务，也扮演股东的角色，进而在发行定价上能够理性客观，更好地平衡投资者与发行人的利益。由于跟投制度对 IPO 定价有正面的促进作用，可以考虑在创业板全面普及该项制度，甚至可以考虑在 A 股市场进行推广。

## 四、关键要点

（一）关键点

掌握回应性监管理论，从而理解审核问询对信息披露的监管效应；了解信息披露制度，掌握信息披露质量要求的充分性、一致性与可理解性的概念与具体衡量；掌握信息不对称理论与信号传递理论，了解 IPO 定价制度，从而理解审核问询制度的信息效应；为注册制下的 IPO 参与者以及审核问询监管方提供一定的建议。

（二）关键知识点

1.信息披露制度。

2.IPO 信息披露质量要求。

3.回应性监管理论。

4.信息披露的充分性。

5.信息披露的一致性。

6.信息披露的可理解性。

（三）关键能力点

1.综合分析能力。

2.逻辑思考能力。

3.发现问题、解决问题的能力。

# 案例3　奥马电器：股权质押融资困境①

## 【学习目标】

通过本案例的学习，您应该：①理解奥马电器股权质押对其股权与负债结构的影响；②剖析其利润表在金融业务扩张及困境下收入、成本、利润的剧烈波动；③理解股权质押如何影响现金流量表中筹资、投资和经营现金流的走向，思考企业财务的动态演变。

## 【关键词】

股权质押　融资困境　企业价值　机理研究

# 案例正文

## 一、引言

2021年，受金融阴霾笼罩的"冰箱出口大王"奥马电器因被TCL多次增持收购而受到了资本市场的关注。以冰箱起家并发展壮大的企业缘何受累于金融业务？回顾它的发展史，众人不禁唏嘘不已。

早些年，蔡拾贰另起炉灶创立了奥马冰箱，公司代工生产的冰箱远征欧洲，超越海尔、美的、海信等龙头企业成为国内最大的冰箱ODM生产基地，连续十多年成为中国冰箱出口冠军，并在发展的过程中逐渐创立了自有品牌"Homa"。

2012年，奥马电器于深交所成功上市，成为2000年以来冰箱制造业的首家上市公司。然而，奥马电器在2015年10月28日迎来了历史性的转折。当天，赵国栋通过与创始团队签订股权转让协议成为奥马电器的新控股股东。奥马电器的战略定位随即从"从一而终制冰箱"转变为"冰箱+金融"双主业发展。

在有着丰富金融经验的赵国栋的带领下，奥马电器一路举债、高歌猛进，设立了30多家金融科技企业，投资金额超过71亿元，实现了金融版图的快速膨胀，成为小有名气的互联网金融公司。但是，极致扩张的背后是偏激的融资方式，公司在4年间累计质押比例值达到90%以上，共循环质押24次。

融资方式如此之多，为什么奥马电器偏要采取如此高频率和高比例的股权质押呢？在股权质押融资方式的支持下，奥马电器的跨界发展是否一帆风顺？是什么引发了众人的慨叹呢？

---

① 本案例由湖南大学工商管理学院的蒲丹琳、林越、冉曲撰写，作者拥有著作权中的署名权、修改权、改编权。本案例授权中国管理案例共享中心使用，中国管理案例共享中心享有复制权、修改权、发表权、发行权、信息网络传播权、改编权、汇编权和翻译权。本案例只供课堂讨论之用，并无意暗示或说明某种管理行为是否有效。

## 二、一马当先：冰箱出口蝉联第一

（一）闻名冰箱业

2002 年，冰箱行业的老兵蔡拾贰满怀一腔热血，带着原容声、科龙冰箱的管理团队和技术来到珠三角地区的中山市另起炉灶，创立了奥马品牌，决心在冰箱行业奋斗到底。彼时，冰箱市场由海尔、美的等龙头企业瓜分，行业利润薄如刀片，平均利润率不足 4%，面对品牌和渠道的进入障碍，奥马冰箱该如何跨越呢？

创始人之一的姚友军表示，做自有品牌才是未来的方向。从 2006 年开始，奥马冰箱开始关注自身品牌建设。起初他们通过出口和 ODM 业务进行资金和人才积累，逐步建设自己的营销队伍和销售渠道，然后慢慢减少国内 ODM 业务，提高自有品牌"Homa"冰箱在国内的销量。但国内的 ODM 业务一直不温不火，OBM 业务使得奥马冰箱声名鹊起，多年来奥马冰箱蝉联中国冰箱出口冠军。

2012 年，广东奥马电器股份有限公司（简称"奥马电器"，002668）满足上市条件，成功在深圳证券交易所上市。为了进一步提升整体产能、改善产品结构、增强市场竞争力，奥马电器公开发行 4 135 万股股票，筹集资金用于建设项目。多年来，"现金奶牛"冰箱业务的营业收入占到了奥马电器营业总收入的 70% 以上，作出了较大的贡献。

（二）交棒赵国栋

2014 年，经济下行压力大，国际经济复苏缓慢，城市居民消费意愿下降。同时，城市居民每百户冰箱拥有量达到高位，更新需求对市场增长的拉动有限。在经济大环境和房地产市场没有明显利好的情况下，冰箱行业整体疲软。表现平平的奥马电器的营业收入和净利润的增幅由 2013 年的 23.16% 和 19.68% 降至 4.79% 和 3.8%。

赵国栋在中国网络金融业小有名气，他创办了网银在线公司，并拿到了第三方支付牌照，曾担任京东副总裁，一年后辞职又创立了钱包金服，并收购了互联网金融服务科技企业中融金，有着丰富的金融服务领域的履历。

奥马电器上市不到 3 年，蔡拾贰就萌生退意。2015 年，蔡拾贰创始团队拆除持股平台，转由个人直接持股奥马电器股份，蔡拾贰持股 19.5%。2015 年 10 月，蔡拾贰等 8 名创始人与赵国栋、桐庐岩华、西藏金梅花公司签订转让协议，赵国栋成为第一大股东，拥有 20.38% 的股份，公司原先的实际控制人即蔡拾贰持有的奥马电器股份的比例下降到 14.62%。蔡拾贰根本无心参与管理，后续通过不断减持退出了奥马电器。对于转让的原因，外界纷纷猜测是因为公司从事传统制造业，虽然业绩表现尚可，但始终得不到资本市场的认可，股价持续低迷，也有人猜测是因为蔡拾贰已年近七旬，到了急流勇退的时候。

在赵国栋刚取得控制权时，奥马电器的股权结构较为分散，多为个人持股，如图 3-1 所示。在前十大股东中，有投资公司、证券公司和商业银行等机构投资者，但持股比例较少，且大多属于短线投资，缺乏战略投资者，中小投资者股权持有比例较低，参与企业事务的积极性不高，这为控股股东实现"一股独大"提供了便利。

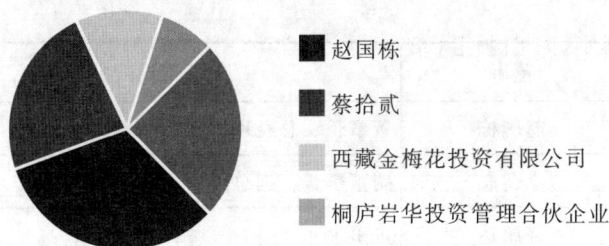

- 赵国栋
- 蔡拾贰
- 西藏金梅花投资有限公司
- 桐庐岩华投资管理合伙企业

**图3-1 2015年奥马电器前10名股东持股情况**

资料来源：作者根据奥马电器公司资料整理。

融通众金是 2015 年 11 月注册成立的，赵国栋持股 57%，为法定代表人。2017 年，赵国栋的一致行动人融通众金通过定向认购，持有奥马电器 12.49% 的股份，赵国栋对奥马电器的控制权进一步加强。与绝对持股达到 50% 以上相比，赵国栋通过较低的持股比例和较高的职务控制着企业的决策。2017 年 2 月 27 日，奥马电器在深圳证券交易所向融通众金等 8 个认购对象非公开发行 6 160.37 万股，发行价格为 30.91 元每股，募集资金总额 19.04 亿元。通过此次定向增发，赵国栋直接持有 14.85% 的奥马电器股份，通过融通众金公司间接持有 12.49% 的奥马电器股份，合计持有奥马电器 27.34% 的股份，控制权进一步增强。

西藏金梅花可以说是奥马电器的战略投资者，和赵国栋一起参与协议收购。2015 年奥马电器发布定增预案，西藏金梅花成为定增对象之一。之后西藏金梅又通过定增预案共持有奥马电器 10% 的股份，约定定增股份 3 年内不得转让。

（三）内部治理情况

在赵国栋任职期间，奥马电器的执行董事成员较少，都由大股东通过股东大会选举产生，实际上代表了大股东赵国栋的利益。身为大股东，赵国栋也是忙得不可开交，既担任董事长又兼任总经理和财务总监。除赵国栋具有较强的稳定性外，企业其他的董监高都具有较强的流动性，离职率较高，赵国栋任职期间有多达二十几位董事、监事和高管相继离职。

2015—2020 年奥马电器董监高任职情况见表3-1。

表3-1 2015—2020年奥马电器董监高任职情况

| 年份 | 董事 | 兼任情况 | 董监高离职人数 |
|---|---|---|---|
| 2015年 | 赵国栋 | 董事长、总经理 | 13 |
| | 权秀洁 | 董事、财务总监、副总经理 | |
| | 饶康达 | 董事 | |
| 2016年 | 赵国栋 | 董事长、总经理 | 0 |
| | 权秀洁 | 董事、财务总监、副总经理 | |
| | 饶康达 | 董事 | |

| 年份 | 董事 | 兼任情况 | 董监高离职人数 |
|---|---|---|---|
| 2017年 | 赵国栋 | 董事长、总经理 | 7 |
| | 李迎晨 | 副董事长、副总经理 | |
| | 饶康达 | 董事 | |
| | 杨锐志 | 董事、财务总监、副总经理 | |
| 2018年 | 赵国栋 | 董事长、董事、总经理 | 11 |
| | 冯晋敏 | 董事、副总经理 | |
| 2019年 | 赵国栋 | 董事长、财务总监、董事会秘书 | 5 |
| | 冯晋敏 | 董事、副总经理 | |
| 2020年 | 赵国栋 | 董事长、财务总监、董事会秘书 | 0 |
| | 冯晋敏 | 董事、副总经理 | |

资料来源：作者根据奥马电器公司资料整理。

在历届奥马电器的股东大会中，中小股东的参与率也极低，基本未超过5%，还有两次投资者参与人数几乎为零，见表3-2。在2016年度股东大会中，总计12人参与投票，所持股份占上市公司股份的28.14%，而控股股东已经控制了16.85%的投票权，公司的经营决策任由大股东摆布。

表3-2　　　　　　　　　　　奥马电器股东大会情况

| 会议届次 | 会议类型 | 投资者参与比例 |
|---|---|---|
| 2016年度股东大会 | 年度股东大会 | 2.23% |
| 2017年第一次临时股东大会 | 临时股东大会 | 2.64% |
| 2017年第二次临时股东大会 | 临时股东大会 | 2.62% |
| 2017年第三次临时股东大会 | 临时股东大会 | 2.20% |
| 2017年第四次临时股东大会 | 临时股东大会 | 0 |
| 2017年第五次临时股东大会 | 临时股东大会 | 0 |
| 2017年第六次临时股东大会 | 临时股东大会 | 4.82% |

资料来源：作者根据奥马电器公司资料整理。

### 三、高开低走：坎坷的金融扩张之路

（一）股权质押杠杆收购

2015年以来，国家利好政策频出，互联网金融行业备受追捧。为了与时俱进，奥马电器将金融科技服务业作为新的利润增长点，实现"实业+金融"相互推进，期望赵国栋

能带领公司更上一层楼。奥马电器分别两次高价收购由赵国栋控股的中融金 51% 和 49% 的股份，中融金自此成为奥马电器的全资子公司，赵国栋在收购中共计获得 8.09 亿元。

取得奥马电器控制权后，赵国栋面临的首要问题便是偿还股权转让协议的受让对价。他在获得奥马电器 20.38% 的股权的同时应该支付 12.13 亿元的对价。赵国栋曾考虑过通过减持套现获得资金，但此次转让股份有明确的限售期，在 12 个月内无法减持，并且减持也不符合其取得控制权的动机。另外，银行借款也不可行，银行一般具有较强的借款约束，个人借款的最高限额在 2 000 万元左右，还需要提供担保。因此，通过股权质押提供担保几乎成为赵国栋盘活限售股以获得资金的唯一选择。2015 年 12 月 1 日，赵国栋就将刚取得的奥马电器的 3 369.72 万股中的 3 369.00 万股质押给海通证券。通常，小盘股以及优质创业板的股票质押率为 3~3.5 折，中盘股的股票质押率为 3~5 折，主板的股票质押率为 5~6 折，奥马电器在 2015 年 11 月 30 日的每股收盘价为 104.98 元，以最低 3 折和最高 5 折的质押率计算，预计赵国栋可以获得 10.61 亿~17.68 亿元，融资取得的现金在很大程度上能够缓解其资金压力。

金融行业的发展前景广阔，但相关业务有较大的资金需求，需要进一步融资。赵国栋考虑到，要使奥马电器向金融科技的方向发展，拥有控制权是非常必要的，而股权质押能够克服增发股票融资导致控制权稀释、流程较长和耗费较高的缺点。因此，从成本和决策两个方面来看，采用股权质押的方式既能获得资金，又能够保持控制权。在奥马电器非公开发行股票筹资的过程中，刚设立的融通众金认购 28 343 403 股，占比 46.01%，需要支付 8.76 亿元。由于融通众金不从事生产经营，实现的净利润很少，赵国栋作为其控股股东便通过天风证券进行质押融资，2016 年 11 月 14 日融通众金的股价为 76.09 元，按照上述方法计算可融入 4.56 亿元，加上奥马电器收购赵国栋控股的中融金而支付的 8.09 亿元转让款，赵国栋成功实现以高杠杆空手套白狼。

由于股权质押会为出质人和企业价值带来一定风险，赵国栋在确定采取股权质押方式进行融资之前也曾犹豫过。他作为出质人，主要面临的是信誉风险和控制权转移风险。一方面，当股价下跌，出质人难以在短时间内追加资金或者解押时，上市公司会进行公告披露，此时出质人难以偿还资金的负面信息就会传递到资本市场，损害出质人的信誉。这些不良行为都会形成记录，使其下一次质押的成本提高，增强融资约束。另一方面，质权人基于平仓线拥有或有处置权，高比例的质押融资容易被迫转出控制权，给出质人带来巨大的利益损失。对于奥马电器来说，赵国栋的股权质押会增加企业风险，当公司的债务压力较大且偿债能力减弱时，高比例的股权质押会加剧债务危机和控制权转移风险，影响企业的负债水平。但是，股权相对于实物资产，其价值具有一定的波动性，在我国互联网金融发展前景较好、政策相对宽松的环境下融资，股价不仅不会下降还会上升，就算股价下跌，股权质押因融入资金已经提前收回了成本，损失较小。经过利弊权衡，赵国栋最终还是决定采取股权质押的方式进行融资。

（二）金融板块高歌猛进

截至 2017 年 6 月 30 日，从奥马电器的业务结构图（如图 3-2 所示）中可以看出，奥马电器金融科技板块业务涵盖互联网金融平台建设运营、投资管理、软件开发、汽车技术开发与咨询等多个领域。2015 年，赵国栋通过收购中融金 51% 的股权，正式踏入金融行业。在其布局中，中融金占据重要地位，负责互联网借贷业务、汽车金融业务、银行互联网金融平台技术开发服务及联合运营。

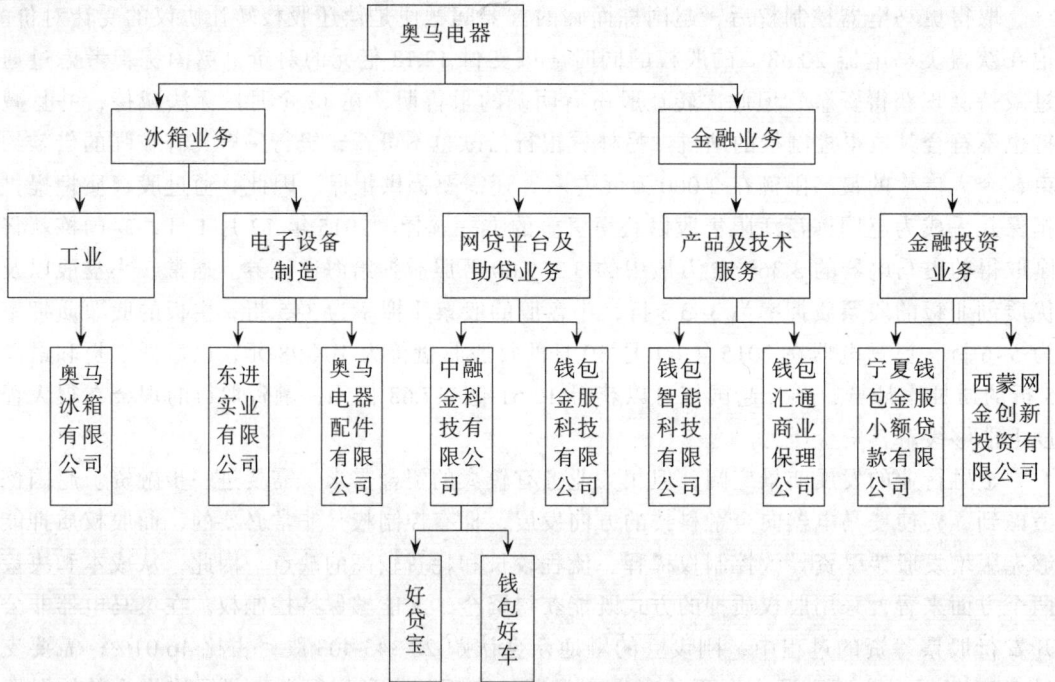

图3-2　奥马电器业务结构图

资料来源：作者根据奥马电器公司资料整理。

收购中融金这一行为使得奥马电器的股价大幅上涨，从赵国栋接手之前的35元/股上升到116.88元/股，增长了2.34倍。2015年之后，尝到甜头的赵国栋前后设立了30多家金融科技企业，2016年奥马电器新控股或者参股的金融科技企业为12家，企业扩张速度极快，增速提高了2倍。奥马电器的投资现金流在2015—2018年最低达到32.16亿元，远高于企业所持有的货币资金，企业形成的长期股权投资也高达2亿元，业务涵盖网络借贷、汽车金融、技术开发和产品出售、金融营销等业务。2015—2020年奥马电器控股或者参股的金融科技企业情况见表3-3。

表3-3　　　　　　　　　2015—2020年奥马电器控股或参股的金融科技企业情况

| 年份 | 2015年 | 2016年 | 2017年 | 2018年 | 2019年 | 2020年 |
|---|---|---|---|---|---|---|
| 控股或参股金融科技企业数 | 4 | 18 | 18 | 18 | 14 | 8 |
| 新控股或参股金融科技企业数 | 4 | 12 | 6 | 2 | 4 | 1 |
| 投资现金流出（亿元） | 58.24 | 32.16 | 76.45 | 37.32 | 1.39 | 7.43 |
| 长期股权投资（亿元） | 0 | 2.03 | 2.16 | 2.15 | 0.05 | 0.02 |

资料来源：作者根据奥马电器公司资料整理。

赵国栋将质押取得的资金投入互联网金融板块以支持奥马电器的扩张，4年累计质押比例达到90%以上。收购中融金使奥马电器的股价飙升，赵国栋进而利用高位股价进行了大量质押，获得了巨额现金，并通过质押为公司融资提供担保。但他拥有的股份有限，为了融入更多资金，赵国栋开启了循环质押模式，其间共解押和质押24次。2016年2月23日，赵国栋从海通证券有限公司解押60万股，仅一个月后他就将其质押给了中国工商银行。2016年10月31日，赵国栋又质押了解押不到3天的股权给同一质权人。2016年11月14日，他针对相同的股权在同一天办理了解押和质押。这种循环质押的情形并不少见，大股东质押存在着间隔时间短、循环质押的特点。表3-4展示了奥马电器控股股东股权质押的过程。

表3-4　　　　　　　　　　　控股股东股权质押过程

| 股东 | 性质 | 实施日 | 累计质押比例 | 质权人 | 质押用途 |
|---|---|---|---|---|---|
| 赵国栋 | 质押 | 2015-12-01 | 99.98% | 海通证券 | 融资担保 |
| 赵国栋 | 解除质押 | 2016-02-23 | 82.17% | 海通证券 | — |
| 赵国栋 | 质押 | 2016-03-29 | 99.53% | 中国工商银行 | 融资担保 |
| 赵国栋 | 解除质押 | 2016-10-28 | 76.71% | 海通证券 | — |
| 赵国栋 | 质押 | 2016-10-31 | 96.00% | 海通证券 | 融资担保 |
| 赵国栋 | 解除质押 | 2016-11-14 | 36.65% | 海通证券 | — |
| 赵国栋 | 质押 | 2016-11-14 | 96.00% | 天风证券 | — |
| 融通众金 | 质押 | 2017-02-28 | 100.00% | 厦门国际信托 | 借款担保 |
| 赵国栋 | 质押 | 2017-05-26 | 99.50% | 邵家卫 | 借款担保 |
| 赵国栋 | 解除质押 | 2017-06-27 | 91.01% | 中国工商银行 | — |
| 赵国栋 | 质押 | 2017-06-30 | 99.50% | 国元证券 | 融资担保 |
| 融通众金 | 质押 | 2017-06-30 | 100.00% | — | — |
| 赵国栋 | 解除质押 | 2017-08-25 | 93.17% | 邵家卫 | — |
| 赵国栋 | 质押 | 2017-11-21 | 93.95% | 天风证券 | 借款担保 |
| 赵国栋 | 质押 | 2017-11-22 | 99.89% | 天风证券 | 借款担保 |
| 赵国栋 | 解除质押 | 2017-11-23 | 98.49% | 天风证券 | — |
| 赵国栋 | 解除质押 | 2018-03-23 | 98.09% | 天风证券 | — |
| 赵国栋 | 解除质押 | 2018-05-16 | 88.42% | 天风证券 | — |
| 赵国栋 | 质押 | 2018-05-25 | 96.36% | 张继平 | 借款担保 |
| 赵国栋 | 质押 | 2018-08-10 | 98.09% | 张继平 | 融资担保 |
| 赵国栋 | 质押 | 2018-09-21 | 100.00% | 广源小贷公司 | 融资担保 |
| 融通众金 | 质押 | 2018-09-30 | 100.00% | — | — |
| 赵国栋 | 解除质押 | 2018-10-12 | 98.09% | 广源小贷公司 | — |
| 赵国栋 | 质押 | 2018-10-16 | 100.00% | 鲁海源 | 其他 |

资料来源：作者根据奥马电器公司资料整理。

2017 年 2 月 27 日，融通众金通过认购持有奥马电器的非公开 A 股股票 28 343 403 股，限售期为 36 个月，预计解禁日期为 2020 年 2 月 27 日。通过 2016 年、2017 年的股利分配方案，以及股东的增持行为，赵国栋所持有的股票数得到大幅增长，从 33 697 239 股增加到 182 029 912 股，增长率达到 440.19%；融通众金所持有的股票数也从 28 343 403 股增加到 134 914 584 股，增长率高达 376%。赵国栋和融通众金所持股票合计占到总股本的 30%，但全部被质押，包括赵国栋被限售的 136 552 434 股以及融通众金被限售的 134 914 584 股。

自 2018 年起，赵国栋已经将大部分股权质押给了金融机构，累计质押比例接近 100%，剩余的股权不足以在银行和证券公司进行新的质押融资，再加上 2017 年起奥马电器因隐瞒披露信息事件多次被证监会问询，影响了信用记录，因此赵国栋转向个人和小额贷款公司进行质押融资。尽管此时奥马电器通过股权质押缓解资金问题的能力大大降低，赵国栋及其一致行动人仍旧无股不押。

现金流权的丧失加上控制权的"一股独大"使得赵国栋能够不受束缚地在高热度的投资金融板块驰骋。

（三）金融业务深陷泥潭

好景不长，随着政策监管趋严，中融金下的金融产品好贷宝有将近一半的贷款不符合规定，奥马电器在金融科技板块的业绩急剧下滑，贷出的款项大部分无法收回，导致计提坏账准备 11.21 亿元，又全额计提了当初收购中融金形成的 5.48 亿元的商誉。在金融科技业务出现问题之后，奥马电器除奥马冰箱外的其他子公司拖累了上市公司的发展。

2019 年，奥马电器处置了 12 家子公司，主要为中融金及其下属子公司，并于 2 月出让奥马冰箱 100% 的股权收益权引入中山市国资委进行纾困，获得流动资金 9.7 亿元。但截至 2019 年 6 月 12 日，公司的逾期债务仍有 2.72 亿元。2020 年，为了进一步缓解逾期债务的压力，奥马电器与中山市民营上市公司发展专项基金有限责任公司，以及奥马冰箱核心管理团队的蔡拾贰等 8 人达成转让意向，出售了营收能力强劲的子公司奥马冰箱 49% 的股权，作价 11.27 亿元。这一举措虽然减轻了偿债压力，但也使奥马冰箱这一"现金奶牛"实现的利润难以全部归入奥马电器，减少了归属于企业的利润，实属无奈之举。但奥马电器没能从根源上解决公司盈利能力的问题，其金融板块仍难以实现好转，持续亏损。

2016—2020 年奥马电器净利润情况见表 3-5。

表3-5　　　　　　　　2016—2020 年奥马电器净利润情况　　　　　　单位：百万元

| 公司 | 2016年 | 2017年 | 2018年 | 2019年 | 2020年 |
|---|---|---|---|---|---|
| 奥马电器 | -19.24 | 12.69 | -911.82 | -675.60 | -1 812.72 |
| 奥马冰箱 | 314.01 | 321.11 | 352.96 | 561.97 | 898.21 |
| 中融金 | 161.28 | 262.38 | -667.41 | — | — |

资料来源：作者根据奥马电器公司资料整理。

### 四、朝不保夕：股权质押风险爆发

#### （一）股份被动减持

奥马电器的控股股东及其一致行动人始终保持着极高的质押比例，但高比例质押融资也隐藏着较大的平仓风险。在股权质押前期，赵国栋及其一致行动人的持股比例不断增加，股权质押在一定程度上防止了控制权稀释，但情况在 2018 年发生了转折，金融行业遭到了重创，奥马电器由于资金困难难以履行合同约定，受到多家公司的起诉，资金被法院冻结，奥马电器的股价也大幅下降，企业的股价累计 6 日出现异常，出现多个跌停板。2018 年 10 月以来，公司的股价从停牌前的 20.10 元/股跌至 10.61 元/股，从 11 月开始，股价跌破 10 元，与股价最高时的 116.88 元已相距甚远，跌幅超过 90%，控股股东和融通众金质押的股权被多个法院冻结，冻结比例高达 100%，且股权有被法院拍卖的风险，控股股东存在着被动减持的危机。

在 2015 年至 2021 年期间，赵国栋的持股比例逐渐下降，在 2021 年直接跌至 1.61%，丧失了控制权，见表 3-6。这都与赵国栋的高比例股权质押相关，股权纠纷和被动拍卖使其被动减持了较大比例的股份。赵国栋因为难以按合同约定弥补质权人和债权人的损失，使得其股权几乎被全部冻结，90% 以上的股权被动减持，赵国栋质押给个人张继平、国元证券，以及融通众金质押给厦门国际信托的股权都被相继平仓，融通众金的质押股权全部被平仓。截至 2021 年 8 月，赵国栋的股份仅剩余 17 405 622 股，持股比例为 1.61%。

表3-6 　　　　　　　　　　2015—2021年赵国栋持股比例变化

| 截止日期 | 股东名称 | 持股数量 | 持股比例（%） | 合计持股（%） |
|---|---|---|---|---|
| 2015-12-31 | 赵国栋 | 33 697 239 | 20.38 | 20.38 |
| 2016-12-31 | 赵国栋 | 33 697 239 | 20.38 | 20.38 |
| 2017-12-31 | 赵国栋 | 107 076 419 | 16.85 | 29.34 |
| 2017-12-31 | 融通众金 | 79 361 528 | 12.49 | |
| 2018-12-31 | 赵国栋 | 182 029 912 | 16.79 | 29.23 |
| 2018-12-31 | 融通众金 | 134 914 597 | 12.44 | |
| 2019-12-31 | 赵国栋 | 137 926 512 | 12.72 | 25.16 |
| 2019-12-31 | 融通众金 | 134 914 597 | 12.44 | |
| 2020-12-31 | 融通众金 | 134 914 597 | 12.44 | 24.75 |
| 2020-12-31 | 赵国栋 | 133 494 912 | 12.31 | |
| 2021-12-31 | 赵国栋 | 17 405 622 | 1.61 | 1.61 |

资料来源：作者根据奥马电器公司资料整理。

（二）投资者失望离场

通过奥马电器的月K线图可知（如图3-3所示），其股票价格在2016年达到最高的月均价格85.49元/股，而2017年降到20.4元/股，2019年2月则直接跌破10元/股，均价为3.19元/股。在2019年之后，奥马电器的月均股价都在3元左右，而一些重要股东通过非公开预案取得股票的成本约为30元/股，股价的下跌使得一些股东开始减持股票。西藏金梅花将无限售流通股全部减持，同样作为奥马电器创始人的蔡拾贰减持了公司的11 000 000股股票，天安人寿保险也相继减持了10 841 100股股票，见表3-7。除此之外，旨在缓解融资约束的股权质押引发股价下跌，对质押融资融入的资金数额造成了负面影响。

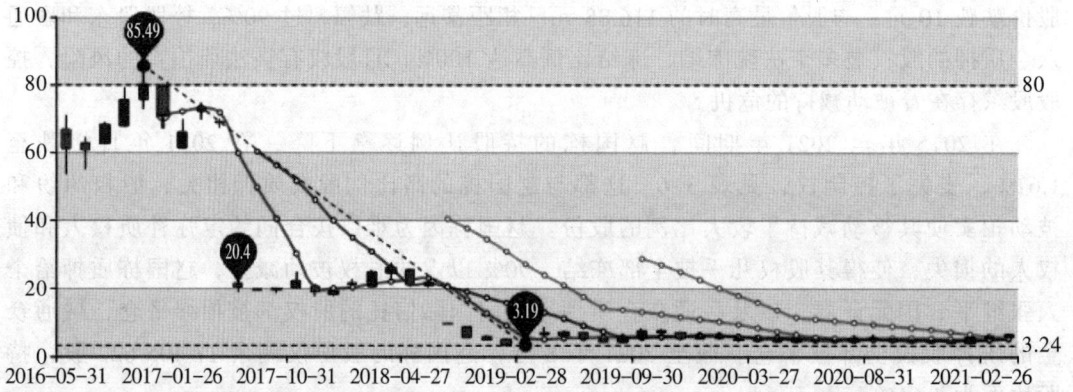

图3-3 2016年5月—2021年2月奥马电器月K线图

资料来源：作者根据同花顺iFinD数据整理。

表3-7　　　　　　　　　　　　股东减持汇总表

| 时间 | 股东 | 减持前比重 | 计划减持（股） | 实际减持（股） | 减持后比重 |
|---|---|---|---|---|---|
| 2018-05-15 | 西藏金梅花 | 10.00% | 6 280 594 | 37 625 044 | 3.11% |
| 2018-11-08 | 蔡拾贰 | 7.63% | 10 841 114 | 11 000 000 | 6.62% |
| 2019-03-12 | 天安人寿保险 | 5.90% | 10 841 114 | 10 841 100 | 4.90% |

资料来源：作者根据奥马电器公司公告整理。

奥马电器的控股股东赵国栋利用控股股东所具有的关系网络和一股独大的权利，对表3-8中的4笔业务均未履行决策程序以及信息披露义务。据悉，奥马电器原子公司西藏网金涉嫌对外违规担保，但其未履行法律要求的相关决策程序，也未进行信息披露，用价值1.45亿元的定期存单为明科公司欠广州银行的款项提供担保，而这1.45亿元的资金是西藏网金从江苏妮菲生物科技有限公司通过借款取得的存放于广州银行的款项。在年报披露中，西藏网金控股股东和前任年审会计师事务所中勤万信勾结，声称1.45亿元的定期存单能够灵活使用，不存在包括冻结、用于担保或其他等的限制情况。但是中勤万信之前收到的银行询证函所盖印章与实际银行印章不一致，且存在着经办人、复核人与银行实际员工不一致的情况。该信息暴露后，面对证监会的问询，企业多次发布公告延期回复，企业的公告和年报也进行了多次更正。因为违规担保，企业被实施其他风险警示，投资者得知后纷纷出逃。

表3-8 奥马电器违规信息披露情况

| 时间 | 事件 | 金额 | 隐瞒手段 |
|---|---|---|---|
| 2017年<br>2018年 | 为钱包好车向郑州银行借款承担差额补足 | 2.1亿元 | 未决策、未信息披露 |
| 2018年 | 为智源融汇向长治银行借款承担差额补足 | 2.8亿元 | 未决策、未信息披露 |
| 2019年 | 通过关联公司钱包好车向晋中银行借款 | 1.5亿元 | 未决策、未信息披露 |
| 2020年 | 西藏网金以定期存单为明科公司提供担保 | 1.45亿元 | 未决策、未信息披露、未财务处理 |

资料来源：作者根据奥马电器公司公告整理。

## 五、尾声

虽然奥马电器的企业价值不断下降，但TCL家电集团敏锐地察觉到收购奥马电器有助于其在冰箱等白色家电业务上的扩张，借助奥马电器在冰箱出口市场的领先地位可以增强其在全球市场的竞争力。于是，TCL从2021年1月开始通过股权拍卖和二级市场交易不断增持奥马电器的股份。

赵国栋当初进行股权质押融资时所担心的风险最终还是发生了，奥马电器能否挺过这次的控制权争夺风波还是未知数。赵国栋努力回想，股权质押已成为中小企业和民营企业股东喜爱的融资方式，为什么它却使奥马电器陷入这般境地？在公司金融板块扩张的过程中，是哪些环节出了问题？股权质押具体是如何影响企业价值的？一系列的问题还等待着赵国栋解决。

## 六、启发思考题

1. 奥马电器控股股东进行股权质押的动因是什么？
2. 奥马电器为什么会陷入控制权争夺风波？
3. 分析股权质押影响奥马电器企业价值的具体路径。
4. 通过对本案例的分析，你能提供哪些防范股权质押风险的建议？

【政策思考】　　　　　风险防控、合规经营意识、责任意识

奥马电器股权质押融资案例体现了在企业融资过程中风险防控、合规经营与责任担当的重要性，与国家倡导的法治理念及企业社会责任息息相关。

赵国栋在股权质押及企业运营中多次违规操作，严重违反法律法规，这与企业融资经营活动所提倡的风险防控意识与合规经营意识背道而驰。企业在融资活动中必须严格遵循相关法律政策，切实、准确地披露相关信息，确保市场交易的公平、公正、公开。

同时，企业控股股东不应仅着眼于短期利益与控制权获取，而应关注企业的长远发展

与各利益相关者的利益。但奥马电器在进行金融业务扩张时，未充分评估风险，盲目进行高比例股权质押与过度投资，致使企业陷入困境，无法履行企业的社会责任。

在当前的经济形势下，企业必须强化风险防控、合规与责任意识，确保企业在资本市场稳健前行、实现可持续发展，为经济社会贡献积极力量，推动经济高质量发展进程。

# 案例使用说明

## 一、教学目标

1. 本案例主要适用于"财务管理"课程以及 MPAcc、MBA、EMBA 课程的教学。

2. 教学目的：

（1）掌握股权质押相对于其他融资方式的特点及优劣势。

（2）掌握托宾 Q 值法和市场效应分析法等企业价值衡量与分析方法，运用纵向、横向、短期、长期等视角分析股权质押对企业价值的影响。

（3）学习相关理论，掌握偿债能力和盈利能力的分析方法，识别股权质押和伪市值管理向市场传递的信号，说明股权质押导致企业价值下降的具体影响路径。

（4）基于案例公司存在的问题，启发学生思考企业和监管机构应如何防范股权质押融资带来的风险。

## 二、思考题分析思路

教师可以根据自己的教学目标来灵活使用本案例。本案例的分析思路如图3-4所示，仅供参考。

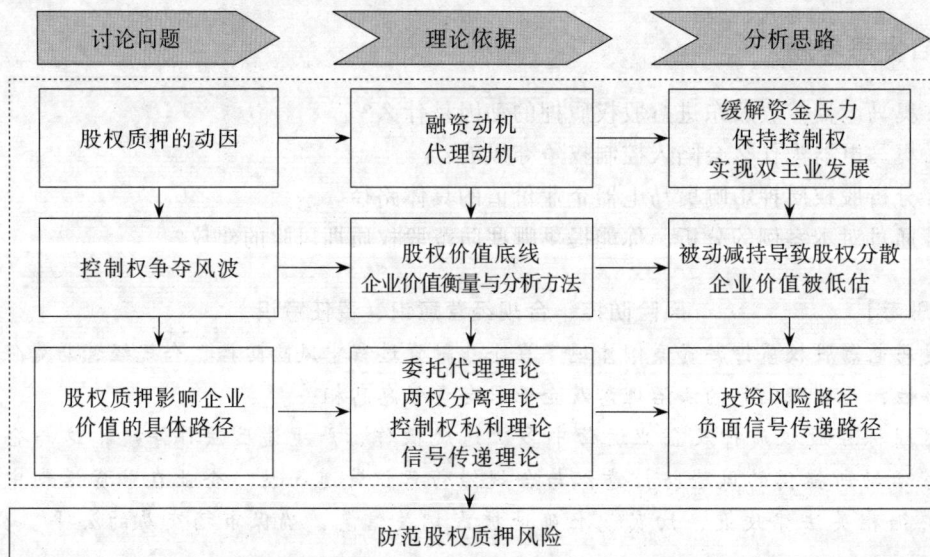

图3-4  分析思路

## 三、理论依据及分析

1.奥马电器控股股东股权质押的动因是什么？

（1）理论依据

①融资动机

融资动机主要表现为三种需求：控股股东缓解自身融资约束的需求、保持控制权的需求，以及公司的资金需求。股权质押能够将静态的股权转化为"动态"的可用资本，满足自身的资金需求（艾大力和王斌，2012）。由于股权质押本身具有保持控制权的特点，控股股东可以通过质押资金买入股份，防止恶意收购并增强自己的控制权，等危机过后再选择时机减持（龚俊琼，2015），进而化威胁于无形，实现保持控制权的目的。中小企业融资渠道有限，而股权质押具有审批程序简单、限售股也可用于质押、融资多等特点，为企业提供了一种融资选择。再者，重资产行业资金需求大，轻资产行业则缺乏抵押物，面临如此的融资约束，企业会更倾向于采用股权质押进行融资，激活静态的股权以满足公司的资金需求（谢德仁等，2016）。

②代理动机

股东在进行质押时往往也存在着择时动机。股权质押赋予控股股东可选择的权利：一种是赎回权，另一种是变相转移权（杜丽贞等，2019）。在股价被高估时，股东可以通过循环质押获取套利空间；在股价被低估时，股东可以提前通过质押弥补成本，把风险转移给质权人。股权质押后，控股股东仍保有控制权，在分红较少时，控股股东丧失的现金流权较少，股东融资的成本较低。另外，控股股东仍可以利用控制地位弥补股权质押带来的损失，通过影响股利分配、提高利益输送、资金占用等方式获取私利，股权质押实质上演变为一种"掏空"方式。当大股东面对融资困境又找不到其他融资渠道时，占用上市公司资金的动机将会增强，且更容易利用股权质押进行融资。

（2）案例分析

①缓解资金压力

股东对上市公司的控制权仅仅是自身经济存量的体现，而股权质押能够使控股股东将经济存量转变为经济流量，融入的资金可用于日常经营或者项目投资，创造更多收益。股权质押具有融资成功率高、办理程序简单、流程短、能够极大地盘活所持股份等优势。收购奥马电器 20.38% 的股权需支付的 12.13 亿元对价，加上为控股子公司定向增发支付的 8.76 亿元，合计 20.89 亿元，这对于控股股东赵国栋来说是一笔不小的开支，股权质押获得的资金能够缓解其资金压力。此外，奥马电器金融业务爆雷后，金融科技业务已资不抵债，面对大额的到期债务，股权质押能在一定程度上补充流动资金。

②保持控制权

根据股权质押的相关法律法规，质押股权的所有者仍是出质人，即控股股东，质押股权仅作为出质人和质权人借款关系的担保物存在。换言之，在股权被质押期间，控股股东赵国栋仍然是上市公司的控制人，依旧享有相应的股东权利，控股状态不发生改变。

频繁和高比例的质押加大了奥马电器的两权分离的程度。由表 3-9 可知，在 2015—

2018 年期间，奥马电器的两权分离程度几乎都在 20% 以上的较高水平，最高时达到 29.25%，最低时也有 19.56%，而 2016—2020 年期间 A 股上市公司两权分离程度的平均值只有 4.45%。也正因如此，其持有的现金流权并未随着增持而增加，接近于零，相当于赵国栋通过质押提前收回投资成本，进而以较少的成本达到控制企业的目的。

表3-9　　　　　　　　　　　　奥马电器两权分离程度表

| 年份 | 股权质押前 | | 股权质押后 | | 两权分离程度 |
| --- | --- | --- | --- | --- | --- |
| | 控制权 | 现金流权 | 控制权 | 现金流权 | 绝对值差异 |
| 2015 | 20.38% | 20.38% | 20.38% | 0 | 20.38% |
| 2016 | 20.38% | 20.38% | 20.38% | 0.82% | 19.56% |
| 2017 | 29.28% | 29.28% | 29.28% | 0.03% | 29.25% |
| 2018 | 29.28% | 29.28% | 29.28% | 0 | 29.28% |

资料来源：作者根据奥马电器公司资料整理。

③实现双主业发展

奥马电器的主营业务及主要利润来源为冰箱的制造和销售（尤其是海外产品的代加工业务）。随着我国制造业的转型，劳动力成本上升、杠杆率高等问题凸显，海尔、美的、格力等家电巨头的竞争日趋激烈，奥马电器的整体毛利率有所下滑，发展乏力，需要依靠业务升级和经营转型提升竞争力。奥马电器的控股股东赵国栋拥有一定的金融资源，而要踏足金融科技板块需要企业投入大量资金。通过股权质押获取资金以扩大公司的金融板块业务、抓住行业发展的机遇是赵国栋进行股权质押的又一个原因。

2. 奥马电器为什么会陷入控制权争夺风波？

（1）理论依据

①股权价值底线

与西方发达国家相比，中国的证券市场还不够成熟，不仅制度建设不够完善，不同地区、不同行业的上市公司的质量更是良莠不齐，再加上投资者缺乏专业的证券知识和理性的投资理念，导致我国证券市场存在着较大的波动性，尤其是股票市场，历来极容易受到政策的影响，股价波动幅度非常大。一旦质押股权的价值下跌到双方约定的警戒线或接近警戒线，金融机构就会尤为关注质押股权的后续价值走向。股权质押协议一般会规定一个股权价值底线，当后续股权价值下降到该底线以下时，质权人有权要求控股股东采取相应的保障措施，如追加抵押物等。

②企业价值衡量与分析方法

A. 托宾 Q 值法

James Tobin（1969）将企业的投资价值用公式表示为市场价值和企业重置成本的比值。以 1 为分界点，托宾 Q 值越大，企业的市场前景就越好。相比于其他衡量方法，托宾 Q 值法连通了市场经济和企业自身经营，对于上市公司有较强的适用性和实践意义。

B. 事件分析法

Dolley（1933）提出了研究特定事件影响的分析方法，即事件分析法，将特定事件的发生与否作为变量，更直观地反映其与经济影响的关联程度。事件分析法具有相对客观、计算简单和严谨等优势，因此也被众多学者用来研究组织的特定行为。

（2）案例分析

①被动减持导致股权分散

接受大股东股权质押的质权人基本是证券公司、信托公司、银行、贷款公司和个人。赵国栋在质押后期更多的是向小额贷款公司和个人质押，说明此时其利用股权融资的能力已经大不如前，所持股权标的质量下降，难以吸引优质的质权人。此时，赵国栋利用相同股权融入的资金较少。2018年10月，其质押比例达到100%，而高比率的股权质押也埋下了巨大的隐患。

由控股股东质押压力度量表（表3-10）可知，赵国栋及其一致行动人的质押压力超过了均值。另外，有些质押股份并未在当年内解除质押，随着企业股价的日渐下跌和时间的累积，质押压力将远大于表3-10计算的压力。

表3-10　　　　　　　　　　　　控股股东质押压力度量表

| 股东 | 实施日 | 数量（股） | 质押前20日均价（元） | 当年1月1日前20日均价（元） | 质押压力 |
|------|--------|-----------|----------------------|------------------------------|----------|
| 赵国栋 | 2015-12-01 | 33 690 000 | 88.31 | 98.04 | 90.08% |
| 赵国栋 | 2016-11-14 | 20 000 000 | 74.84 | 74.14 | 100.94% |
| 融通众金 | 2017-02-28 | 28 343 400 | 65.42 | 18.91 | 345.95% |
| 赵国栋 | 2017-11-21 | 10 021 067 | 21.42 | 18.91 | 113.27% |
| 赵国栋 | 2018-10-16 | 3 482 622 | 11.79 | 5.39 | 218.74% |

资料来源：作者根据奥马电器公司资料整理。

2019年，由于债务纠纷，赵国栋及其一致行动人所持有的公司股份占全部股份的25.16%，仍具有控股股东的地位，但是债务纠纷尚未了结，其股份仍在司法冻结与轮候冻结状态中，有很高的平仓风险。

2018年，受我国资本市场P2P爆雷潮的影响，奥马电器互联网金融业务遇阻，债务压力增加，资不抵债导致赵国栋及其一致行动人的质押股权被法院冻结。2021年，上述股权被法院进行司法拍卖或处置，其股份被动减持，奥马电器大股东赵国栋的持股比例逐渐降低，公司股权被动分散。

②企业价值被低估

此时奥马电器由于历史遗留问题处于企业价值被严重低估的状态。

A.托宾Q值法

股权质押与市场紧密结合，出质人和质权人都关注股价的高低，再加上奥马电器实行双主业发展，进军金融市场，而金融板块受资本市场和政策监管等因素的影响较大，因此，可以用托宾Q值法衡量企业的价值。托宾Q值法将市场价值和企业经营成果联系起来，能够综合反映企业的价值，具有一定的可信度和综合性。另外，托宾Q值具有一定的实时性，能够较为及时地反映企业经营对股价造成的影响。

托宾 Q 值法的公式为：

$$托宾Q值 = \frac{市场价值}{重置成本}$$

**纵向的企业价值对比分析**

奥马电器的托宾 Q 值见表 3-11。以 2015 年作为股权质押前后的分水岭，2012—2014 年奥马电器的托宾 Q 值虽然较 2015—2017 年低，但企业的价值总体有升有降，波动性不大。2015 年，奥马电器的托宾 Q 值上升 139.49%，这主要得益于 2015 年企业控制权发生转移，控制权人有金融行业的从业背景，想要带领企业进入当时火爆的互联网金融行业，使得企业的股价上涨，提升了企业的市场价值，众多股东对企业的发展前景看好。

表3-11 奥马电器的托宾Q值变动表 金额单位：亿元

|  | 2012年 | 2013年 | 2014年 | 2015年 | 2016年 | 2017年 | 2018年 | 2019年 | 2020年 |
|---|---|---|---|---|---|---|---|---|---|
| 期末股票市值 | 27.76 | 36.74 | 33.4 | 137.74 | 117.32 | 121.88 | 52.8 | 61.25 | 42.93 |
| 期末负债账面价值 | 11.51 | 15.1 | 16.99 | 25.34 | 31.12 | 69.51 | 71.94 | 62.19 | 70.07 |
| 期末总资产账面价值 | 23.22 | 28.61 | 32.15 | 43.33 | 53.35 | 104.14 | 95.51 | 87.75 | 88.32 |
| 托宾Q值 | 1.69 | 1.81 | 1.57 | 3.76 | 2.78 | 1.84 | 1.31 | 1.41 | 1.28 |

资料来源：作者根据奥马电器公司资料整理。

但 2015 年之后，奥马电器的托宾 Q 值基本呈现下降的趋势，而且下降幅度较大，这与赵国栋高比例和高频率的股权质押行为相对应，如图 3-5 所示。2015 年，赵国栋才获得奥马电器的控制权就质押了 99.98% 的股权，2016 年和 2017 年仍频频进行股权质押，使得投资者对其股权质押行为产生了怀疑。2018 年，伴随着控股股东股票被冻结和平仓风险的公告发布，企业的托宾 Q 值跌至低点。以 2015 年为对比年，2018 年奥马电器股票市值大幅下降，降幅达 61.67%，期末负债总额急剧上升，上升比率达到 1.84 倍。从 2018 年开始，控股股东进行股权质押、企业资金被冻结而陷入流动性困境、企业由盈转亏等负面消息使投资者对企业的发展丧失了信心，并产生悲观的预期，从而对企业价值产生了负面影响。2019 年，奥马电器的托宾 Q 值出现小幅上升主要是由于赵国栋引入了中山市国资委为公司提供融资，以缓解流动性困境。但 2015—2018 年高比例的股权质押所造成的负面影响并未消除，2020 年企业的托宾 Q 值仍处于下降状态，股权质押的负面效应依然在持续。

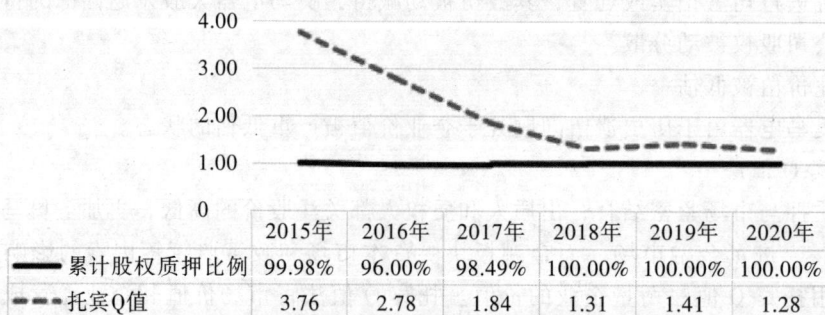

| | 2015年 | 2016年 | 2017年 | 2018年 | 2019年 | 2020年 |
|---|---|---|---|---|---|---|
| 累计股权质押比例 | 99.98% | 96.00% | 98.49% | 100.00% | 100.00% | 100.00% |
| 托宾Q值 | 3.76 | 2.78 | 1.84 | 1.31 | 1.41 | 1.28 |

图3-5 2015—2020年奥马电器股权质押和企业价值关系图

资料来源：作者根据奥马电器公司资料整理。

高比例的股权质押虽然是控股股东的个人行为，但其容易在二级市场上形成情绪传递。一旦股权质押面临着较大的风险，就不可避免地会连累企业的发展，对企业的股价、信用评级、经营造成影响。

**横向的企业价值对比分析**

万和电气公司（股票代码 002543）和奥马电器属于同一行业，二者的上市时间、公司规模、行业竞争力相近，具有一定的可比性。

对万和电气和奥马电器的托宾 Q 值的横向对比如图 3-6 所示。

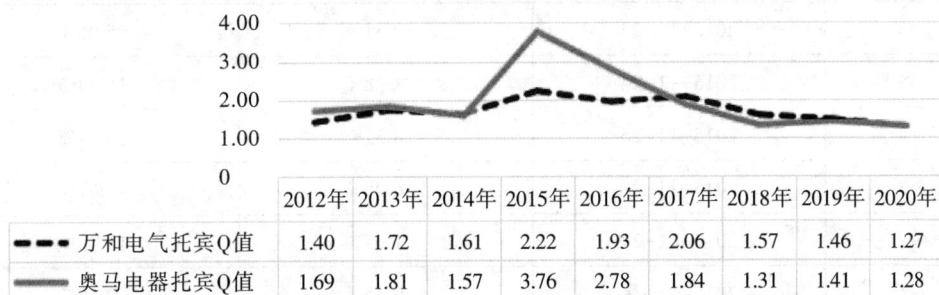

| | 2012年 | 2013年 | 2014年 | 2015年 | 2016年 | 2017年 | 2018年 | 2019年 | 2020年 |
|---|---|---|---|---|---|---|---|---|---|
| 万和电气托宾Q值 | 1.40 | 1.72 | 1.61 | 2.22 | 1.93 | 2.06 | 1.57 | 1.46 | 1.27 |
| 奥马电器托宾Q值 | 1.69 | 1.81 | 1.57 | 3.76 | 2.78 | 1.84 | 1.31 | 1.41 | 1.28 |

图3-6 2012—2020年奥马电器和万和电气托宾Q值的横向对比分析

资料来源：作者根据奥马电器公司资料整理。

2015 年，大股东还未进行股权质押，奥马电器的企业价值高于万和电气；而在 2015 年大股东进行股权质押后，虽然奥马电器的企业价值在 2015—2016 年整体上高于万和电气，但呈现急剧下滑趋势。在 2017 年之后，奥马电器的企业价值已低于万和电气，发展逐渐乏力。整体上，万和电气企业价值的变化趋势平缓，发展较为稳健，而奥马电器的企业价值波动较大，虽然股权质押在一定程度上提升了企业的短期价值，但从长期来看，仍产生了负面影响。奥马电器控股股东频繁的质押行为拉低了企业价值。

B.事件分析法

控股股东在上市公司中拥有着控制地位并几乎掌握着绝对的决策权，其一言一行都牵动着投资者的情绪和判断。《中华人民共和国证券法》对控股股东的股权质押进行了规定，控股股东需要公布相关质押信息，企业公告的发布会对企业的市值产生一定的影响，因此适合采用事件分析法。基于事件分析法可知，投资者的市场反应能够直观地反映在股价上，展现股权质押对企业价值造成的影响。

**分析短期市场反应**

2015 年 12 月 1 日，才进入奥马电器的赵国栋就质押了公司 99.98% 的股权，这是控股股东的首次进行股权质押也是高比例的股权质押，因此选取这一次质押日作为发生日具有一定的代表性。奥马电器为深交所中小企业板上市企业，由于中小企业板包含在主板之中，以深圳主板收益率作为 $R_{m,t}$，并剔除股票停牌期间的数据，选取质押日前后 10 天的数据计算累计超额收益率来说明股权质押的影响。$CAR_{i,t}$ 为累计超额收益率。

计算出的累计超额收益率汇总见表 3-12。

| 表3-12 | | 累计超额收益率汇总表 | |
|---|---|---|---|
| 事件基准日 | 日 期 | AR | CAR |
| -10 | 2015-11-17 | 6.05% | 6.05% |
| -9 | 2015-11-18 | 2.27% | 8.32% |
| -8 | 2015-11-19 | 7.33% | 15.65% |
| -7 | 2015-11-20 | 8.72% | 24.37% |
| -6 | 2015-11-23 | -9.31% | 15.06% |
| -5 | 2015-11-24 | 1.28% | 16.34% |
| -4 | 2015-11-25 | 8.31% | 24.64% |
| -3 | 2015-11-26 | -6.98% | 17.67% |
| -2 | 2015-11-27 | 1.07% | 18.74% |
| -1 | 2015-11-30 | 0.45% | 19.18% |
| 0 | 2015-12-01 | -10.36% | 8.83% |
| 1 | 2015-12-02 | 1.22% | 10.04% |
| 2 | 2015-12-03 | 4.04% | 14.08% |
| 3 | 2015-12-04 | 1.06% | 15.14% |
| 4 | 2015-12-07 | 1.58% | 16.72% |
| 5 | 2015-12-08 | 8.39% | 25.11% |
| 6 | 2015-12-09 | -4.58% | 20.53% |
| 7 | 2015-12-10 | -6.29% | 14.24% |
| 8 | 2015-12-11 | -2.51% | 11.73% |
| 9 | 2015-12-14 | -1.22% | 10.51% |
| 10 | 2015-12-15 | 1.99% | 12.49% |

资料来源：作者根据奥马电器公司资料整理。

事件分析法的公式为：

$$CAR_{i,t} = \sum AR_{i,t} = \sum (R_{i,t} - R_{m,t})$$

累计超额收益率趋势如图 3-7 所示。可以看出，股权质押前，累计超额收益率波动较大，出现两个小高峰，从质押日前 4 日开始，累计超额收益率呈现下降趋势，质押当天累计超额收益更是急剧下降，为-10.36%，比前一天下降了 10 个百分点，与最高峰相差15 个百分点。可见，控股股东进行股权质押在当日引起了较大的市场反应。这一举动加剧了投资者的不信任程度，引起企业价值下降。虽然股权质押后累计超额收益率又出现了小高峰，投资者的情绪有所缓和，但随后几日又呈下降趋势，总体上投资者悲观情绪更强烈。这也与控股股东进行股权质押但未披露质押资金的用途有关。9.55亿元的质押金额就像悬在头顶的达摩克利斯之剑，牵动着投资者的情绪。由此可知，控股股东的股权质押行为会对企业价值产生负面影响。

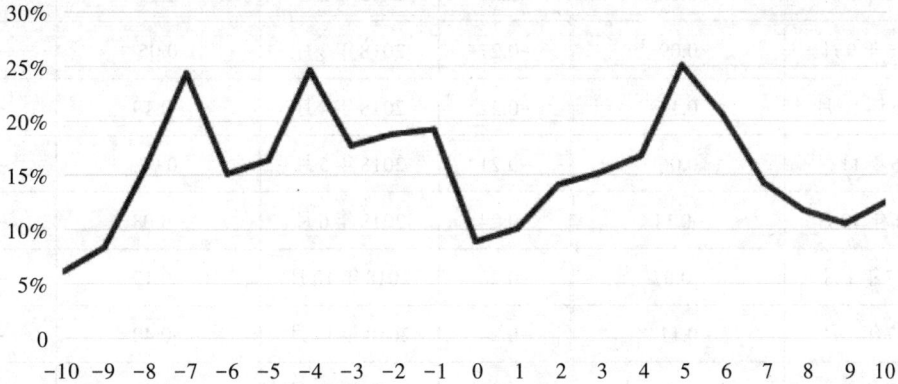

图3-7　$CAR_{i, t}$ 趋势图

资料来源：作者根据奥马电器公司资料整理。

**分析长期市场的反应**

从2015年12月到2018年12月，奥马电器控股股东持续进行股权质押，仅用前后10天的短期市场反应难以看出长期影响。因此，选取2015年12月到2018年12月作为时间区间，分析股权质押对企业价值产生的长期影响。这一区间覆盖了控股股东的全部质押行为，以及从2018年10月开始的股权被冻结和平仓的风险阶段，能够较为全面地反映股权质押产生的影响。

控股股东赵国栋在这4年间的长期持有超额收益率为BHAR，具体计算公式为：

$$BHAR_{i, t} = \prod_{t=0}^{t}(1 + R_{i, t}) - \prod_{t=0}^{t}(1 + R_{m, t})$$

式中，$R_{i, t}$ 为月个股回报率，$R_{m, t}$ 为市场月综合收益率。

奥马电器长期持有收益变化见表3-13。

表3-13　　　　　　　　　　　　**奥马电器长期持有收益变化表**

| 交易月份 | 月个股回报率（%） | BHAR | 交易月份 | 月个股回报率（%） | BHAR |
|---|---|---|---|---|---|
| 2015年12月 | -0.21 | -0.27 | 2017年5月 | -0.05 | -0.32 |
| 2016年1月 | -0.31 | -0.22 | 2017年6月 | -0.03 | -0.40 |
| 2016年2月 | -0.09 | -0.25 | 2017年7月 | -0.02 | -0.41 |
| 2016年3月 | 0.33 | -0.21 | 2017年9月 | 0.03 | -0.42 |
| 2016年4月 | -0.04 | -0.23 | 2017年10月 | 0.11 | -0.38 |
| 2016年5月 | -0.08 | -0.27 | 2017年11月 | -0.15 | -0.48 |
| 2016年6月 | -0.01 | -0.31 | 2017年12月 | 0.01 | -0.44 |
| 2016年7月 | -0.06 | -0.34 | 2018年1月 | 0.11 | -0.39 |

| 交易月份 | 月个股回报率（%） | BHAR | 交易月份 | 月个股回报率（%） | BHAR |
|---|---|---|---|---|---|
| 2016年8月 | 0.10 | -0.33 | 2018年2月 | 0.17 | -0.30 |
| 2016年9月 | 0.09 | -0.27 | 2018年3月 | 0.05 | -0.22 |
| 2016年10月 | 0.11 | -0.22 | 2018年4月 | -0.19 | -0.35 |
| 2016年11月 | 0.06 | -0.21 | 2018年5月 | 0.02 | -0.29 |
| 2016年12月 | -0.11 | -0.24 | 2018年6月 | -0.08 | -0.34 |
| 2017年1月 | -0.07 | -0.28 | 2018年10月 | -0.19 | -0.35 |
| 2017年2月 | 0.11 | -0.24 | 2018年11月 | -0.42 | -0.53 |
| 2017年3月 | -0.06 | -0.28 | 2018年12月 | -0.12 | -0.50 |
| 2017年4月 | -0.12 | -0.33 | | | |

从长期来看，奥马电器的 BHAR 值一直处于零以下，且波动较为剧烈，整体处于下降趋势。奥马电器的 BHAR 趋势线后期呈现较大幅度的下降，特别是在 2018 年 10 月后，基本呈断崖式下降，这主要是因为其股价下跌以致控股股东质押的股份跌至平仓线，引发了市场的恐慌，使得长期持有超额收益率下降。自企业控股股东进行股权质押以来，处于负值的长期持有超额收益率反映了投资者对于控股股东长期且频繁的股权质押行为并不看好，也反映出市场对奥马电器的长期发展持否定态度，企业的价值受到了较大的负面影响。

奥马电器的 BHAR 趋势图如图 3-8 所示。

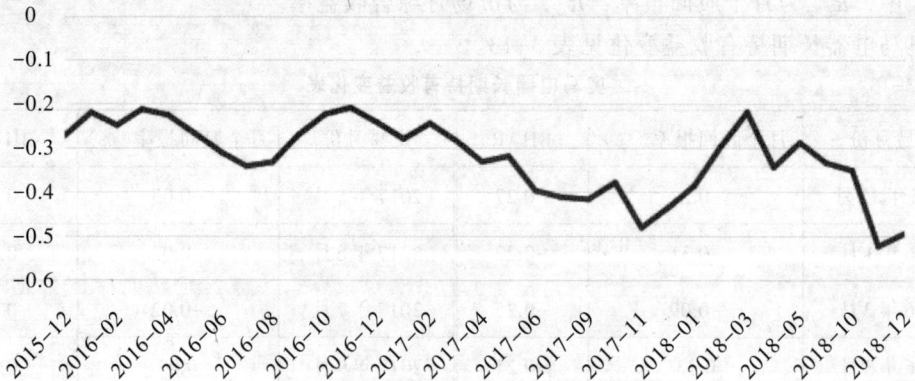

图3-8　奥马电器的BHAR趋势图

资料来源：作者根据奥马电器公司资料整理。

综上所述，无论是对比奥马电器控股股东股权质押前后企业价值的变化，还是对比奥马电器与同行业公司万和电气的企业价值，或者是分析股权质押的长短期市场反应，都得出了企业价值降低的结论。因此，我们可知控股股东进行股权质押对企业价值造成了负面影响。

3.分析股权质押影响奥马电器企业价值的具体路径。

（1）理论依据

①委托代理理论

由于人类有限理性以及信息分布不对称等原因，所有者和经营者不可避免地会产生利益上的不一致（Berler and Means，1932），决策权力的授权和潜在目标不一致导致了"代理问题"（Fama and Michael，1983）。随着企业的发展，委托代理问题可总结为三类：一是最初的所有者和高管层之间的利益差异；二是在中小股东的权利劣势下，大股东的"隧道挖掘"；三是在借贷关系下，大股东将风险转移给债权人。

②两权分离理论

两权分离指控制权和现金流权的分离（La Porta等，1999）。控股股东进行股权质押后，控制权和现金流权出现不一致，特别是当控制权私利（即自有权益）大于现金流权（即共有权益）时，大股东就会利用控股地位和决策权力侵占企业利益（闫增辉和杨丽丽，2015）。另外，当现金流难以满足债权时，相关质押股权还会面临被平仓的风险，从而影响股东的控制权，由此，控股股东的两项权利都可能丧失，这在一定程度上加剧了控股股东过度投资的动机。

③控制权私利理论

进行股权质押后，股价的波动会影响控股股东的财务状况，如果股价一直下跌，质押压力随之上升，进而刺激控股股东获取私利的动机。这一动机会促使控股股东为了缓解质押压力而进行高热度投资以维持股价，但结果是企业风险加大、业绩下降，从而使企业的价值降低，而损失和风险则由所有股东共担。

④信号传递理论

信号传递理论的本质是人们掌握的信息不一致。在资本市场中，对于上市公司来说，控股股东的言行就是公司经营的代名词，控股股东的质押行为通过强制信息披露会形成一种信号，这种信号的效果取决于企业信息披露的效果和投资者掌握的信息量之间的博弈。正向反应有利于提升股价，负面反应会导致投资者不看好控股股东的股权质押行为，进而传递给股价，影响企业价值。

（2）案例分析

①投资风险路径

投资风险路径降低企业价值的机制为：控股股东质押股权获得的资金可能会直接用于缓解融资约束以满足投资需求，也可能用于高热度投资以提振股价，从而增加企业的财务风险或弱化企业的盈利能力，进而传导至企业经营，使得企业价值下降。投资风险影响企业价值的机制如图3-9所示。

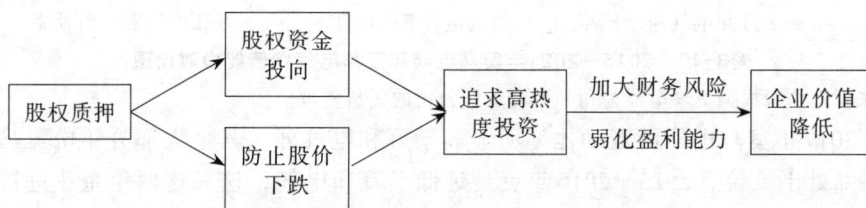

图3-9　投资风险影响企业价值机制图

A.大量投资增加财务风险

虽然赵国栋一开始对进军金融行业信心十足，但快速扩张使企业背负了大量的负债。2015—2021年奥马电器负债情况见表3-14。

表3-14　　　　　　　　　　　2015—2021年奥马电器负债情况表　　　　　　　　单位：亿元

| 项目 | 2015年 | 2016年 | 2017年 | 2018年 | 2019年 | 2020年 | 2021年 |
|---|---|---|---|---|---|---|---|
| 短期借款 | 2.86 | 4.65 | 21.14 | 21.57 | 11.00 | 6.68 | 4.10 |
| 长期借款 | 3.60 | 4.28 | 3.08 | 1.56 | 12.98 | 3.49 | — |
| 财务费用 | −0.15 | −0.22 | 1.85 | 0.89 | 1.80 | 2.27 | 2.41 |
| 其他应付款 | 1.37 | 2.99 | 2.89 | 5.05 | 4.57 | 12.37 | 0.90 |
| 偿还债务支付的现金 | 2.02 | 4.15 | 18.24 | 27.7 | 35.13 | 18.48 | 12.46 |
| 货币资金 | 7.96 | 15.81 | 13.85 | 22.89 | 26.60 | 41.18 | 32.91 |

资料来源：作者根据奥马电器公司资料整理。

自2015年以来，赵国栋和奥马电器先后投入了近30亿元并购和设立新的公司，奥马电器为此借入了大量的短期和长期借款。2017年和2018年，奥马电器的短期借款超过20亿元，2019年形成12.98亿元的长期借款，2017年财务费用高达上亿元，并形成大量的其他应付款，大多为关联企业间的拆借款。2017—2019年，企业每年用于偿还债务的现金严重超出了企业持有的货币资金，企业承受着较大的偿债压力。

纵向对比奥马电器的偿债能力，2018年是奥马电器财务风险较大的一年，企业的流动比率和速动比率都大幅下降，2019年两个指标有所上升主要是因为企业引入中山市国资委纾困。但是2019年之后，企业的流动比率和速动比率又继续呈现下降趋势，企业的偿债能力未得到提升。2018年，企业的资产负债率高达75.32%，且呈上升趋势，偿债压力较大。巨额的金融业投资降低了企业的偿债能力，加大了企业的财务风险。

奥马电器和万和电气的偿债能力对比如图3-10所示。

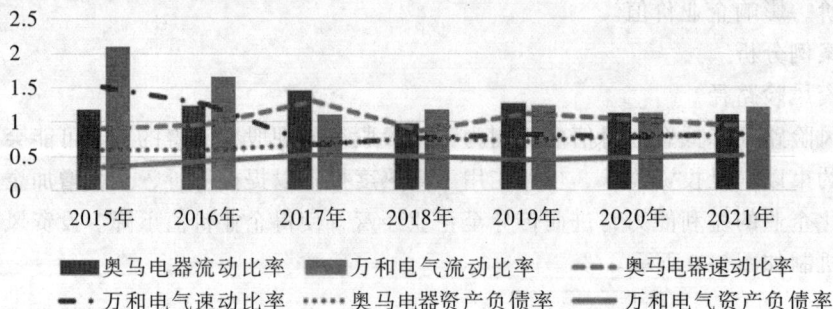

图3-10　2015—2021年奥马电器和万和电气偿债能力对比图

资料来源：作者根据奥马电器公司和万和电气公司的资料整理。

除了2017年奥马电器的流动比率明显高于万和电气外，其余大部分年份奥马电器的流动比率都处于低位，2015—2016年更是远低于万和电气，这和这两年企业进行大量的并购有关。虽然奥马电器的速动比率高于万和电气——这主要得益于企业金融板块形成了大量的应收账款，但这部分应收账款的质量较低，存在着较大的坏账风险。奥马电器的速动比率也呈现虚高状态。2018年奥马电器的流动比率和速动比率分别为0.96和0.86，远低于行业均值1.86和1.15。奥马电器的资产负债率每年都高于万和电气，而且差距逐渐拉大。2018年，奥马电器的资产负债率为75.32%，远高于行业均值47.71%。整体来看，大量且快速的并购使得奥马电器的偿债压力增大、偿债能力下降、财务风险升高。

B.不良投资弱化盈利能力

控股股东进行股权质押会引发过度且低价值的投资。赵国栋在股权质押后在金融领域的投资并未取得较好的成果，反而拖累了上市公司。2018年，奥马电器出现了上市以来的第一次亏损，亏损金额为19.03亿元，远高于奥马电器2012—2017年实现的净利润之和。

奥马电器和万和电气的盈利指标对比如图3-11所示。

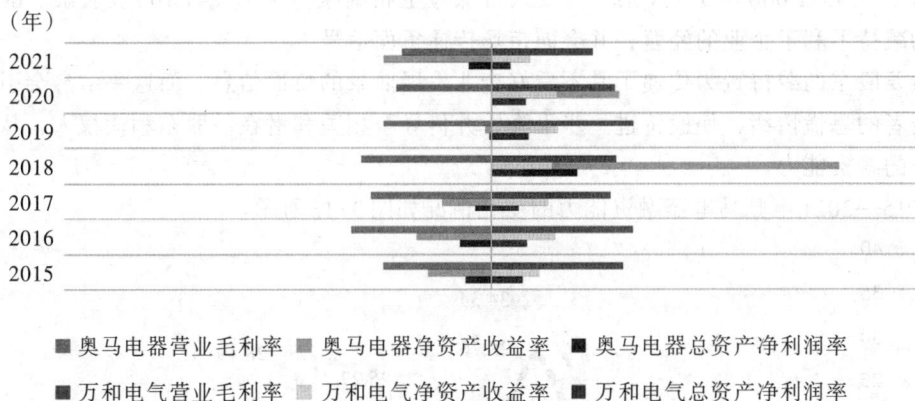

图3-11　2015—2021年奥马电器和万和电气盈利能力对比图

资料来源：作者根据奥马电器公司和万和电气公司资料整理。

奥马电器的总资产净利率和净资产收益率在2016年以前基本处于平稳状态，在2016年之后开始恶化，盈利能力下降。其营业毛利率在2016年之前处于上升趋势，在2016年之后逐渐下滑。反观万和电气，其财务指标波动较小，但总资产净利率和净资产收益率也呈现先上升后降的趋势，和奥马电器的变化趋势吻合，这可能与行业整体的发展趋势有关。总而言之，奥马电器的营业净利率和万和电气相差不大，但总资产净利率和净资产收益率在2018年以后远低于万和电气，直到2021年TCL接管奥马电器并剥离了亏损的金融板块，企业的盈利能力才有所回升。在赵国栋控股期间，震荡的金融环境和大量不良投资使得奥马电器的业绩下滑，将企业带入了深渊，极大地降低了企业的盈利能力，企业价值也因此下降。

②负面信号传递路径

负面信号传递路径降低企业价值的机制是：股权质押传递的负面信号会降低企业股价，从而导致投资者不看好企业的发展而进行减持，降低了企业的融资能力；另外，控股股东为了不让股价继续下跌，会隐瞒负面信息或进行违规披露，降低企业信息披露的质量，在信息暴露后，企业的市值降低。负面信号传递影响企业价值的机制如图3-12所示。

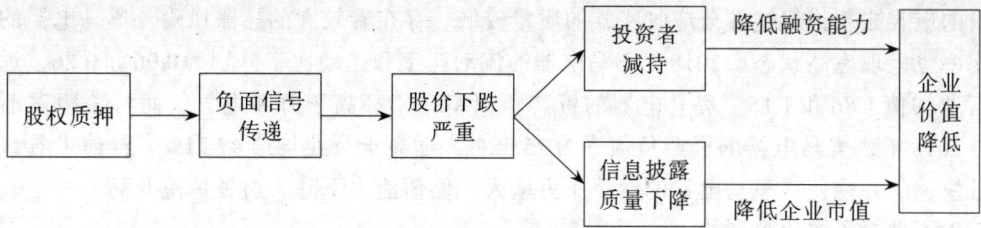

图3-12　负面信号传递影响企业价值机制图

A.投资者减持降低企业融资能力

奥马电器的股价最高曾达到116.88元/股，但随着控股股东进行了股权质押等一系列操作，企业的核心竞争力大幅下降，股价随之急转直下。

面对股价的下跌，西藏金梅花将无限售流通股全部减持，作为奥马电器创始人的蔡拾贰减持了公司11 000 000股股票，天安人寿保险也相继减持了10 841 100股股票。战略投资者的减持不利于企业的经营，并会向市场传递负面信号。

重要股东的减持行为传递了其不看好企业发展前景的负面信息，而这一信息会引发中小投资者的恐慌情绪，使股价进一步下降，并传导至相关和潜在的股东和债权人，从而影响企业的融资能力。

2015—2021年奥马电器融资能力的变化情况如图3-13所示。

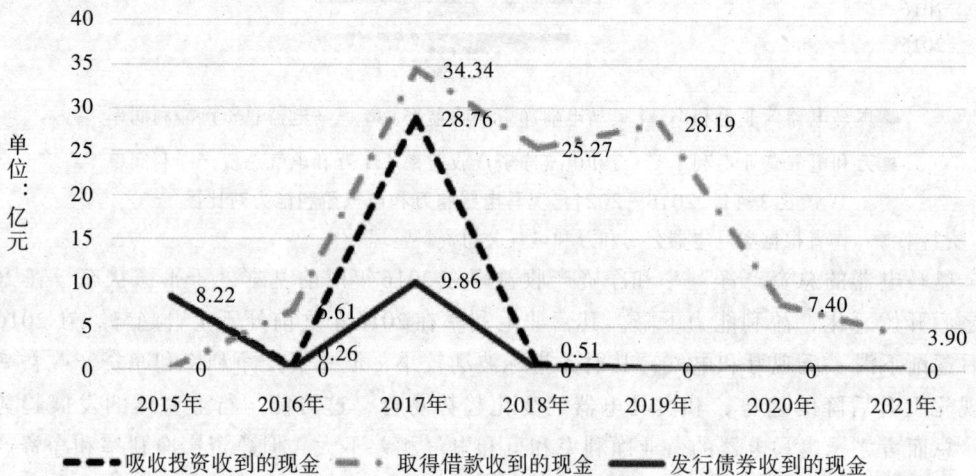

图3-13　2015—2021年奥马电器融资能力变化

资料来源：作者根据奥马电器公司资料整理。

对于奥马电器来说，不管是吸收投资收到的现金还是取得借款、发行债券收到的现金，都在2017年企业发展较好、股价处于高位时达到最高；但是2017年之后，随着股价下跌和重要股东的减持，企业的筹资能力逐渐降低并受到制约。资金是企业得以运转的核心，现金缺乏可能会限制企业发展战略的可持续性，甚至导致企业陷入破产危机。融资能力受限使企业的价值受损。

B.信息披露质量下降降低企业市值

控股股东进行股权质押后，股价下跌的压力会使企业偏向于披露更多的好消息、隐瞒坏消息。但隐瞒坏消息会使企业信息披露质量下降并产生被处罚的风险。奥马电器的控股股东赵国栋隐瞒了众多负面信息，这些消息一旦暴露后会迅速在二级市场引起反应，降低企业的市值。

奥马电器和万和电气的市值对比如图3-14所示。奥马电器的市值在2015—2020年总体上呈下降趋势，波动较大。2017年以前，奥马电器的市值高于万和电气，但2017年以后，赵国栋隐瞒负面消息进行伪市值管理的消息曝光，投资者对企业丧失信心，纷纷出逃，奥马电器的市值逐渐低于万和电气。

图3-14　2015—2021年奥马电器和万和电气市值对比图

资料来源：作者根据奥马电器公司和万和电气公司资料整理。

4.通过对本案例的分析，你能提供哪些防范股权质押风险的建议？

（1）控制两权分离的程度

①提升风险意识，控制质押比例

前控股股东赵国栋在取得奥马电器控制权后的一个月内就质押了几乎全部股份，如此高比例的股权质押在带来现金流的同时，也加大了股权质押的风险：一是股价跌至警戒线和平仓线所带来的补仓风险；二是不能及时补仓所带来的控制权转移的风险；三是不断进行股权质押所带来的负面信息影响控股股东及企业信誉的风险。

控股股东应该合理选择融资方式，拓宽自己的融资渠道。对于股权质押，控股股东需要加强风险意识并合理控制质押比例，不能盲目追求高杠杆、高股价，作出超出能力范围的质押行为。在质押前，控股股东应结合自身的财务特征，合理规划质押的规模和时间，防止过度质押；在质押过程中及时关注股价，确保能够在合理的时间范围内解押，并留有回旋的余地，避免出现拆东墙补西墙和股价爆仓的情形，将自身的质押比例限制在合理范围内，并及时缓解过长的两权分离状态，使得股权质押达到良性循环。

②限制股权质押后的表决权利

奥马电器大股东每年的累计质押比例都高达95%，现金流权由质押比例较高的质权人持有。2018年，控股股东质押全部的股权，丧失了全部的现金流权，但其控制权并未相应地削弱。这种长期两权分离的状态导致公司治理结构失衡，公司的决策过程受到个别股东的过度影响，从而损害公司及其他股东的利益。因此，限制股权质押后控股股东的表决权、弱化两权分离程度非常必要。虽然目前相应的监管机构规定了股权质押的上限比率，即质押比例不得超过60%，但质押后的表决权并未受到法律限制。因此，相关立法机构可以通过出台相关政策限制超过特定比率的大股东的投票表决权，相应减少企业的高比例质押行为，降低质押的风险，减轻控股股东现金流权和控制权的分离程度。

但政策的监管不应该"一刀切"，应给企业留有一定的余地。对于具体的限制，企业内部可以根据控股股东质押的目的、比例和期限设置不同等级的表决权限制，并可以通过改变质押后"一股一票"的表决权重，减少控股股东的投票代表股数，从而使控股股东的股权质押行为保持在合理范围内，并降低大股东股权质押后的绝对控股地位，减少其对企业价值和其他利益相关者的侵占风险。

（2）加强质押资金的管理

①强化对投资决策风险的合理分析

为了缓解质押压力，奥马电器的控股股东急于加大在金融行业的投资，以期能够快速提升企业价值，降低股价下降引发的控制权转移风险。但高热度投资也给企业带来了更大的财务风险，而且企业缺少对投资公司的审查，投资的损失削弱了企业的盈利能力。因此加强对投资公司的审查和建立科学的投资决策制度具有重要意义。虽然奥马电器颁布了风险投资管理制度，但基本只规定了风险投资的审批程序，存在风险控制范围小和不够细化的问题。

在上述背景下，要想提高资金的使用效果，企业可以建立或完善投资决策风险管理制度。首先，可以通过对特定风险项目或者高风险项目设置较为严格的审批程序和表决比例限制，加强对企业风险的把控。其次，可以运用SWOT分析、PEST分析、流程图法明确拟投资公司各阶段的风险。再次，在项目投资过程中，要实时跟踪项目，对投资公司进行一定的监督，并注意结合市场风险和政策调整及时作出反应，减少投资损失。最后，可以寻求专业化的投资机构的审查意见，发挥会计师事务所和评估机构的中介作用，对项目的可行性、发展性等进行监督、审查与评估，增强决策的中立性。

②完善治理结构，进行理性决策

完善的公司治理结构，能够增强对决策相关方的制衡，使投资决策能够兼容更多甚至相反的观点，从而确保决策的合理性和客观性。奥马电器的股权制衡度相对较低，为控股股东实现"一股独大"提供了便利。此外，中小投资者由于股权持有比例较低，既没有较多的权利，也面临着参加企业事务会付出大量成本的困境，因此积极性不高。同时，在奥马电器的董事会结构中，基本只有3名执行董事，到2018年减少为2名，董事会规模小且都和控股股东属于同一阵营，3名独立董事虽然在人数上占据了优势，但权力有限。并且赵国栋一直兼任企业的总经理，通过董事会掌握着决策权，通过总经理掌握着执行权，职业经理人对于公司治理的作用完全失效，赵国栋独揽大权。

当个人投资者成为公司控股股东时，往往会成为董事长，董事会成员由其选举任命，导致大股东、董事长和总经理实质上都为大股东服务，不利于提高公司的治理水平，对企业价值造成了负面影响。因此，企业可以从完善股权结构、董事会和监事会制度和进行岗位分离等方面完善企业的内部治理。

第一，加强股权结构的牵制。奥马电器可以通过以下三种方式加强股权牵制、防止大股东独揽大权：一是引入多个大股东，对大股东进行监督；二是增加中小投资者参与经营的渠道，发挥中小股东的制约和监督职能，促进其合理表达意见、有效实施权利；三是积极引入战略性机构投资者。

第二，完善董事会、监事会制度。董事会依照股东大会的委托办事，对企业经营享有一定的决策权。为了增强决策的科学性，企业应该扩大董事会规模，吸纳与控股股东关联度小或者另一大股东派系的成员，保证董事会成员的相对公平和制约性，避免出现"一言堂"，允许出现不一样的声音，增强决策的理性程度。另外，可赋予监事一定的财务检查权，使其更加了解企业的财务信息。

第三，实行职位分离。董事长和总经理职位由不同的人担任能够发挥职位的制衡作用。公司可以在公司章程中规定企业的董事长和总经理等高管不能为同一人，确保职位的相对独立性，并建立规章制度细化各职位的职责，防止权责混同。另外，对高管的股权激励能够将高管利益与企业利益结合，减少大股东对于经理层的操控。

（3）减少负面信息的影响

①建立预警机制，防范股价风险

奥马电器内部缺乏对股权质押风险的评估与管理，尚未建立对股权质押的风险预警机制。2018年，金融行业环境整体低迷，奥马电器面临着较大的市场风险，其股价受企业经营业绩、市场环境和行业政策的影响较大，控股股东赵国栋的股权质押比例达到了警戒线和平仓线，使得企业的股价大幅下降，损害了众多股东的利益。奥马电器对于外部的市场风险没有较好的预警和防范机制，致使质押后的平仓信息加剧了股价的下跌。因此，企业应该建立预警机制防范股价风险。

控股股东在进行股权质押时，为了减轻解押的压力，可进行择时质押，即在市场整体行情较好、融资成本较低时进行质押。质押后，由于企业的股价易受多种因素的影响，企业可以选择多种指标建立股价风险预警机制，通过设置较低的阈值合理管控股价风险，并通过相关部门实施跟踪，及时发出警报信号通知控股股东解押或者补仓，避免企业因股价大幅波动而陷入质押危机。

②增强信息披露，降低代理成本

奥马电器对股权质押的原因和用途信息披露得较少，以自身资金需求为由一笔带过，质押的折扣率、补仓线以及警戒线等信息呈报有限，而且对于深交所的问询回复不及时，信息披露存在多次更改和前后不一致的情况，甚至进行违规信息披露，使得企业的代理成本增加，市场反应消极，不利于企业市值的提升。

首先，企业应该减少信息不对称，对于股权质押的用途和资金流向、折扣率、补仓线以及警戒线等信息可以进行细化披露，以增加投资者的了解，便于外部监管者进行监督。

其次，企业应该增强信息披露的及时性和准确性，选配专业的人员对信息披露严格把关，避免延时披露和多次更正带来的大量负面情绪。

最后，为了减少控股股东在股价压力下的违规行为，相关监管部门应该加强对企业信息披露违规的处罚力度，增加控股股东损害中小股东利益和企业价值的成本，降低类似情况发生的概率，减少负面信息的积压。

③积极采取措施，缓解质押危机

奥马电器的控股股东赵国栋出现平仓风险后，只表示会积极采取措施化解危机，但后续并未披露具体的措施，不利于质押危机的化解。为了化解质押危机，企业应该及时披露解决危机的措施，稳定企业的股价。

首先，控股股东和企业可以与质权人进行协商，争取展期、补质押或者增加其他担保、扩大质押范围等，防止被强行平仓而失去对企业的控制权。

其次，企业应积极调整债务结构，通过多渠道融资，缓解自身的债务压力，如增强银企合作以获得新的资金、通过调整融入资金的用途暂时性解决危机、增加应付账款以减少企业现金的流出、及时解押等，避免陷入更大的危机。

最后，解决问题的根本做法是加强企业的经营管理，提升盈利能力，发挥主营业务的优势，获得更大的市场认可度，从而实现可持续发展，助力企业股价的提升。

## 四、背景信息

3-1 背景信息

## 五、关键要点

（一）关键知识点

1.股权质押融资方式、股权质押融资的优劣势。

2.托宾Q值法和事件分析法等企业价值衡量与分析方法。

3.委托代理理论、两权分离理论、控制权私利理论、信号传递理论。

4.股权质押对企业价值的影响路径。

5.股权质押风险防范。

（二）关键能力点

1.信息提取与归纳能力：通过案例对奥马电器控股股东股权质押的描述，提取有效信息，分析控股股东进行股权质押的动因、陷入控制权争夺风波的原因。

2.量化分析能力：参照相关文献方法，量化分析股权质押后赵国栋面临的质押压力，以及股权质押对企业价值的横向、纵向、短期、长期影响。

3.逻辑思维与分析能力：基于委托代理理论、两权分离理论、控制权私利理论、信号传递理论，探究股权质押与企业价值的相关性，运用不同研究方法衡量企业价值的变化，并基于不同路径分析企业价值的下降过程。

4.解决问题的能力：收集资料，将理论与实践相结合，探讨减少股权质押融资风险的方法。

# 第二章　公司并购

## 案例4　康芝药业关联并购：大股东的仗义驰援还是花式套现？①

**【学习目标】**

通过本案例的学习，您应该：①掌握关联并购的定义与表现形式；②掌握大股东主导下关联并购的动因及后果分析；③分析与关联并购相关的公司治理和外部监管的改进措施。

**【关键词】**

关联并购　掏空行为　支持行为　公司治理

## 案例正文

### 一、引言

2018年8月6日这天早上，深圳证券交易所创业板公司管理部的刘部长眉头紧锁，只见他的桌上正放着前些日子儿童医药企业康芝药业递交的并购案材料。本来上市公司通过并购重组做大做强是件好事，只是在这份并购方案中，康芝药业要高溢价、全现金收购其控股股东旗下的另一家子公司中山爱护，刘部长实在高兴不起来。

这时，办公室响起了敲门声。

"进来吧！"刘部长道。

只见部门科员小陈兴冲冲地走到刘部长的办公桌前，刘部长面带笑容地问道："这次又有什么发现啊？"

小陈深吸一口气，说："部长，自从我们收到康芝药业报送的并购案材料后，我一直留意着这家公司。虽然公司声称收购中山爱护是出于战略转型需要，大股东也给了可观的业绩承诺，但是这次并购估值溢价高，业绩承诺模糊，并购对价恰好需要用光康芝药业的货币资金，难道中山爱护真的值得上市公司承担这么大的风险去并购吗？而且最近我发现中小股东对这件事的态度很不乐观，互动易平台上唱空这次并购的留言都快刷屏了。今早

① 本案例由湖南大学工商管理学院蒲丹琳、李超仪撰写，作者拥有著作权中的署名权、修改权、改编权。本案例授权中国管理案例共享中心使用，中国管理案例共享中心享有复制权、修改权、发表权、发行权、信息网络传播权、改编权、汇编权和翻译权。由于企业保密的要求，在本案例中对有关名称、数据等进行了必要的掩饰性处理。本案例只供课堂讨论之用，并无意暗示或说明某种管理行为是否有效。

财联社还发布了一篇报道，认为康芝药业并购中山爱护就是给大股东输送利益。部长，我看我们还需要对这家公司做进一步调查啊。"

"是啊，你说的也是我正在怀疑的事情，这个并购案的疑点太多，很可能另有隐情。"刘部长若有所思道。"这样，你马上整理好这家公司的有关材料，待会儿在会上我们好好讨论！"

## 二、初识

半小时后，深圳证券交易所创业板公司管理部展开了一场关于康芝药业并购中山爱护案的讨论会。小陈首先向大家介绍了两家公司的基本情况：

（一）洪氏家族的发家之路

康芝药业股份有限公司（股票代码：300086）于2010年5月在深交所创业板上市，是海南第一家在创业板上市的公司，其法定代表人为洪江游。康芝药业自成立起一直以儿童药的研发、制造和销售为主营业务，是我国儿童制药企业上市"第一股"。康芝药业初期的快速发展与以洪江游为首的洪氏家族的一系列资本运作和经营分不开。

1994年8月27日，从广州中医药大学毕业的洪氏家族成员洪江游和洪丽萍分别出资90.6万元和47.4万元设立了广东中瑞医药顾问有限公司（以下简称"中瑞顾问"），主营医药信息咨询服务。

1998年5月，中瑞顾问仅用125万元将当时经营效益不佳的康芝药业前身——海南琼山九洲制药厂——收入囊中，这一价格仅为其产权估值的74.22%。

2006年10月12日，为扩大事业版图、推动康芝药业上市，洪氏家族成立了投资控股平台——海南宏氏投资有限公司（以下简称"宏氏投资"）。

2006年11月2日，宏氏投资以2 425万元收购了中瑞顾问所持有的康芝药业97%的股权，实现了对康芝药业的控制。

2007—2010年，经过增资、扩股、改制以及其他上市培育工作，证监会核准康芝药业于2010年5月26日在深交所挂牌上市，计划募集资金31 389万元，实际募集资金净额144 261.8万元，超额募集资金112 872.8万元。

（二）昙花一现的高光时刻

康芝药业作为当时我国唯一一家主营儿童用药的上市公司，曾经备受市场看好。当时，康芝药业是退烧药尼美舒利的国内最大生产商，主打产品"瑞芝清"（尼美舒利颗粒）处于行业领先地位，是公司收入和利润的主要来源。

然而，这种单一的产品结构隐含着一定的风险。2011年，尼美舒利被发现可能会损伤中枢神经及肝脏，当时的国家食品药品监督管理局发文禁止12周岁以下的儿童服用此类药物，康芝药业因此遭受了致命打击。

2008—2010年，"瑞芝清"销售收入占康芝药业营业收入的比重高达70%以上，而在国家禁药政策颁布后，2011年、2012年"瑞芝清"的销售收入在营业收入中的占比迅速降至20%左右。公司2011年年报披露，当年营业收入同比减少3.25%；营业利润同比减少103%；净利润由盈转亏，同比减少100.82%。在此之后，康芝药业的发展陷入了瓶颈，传统的儿童药业务已经很难再为公司创造利润，而产品结构单一的影响亦是积重难返。

2008—2012年，"瑞芝清"销售收入占营业收入的比重见表4-1。

表4-1　　　　2008—2012年"瑞芝清"销售收入占康芝药业营业收入的比重　　金额单位：万元

| 年份 | 营业收入 | "瑞芝清"收入 | 占比 |
|---|---|---|---|
| 2008 | 13 468.91 | 9 833.45 | 73.01% |
| 2009 | 21 877.91 | 17 467.48 | 79.82% |
| 2010 | 31 445.18 | 22 216.02 | 70.70% |
| 2011 | 30 424.19 | 6 169.73 | 20.01% |
| 2012 | 36 878.03 | 9 930.28 | 26.90% |

资料来源：作者根据康芝药业年报及招股说明书编制。

康芝药业计划将募集的资金投向3个项目，但截至2018年年底，这些项目或是仍未达产，或是效益远未达预期。根据康芝药业的招股说明书，儿童药生产基地项目预计在投产第1~4年可实现销售收入3.5亿元、4.86亿元、6.28亿元和7.87亿元，投资利润率为58.18%，而实际情况与预期相差甚远。

另外，在医改政策的影响下，医药行业的盈利空间被进一步压缩，康芝药业一再搁置其营销网络和药品研发中心的建设。截至2018年，这两个项目的投资进度分别仅达到预计的30.46%和69.24%。

截至2018年年底康芝药业募集资金的使用和效益见表4-2。

表4-2　　　　　截至2018年年底康芝药业募集资金的使用和效益　　　金额单位：万元

| 募集资金投向 | 计划投资总额 | 截至期末累计投入金额 | 截至期末投资进度 | 预计可使用日期 | 截至期末累计实现效益 | 是否达到预期效益 |
|---|---|---|---|---|---|---|
| 儿童药品生产基地建设项目 | 24 525.29 | 24 504.93 | 99.92% | 2010-09-30 | 25 657.23 | 否 |
| 营销网络建设项目 | 3 025 | 921.27 | 30.46% | 2016-11-31 | — | |
| 药品研发中心建设项目 | 3 838.71 | 2 657.82 | 69.24% | 2013-09-30 | | |
| 合计 | 31 389.00 | 28 084.02 | — | — | 25 657.23 | |

资料来源：作者根据康芝药业2018年年报整理。

此后，康芝药业在儿童药的自主研发、生产、销售上的投入大大减少，而将经营战略转向了以对外投资为抓手的外延式扩张，希望通过丰富业务类型摆脱困境。

2011—2018年，康芝药业使用超募资金约8.49亿元并购了多家企业，主要涉及制药和生殖医院产业。但这些企业并未实现预期效益，4家制药企业截至2018年累计亏损-1.22亿元。其中，与并购沈阳康芝和广东元宁相关的商誉更是已经全额计提。康芝药业的战略转型前景并不明朗。

截至2018年康芝药业超募资金的使用和效益情况见表4-3。

表4-3 截至2018年康芝药业超募资金的使用和效益情况 金额单位：万元

| 超募资金投向 | 调整后投资总额 | 截至期末累计投入金额 | 截至期末投资进度 | 预计可使用日期 | 截至本期末累计实现的效益 | 是否达到预期效益 |
|---|---|---|---|---|---|---|
| 增资北京顺鑫祥云 | 9 264.64 | 4 321.1 | 45.47% | 2011-11-31 | -2 126.66 | 否 |
| 投资河北康芝 | 4 270 | 4 270 | 100.00% | 2011-11-31 | -5 663.87 | 否 |
| 投资沈阳康芝 | 18 000 | 18 000 | 100.00% | 2011-09-30 | -2 068.14 | 否 |
| 投资广东元宁制药 | 4 841 | 4 841 | 100.00% | 2014-08-16 | -2 317.88 | 否 |
| 投资广东康芝医院管理有限公司 | 32 130 | 28 917 | 90.00% | 2018-07-01 | 1 133.40 | — |
| 收购中山爱护100%的股权 | 24 558.41 | 24 558.41 | 100.00% | 2018-08-29 | 96.18 | — |

资料来源：作者根据康芝药业2018年年报编制。

（三）"寄予厚望"的关联并购

2018年7月25日，康芝药业发布公告，要高溢价收购大股东旗下的另一家子公司中山爱护，涉及重大关联交易。中山爱护日用品有限公司（以下简称"中山爱护"）于2011年6月30日成立，法定代表人为洪江游，主营婴幼儿洗护用品，经营品类包括洗衣液、湿巾、爽身粉、润肤霜等200多个单品，旗下拥有"爱护""幼妙"两大婴童洗护品牌。

据康芝药业的公告介绍，此次并购中山爱护的目的在于拓展公司的业务范围，通过吸收婴童洗护的相关资源，与公司现有的儿童药、生殖医学形成联动，形成以儿童医药、生殖医学、儿童护理三大主营业务驱动的"儿童大健康"战略布局，进一步提升公司的竞争力。大股东宏氏投资在公开场合曾多次表示对中山爱护的前景充满信心，希望通过此举将康芝药业的发展推上一个新台阶。

（四）双方的关联关系

"尽管康芝药业此次并购好像是顺应战略转型的举措，但其关键就在康芝药业和中山爱护的关系上，它们是宏氏投资同一控制下的子公司。要理解这场并购，首先我们要来捋一捋它们之间的关联关系。"小陈说道。

中山爱护从成立以来股权变更频繁，截至并购前的2018年3月，合计经历了6次股权变更，在第4次股权转让后，洪氏家族拥有了对其的实际控制权。由于深圳宏程同兴投资有限公司（以下简称"宏程同兴"）和广东康芝投资集团有限公司（以下简称"广东康芝投资"）均为宏氏投资的全资子公司，邹文生为洪江游的妻子，胡飞鸿时任康芝药业的执行董事，可见2014年11月第四次股权转让以后，中山爱护与宏氏投资、康芝药业形成了关联方关系。

中山爱护的股权变更过程见表4-4。

表4-4 中山爱护的股权变更过程

| 事项 | 时间 | 注册资本<br>（万元） | 转让或<br>增资价格 | 定价依据 |
|------|------|------|------|------|
| 第4次股权<br>转让 | 2014年<br>11月 | 3 000 | 3.58元/出资额 | 自2013年起，中山爱护营收大幅增加。中山爱护原股东向宏程同兴转让88%的控股权，以3.58元/出资额定价 |
| 第5次股权<br>转让 | 2015年<br>12月 | 3 000 | 3.58元/出资额 | 中山爱护原股东向自然人邹文生、胡飞鸿按第四次转让价格3.58元/出资额转让中山爱护12%的股权 |
| 第6次股权<br>转让 | 2016年<br>10月 | 3 000 | 0元/出资额 | 宏程同兴将其持有的中山爱护88%的股权无偿转让给宏氏投资同一控制下的另一家子公司广东康芝投资 |

资料来源：作者根据康芝药业的公告整理。

　　2014年11月以来，中山爱护的股权虽有小规模变动，但均处于宏氏投资的间接控制之下。从2016年10月至并购前一报告日2018年3月31日，中山爱护的控制权结构和关联关系保持不变，并购前康芝药业与中山爱护的关联关系如图4-1所示。当时中山爱护的股权结构为：广东康芝投资集团（宏氏投资全资子公司）、胡飞鸿（时任康芝药业董事）、邹文生（洪江游妻子）分别持股88%、2%和10%。因此，中山爱护处于宏氏投资的间接控制之下，与康芝药业为宏氏投资同一控制下的关联方。

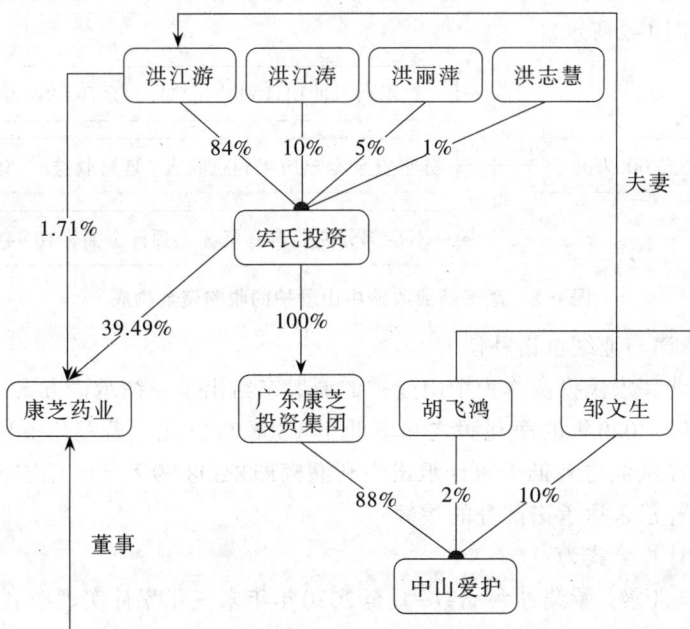

图4-1　并购前康芝药业与中山爱护的关联关系

### 三、异常的并购方案

"中山爱护与康芝药业都是宏氏投资同一控制下的子公司，而宏氏投资由洪氏家族成立并控股，所以从本质上看，这场并购就是洪氏家族在背后主导，把自己旗下的资产左手倒右手，置入上市公司嘛。"科员小李总结道。

"是啊，如果中山爱护真的是个前景广阔的优质标的还好，但若是大股东另有目的，那上市公司和中小股东的利益就要受到侵害了。"小陈道。

"尽管从康芝药业的公告内容来看，此次并购中山爱护是自身战略转型的重要一步，但是分析它的并购方案可知，康芝药业是要付出相当大的代价来收购大股东旗下的子公司。究竟哪一方才是获益者？大股东的目的真的是支持上市公司发展吗？这些都需要进一步探究啊。"刘部长若有所思道。

2018年7月24日，康芝药业董事会审议通过了《关于收购中山爱护日用品有限公司暨关联交易的议案》，将以3.5亿元的价格，采用全额现金支付对价的形式收购中山爱护100%的股权，并购方案具体如下：

（一）交易定价

根据上海众华资产评估有限公司出具的资产评估报告（沪众评报字〔2018〕第0374号），在收益法下，中山爱护100%的股权评估值为35 022.00万元。交易各方遵循平等互利的原则，最终协商确定康芝药业收购中山爱护100%股权的交易价格为35 000.00万元。

（二）并购资金来源

康芝药业收购中山爱护100%的股权全部使用现金对价的形式支付。35 000.00万元收购资金的组成如图4-2所示。

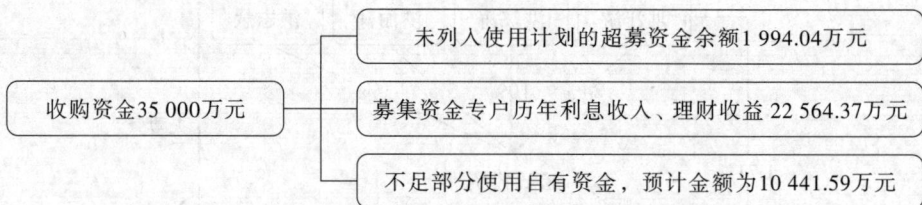

图4-2　康芝药业收购中山爱护的收购资金构成

（三）业绩承诺与业绩承诺补偿

为了达成并购，宏氏投资作为中山爱护的原股东给出了业绩承诺方案——中山爱护在2018年、2019年、2020年的净利润之和不低于8 308.79万元。若三年业绩承诺期满，中山爱护累计实现净利润之和低于累计承诺净利润额即8 308.79万元，则宏氏投资将以现金方式向康芝药业补偿未达承诺部分的差额。

应补偿金额计算公式为：

应补偿金额=（累计承诺净利润数−截至2020年年末三年累计实现净利润数）÷累计承诺净利润数×标的资产的交易价格−已补偿金额

"康芝药业并购中山爱护构成重大关联交易，但因为采取全部现金对价的形式，此次并购没有构成重大资产重组，因此无须经过证券监管部门的批准，这让并购案的监管限制降低了不少啊。"科员小李道。

"中山爱护在2018年3月31日还不是由宏氏投资直接控股，在7月24日公告当天就变成了直接控股，这中间的股权变动如此迅速实在可疑啊。"科员小吴道。

"是啊，中山爱护评估增值率高达818%，也很不寻常。"科员小王道。

"并购的业绩承诺是以累计形式作出的，并且远远高于中山爱护的历史业绩，有炒作的嫌疑啊。"科员小张道。

"而且这3.5亿元的价格要花光公司的募集资金账户余额和货币资金余额，这是要掏空上市公司吗？"科员小吴道。

大家你一言我一语地讨论着，刘部长的眉头越来越紧蹙，说道："大家的疑惑同样也是我的疑惑，这场并购案的疑点越来越多，大家尽快整理一下材料，给康芝药业发问询函，看看这到底是怎么一回事！对了，别忘了要求保荐机构发表核查意见。"

## 四、利益侵占迷局

2018年8月10日，康芝药业的公告收到深圳证券交易所下发的第1封问询函。问询函包括收购必要性、评估增值率、业绩承诺的合理性及可实现性、中山爱护营业利润率低的原因以及控股股东股权质押状况共计5个问题，对康芝药业收购中山爱护进行了问询。康芝药业在作出回复之后，补充披露了《中山爱护股东全部权益价值资产评估报告》。

但深交所仍存有疑问，当日立即追加第2封问询函。此次问询要求康芝药业回答中山爱护历次股权变更是否合理、宏氏投资获得中山爱护100%股权的过程和作价依据，以及是否存在向宏氏投资输送利益的目的3个问题。可见，第二次问询更加直击要害，要求公司正面回应对大股东利益侵占的质疑。2018年8月12日，康芝药业对第二封问询函进行了回复。

"这些天我们给康芝药业连发了两封问询函，可以说是收获颇丰啊。"科员小陈高兴地说道。

"是啊，这下我们把这场大股东在并购背后的动作都搞清楚了！"小刘说，"虽然大股东一副仗义支援上市公司发展的模样，但是在了解整个并购过程之后，我们还是发现了许多大股东侵害上市公司利益的蛛丝马迹。"

（一）并购前助家族人员高价退出投资

1.抬高收购家族人员所持股权的价格

截至2018年3月31日，中山爱护的股权结构仍为广东康芝投资集团、胡飞鸿、邹文生分别持股88%、2%、10%。康芝药业在2018年7月25日的公告中却称截至7月24日中山爱护已经由宏氏投资100%持股。在并购前短短3个月的时间内，洪氏家族关联人员邹文生和胡飞鸿退出投资，宏氏投资实现对中山爱护的直接全资控制。

在深交所的质疑下，康芝药业公布了宏氏投资取得中山爱护100%股权的具体过程，如图4-3所示。

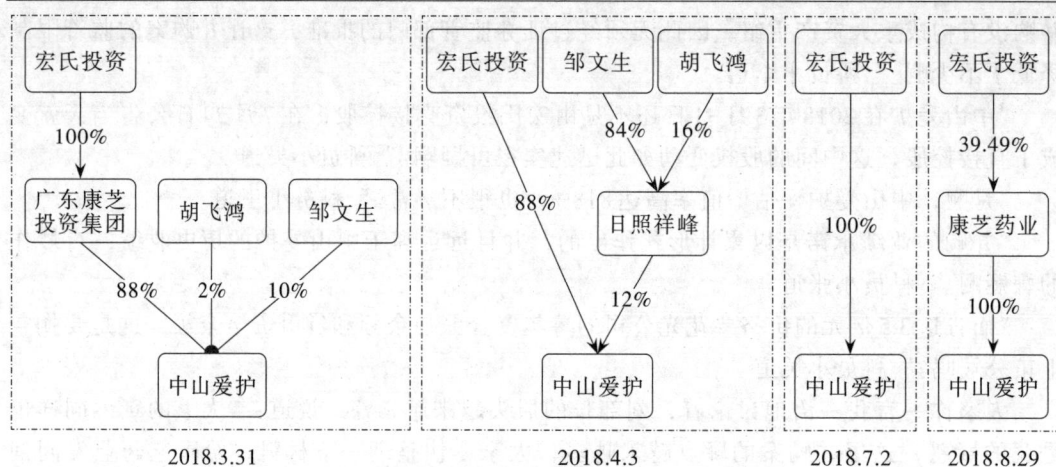

图4-3 2018年3月31日后中山爱护的控制权变更过程

截至2018年3月31日，广东康芝投资集团（宏氏投资全资子公司）、胡飞鸿（时任康芝药业董事）、邹文生（洪江游妻子）分别持有中山爱护88%、2%和10%的股权。

2018年4月3日，胡飞鸿、邹文生将持有的中山爱护2%和10%的股权分别以247.90万元和1 374.50万元（合计1 622.40万元）的价格转让给日照祥峰智能科技中心（下文简称"日照祥峰"）；广东康芝投资集团将其持有的88%的股权无偿转让给母公司宏氏投资。日照祥峰是2017年10月18日成立的注册资本仅25万元的合伙企业，由邹文生、胡飞鸿分别持股84%和16%，因此此时中山爱护的股权实际仍在洪氏家族关联人员手中流转。在出售中山爱护股权后不久的2018年11月18日，日照祥峰即被邹、胡两人注销。

2018年7月2日，宏氏投资以现金10 400万元的高价收购了日照祥峰持有的中山爱护12%的股权。至此，宏氏投资由间接控制中山爱护变为100%全资控股。

综上，宏氏投资无偿获得广东康芝投资集团持有的中山爱护88%的股权属于同一控制下的股权划转，这一行为虽然无可厚非，但宏氏投资以现金10 400万元收购日照祥峰持有的中山爱护12%的股权，价格显然不公允。一方面，若根据评估机构给出的整体估值计算，中山爱护12%的股权价值应为4 202.64万元（35 022×12%）。另一方面，这一价格也远高于邹、胡两人将中山爱护12%的股权出售给日照祥峰的价格1 622.40万元。这说明宏氏投资抬高中山爱护12%的股权价格，使邹文生和胡飞鸿获取了巨大利益。

**2.利用关联方界定进行申辩**

康芝药业曾在回函中申辩称：由于胡飞鸿非为宏氏投资的关联方……通过日照祥峰间接转让中山爱护2%的股权的定价具有合理性。胡飞鸿属于宏氏投资子公司的高级管理人员，虽然名义上不存在对宏氏投资经营活动进行控制或重大影响的能力，不包含在《企业会计准则第36号——关联方披露》等法律法规中对于关联方的具体列举范围，但是出于监管目的，相关法规也基于实质重于形式的原则对关联方认定提出了保底条款，即其他与公司存在特殊关系，使得公司产生利益倾斜的自然人、法人或其他组织，也属于公司的关联方。

根据这一原则进行判断，除了邹文生是宏氏投资的关联方以外，胡飞鸿实际也属于宏氏投资关联方的范畴。一方面，宏氏投资为了获取出售中山爱护的现金投资收益，必须首先取得其100%的股权，因此取得胡飞鸿和邹文生的同意是推进并购的第一步，两人的决策会对并购结果产生巨大影响。另一方面，在预知短期内会将标的出售给上市公司的情况下，宏氏投资收购中山爱护并不具备正常的商业实质，并且交易价格明显高于市场价格，利益明显向邹、胡两人倾斜。综合以上两点分析可知，宏氏投资以"胡飞鸿不属于法律法规中具体列明的关联方"为由进行的辩解并不符合保底条款的规定，其高价收购邹、胡两人持有的股权，实质上是向关联方输送利益的行为。保荐机构广州证券在回复深交所的《核查意见》中也指出，日照祥峰转让12%股权的价格由交易各方协商确定，是为了便于邹、胡两人通过日照祥峰间接退出对中山爱护的持股。

但由于宏氏投资不是上市公司，其自身发生的关联交易不受上市公司信息披露相关制度的约束，宏氏投资此举也难以得到监管部门的处理。最终，洪氏家族关联人员成功以高价退出中山爱护的投资。康芝药业收购中山爱护完成后，宏氏投资也将获得现金投资收益24 600万元（35 000-10 400）。

（二）标的估值溢价高

评估报告显示，截至2018年3月，中山爱护净资产的账面价值为3 342.34万元，评估值为35 022万元，评估增值率高达947.83%，而在2017年年底，中山爱护的净资产账面价值仅为55.51万元，增值率如此高实在令人疑惑。对中山爱护的资产质量进行分析后可知，这一高估值存在相当大的"泡沫"。

中山爱护作为一家化工产品制造企业，其固定资产是公司生产经营、创造现金流的基础。中山爱护的固定资产在总资产中的占比相当大，从2015年至2018年第一季度分别为28.37%、61.07%、45.33%和41.58%。中山爱护并购前的资产负债表主要数据见表4-5。

表4-5　　　　　　　　　　中山爱护并购前的资产负债表主要数据　　　　　　　　　单位：万元

| | 2015-12-31 | 2016-12-31 | 2017-12-31 | 2018-03-31 |
|---|---|---|---|---|
| 流动资产合计 | 4 779.98 | 4 480.50 | 5 822.35 | 7 339.44 |
| 固定资产 | 2 331.91 | 8 359.78 | 7 318.09 | 7 221.74 |
| 非流动资产合计 | 3 441.10 | 9 208.68 | 10 320.00 | 10 027.90 |
| 资产总计 | 8 221.08 | 13 689.18 | 16 142.35 | 17 367.34 |
| 流动负债 | 7 462.15 | 11 763.15 | 13 553.06 | 11 630.29 |
| 非流动负债 | 150.00 | 3 400.00 | 2 091.69 | 1 925.63 |
| 负债总计 | 7 612.15 | 15 163.15 | 15 644.75 | 13 555.92 |
| 所有者权益 | 608.92 | -1 473.97 | 497.6 | 3 811.42 |

资料来源：作者根据中山爱护评估报告数据整理。

在固定资产对中山爱护而言如此重要的情况下，经分析评估报告发现其固定资产绝大部分为使用受限或权属不明的不良资产。评估报告指出，中山爱护申报的固定资产包括4类：房屋建筑物、构筑物资产、土地使用权和设备类资产。

中山爱护各类固定资产的具体组成及异常情况见表4-6。

表4-6 中山爱护各类固定资产的具体组成及异常情况

| 固定资产类型 | 具体项目 | 资产异常情况 |
|---|---|---|
| 房屋建筑物 | 一期厂房 | 2016年10月21日抵押给中国银行中山分行，期限为2016年10月21日至2021年10月20日 |
| | 二期厂房 | |
| | 行政办公楼 | |
| | 门卫室 | 无产权登记证明 |
| 构筑物资产 | 污水池、污水池电机房、车棚、围墙、厂区绿化、假山、道路和彩钢板房 | 皆无产权登记证明 |
| 土地使用权 | 厂房工业用地 | 2016年10月21日连同厂房一起抵押给中国银行中山分行，期限为2016年10月21日至2021年10月20日 |
| 设备类资产 | 机器设备、车辆、电子设备 | — |

资料来源：作者根据中山爱护评估报告数据整理。

根据评估报告，中山爱护的固定资产增值额为1 640.45万元，增值率为22.22%。其中实现增值的全部为房屋建筑物、构筑物以及与之相关的土地使用权，机器设备全部为减值状态。如表4-6所示，中山爱护的房屋建筑物、构筑物以及与之相关的土地使用权均存在使用受限或权属不明确的状况。同时，评估机构在其报告的"特别事项说明"中对这一事项进行了提示，由于资产评估人员的执业能力无法评定这些事项，因此评估结果中未包含这些异常情况的影响。具体而言：

1.对未办理房产证明的房屋建筑物、构筑物，建筑面积主要依据中山爱护单方面提供的确权证明和评估人员的现场勘查确定。但这些建筑物的所有权属仍不明确，中山爱护承诺若这些建筑物的权属出现法律纠纷，中山爱护承担全部责任。

2.对抵押的房屋建筑物和土地使用权，与之相关的负债为：

（1）中山爱护向中国银行中山分行借贷的短期借款本金余额为2 000万元，期限为2016年10月21日至2021年10月20日。

（2）中山爱护向中国银行中山分行借贷的长期借款本金余额为2 437.50万元，借款期限为2016年10月21日至2021年10月20日，其中650万元将于评估日的一年内到期。合计以上两项，中山爱护将有2 650万元的借款在2018年内到期，已占当时中山爱护的流动资产账面余额的36.10%（2 650÷7 339.44）。表4-7列示了中山爱护2015年至2018年3月的偿债能力指标，其资产负债率在4年间平均高达94.58%，而流动比率各年均低于1，在2018年仅为0.63，可见当时中山爱护已经面临严重的债务危机。

表4-7 中山爱护的偿债能力分析

| | 2015-12-31 | 2016-12-31 | 2017-12-31 | 2018-03-31 |
|---|---|---|---|---|
| 流动比率 | 0.64 | 0.83 | 0.43 | 0.63 |
| 资产负债率 | 92.59% | 110.77% | 96.92% | 78.05% |

资料来源：作者根据中山爱护评估报告数据整理。

综上，中山爱护作为一家制造业企业，多项资产权属不明，同时将对自己至关重要的仅有的两幢生产厂房、行政大楼及其相关联的土地使用权都进行了抵押，并且有大笔相关债务在近期到期，说明中山爱护的资产质量状况堪忧，未来盈利能力不明。评估机构在收益法下针对中山爱护的估值也未能剔除这些因素的影响，使得估值结果存在大量"泡沫"，同时也为大股东后续确定并购价格和业绩承诺提供了操纵的空间。

（三）业绩承诺模糊且难以实现

设置业绩承诺的初衷本是保护并购方的利益，但业绩承诺在一定程度上也会影响并购交易价格的设定：业绩承诺越高，并购价格也相应地越高。

1.业绩承诺模糊

根据康芝药业2018年7月25日公布的初版并购方案，宏氏投资给出了一份简洁但并不明了的业绩承诺——中山爱护2018—2020年三年累计净利润不低于8 308.79万元。像中山爱护这样以累计净利润形式作出业绩承诺的案例在资本市场中并不常见。除此之外，公告中并未公布中山爱护2018—2020年每年的盈利分析相关信息。

康芝药业在回复函中称，中山爱护的评估机构根据评估过程中发现的实际情况作出对中山爱护的业绩预测。中山爱护的管理层称其结合行业情况、公司审计结果、评估结果等认可了评估机构作出的业绩预测，最后决定将其作为并购的业绩承诺。

评估机构对中山爱护2018—2020年营业收入和净利润的预测见表4-8。

表4-8　　　　　评估机构对中山爱护2018—2020年营业收入和净利润的预测　　　金额单位：万元

| 年度 | 预测营业收入 | 预测净利润 | 预测净利润率 |
|---|---|---|---|
| 2018 | 24 033.16 | 1 966.30 | 8.18% |
| 2019 | 30 032.41 | 2 817.22 | 9.38% |
| 2020 | 36 038.89 | 3 525.26 | 9.78% |
| 合计 | 90 104.46 | 8 308.78 | — |

资料来源：作者根据康芝药业对深交所问询函的回函整理。

由表4-8可知，上海众华预测中山爱护2018—2020年的净利润分别为1 966.30万元、2 817.22万元和3 525.26万元，3年净利润之和为8 308.78万元。可见，评估机构对中山爱护各年的净利润都作出了预测，但宏氏投资在业绩承诺中只选取净利润合计值，设定了3年的累计目标，而没有对各年的业绩都作出承诺。这样的业绩承诺存在一定的主观操纵空间，即使公司最终没有达到业绩承诺，也为大股东宏氏投资赢得了3年的缓冲期。

2.业绩承诺与历史业绩不匹配

分析中山爱护的历史业绩可以发现大股东的业绩承诺似乎过于乐观。2015—2016年中山爱护的净利润均为负数，2017年和2018年第一季度也仅实现了净利润534.08万元和531.83万元，说明其盈利能力并不稳定，还没有达到能持续为上市公司创造大量收入的水平。

表4-9列示了中山爱护并购前的主要财务数据。

表4-9 中山爱护并购前的主要财务数据 单位：万元

| 项目 | 2015-11-30 | 2016-11-30 | 2017-11-30（经审计） | 2018-03-31（经审计） |
|---|---|---|---|---|
| 资产总额 | 8 221.07 | 13 613.00 | 15 601.90 | 16 736.86 |
| 负债总额 | 7 612.15 | 15 184.49 | 15 546.39 | 13 394.53 |
| 所有者权益合计 | 608.92 | −1 571.49 | 55.51 | 3 342.33 |
| 营业收入 | 16 045.61 | 15 848.98 | 18 791.34 | 6 240.76 |
| 营业利润 | −94.41 | −2 133.72 | 101.44 | 693.52 |
| 净利润 | −29.12 | −2 118.44 | 534.08 | 531.83 |

资料来源：作者根据中山爱护评估报告数据整理。

（四）对价设置耗光公司现金

根据康芝药业的公告，交易各方结合参考评估机构给出的中山爱护估值和宏氏投资给出的业绩承诺，确定康芝药业收购中山爱护的交易价格为现金35 000万元。对价将从以下三个来源予以支付：超募资金余额1 994.04万元、募集资金的利息收入和理财收益22 564.37万元，以及康芝药业的自有资金10 441.59万元。

首先，根据保荐机构的核查意见，截至2018年6月30日康芝药业的募集资金账户余额为70 435.34万元，其中包括：已列入计划但尚未使用的募集资金45 876.93万元、未列入计划的超募资金余额1 994.04万元，以及募集资金专户历年利息收入及理财收益22 564.37万元。可见，针对并购资金来源的前两项，康芝药业将使用所有剩余的超额募集资金和不受限的募集资金利息和理财收益。针对并购资金来源的第三项，康芝药业将使用自有资金，即公司账面上的货币资金约10 441.59万元。

在出具评估值的2018年3月31日，康芝药业的货币资金正好有10 366.63万元。可见，在评估值和业绩承诺虚高基础上确定的交易价格将掏空康芝药业可以动用的所有现金。

表4-10列示了康芝药业2018年各期货币资金和其他流动资产情况。

表4-10 康芝药业2018年各期货币资金和其他流动资产情况 金额单位：万元

| 项目 | | 2018-03-31 | 2018-06-30 | 2018-09-30 | 2018-12-31 |
|---|---|---|---|---|---|
| 货币资金 | 金额 | 10 366.63 | 35 393.23 | 16 802.03 | 8 416.97 |
| | 占流动资产比重 | 15.07% | 26.24% | 19.18% | 12.24% |
| 其他流动资产 | 金额 | 95 867.31 | 54 673.10 | 21 718.71 | 28 390.84 |
| | 占流动资产比重 | 68.18% | 40.53% | 24.80% | 41.28% |

资料来源：作者根据康芝药业财务报告整理。

为了弥补公司货币资金的缺乏，康芝药业年报称其大量赎回了持有的理财产品，使用其他流动资产科目核算。如表4-10所示，其他流动资产在康芝药业的资产中占据着重要位置，在2018年初占流动资产的比例为68.18%，但在并购完成后的9月30日下降至24.80%，康芝药业为了并购中山爱护作出了巨大的牺牲。同时，图4-4展示了2018年各期康芝药业货币资金和其他流动资产的变动趋势，可以发现其他流动资产呈现直线下降趋势。并购后，公司其他流动资产已减少至和货币资金的相似规模，日后公司将很难再有其他途径快速补充短期流动资金。

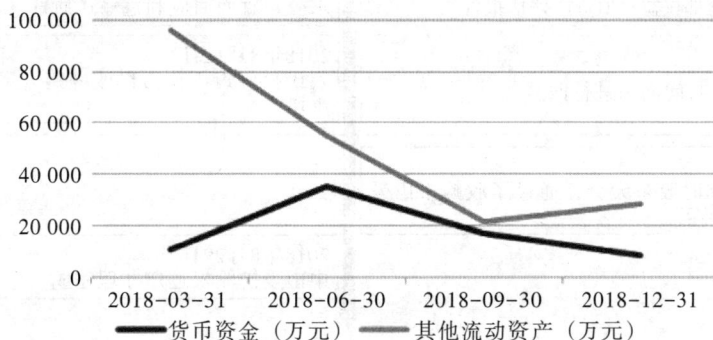

图4-4　2018年各期康芝药业货币资金和其他流动资产的变动

综上所述，在中山爱护的高估值泡沫和高业绩承诺的"包装"下，大股东确定的并购价格掏空了当时康芝药业所有可在短期内动用的现金，给上市公司的经营带来了极大的风险。结果是洪氏家族高价将效益不佳的中山爱护置入康芝药业，几乎耗光康芝药业的流动资金，反而使自己获得巨额现金收益。

## 五、中小股东的妥协

2018年8月12日，在回复第2封问询函的当天，为了减轻监管部门和投资者的质疑，达成并购，宏氏投资被迫修改并购方案，赶在股东大会前紧急追加业绩承诺，在原方案的基础上承诺中山爱护2021年和2022年的净利润分别不低于4 170.38万元和4 736.43万元，否则同样将以现金方式补足差额。

8月13日，康芝药业召开临时股东大会，通过了收购中山爱护100%股权的议案，但该次大会仅有130位股东参会并进行表决。

此后，康芝药业迅速办理了股权过户手续。2018年8月31日，康芝药业公告中山爱护的所有股权已于2018年8月29日转到公司名下。

整个并购过程的重要节点如图4-5所示。

## 六、尾声

"真难办啊，大股东将中山爱护出售给康芝药业很明显是侵害了上市公司的利益，"小李感叹道，"怎么大股东追加一个业绩承诺，中小股东就同意了呀。"

"康芝药业中小股东这么多，参与会议的才130户，中小股东的积极性不高啊。"小王道。

"是啊，现阶段我们还没有专门针对关联并购的监管制度，像大股东宏氏投资这样的

| | |
|---|---|
| 2018年7月24日<br>康芝药业第四届董事会审议通过收购中山爱护日用品有限公司议案 | |
| | 2018年7月25日<br>康芝药业对外公告收购中山爱护议案的具体内容，预计于2018年8月13日召开审议该事项的临时股东大会 |
| 2018年8月10日<br>康芝药业公告针对第1封问询函进行回复并补充披露《中山爱护股东全部权益价值资产评估报告》 | 2018年8月10日<br>深交所当日追加第2封问询函，问题直击要害，要求公司直面回应利益输送质疑 |
| 2018年8月12日<br>康芝药业对第二封问询函进行回复 | 2018年8月12日<br>宏氏投资迫于压力修改并购方案，紧急追加业绩承诺 |
| 2018年8月13日<br>康芝药业召开临时股东大会，通过了收购中山爱护100%股权的议案 | |
| | 2018年8月29日<br>中山爱护股权过户办理完成 |

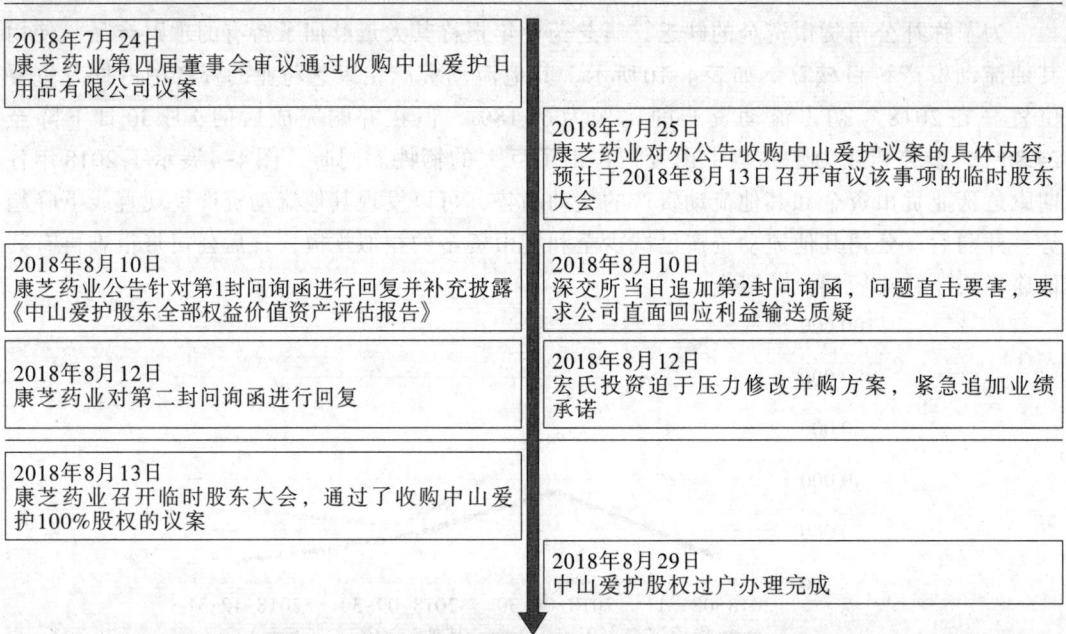

**图4-5　康芝药业并购中山爱护过程中的重要事件梳理**

非上市公司也很难受到资本市场信息披露制度的约束。"小陈苦恼道，"而且并购活动主要还是看交易双方的意愿，如果所有程序都没有违反现有规定，我们确实很难断定大股东的行为是利益侵占啊。"

"大家打起精神来！"刘部长鼓励道，"这次案件让我们看到了关联并购的复杂性，也认识到现有监管和制度方面的一些不足。资本市场的规范运行仅靠任何一方的努力是不够的，只有各尽其责，才能维护好上市公司和投资者的利益。现在，我们把资料再整理一下，准备报送证券监管部门处理吧！"

资本市场如同风波诡谲的舞台，一幕幕精彩大戏在这里接连上演。大股东表面上看对上市公司的发展倾力相助，但又存在一些较为明显的利益侵占行为，其背后的真实动因到底是怎样的呢？这种大股东主导下的关联并购会给上市公司带来哪些影响？对于大股东主导下关联并购的负面影响又应当如何应对呢？

## 七、启发思考题

1.关联并购的含义及其表现形式有哪些？关联并购的一般动因是什么？在本案例中，其具体动因又是什么？

2.大股东主导下的关联并购对公司有何影响？

3.哪些因素可能会促使大股东通过关联并购侵害公司利益的动机？关联方及关联交易的相关信息披露在其中发挥了何种作用？

4.如何规避关联并购带来的不利影响？

**【政策思考】　　　公司治理与社会责任、高质量发展与产业升级**

党的二十大报告强调高质量发展和以人民为中心的发展思想。康芝药业的案例反映出部分上市公司在公司治理方面存在缺陷，大股东的行为可能会损害中小股东利益、违背企业的社会责任。

企业不仅是经济主体，更是社会责任的承担者。上市公司应将社会责任融入公司治理，确保决策符合全体股东的利益，避免因大股东的短期利益行为损害公司的长期发展和社会形象。

康芝药业的关联并购虽声称是为了"儿童大健康"战略布局，但实际效果并未达到预期，反而使公司面临流动性风险。企业的发展应与国家战略相结合，应通过产业升级和技术创新提升核心竞争力、实现可持续发展，而不是通过短期的资本运作获取利益。同时，监管部门应引导企业合理配置资源，避免盲目扩张和低效投资，推动企业高质量发展。

# 案例使用说明

## 一、教学目标

1.本案例主要适用于"财务会计""财务管理""公司治理"等课程，以及 EMBA、MBA、MPAcc课程的教学。

2.教学目的：

（1）掌握关联并购的定义与表现形式；

（2）掌握大股东主导下关联并购的动因及其后果；

（3）分析与关联并购相关的公司治理和外部监管的改进措施。

## 二、思考题分析思路

本案例分析了康芝药业大股东主导下的关联并购的实施动因及后果，同时探讨与之相关的公司治理问题，对分析上市公司关联并购的动因与影响、公司内外部治理条件以及相关监管的改进等具有一定的指导作用。

首先，本案例梳理了康芝药业并购中山爱护的方案和过程，回顾了交易各方、投资者和监管方的反应和行动，其中着重描述了康芝药业大股东在这一次并购中的可疑行为。

其次，本案例运用事件分析法和财务分析法对并购效应进行了分析，得出了本次并购对康芝药业产生了严重负面影响的结论。综合大股东的可疑行为和本次并购的负面效应，再结合控制权收益理论、信息不对称理论等基础理论，得出大股东本次主导并购的动机主要为"掏空"而非"支持"。

再次，本案例运用公司治理理论对促使大股东通过关联并购侵害公司利益的因素进行了分析，具体表现在内部治理失衡和外部监督薄弱两大方面。

最后，本案例从中小股东自身、公司内部治理、外部监督三大层面，为抑制关联并购式的掏空行为提供了指导性对策。

案例分析整体思路如图4-6所示。

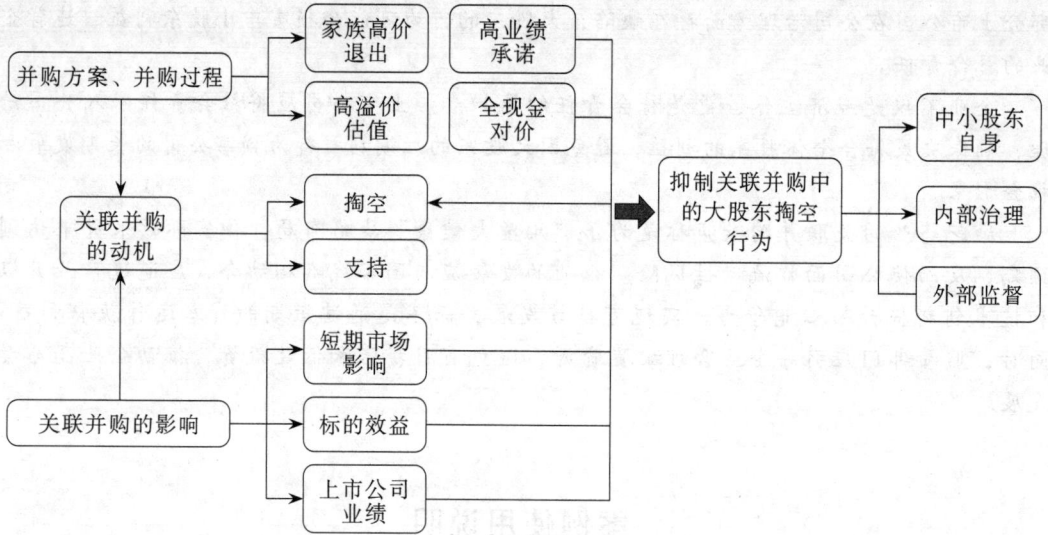

图4-6　分析思路

## 三、理论依据及分析

1.关联并购的含义及其表现形式有哪些？关联并购的一般动因是什么？在本案例中，其具体动因又是什么？

（1）理论依据

"关联并购"指的是上市公司与其关联方之间展开的企业并购行为。这一概念最早出现在黄兴孪和沈维涛（2006）的研究中，他们定义的"关联并购"指上市公司通过收购其第一大股东、实际控制人拥有的资产（包括其子公司、联营公司、合营公司）或上市公司关联企业（包括上市公司的子公司、合营公司、联营公司）的股权，将它们的所有权转移至上市公司的交易行为。

在大股东与中小股东的委托代理问题视角下，大股东或实控人会出于某种动机将其控制的其他主体出售给上市公司，关联并购方向主要体现为并购标的控制权从大股东或实控人向上市公司转移，即定义中的第一种类型。本案分析的关联并购也属于该种类型的并购活动。

对于上述语境下关联并购的动因，已有学者主要围绕大股东的目的是支持还是掏空上市公司展开研究。一部分研究认为，控股股东通过关联重组手段操纵利润是为了保住上市公司的"壳"资源（王化成、任庆和，2002）。耿嘉成等（2018）对国有企业的关联并购进行研究，发现大股东的支持行为远多于掏空行为。另一部分研究认为，大股东实施关联并购活动的主要动机仍是转移甚至掏空上市公司资源（Johnson et al.，2000）。即使大股东向上市公司注入了优质资产，表现为支持行为，但其根本目的只是帮助上市公司达到市场准入的业绩门槛，在保住上市资格后仍将实施掏空行为，谋取私利（李增泉等，2005）。

综合上述研究成果，在特定情境下关联并购的动机可能为支持上市公司，但大部分情况下大股东实施关联并购的主要动机仍是谋求私利。

（2）案例分析

①支持动机

Friedman 等（2009）发现，1997年亚洲金融危机爆发后，许多上市公司的大股东及控股股东将自身的优质资产注入上市公司，以支持其所控股的上市公司渡过难关。因此上市公司的大股东或控股股东会在一定时机采取某些手段支持上市公司，表现为大股东向上市公司输送利益。但若大股东向上市公司输送的是劣质资产，其动机就恰好相反，即掏空上市公司而非支持上市公司。

由案例正文部分可知，中山爱护存在资产质量不佳的问题，而评估机构由于专业领域限制无法剔除这些因素的影响；同时，中山爱护的历史业绩远远低于大股东给出的业绩承诺，中山爱护的创收能力仍然不稳定。尽管大股东希望通过中山爱护的估值和业绩承诺传递出此次并购的利好信号，但基于以上因素，中山爱护并非一项优良资产，因此大股东在这次并购案中含有支持动机的成分较低。

②掏空动机

A.控制权收益

一系列研究显示，近20年来，世界范围内的大型公司最主要的代理问题已经不是传统意义上的经营者与股东之间的利益冲突，而转变为大股东与中小股东之间的利益冲突。大股东利用自身的控制权优势，侵占中小股东和其他利益相关者的利益，从而谋取控制权收益的问题更加令人关注。

控制权收益包括两类。一是共享收益，它是指在大股东的治理下，企业经营业绩的提升带动股价增长，进而使所有股东都获得财富增长的收益，这种收益惠及该企业的所有投资者。二是私人收益，它是指大股东因掌握着企业的控制权，对上市公司的经营管理活动进行干预、控制，从而获得的其他中小投资者无法获得的收益。此类收益只有大股东才能获得，大股东在控制权私人收益的驱动下有强烈的掏空上市公司的动机。

但需注意的是，当大股东通过掏空行为谋取控制权私人收益时，其获得的共享收益就会相应降低。基于理性经济人的假设，大股东实施掏空行为也是在权衡控制权收益之和最大化后的结果。根据控制权和现金流权的相关研究，这种权衡的标准就是控制权与现金流权的分离程度。当现金流权小于控制权时，即两权分离程度越来越大时，就会加剧大股东利用控制权去谋取更大利益的动机。

对于家族上市公司来说，其控制权和私人收益也具有不同于其他类型企业的特点。雷星晖和王寅（2011）认为，家族上市公司中的控制权私人收益是建立在整个家族的基础之上的，公司的决策总是以家族利益最大化为标准。当家族利益与上市公司利益发生冲突时，家族倾向于通过损害公司利益来弥补家族利益。家族作出这种决策的根源在于公开发行股票（即"上市"）为家族提供了分离控制权和所有权的制度机制，使其在付出较低代价的基础上获得高额收益。当家族利益和公司利益的矛盾扩大时，家族侵害中小股东利益的动机也会更加强烈。

这种利益的冲突具体体现在：在上市以前，家族成员既是公司的所有者，又全权控制着公司的一切经营管理活动，外部成员无法干涉。此时，公司利益与家族利益是一致的，家族也没有必要损害公司利益以谋取私利。然而，当公司上市之后，股权结构和治理结构都发生了巨大的变化，中小股东、经理人、外部董事等众多外部人员加入公司，从而使公司利益与家族利益产生了冲突。此时，家族大股东及成员就会为了保障家族利益而对公司实施掏空行为。康芝药业作为一家典型的家族企业，实际上被洪氏家族所控制。当家族自身的利益受损时，很大概率会产生利益侵占的动机。

康芝药业控制链的演变如图4-7所示。

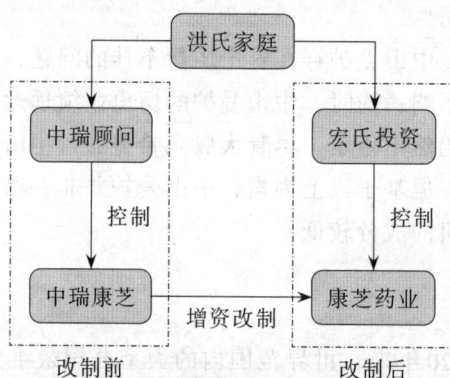

图4-7  康芝药业控制链的演变

由康芝药业的上市历程和控制结构可知，康芝药业是由洪氏家族收购而来的，历经了一系列资本运作后被推动上市。洪氏家族一直都不是直接控制康芝药业，而是通过一个控股母公司持有康芝药业的股份，形成金字塔式的间接控制结构。在这种形式下，家族利益和上市公司的利益产生了分离：康芝药业为了上市进行增资扩股改制，在上市后继续引入其他投资者，洪氏家族的风险得到进一步分散，但不同股东的加入也导致了彼此之间的利益诉求有所不同。

宏氏投资为洪氏家族一手创立，由洪氏四兄妹全额出资持股，它的成功与否会直接影响到家族的利益。因此，与康芝药业相比，控股集团宏氏投资对于洪氏家族来说更具有利益一致性。

最终，出于维护宏氏投资发展和家族相关成员利益的目的，洪氏家族只好牺牲部分上市公司的利益，对其实施掏空行为。

B.大股东的资金需求

大股东资金紧缺，从上市公司套取现金为自己纾困是并购的直接动因。宏氏投资的经营策略不当和债务偿还压力使其于2018年陷入了流动性困境。

宏氏投资作为投资平台型公司本身并无实体经营业务，主要依靠对外投资取得收益。从康芝药业上市后的2012年起，宏氏投资对外投资设立了多家企业，试图壮大自身的产业。同时，2014年康芝药业和宏氏投资在广东肇庆投资建设了"康芝工业园项目"和"宏氏大健康产业项目"，总投资高达19.3亿元，大股东由此产生了大量的资金需求。

表4-11列示了宏氏投资成立以来的对外投资情况。

表4-11 宏氏投资成立以来的对外投资情况

| 序号 | 被投资企业名称 | 行业 | 投资成立日期 | 出资额（万元） | 投资比例 |
|---|---|---|---|---|---|
| 1 | 西藏宏程创业投资 | 商务服务 | 2016-12-12 | 3 000 | 100.00% |
| 2 | 广东康芝投资 | 商务服务 | 2016-07-06 | 3 000 | 100.00% |
| 3 | 海南天际紫源贸易 | 零售 | 2016-03-31 | 100 | 100.00% |
| 4 | 海南康大宏业商业管理 | 商务服务 | 2015-03-04 | 180 | 90.00% |
| 5 | 海南康大宏业物业服务 | 房地产 | 2015-02-28 | 135 | 90.00% |
| 6 | 海南康大小额贷款 | 金融 | 2014-12-30 | 4 000 | 40.00% |
| 7 | 三亚康大国际游艇航务 | 体育 | 2014-12-11 | 600 | 40.00% |
| 8 | 乐东康大置业 | 房地产 | 2014-11-07 | 2 550 | 51.00% |
| 9 | 海南康大投资 | 房地产 | 2012-09-05 | 1 800 | 90.00% |
| 10 | 康芝药业 | 医药制造 | 2006-11-02 | 13 300 | 29.49% |

资料来源：作者根据天眼查数据整理。

然而，宏氏投资涉猎的行业各不相同，未显示一定的相关性和协同效应。在本身实力不足的情况下盲目地对外扩张，很可能会拖累企业的整体业绩。

表4-12列示了近年来宏氏投资的部分关键财务数据。

表4-12 2015—2019年宏氏投资部分关键财务数据 金额单位：万元

| 项目 | 2019年 | 2018年 | 2017年 | 2016年 | 2015年 |
|---|---|---|---|---|---|
| 流动资产 | 75 431.98 | 102 515.3 | — | — | — |
| 资产总额 | 130 281.5 | 129 465.8 | 168 393.9 | 165 964.1 | 122 887.4 |
| 流动负债 | 44 231.9 | 53 613.86 | — | — | — |
| 负债总额 | 71 532.97 | 89 194.91 | 126 962.9 | 117 042.5 | 62 943.88 |
| 营业收入 | — | 0.00 | | 50.00 | 44 657.67 |
| 利润总额 | — | -1 171.59 | -8 912.66 | — | — |
| 净利润 | 18 477.65 | -1 171.59 | -8 912.66 | -7 028.58 | 26 818.72 |
| 经营活动净流量 | -1 062.29 | 25 020.88 | | | |
| 资产负债率 | 54.91% | 68.89% | 75.40% | 70.52% | 51.22% |
| 流动比率 | 1.71 | 1.91 | — | — | — |
| 速动比率 | 1.71 | 1.91 | — | — | — |
| 现金比率 | -0.02 | 0.47 | — | — | — |

资料来源：作者根据康芝药业关联交易公告、同花顺iFinD数据整理。

如表4-12所示，宏氏投资的财务业绩从2016年起迅速恶化：其一，2015—2016年，营业收入从 44 657.67 万元下降至 50.00 万元，下降幅度高达 99.89%，在 2018 年甚至已经无经营业务，营业收入降至零；其二，2015—2016 年净利润下降 126.21%，由盈转亏，此后各年一直未能扭转亏损；其三，2015—2016 年资产负债率上升了 19.3%，长期债务风险加重，虽然 2018 年指标稍有降低，但是反映短期流动性水平的经营活动净流量、流动比率、速动比率和现金比率指标开始恶化，2018 年现金比率已经小于 0.5，说明此时宏氏投资面临着严重的资金压力。

**偿还可交换债券的需要。**

为了对外扩张，宏氏投资进行了大量融资。私募可交换债券作为一种低成本、低监管限制的工具，成为宏氏投资使用的重要融资手段。上市公司股东只需要将其持有的上市公司股票进行质押即可发行私募可交换债券。在还本付息的基础上，债券持有人可以选择将所持债券交换为发行人质押的上市公司股份。

根据康芝药业的公告，在 2016 年 12 月，宏氏投资分两次将其持有的康芝药业 2 200 万股和 3 500 万股股票进行质押，为其发行的债券提供担保。宏氏投资发行的债券规模为 5 亿元，票面利率为 6.8%，为期 3 年，分两期发行。第一期规模 1.9 亿元，期限为 2016 年 12 月 9 日至 2018 年 9 月 14 日；第二期规模为 3.1 亿元，期限为 2016 年 12 月 26 日至 2019 年 12 月 26 日，具体见表 4-13。可见，宏氏投资要在 2018 年 9 月 14 日前偿还第一期的债券，金额高达 1.9 亿元。

表4-13 宏氏投资非公开发行可交换债券的基本情况

| | 16宏氏 E1 | 16宏氏 E2 |
|---|---|---|
| 债券类型 | 可交换公司债券 | 可交换公司债券 |
| 发行额（亿元） | 1.9 | 3.1 |
| 期限（年） | 3 | 3 |
| 年利率（%） | 6.8% | 6.8% |
| 计息日 | 2016-12-09 | 2016-12-26 |
| 到期日 | 2018-09-14 | 2019-12-26 |
| 上市场所 | 深圳证券交易所 | 深圳证券交易所 |

资料来源：作者根据康芝药业 2017-001 号公告内容整理。

2018 年 10 月 15 日，证监会通报其在 8 月份对宏氏投资的现场抽查中发现宏氏投资存在挪用债券募集资金的违规行为，向其下达了警示函的处罚决定。可见，当时宏氏投资已经有预谋地将共计 1.9264 亿元募集资金通过私人账户分多笔以多个步骤挪用，以投资自有子公司，严重影响了第 1 期债券的偿还。由宏氏投资 2018 年的现金比率进行倒算，可以得出当时宏氏投资的货币资金和现金等价物之和仅为 25 198.51 万元（53 613.86×0.47），要使用自有资金偿还如此高额的债务存在巨大的难度。因此，为了补偿自身的资金需要，宏氏投资通过将中山爱护置入上市公司获取现金收益，以解决当时面临的偿债困境。

证监会查明的宏氏投资募集资金违规使用情况见表 4-14。

| 表4-14 | | | 证监会查明的宏氏投资募集资金违规使用情况 |
|---|---|---|---|
| 募集资金净额 | 约定用途 | 约定存放账户 | 违规事项 |
| 49 500万元 | 偿还发行人借款 | 海口农村商业银行尾号0175专户 | 2016年12月12日起分多笔将募集资金共43 434万元从0175专户转入公司在工商银行开立的尾号为7708的账户，随后从7708账户分13笔将17 000万元转至钟祥市进鑫纺织有限公司尾号为7591的账户，用于投资进鑫纺织 |
| | | | 2016年12月28日，从7708账户转款2 640万元至子公司广东康芝投资有限公司尾号为0348的账户，用于对其增资 |

资料来源：作者根据证监会警示函〔2018〕15号内容整理。

**股权质押赎回的需要。**

股权质押也是宏氏投资采取的主要融资手段。截至2018年7月31日，宏氏投资已质押康芝药业的股份17 466.24万股，占康芝药业总股本的38.81%，质押率高达98.29%。

2018年宏氏投资将要到期的股权质押共有7笔，合计8 235.02万股，占其持有公司股份的46.32%，占公司总股本的18.29%。当时宏氏投资持有上市公司39.49%的股份，若这些股权无法赎回，很有可能使洪氏家族丧失对公司的控制权。结合前文的分析，2018年宏氏投资面临着严重的流动性风险，资金缺乏，要解押如此庞大规模的股权非常困难，此时宏氏投资也已经没有更多的股权可以继续质押。

表4-15列示了宏氏投资将于2018年到期的所有股权质押情况。

| 表4-15 | | | 宏氏投资于2018年到期的所有股权质押情况 | | | | |
|---|---|---|---|---|---|---|---|
| 起始日期 | 结束日期 | 投向 | 质押数（万股） | 占其持有上市公司股份比例（%） | 占上市公司总股本比（%） | 质押日收盘价 | 公告赎回日期 |
| 2017-04-28 | 2018-04-26 | 自身 | 1 100.00 | 6.19 | 2.44 | 12.23 | 2019-06-17 |
| 2017-04-28 | 2018-04-28 | 自身 | 1 533.82 | 8.63 | 3.41 | 12.23 | 2019-06-20 |
| 2017-08-11 | 2018-08-10 | 自身 | 1 060.00 | 5.97 | 2.36 | 11.86 | 2018-09-02 |
| 2017-08-17 | 2018-08-17 | 自身 | 760.00 | 4.28 | 1.69 | 11.98 | 2018-09-02 |
| 2017-08-21 | 2018-08-21 | 自身 | 1 120.00 | 6.3 | 2.49 | 11.8 | 2018-09-02 |
| 2017-11-23 | 2018-11-23 | 自身 | 1 313.00 | 7.39 | 2.92 | 12.67 | 2019-06-20 |
| 2017-11-24 | 2018-11-24 | 自身 | 1 343.20 | 7.56 | 2.98 | 12.48 | 2019-06-20 |
| 合计 | | — | 8 235.02 | 46.32 | 18.29 | — | — |

资料来源：作者根据国泰安数据库数据、康芝药业公告整理。

同时，根据康芝药业2018-049号和2019-037号公告，宏氏投资对将于2018年4月26日、4月28日、11月23日、11月24日到期的股权质押都进行了延期。最终，如表4-15所示，只有于2018年8月10日、8月17日和8月21日到期的3笔股权质押在2018年内得到了全部赎回，赎回日正好在中山爱护股权过户办理完成后的9月2日，而其余质押最终都延后到2019年才完全赎回。这进一步佐证了宏氏投资是因当时面临着资金困境，才将中山爱护出售给上市公司以套取现金。

C.上市公司的发展状况

上市公司本身的经营状况也是影响大股东行为的因素之一。由案例正文可知，康芝药业的发展在禁药风波后陷入了瓶颈，此后，康芝药业在儿童药业务上的投入大大减少，而将经营战略转向了对外投资。由于儿童药品业务受阻，公司多项募投项目一再搁置，产生了大量闲置募集资金和超募资金。

如表4-16所示，康芝药业从2015年起开始实施现金管理，2015—2018年有大比例的闲置募集资金用于理财产品投资，尤其在2015—2017年期间理财产品投资占募集资金总额的比重均大于50%。根据并购方案，并购资金3.5亿元绝大部分来源于公司的全部募集资金利息收入和理财收益（2.26亿元）。

表4-16　　　　　　康芝药业2015—2018年募集资金购买理财产品情况

| 年度 | 募集资金购买理财产品金额（万元） | 占募集资金总额比例 |
| --- | --- | --- |
| 2015年度 | 80 150.00 | 57.25% |
| 2016年度 | 81 700.00 | 58.36% |
| 2017年度 | 78 500 00 | 56 07% |
| 2018半年度 | 55 600.00 | 39.71% |

资料来源：作者根据康芝药业募集资金存放与使用专项报告整理。

由此可见，一方面，上市公司的发展缓滞给了洪氏家族以战略转型为名将中山爱护置入上市公司的借口；另一方面，公司产生的大量闲置资金没有被用于研发、生产等经营投入，而成了大股东给自身解困的工具。

综上所述，在控制权收益、大股东资金需求和上市公司发展状况的多重影响下，康芝药业大股东实施了将中山爱护置入上市公司以获取现金利益的行为。

2.大股东主导下的关联并购对公司有何影响？

（1）理论依据

学界针对关联并购的影响也进行了研究。王一棣等（2017）以现金流为视角研究发现，关联并购的绩效明显低于公允并购。韩宏稳和唐清泉（2017）从市场预期的角度研究发现，外部投资者担心公司大股东通过关联并购侵占利益，导致其采取消极的投资决策，造成并购方价值的减损。蒋薇和张晓明（2019）研究发现，在发生两权分离的上市公司中，关联并购显著降低了并购公司的价值。许多学者从市场反应、并购公司绩效等角度研究了大股东主导下关联并购的效应，普遍发现大股东主导下的关联并购较有可能产生负面效应。

（2）案例分析

①短期市场反应恶化

具备利益输送性质的并购案对上市公司而言是一个利空事件。图4-8展示了康芝药业在2018年7月25日首次公告中山爱护并购方案前后7个交易日的股价变动情况。可见，康芝药业的股价呈先上升、后迅速下降的趋势，公告当日股价短暂提升，但随着投资者逐渐获取更多信息，股价迅速回落。

单位：元

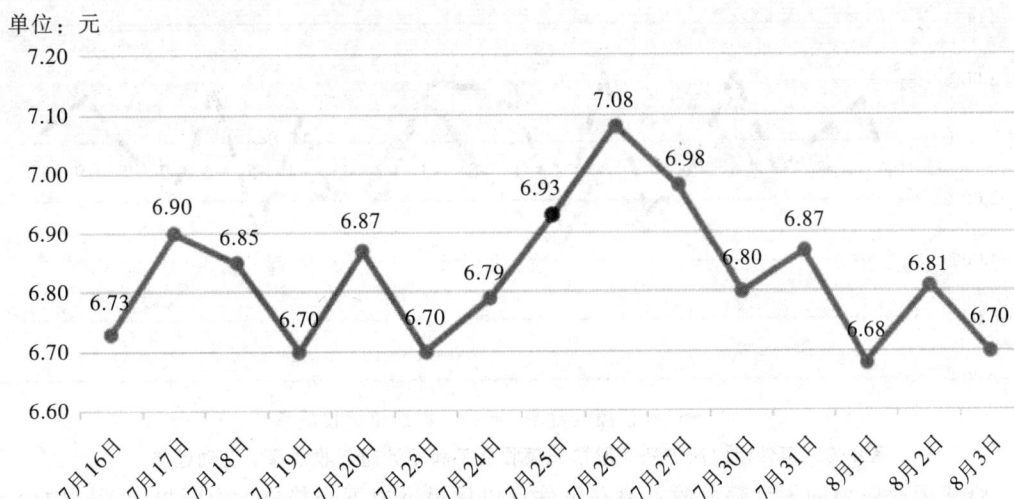

图4-8　康芝药业2018年7月25日前后7个交易日的股价变动情况

下面借助事件分析法更精确地分析康芝药业并购中山爱护带来的短期市场影响。以康芝药业发布并购公告的2018年7月25日为事件基准日第0日；以事件日的［-20，-11］为事件估计期，即7月25日的前20天至前11天；实际收益率为估计期内个股日收益率$R_{it}$的平均值；经计算得到估计的正常收益率为$R_{mt}$=0.23%。接下来，以7月25日前后10日作为事件窗口期，计算康芝药业股票的超额收益率和累计超额收益率。

计算公式为：

$$CAR = \sum_{t}^{n} R_{it} - R_{mt}$$

其中，$R_{it}$为康芝药业个股日收益率，$R_{mt}$为估计的正常收益率。

最终，计算结果如表4-17和图4-9所示。

表4-17　　　　　事件期内康芝药业股票的超额收益率和累计超额收益率

| 事件基准日 | 超额收益率 | 累计超额收益率 | 事件基准日 | 超额收益率 | 累计超额收益率 |
|---|---|---|---|---|---|
| -10 | -2.58% | -2.58% | 1 | 1.93% | 1.35% |
| -9 | 1.42% | -1.16% | 2 | -1.64% | -0.29% |
| -8 | 0.21% | -0.94% | 3 | -2.81% | -3.10% |
| -7 | -1.11% | -2.06% | 4 | 0.80% | -2.30% |
| -6 | 2.30% | 0.24% | 5 | -3.00% | -5.30% |
| -5 | -0.95% | -0.71% | 6 | 1.72% | -3.58% |
| -4 | -2.42% | -3.13% | 7 | -1.85% | -5.43% |
| -3 | 2.31% | -0.83% | 8 | -0.23% | -5.66% |
| -2 | -2.70% | -3.53% | 9 | 1.56% | -4.10% |
| -1 | 1.11% | -2.42% | 10 | 0.36% | -3.74% |
| 0 | 1.83% | -0.59% | | | |

资料来源：作者根据国泰安数据库数据计算。

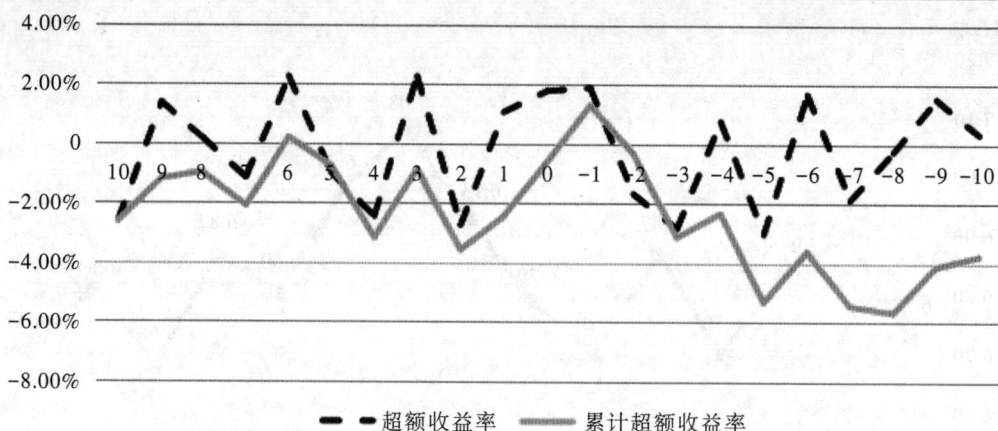

图4-9　事件期内康芝药业股票超额收益率和累计超额收益率的变动趋势

康芝药业股票的累计超额收益率在事件日以后呈迅速下降趋势，说明投资者对中山爱护并购事件持消极态度，给康芝药业造成了负面的市场影响，损害了上市公司的声誉和市场预期。

②标的效益远不达预期

康芝药业2018年年报披露中山爱护当年仅实现营业利润476.03万元、净利润96.18万元，与预计净利润相差高达95.18%。2019年其业绩表现更加不尽如人意，营业利润和净利润分别为-943.31万元和-710.46万元。中山爱护2018—2019年主要财务状况和经营业绩指标见表4-18。

表4-18　　　　中山爱护2018—2019年主要财务状况和经营业绩指标　　　　单位：万元

| 时间 | 总资产 | 净资产 | 营业收入 | 营业利润 | 净利润 |
|---|---|---|---|---|---|
| 2018 | 14 528.20 | 2 906.69 | 20 441.60 | 476.03 | 96.18 |
| 2019 | 16 624.32 | 2 175.81 | 15 210.20 | -943.31 | -710.46 |

资料来源：作者根据康芝药业年报数据编制。

此外，表4-19列示了中山爱护从并购完成至2019年年末累计实现的效益。可见，从2018年8月29日中山爱护股权完成过户至2019年12月31日，3年的业绩承诺期已经过去2/3，而中山爱护不仅没能为康芝药业创造收益，反而亏损，累计效益为-614.28万元，仅达到承诺3年累计净利润8 308.79万元的-7.44%，与大股东作出的业绩预期相去甚远。

表4-19　　　　　　截至2019年度中山爱护项目的累计效益　　　　　金额单位：万元

| 资金投向 | 投资总额 | 截至期末投资进度 | 预计可使用日期 | 截至本期末累计实现效益 |
|---|---|---|---|---|
| 收购中山爱护100%股权 | 24 558.41 | 100.00% | 2018-08-29 | -614.28 |

资料来源：作者根据康芝药业年报数据编制。

尽管中山爱护的效益远远达不到预期值，但其业绩承诺是以累计形式作出，在承诺期3年届满之前无论业绩如何不尽如人意都不会触发现金补偿条款，因此至今大股东也未作出任何形式的补偿。这进一步凸显了中山爱护的业绩承诺的可操作性。

③上市公司业绩受损

此次并购几乎耗光了康芝药业的现金,直接影响了公司的偿债能力。康芝药业的长短期偿债能力均呈明显的恶化趋势。一方面,反映长期偿债能力的资产负债率由2014年的5.11%升高至2019年的27.0%,其中,2018年增幅高达71.63%,高于行业的增幅4.96%。另一方面,短期偿债能力的恶化尤为明显,2014—2017年康芝药业的流动比率均高于行业均值,但2018年下降至低于行业均值,从14.7下降至1.48,在2019年进一步恶化;现金比率在2015年后迅速下跌至低于行业均值,在2018年已低至0.18,存在非常严重的短期流动性风险。

2014—2019年康芝药业偿债能力指标与行业的对比情况如表4-20和图4-10所示。

表4-20　　　　　　2014—2019年康芝药业偿债能力指标与行业均值的对比

| 指标 | | 2014年 | 2015年 | 2016年 | 2017年 | 2018年 | 2019年 |
|---|---|---|---|---|---|---|---|
| 资产负债率（%） | 康芝药业 | 5.11 | 11.9 | 14.5 | 14.1 | 24.2 | 27.0 |
| | 行业均值 | 37.54 | 36.21 | 32.18 | 31.84 | 33.52 | 35.26 |
| 流动比率 | 康芝药业 | 14.7 | 6.62 | 5.34 | 5.31 | 1.48 | 1.07 |
| | 行业均值 | 2.72 | 2.42 | 3.13 | 2.29 | 2.48 | 2.66 |
| 现金比率 | 康芝药业 | 12.6 | 1.21 | 0.6 | 0.45 | 0.18 | 0.34 |
| | 行业均值 | 1.8 | 1.48 | 1.37 | 1.25 | 1.05 | 1.18 |

资料来源:作者根据国泰安数据库、同花顺iFinD数据编制。

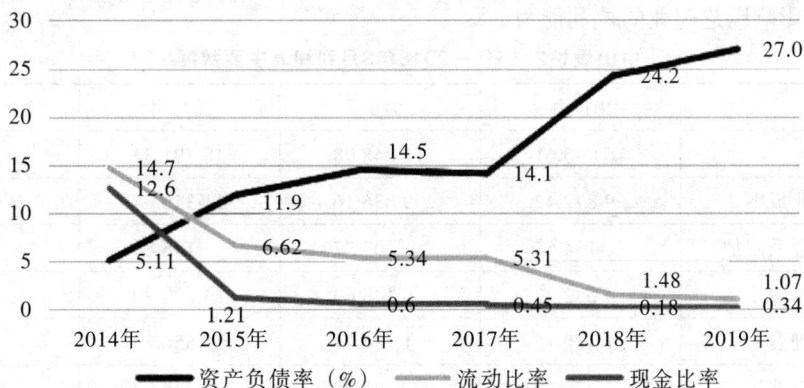

图4-10　2014—2019年康芝药业偿债能力指标变动趋势

在营运能力方面,康芝药业的应收账款周转率和存货周转率在2014—2019年间均略高于行业平均水平,保持着较为稳定的态势。然而,康芝药业为了维持这样的周转能力付出了大量的销售、管理费用,营运能力的保持是以牺牲盈利为代价的。这在一定程度上与中山爱护和康芝药业此类企业的经营模式分不开。

2014—2019年康芝药业营运能力指标与行业均值的对比情况如表4-21和图4-11所示。

表4-21            **2014—2019年康芝药业营运能力指标与行业均值的对比**

| 指标 | | 2014年 | 2015年 | 2016年 | 2017年 | 2018年 | 2019年 |
|---|---|---|---|---|---|---|---|
| 应收账款周转率（次） | 康芝药业 | 15.90 | 4.89 | 6.87 | 5.20 | 7.77 | 9.41 |
| | 行业均值 | 5.92 | 5.04 | 4.62 | 4.66 | 4.67 | 4.33 |
| 存货周转率（次） | 康芝药业 | 3.63 | 2.32 | 2.58 | 2.56 | 3.61 | 3.41 |
| | 行业均值 | 3.41 | 3.16 | 3.17 | 3.19 | 3.23 | 3.48 |

资料来源：作者根据同花顺iFinD数据编制。

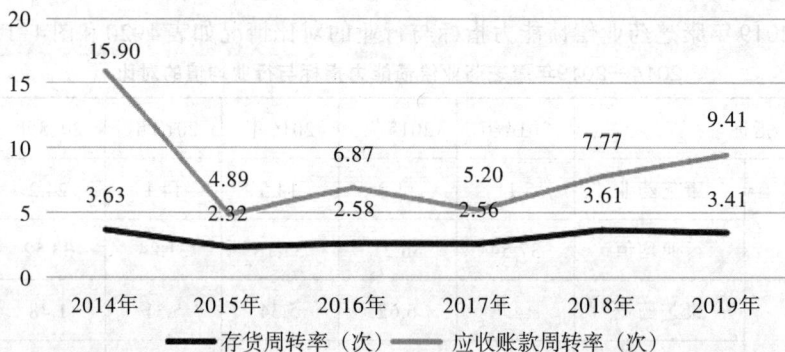

**图4-11   2014—2019年康芝药业营运能力指标变动趋势**

表4-22列示了中山爱护2015年—2018年3月的利润表主要数据。可见，中山爱护虽然营业收入呈增长趋势，但成本和多项期间费用居高不下，导致其一直处于"增收不增利"的状态。日化洗护这种竞争激烈、价格弹性低的生活消耗品，主要依靠营销拉动市场占有率的提升。中山爱护为了开拓市场，销售费用尤为高昂。中山爱护并入康芝药业后，这一情形同样会影响康芝药业的盈利能力。

表4-22          **中山爱护2015年—2018年3月利润表主要数据**         单位：万元

| | 2015年 | 2016年 | 2017年 | 2018年3月 |
|---|---|---|---|---|
| 一、营业收入 | 16 045.61 | 15 848.98 | 18 791.34 | 6 240.76 |
| 减：营业成本 | 9 877.42 | 9 836.16 | 11 376.67 | 3 691.17 |
| 税金及附加 | 134.55 | 107.77 | 196.89 | 60.20 |
| 销售费用 | 4 682.72 | 6 148.69 | 4 839.70 | 1 328.77 |
| 管理费用 | 1 410.15 | 1 784.71 | 1 856.23 | 429.41 |
| 财务费用 | 35.19 | 105.38 | 448.77 | 58.88 |
| 资产减值损失 | — | — | 15.67 | -0.34 |
| 加：投资收益 | — | — | 2.31 | 0.67 |
| 二、营业利润 | -94.41 | -2 133.72 | 59.72 | 673.34 |
| 三、利润总额 | -29.12 | -2 118.44 | 105.42 | 693.15 |
| 四、净利润 | -29.12 | -2 118.44 | 534.08 | 531.83 |

资料来源：作者根据中山爱护评估报告整理。

表4-23和图4-12分别展示了康芝药业2014—2019年盈利能力指标与行业均值的对比情况以及变动趋势。可见，康芝药业的各项盈利能力指标均呈恶化趋势：其一，2014—2018年康芝药业净资产收益率从3.41%降至0.78%，下降幅度高达77.13%，且2019年持续恶化，而行业均值从2014年的13.04%变为2018年的12.32%，下降幅度仅为5.52%；其二，2014—2019年毛利率的行业均值从46.50%变为60.61%，呈逐年上升态势，而康芝药业的毛利率从52.0%下降至48.27%，与行业趋势完全相反；其三，2014—2019年净利率的行业均值从12.64%下降至-0.66%，下降幅度为105.22%，而康芝药业的净利率由14.3%下降至-2.97%，下降幅度为120.77%，同样比行业均值的恶化程度严重。

表4-23　　　　　　　2014—2019年康芝药业盈利能力指标与行业均值对比

| 指标 | | 2014年 | 2015年 | 2016年 | 2017年 | 2018年 | 2019年 |
|---|---|---|---|---|---|---|---|
| 净资产收益率（%） | 康芝药业 | 3.41 | 3.90 | 2.57 | 2.75 | 0.78 | -1.77 |
| | 行业均值 | 13.04 | 13.04 | 12.51 | 11.05 | 12.32 | -2.50 |
| 毛利率（%） | 康芝药业 | 52.00 | 49.80 | 41.50 | 42.40 | 44.60 | 48.27 |
| | 行业均值 | 46.50 | 48.35 | 50.21 | 54.72 | 59.89 | 60.61 |
| 净利率（%） | 康芝药业 | 14.30 | 16.30 | 8.20 | 9.99 | 2.38 | -2.97 |
| | 行业均值 | 12.64 | 14.16 | 16.09 | 15.79 | 14.52 | -0.66 |

资料来源：作者根据同花顺iFinD数据编制。

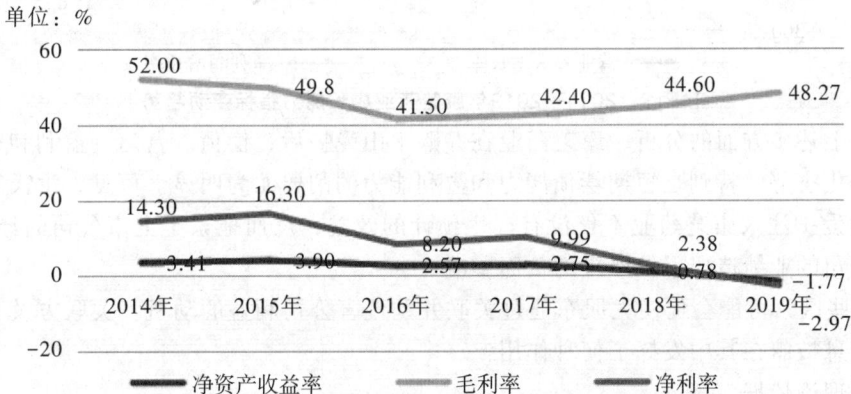

图4-12　2014—2019年康芝药业盈利能力指标变动趋势

康芝药业2018年第三季度报告显示，当期公司营业收入增加91.03%，而营业成本增加76.40%，管理费用增加49.93%，销售费用和财务费用的增幅分别高达228.73%和683.35%，均为增加合并主体中山爱护、九洲医院和万家医院所致。可见，并入中山爱护这样的需要大量成本费用支撑运营的公司给康芝药业带来了相当大的经营压力。

此外，表4-24和图4-13展示了康芝药业2014—2019年的成长能力指标与行业均值的对比分析。总体而言，康芝药业的各项成长能力指标均呈恶化态势，并且低于行业平均水平：首先，营业收入增长率从32.00%下降到14.24%，变化幅度为55.5%，而行业的变动幅度仅为48.54%；其次，净利润增长率剧烈恶化，从70.13%降至-297.98%，降幅达524.90%，而行业均值仅下降了93.73%；再次，康芝药业净利润增长率从2018年起呈断崖式下降，说明2018年以后其业绩的成长性严重恶化。

表4-24　　　　　2014—2019年康芝药业成长能力指标与行业均值对比

| 指标 | | 2014年 | 2015年 | 2016年 | 2017年 | 2018年 | 2019年 |
|---|---|---|---|---|---|---|---|
| 营业收入增长率（%） | 康芝药业 | 32.00 | 0.30 | 15.10 | 1.98 | 32.10 | 14.24 |
| | 行业均值 | 12.65 | 7.54 | 19.16 | 23.68 | 24.87 | 6.51 |
| 净利润增长率（%） | 康芝药业 | 70.13 | 9.80 | -32.30 | 20.32 | -75.90 | -297.98 |
| | 行业均值 | -64.10 | 67.20 | 75.11 | 236.62 | -51.91 | -93.73 |

资料来源：作者根据同花顺iFinD数据编制。

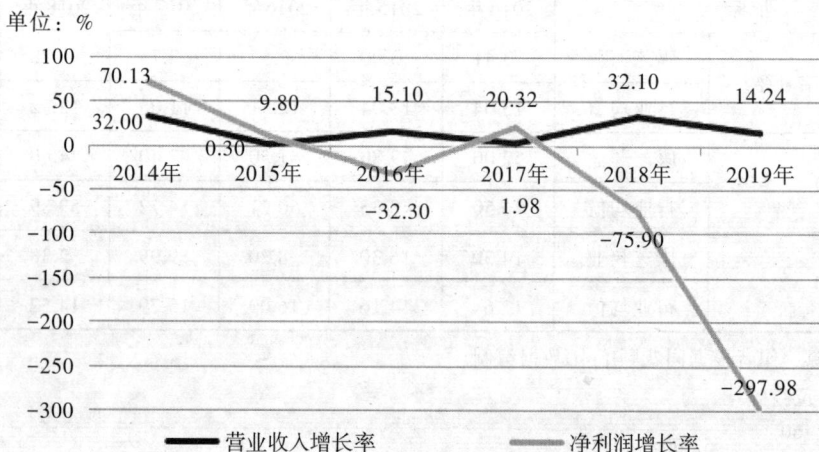

图4-13　2014—2019年康芝药业成长能力指标变动趋势

综合上述多方面的分析，康芝药业在并购中山爱护后，偿债、营运、盈利和成长能力都呈现恶化态势，特别是短期偿债能力和盈利能力的削弱尤为明显。可见，洪氏家族主导的将中山爱护注入康芝药业不仅没有产生预计的效益，反而拖累了上市公司的经营状况，对上市公司的业绩造成了较严重的负面影响。

3.哪些因素可能会促使大股东通过关联并购侵害公司利益的动机？关联方及关联交易的相关信息披露在其中发挥了何种作用？

（1）理论依据

已有研究表明，内部治理的失衡和外部监督的薄弱会增加大股东掏空的概率。

一方面，在内部治理安排上，股权结构集中、治理结构失调等会使大股东的权力得不到制衡，加剧大股东的掏空行为。Claessens（2002）和李增泉（2004）的研究发现，大股东的持股比例与其掏空程度呈倒"U"形非线性相关。当大股东的持股比例增大时，大股东会进行掏空行为以谋求私利。闫珍丽等（2019）和张桂玲等（2020）的研究均发现，大股东通过纵向兼任高管加强了对上市公司的控制，引发了更为严重的掏空行为。

另一方面，法律、制度和监管等外部治理条件的薄弱也为大股东实施掏空行为创造了机会。刘峰等（2007）和黄志忠等（2009）的研究均发现大股东能够实施利益侵占的根源在于法律对投资者的保护力度弱，指出我国缺乏约束、惩戒掏空责任人和保护中小投资者的法律制度。

（2）案例分析

①家族控制下的内部治理流于形式

A.一股独大

在股权集中度不平衡的企业中，一股独大的股东拥有绝对的控制权力，使得剩余股东无法与其对抗，从而使企业变成了大股东的"一言堂"。表4-25列示了2014—2018年康芝药业的股权集中度情况，康芝药业前十大股东持股合计均高于50%。其中，洪氏家族占前十大股东持股比例均高于70%，股权结构高度集中，在康芝药业中具有绝对的控制地位。

表4-25　　　　　　　　　　2014—2018年康芝药业的股权集中度分析

| 年度 | 项目 | 前十大股东中洪氏家族持股 | 前十大股东持股 | 洪氏家族占前十大股东持股比 |
|---|---|---|---|---|
| 2014 | 名称 | 宏氏投资、陈惠贞、洪江游 | — | — |
| | 持股比例 | 54.72% | 62.55% | 87.48% |
| 2015 | 名称 | 宏氏投资、陈惠贞、洪江游、洪江涛 | — | — |
| | 持股比例 | 42.73% | 53.11% | 80.46% |
| 2016 | 名称 | 宏氏投资、陈惠贞、洪江游 | — | — |
| | 持股比例 | 42.39% | 55.83% | 75.93% |
| 2017 | 名称 | 宏氏投资、陈惠贞、洪江游 | — | — |
| | 持股比例 | 43.01% | 57.53% | 74.76% |
| 2018 | 名称 | 宏氏投资、陈惠贞、洪江游 | — | — |
| | 持股比例 | 43.01% | 54.47% | 78.96% |

资料来源：作者根据康芝药业年报整理。

B.中小股东力量弱且参与度低

表4-26展示了2014—2018年康芝药业前十大股东中持股比例小于1%的最高排名股东（无小于1%的则取排名第十股东）。可见，每年康芝药业的前十大股东中都出现了持股比例小于1%或接近1%的股东，中小股东在康芝药业中的力量分散并且薄弱。若中小股东希望行使股东大会的召开权、提案权或通过对自身有利的决议，必须联合大量的其他股东才能撼动结果，所以往往选择了"搭便车"行为。

表4-26　　2014—2018年康芝药业前十大股东中持股比例小于1%的最高排名股东

| 时间 | 排名 | 股东名称 | 持股数量（股） | 持股比例（%） |
|---|---|---|---|---|
| 2014年 | 8 | 东海证券-交行-东风5号集合资产管理计划 | 2 143 345 | 0.71 |
| 2015年 | 6 | 海南康芝药业股份有限公司-第一期员工持股计划 | 4 012 500 | 0.89 |
| 2016年 | 9 | 华宝信托有限责任公司"辉煌"31号单一资金信托 | 4 299 687 | 0.96 |
| 2017年 | 10 | 徐菊素 | 5 011 300 | 1.11 |
| 2018年 | 6 | 彭雅馨 | 4 108 700 | 0.91 |

资料来源：作者根据新浪财经网站数据整理。

除了力量薄弱以外，中小股东的参与积极性低也是制约其维权的重要原因。表4-27列示了康芝药业2014—2018年股东大会的会议出席情况。可见，在康芝药业的各次股东大会中，出席的股东数占当期股东总数的比例均不高于1%。在这个非常低的出席比例之下，参与表决的股份比例反而相当高。除了2018年8月13日的会议以外，参与表决的股份比例均高于30%。在绝大部分股东持股比例都低于1%的背景下出现如此情形说明大股东占据了决定性的表决比例，而中小股东缺乏出席和表决。

表4-27　　　　　　康芝药业2014—2018年股东大会的出席和表决情况

| 会议日期 | 会议类别 | 股东总数（户） | 出席股东数 | 出席股东数占比 | 表决股份比例（%） |
|---|---|---|---|---|---|
| 2014-05-06 | 年度 | 13 071 | 23 | 0.18% | 64.98 |
| 2015-02-11 | 临时 | 15 699 | 18 | 0.11% | 49.51 |
| 2015-05-12 | 年度 | 15 699 | 15 | 0.10% | 41.21 |
| 2015-09-11 | 临时 | 25 029 | 16 | 0.06% | 42.54 |
| 2016-03-16 | 临时 | 35 936 | 9 | 0.03% | 35.07 |
| 2016-06-08 | 年度 | 31 916 | 14 | 0.04% | 42.53 |
| 2016-12-23 | 临时 | 27 139 | 9 | 0.03% | 43.08 |
| 2017-04-26 | 年度 | 21 761 | 9 | 0.04% | 43.06 |
| 2018-02-28 | 临时 | 17 660 | 14 | 0.08% | 43.42 |
| 2018-06-22 | 年度 | 23 074 | 16 | 0.07% | 43.09 |
| 2018-08-13 | 临时 | 21 641 | 130 | 0.60% | 17.85 |

资料来源：作者根据国泰安数据库、康芝药业公告数据编制。

然而，即使在缺乏大股东掌控的股东大会上，康芝药业中小股东的参与积极性仍然不高。2018年8月13日的临时股东大会是特地为审议此次并购而举行的，由于并购属于关联交易，关联股东宏氏投资、洪江涛、洪丽萍均需回避表决，因此出席并参与该次会议表决的全为中小股东。然而，此次会议参与的股东数仅为130户，代表股份80 342 620股，仅占总股份的17.85%。其中：共29人参加现场投票，代表股份23 127 439股，占总股份的5.14%；通过网络投票的股东有101人，代表股份57 215 181股，占总股份的12.71%。除去关联股东宏氏投资、洪江涛、洪丽萍所持股份（占公司总股份的39.50%），以及本次已经参会的中小股东所持股份（占总股份的17.85%），仍有持股占比42.65%的中小股东缺席会议，这使得会议结果的代表性不强，无法反映多数中小股东的立场。这体现出公司中小股东普遍存在着决策参与度低、自我维权意识不强的现象。

C.多数董事和监事与大股东相关

康芝药业是一家典型的家族企业，洪氏家族成员在公司董事会、管理层中占据了关键职位。表4-28列示了康芝药业董事会的组成情况。

表4-28 **康芝药业2014—2018年董事会的组成情况**

| 第3届董事会 | 董事 | 洪江游 | 洪江涛 | 洪丽萍 | 胡飞鸿 |
|---|---|---|---|---|---|
| （2013-12-26至2015-02-13） | 独立董事 | 郑欢雪 | 吴清和 | 陈友春 | |
| 第4届董事会 | 董事 | 洪江游 | 洪丽萍 | 洪志慧 | 胡飞鸿 |
| （2016-12-23至2019-12-19） | 独立董事 | 郑欢雪 | 吴清和 | 陈友春 | |

资料来源：作者根据新浪财经官网数据编制。

首先，洪氏家族的主要人员全部在董事会中担任职务。其中，洪江游一直兼任公司董事长和总裁；洪丽萍和洪志慧作为家族成员在制定并购方案时会优先考虑宏氏投资的利益；而胡飞鸿曾为中山爱护的股东兼董事，宏氏投资抬高价格收购其持有的中山爱护股权使其获得了巨大的收益，因此其也积极推动中山爱护并购案的进行。

其次，监事会是公司的内部监督机构，但往往存在"内部人员"多于"外部人员"的特点，使得监事会的设置流于形式。表4-29列示了康芝药业2018年监事会的人员组成。可见，多位监事都与宏氏投资以及洪氏家族存在利益关联。例如，纪晓程为洪家亲属，并且担任宏氏投资多家直属子公司的高管；洪东雄为跟随洪家创业的老员工，后来同时担任宏氏投资多家子公司的管理层；蔡莉也在宏氏投资的子公司担任高管。根据公司章程，经半数以上监事表决同意即通过事项决议，而监事会中与家族大股东有利益关联的人员已占2/3的席位，足以影响监事会的意见发表。

表4-29 **康芝药业2018年监事会人员组成情况**

| 姓名 | 起始日期 | 终止日期 | 与大股东的利益关联 |
|---|---|---|---|
| 高洪常 | 2016-12-23 | 2019-12-19 | — |
| 纪晓程 | 2017-04-26 | 2018-06-22 | 洪丽萍夫弟，2016年12月起任广东康芝投资资金总监、海南康大小额贷款有限公司（以下简称"海南康大小额贷款"）副总经理、钟祥进鑫纺织董事 |
| 洪东雄 | 2009-06-06 | 2019-12-18 | 兼任海南天际食品营销有限公司监事、海南天际紫源贸易有限公司执行董事兼经理、西藏康芝创业投资有限公司监事、海口康成达物业服务有限公司执行董事兼经理 |
| 蔡莉 | 2018-06-22 | 2019-12-18 | 2015年1月起兼任海南康大小额贷款综合部主管 |

资料来源：作者根据康芝药业年报数据编制。

D.独立董事履职勤勉性欠缺

设置独立董事是为了规范公司的治理。但在现实中，独立董事因为种种原因往往不够勤勉尽责，为大股东谋取私利提供了条件。

表4-30列示了2018年康芝药业独立董事的会议出席情况。在此期间康芝药业的独立董事合计应参加12场董事会，而各位董事以通讯方式参加会议的次数均占应出席会议次数的50%以上。

表4-30　　　　　　　　2018年康芝药业独立董事的会议出席情况

| 姓名 | 应参加董事会次数 | 现场出席董事会次数 | 占应出席次数比 | 以通讯方式参加董事会次数 | 占应出席次数比 | 委托出席董事会次数 | 出席股东大会次数 |
|------|------|------|------|------|------|------|------|
| 吴清和 | 12 | 1 | 8.33% | 11 | 91.67% | 0 | 3 |
| 陈友春 | 12 | 1 | 8.33% | 11 | 91.67% | 0 | 2 |
| 郑欢雪 | 12 | 5 | 41.67% | 7 | 58.33% | 0 | 3 |

资料来源：作者根据康芝药业年报数据编制。

表4-31列示了2013—2016年任职康芝药业独立董事的人员履历。一方面，这几位独立董事中仅有郑欢雪拥有注册会计师资格，属于财务领域专家，其余两位独立董事的专业领域为法律和医药，这在一定程度上使得独立董事欠缺识别大股东掏空行为的能力。另一方面，康芝药业的独立董事均存在多项任职，特别是郑欢雪，曾先后任3家公司的管理层，兼任4家上市公司的独立董事。可想而知，他们投入康芝药业的时间和精力非常有限，因此未能深入了解康芝药业的内部情况，给大股东的掏空行为提供了可乘之机。

表4-31　　　　　　　　2018年任职康芝药业独立董事的人员履历

| 任期 | 姓名 | 履历 |
|------|------|------|
| 2013-12-26至2016-12-23 | 郑欢雪 | 1967年生，中国注册会计师。2015年4月至今担任深圳前海百富源股权投资合伙人，兼任宝莱特（300246）、世纪鼎利（300050）、恒基达鑫（002492）、康芝药业（300086）独立董事 |
| | 陈友春 | 1976年生，研究生。2005年至今任北京市君泽君（深圳）律师事务所合伙人，执业律师，兼任深圳市奇信建设独立董事 |
| | 吴清和 | 1950年生，教授、博士生导师。现任广州中医药大学教授、博士生导师，兼任安徽广印堂中药股份有限公司独立董事 |

资料来源：作者根据康芝药业年报数据编制。

②外部监督力度不足

A.股东大会表决规定存在疏漏

出于维护广大中小投资者的目的，我国相关法律法规针对关联股东须在股东大会中回避表决作出了规定：关联股东或受实控人支配的股东，不得在股东大会中参加该事项的表决，该表决应由出席会议的其他股东所持表决权过半数通过。这对股东大会的表决公平性、公正性起到了一定程度的监管作用。但是从并购中山爱护的案例可见，这些法规对于中小股东参与性低的公司仍然起不到足够有效的作用。

具体而言，我国法律针对股东大会的股东参会人数没有作出最低要求，因此无论参加股东大会的股东人数有多少，会议都可以照常召开。由前文可知，在康芝药业此次审议中山爱护关联并购的股东大会中，参与的股东数仅有130户，占股东总数的0.6%和上市公司股份总数的17.85%。在如此少量股东参与的情况下，大会决议即使最终通过，也无法代表最广泛的股东利益，难以体现大多数中小股东的意志。可见，我国法律法规在股东大会的相关规定上存在疏漏，使得股东大会维护中小股东利益的作用有所削弱。

B.关联方信息披露制度不完善

第一，关联方的界定标准不统一。

我国相关法规对于关联方的界定大体相同，即关联方包括本公司和母公司的股东、高管及其亲属，以及能够被上述主体施以控制或产生重大影响的组织。但由于形成关联关系的方式多种多样，相关法律对关联方的认定仍存在不统一之处，最突出的是：《上市公司信息披露管理办法》和《深圳证券交易所股票上市规则》等法规基于监管目的，为了维护投资者的利益制定了保底条款，只要根据公司与某一方关系的实质认为有可能产生利益上的倾斜，则仍可以被认定为关联方；而《企业会计准则第36号——关联方披露》的制定主要是基于财务报告目的，因此没有相关体现。

我国相关法规对于关联方界定的对比见表4-32。

表4-32　　　　　　　　　　我国相关法规对于关联方界定的对比

| 序号 | 《企业会计准则第36号——关联方披露》 | 《上市公司信息披露管理办法》《深圳证券交易所股票上市规则》 |
|---|---|---|
| 关联自然人 | | |
| 1.自然人股东 | 该企业主要投资者个人 | 直接或者间接持有上市公司5%以上股份的自然人 |
| 2.本公司高管 | 该企业关键管理人员 | 上市公司董事、监事及高级管理人员 |
| 3.母公司高管 | 母公司关键管理人员 | 直接或间接控制上市公司的法人的董事、监事及高级管理人员 |
| 4.本公司和母公司股东、高管的亲属 | 该企业的主要投资者、关键管理人员、和母公司关键管理人员关系密切的家庭成员 | 直接或者间接持有上市公司5%以上股份的自然人、和上市公司董事、监事及高级管理人员关系密切的家庭成员 |
| 关联法人 | | |
| 1.母公司 | 该企业的母公司 | 直接或者间接控制上市公司的法人或其他组织 |
| 2.受同一控制的兄弟企业 | 与该企业受同一母公司控制的其他企业 | 由前项所述法人直接或者间接控制的除上市公司及其控股子公司以外的法人或其他组织 |
| 3.受关联自然人控制的公司 | 该企业主要投资者个人、关键管理人员或与其关系密切的家庭成员控制、共同控制或施加重大影响的其他企业 | 关联自然人直接或者间接控制的，或者担任董事、高级管理人员的，除上市公司及其控股子公司以外的法人或其他组织 |
| 4.法人股东 | 对该企业实施共同控制的投资方、对该企业施加重大影响的投资方 | 持有上市公司5%以上股份的法人或者一致行动人 |
| 5.其他 | 该企业的子公司、合营企业、联营企业 | 根据实质重于形式的原则认定的其他与上市公司有特殊关系，可能造成上市公司对其利益倾斜的法人和自然人 |

资料来源：作者根据深圳证券交易所官网资料编制。

在本案中，宏氏投资非上市公司，不受上市公司信息披露规定的限制。胡飞鸿对于宏氏投资而言仅仅是子公司的高级管理人员，因此宏氏投资可以根据企业会计准则的关联方界定作出"胡飞鸿非宏氏投资关联方"的申辩，一定程度上合理化了宏氏投资帮助家族关联人员高价退出中山爱护的行为。可见，我国相关法规针对关联方的界定标准仍需进一步改进。

第二，对披露内容的要求不充分。

关联方信息披露的内容主要包括两大方面：一是对关联情况的披露，二是对关联交易情况的披露。

首先，大股东是上市公司重要的关联方，尽管相关法律对控股股东情况的披露内容作出了规定，但是其中要求强制披露的内容较为表面，以名称、法定代表人、成立日期、持股情况、主要经营业务等基本情况为主，信息含量较低。对于康芝药业此类法人控股公司，大股东的行为动机往往隐含于公司的经营状况中，而这些恰恰是信息披露未涵盖的地方，使得投资者难以判断大股东的真实目的是支持还是掏空公司。宏氏投资作为一家非上市家族企业，不需要向公众披露经营分析、财务报告等信息，因此投资者很难从宏氏投资的经营状况出发判断其出售中山爱护的真实意图。只有当深交所下发问询函、证监局出具警示函时，公众才惊觉原来大股东已经面临严重的债务危机。

其次，针对关联并购中的交易各方情况和交易本身的披露，对于提升并购决策的科学性、保护投资者的合法利益具有重要意义。关联并购作为关联交易的特殊类型，规模大、复杂程度高，发生侵害上市公司和中小股东行为的概率也更大。但我国目前的法律法规并未针对重大的关联并购作出专门的信息披露规定，使得信息披露的监督作用受到了削弱。本案遵循的是《深圳证券交易所创业板股票上市规则》第10.2.9条规定，具体见表4-33。

表4-33　　　　　康芝药业并购中山爱护案中应披露的信息内容规定

| 序号 | 披露内容规定 |
|------|------------|
| 1 | 交易概述及交易标的的基本情况 |
| 2 | 独立董事的事前认可情况和发表的独立意见 |
| 3 | 董事会表决情况（如适用） |
| 4 | 交易各方的关联关系说明和关联人基本情况 |
| 5 | 交易的定价政策及定价依据，包括成交价格与交易标的账面值、评估值及明确、公允的市场价格之间的关系，以及因交易标的的特殊而需要说明的与定价有关的其他特定事项 |
| 6 | 交易协议的主要内容，包括交易价格、交易结算方式、关联人在交易中所占权益的性质和比重，协议生效条件、生效时间、履行期限等 |
| 7 | 交易目的及对上市公司的影响，包括进行此次关联交易的必要性和真实意图，对本期和未来财务状况和经营成果的影响等 |
| 8 | 当年年初至公告日与该关联人累计已发生的各类关联交易的总金额 |
| 9 | 本规则第9.15条规定的其他内容 |
| 10 | 中国证监会和本所要求的有助于说明交易实质的其他内容 |

针对关联并购而言，这一规定的不足体现在：

第一，对于关联交易信息披露内容的规定主要集中在交易方案的结论性条款上，如并购协议内容、董事会、独立董事表决情况等，信息含量较低。尽管有规定要求对交易的相关原因、影响、指标的设定依据进行说明，但并未要求辅以权威的材料进行佐证。在本案中，康芝药业并购中山爱护合理性的相关数据主要包含在并购标的审计报告以及评估报告中，而这些信息在方案公告时并未予以披露，仅在深交所下发问询函时才追加披露。

第二，未规定披露关联并购中各方并购前的具体状况。在康芝药业此次关联并购中，没有披露中山爱护此前的数次股权转让过程，使宏氏投资高价帮助洪氏家族相关人员退出投资的事实得以隐藏，增加了大股东利益侵占行为的隐蔽性。

C.惩戒掏空行为的及时性和力度有限

由前文可知，在本案例中，宏氏投资挪用债券资金事件在两年后才被证监局发现，惩戒措施也仅仅是下发警示函，敦促其尽快还款。在惩戒及时性和力度有限的情况下，大股东已经获得了巨大的收益，自然会忽视微小的违规成本，不惜实施掏空行为。

一方面，由于大股东在实施利益侵占行为时总会利用控制权优势，通过修改公司规章、利用法律法规漏洞及关联关系等途径增强其行为的隐蔽性，因此监管部门对于大股东掏空行为的识别与认定存在非常大的难度，对掏空行为往往需要通过关注、问询、现场调查等多种手段才能得出结论，这一过程会花费相当长的时间，使大股东产生了侥幸心理。

另一方面，针对已经认定的掏空行为，我国法律实施的惩戒力度也有限。例如，在2019年《中华人民共和国证券法》修订以前，对违规行为的顶格处罚不足百万元，主要是通过监管函、警告处分、市场禁入等手段给予行政处罚。虽然近年来我国也在刑事和民事领域增加了对大股东掏空行为的惩戒力度，但是由于种种原因目前在落实上难度较大。现阶段实施刑事处罚和民事处罚的大股东掏空案例十分稀少。

4.如何规避关联并购带来的不利影响？

（1）理论依据

公司治理的最初目标是保护股东的利益，主要解决的是股东与经理人之间的委托代理问题。随着技术、产业的变迁，现代企业的发展融入了更加广泛的利益相关者。此时，公司治理的目标也不仅限于解决股东与经理人之间的代理问题，而是要保证公司制度的规范性和决策的科学性，实现公司总体利益的最大化。公司治理也并非仅着重构建内部治理结构，而是发展成为由利益相关者带来的内外部治理机制形成共同治理。

在公司股权高度集中的趋势下，大股东与中小股东的委托代理问题也日益凸显。综合对公司治理发展的梳理，可发现公司治理的实质就是解决各类委托代理问题，抑制公司"内部人"借用自身优势侵害其他利益相关者的利益。在大股东和中小股东的委托代理关系中，大股东实际也是某种意义上的公司"内部人"。他们利用自身的控制权优势干预公司的经营管理，为自身谋取私利，从而侵害了中小股东和公司的整体利益。因此，可以通过改进内外部公司治理机制使得公司各个相关方的权力分配达到平衡，从而起到监督与制约大股东行为的目的。优化内部治理结构和机制，可以在一定程度上防止大股东滥用权力，保证公司内部决策的科学性。但是，大股东往往拥有绝对的控制权优势，此时内部治理很容易受到大股东的影响和操纵。

相比之下，外部治理通常更具有强制性和不可操纵性，在应对大股东的掏空问题上，外部治理能够发挥更大的震慑作用。法律法规和外部监管是外部治理的重要组成部分。其中，信息披露制度是资本市场的重要外部治理机制。与关联方相关的交易活动是滋生大股东利益侵害行为的重灾区，因此要求对关联方及关联交易进行信息披露可以促使大股东在法治的轨道内进行活动，增加大股东行为的合规性，从而提升公司治理的水平。除此之外，随着技术和社会的发展、利益相关者的增多，外部治理更加多样化，中介机构监督、媒体和公众舆论监督等也成为约束大股东行为的重要手段。

在内外部治理的双重作用下，大股东的私利行为能够得到有效抑制，公司整体利益和中小股东利益可以得到维护。

（2）案例分析

基于公司治理理论，规避关联并购带来的不利影响需要中小股东、上市公司和外部监管者三方的共同努力：

①中小股东积极行使自身权利

对于中小股东股权分散、力量薄弱，并且参与积极性不强的公司而言，中小股东必须集中力量在股东大会中积极行使权利。此时，可以利用我国公司法设置的代理投票制度。一方面，中小股东可以委托他人投票，寻找满足时间、地点条件，同时较为了解公司、具备一定专业知识的人士作为代理人，将集合起来的投票权通过授权委托交予代理人，由代理人在约定的范围内代为行使表决权。另一方面，具备能力的中小股东也可以反过来主动征集其他小股东的投票权，代表其他中小股东行使权利，使中小股东的意见在股东大会中得到充分表达，起到平衡大股东力量的作用。

同时，中小股东还应当行使法律赋予的知情权和诉讼权等权利。不了解公司内部情况、处于信息劣势地位的中小股东，应当积极行使自身的知情权，主动向公司索取信息。股东有权查阅公司章程、会议纪要等重要资料，并可依法对公司的经营提出建议或质询。当大股东的私利行为给上市公司和中小股东造成损失时，中小股东可以依法行使诉讼权，从而追究大股东的责任，威慑大股东的掏空行为。

②上市公司改进内部治理

由于上市公司存在股权结构高度集中、中小股东力量弱且参与度低、大股东兼任管理层，以及独立董事履职积极性不佳等典型的治理缺陷，因此公司内部治理没有有效发挥牵制大股东行为的作用。

首先，要丰富公司的股权结构，引入能对大股东产生制衡作用的新投资者，转变"一股独大"的局面。例如，公司可以引入优秀的外部机构投资者和战略投资者。引入这些具备资金实力、专业经营管理知识或者其他优势的投资者，既可以提升公司的经营管理水平，又可以与大股东在股权上形成制衡。又如，公司可以通过股权激励和员工持股计划，将高管和员工吸纳为公司的股东。上市公司的经营状况与高管和员工利益存在一致性，若大股东掏空上市公司会使持股的高管和员工的利益受损，进而激发高管和员工对大股东掏空行为的抵制，起到制约大股东行为的作用。

其次，提升中小股东在内部治理中的地位。一方面，上市公司要加强投资者关系管理，密切与中小股东的联系。上市公司除了要进行信息披露和线上平台交流以外，还应当在日常经营的过程中加强公众投资者的现场参与，以定期向中小股东代表开放现场参观、举办经营成果交流会和重大事项报告会等形式，充分展示公司的未来发展战略和经营管理现状。另一方面，上市公司可以在内部治理结构中设置与中小股东相关的职位，如中小投资者委员会以及中小股东董事、监事等，直接发挥中小股东的监督作用，提高其参与积极性。

再次，限制大股东内部人员的任职。一方面，上市公司在选任董事、监事和管理层的过程中应当限制大股东的提名比例，并要求详细披露候选人的背景，大股东应对信息的真实性负责，否则股东大会有权撤销其职位。另一方面，上市公司在限制大股东等内部人员兼任的基础上，可以提升外部董事和监事的人员比例。结合前文的建议，上市公司可以引入来自机构投资者、战略投资者的新董事，也可以引入中小股东代表董事、监事，这样既能丰富管理层的专业人员构成，又能对大股东起到牵制作用。

最后，优化独立董事的聘任和管理。在顶层设计层面，可以由监管部门建立统一的上市公司独立董事协会，赋予协会培训、考核、激励、选派等与独立董事工作相关的一系列权力，为独立董事的聘任与管理提供组织基础。在执行层面，由独立董事协会确立独立董事的准入和考核标准、颁发独立董事资格、给独立董事发放薪酬，并向上市公司推荐独立董事人选，保证其聘任和执业过程的独立性、与大股东不存在不正当的利益关系。同时，还应当设置相关制度，要求和鼓励独立董事对上市公司投入更多的精力，如继续限制独立董事的兼职数量，并将独立董事参与上市公司现场会议、现场调研检查等工作内容纳入其考核范围等。

③外部监督完善相关制度机制

首先，监管部门应当加强对掏空行为的事前和事中监督，提升识别掏空行为的能力和效率。例如，监管部门可以通过技术手段建立针对掏空行为的预警体系，选取财务状况、审计结果、重大交易、高管变动等标志性事项组成掏空行为发生可能性的评估体系，为明确重点关注的公司和人员缩短时间。又如，随着网络信息时代的到来，媒体和社会舆论也逐渐成为一股重要的外部治理力量，监管部门可以合理地借助媒体的作用，在确认报道机构符合资质的基础上，迅速获取有关大股东实施掏空行为的信息，加快介入调查的速度。

其次，要完善关联方信息披露制度。首先，要统一不同法律法规中的关联方界定标准。例如，我国的《企业会计准则第36号——关联方披露》既适用于非上市公司也适用于上市公司的关联方披露，在这种情况下就应当增设关联方认定的原则性条款，增加实质重于形式这一判断标准，使得与关联方披露的相关法规的监管力度保持一致，防止大股东利用其非上市公司股东的身份规避法律的监管。其次，要增加有关大股东和关联交易信息披露的内容。针对大股东的信息披露，本书建议，若为自然人股东，可以要求其披露教育背景、股东现任和曾任重要职位的组织以及所有直旁系亲属现任和曾任重要职位的其他组织等信息；若为法人股东，则应当要求其定期披露主要财务数据和指标、其他对外投资、经营情况概要、审计意见结果等信息。针对关联并购的信息披露，应当要求细化信息披露的内容，要求详细披露交易各方的股权变动情况、财务数据以及经营状况等重要信息，同时详细披露交易价格、业绩承诺的制定依据，并辅以数据和权威材料进行说明，如审计报告、评估报告等。

再次，改进并购价格的制定和审议机制。由于资产评估存在固有限制、涉及较多主观判断成分，使得评估高溢价的现象常常出现，因此应当设计相关的程序和机制，保证交易各方就价格问题进行充分平等的协商。例如，应当规定公告并购方案的时点至股东大会的召开之间有足够的间隔期，保证广大投资者都能充分了解和评估并购价格的合理性；又如，应给予公众投资者向中介机构质询的权利，使其了解评估值确定的依据；此外，在并购方案的通过上，应当完善目前公司法中关于股东大会表决机制的规定，将"参会股东的半数以上"表决通过转变为"非关联股东的半数以上"表决通过，从而使并购最大程度地反映广大中小股东的利益。

最后，加强追责与惩戒体系建设。在追责和惩戒对象上，要将大股东本身、协助实施掏空行为的关联方以及未勤勉尽职的中介机构等全部相关对象纳入追责的范围。在惩戒的方法上，应当采取行业自律惩戒、行政惩戒、民事惩戒、刑事惩戒等多领域的惩戒方式，全方位地向大股东的掏空行为施加压力。在保留原有的诸如警告、罚款、禁入等惩戒手段的基础上，创新各领域的惩戒措施。例如，将大股东或相关人员列入失信人员名单，联合多部门进行惩戒；限制相关人员的民事行为，给其日常生活增加不便；设立股东负面行为清单，在后续的筹资融资、税务征收等方面从严对待。在惩戒的力度上，应当加大对不法行为的惩戒时长和程度。

## 四、关键要点

1.要求学生对关联并购、支持行为和掏空行为等概念和具体表现形式有一定的了解，关注上市公司大股东主导的关联并购事件，调动学生的兴趣与积极性。

2.以康芝药业为例，分析上市公司进行关联并购的真实目的，引导学生了解大股东将自身资产置入上市公司的动机与目的，掌握控制权收益理论、信息不对称理论等理论分析基础。

3.掌握并购效应的分析方法，引导学生通过短期的市场反应和长期的业绩指标变化分析关联并购的影响，并通过事件后果分析反证关联并购的真实目的。

4.引导学生对抑制大股东通过关联并购侵害公司利益的方法进行思考。基于公司治理理论可以从内部治理、外部治理等多个层面分析上市公司应该如何规避关联并购式的大股东掏空行为。

# 案例5 欲思并购利，必虑商誉殇

## ——聚力文化跨界并购业绩大变脸的思考①

### 【学习目标】

通过本案例的学习，您应该：①了解企业并购的动因；②熟悉商誉价值评估的主要方法；③了解收益法下企业估值存在的问题；④分析如何提高商誉确认和计量的合理性，学习并合理运用相关会计准则要求。

### 【关键词】

企业并购　合并商誉　商誉确认与计量　商誉减值

## 案例正文

### 一、引言

2015年建筑材料商聚力文化为让公司向多元化方向发展，以20倍的溢价34亿元收购单机游戏厂商美生元。收购时双方达成协议，美生元承诺2015—2017年的归母净利润分别不低于1.8亿元、3.2亿元、4.68亿元，合计不低于9.68亿元。从实际情况来看，美生元达到的业绩已超过业绩承诺。然而一过承诺期，巨额商誉减值的计提导致聚力文化业绩断崖式下跌，引发了资本市场与监管部门的关注。

2019年5月，浙江环南路聚力文化会议室内，董事会如期举行，此次会议将重点放在了深圳证券交易所5月14日发出的对公司2018年年报的问询函。深交所对于聚力文化确认巨额商誉减值导致业绩"变脸"这一事件迅速作出反应，发放问询函直指公司商誉减值、业绩补偿等问题，要求聚力文化对于相关问题作出详细说明，并尽快对外披露。同时，公司还收到了来自监管员的专门致电，要求公司对问询函中有关商誉的问题予以重视。

面对深交所的问询，董事会成员商议着公司商誉管理和商誉减值的问题。企业并购就像是一把双刃剑，聚力文化为了追求自身的发展和创新选择并购，而并购交易也使得公司必须面对商誉减值的巨大风险。承诺期内的完美表现与承诺期后的迅速"变脸"引发了资本市场及监管部门的关注。公司应如何提高商誉确认与计量的合理性，加强商誉资产的管理呢？

---

① 本案例由湖南大学工商管理学院的蒲丹琳、刘成晨、鄢嵩、陆丽好、曾嵘撰写，作者拥有著作权中的署名权、修改权、改编权。本案例授权中国管理案例共享中心使用，中国管理案例共享中心享有复制权、修改权、发表权、发行权、信息网络传播权、改编权、汇编权和翻译权。由于企业的保密要求，本案例对有关名称、数据等进行了必要的掩饰性处理。本案例只供课堂讨论之用，并无意暗示或说明某种管理行为是否有效。

## 二、并购情况介绍

### （一）聚力文化并购前发展

浙江聚力文化发展股份有限公司（以下简称聚力文化）的前身为浙江帝龙新材料股份有限公司（以下简称帝龙新材）。帝龙新材于 2008 年 6 月 12 日在中小板上市，是国内装饰纸行业的首家上市公司，上市后业绩持续增长。随着经济新常态化，国内经济增长速度放缓。在此情况下，帝龙新材所处行业的总体发展虽然呈现稳步增长的形势，但增长势头有所减弱，企业业绩的提升和业务的扩张受到影响。

在并购前的 2013—2015 年，帝龙新材按产品分类的主营业务收入情况见表 5-1。

表5-1 　　　　帝龙新材2013—2015年按产品分类的主营业务收入情况表　　　　金额单位：万元

| 产品名称 | 2015 年 | | 2014 年 | | 2013 年 | |
|---|---|---|---|---|---|---|
| | 金额 | 占比（%） | 金额 | 占比（%） | 金额 | 占比（%） |
| 装饰纸 | 27 783.26 | 31.17 | 28 951.91 | 33.60 | 24 547.37 | 32.98 |
| 浸渍纸 | 30 216.57 | 33.90 | 26 625.17 | 30.90 | 20 459.46 | 27.48 |
| PVC 装饰材料 | 10 301.78 | 11.56 | 14 431.85 | 16.75 | 13 130.42 | 17.64 |
| 装饰纸饰面板 | 16 513.34 | 18.52 | 10 056.32 | 11.67 | 9 087.15 | 12.21 |
| 氧化铝 | 3 046.15 | 3.42 | 4 260.25 | 4.94 | 5 116.47 | 6.87 |
| 金属饰面板 | 1 278.73 | 1.43 | 1 841.38 | 2.14 | 2 099.13 | 2.82 |
| 合计 | 89 139.83 | 100.00 | 86 166.88 | 100.00 | 74 440.00 | 100.00 |

资料来源：作者根据聚力文化2013—2015年年报整理。

### （二）苏州美生元被并购前发展情况

被并购方苏州美生元信息科技有限公司（以下简称"美生元"）于 2013 年 11 月 15 日成立，注册资本为 200 万元，薄彬（出资 45 万元）、胡皓（出资 45 万元）所持全部股权系代余海峰持有，实际均由余海峰出资并享有股东权利，代持人魏朝昱（出资 55 万元）、薄彬、胡皓为美生元设立时的员工，另有肇珊出资 45 万元。

美生元刚成立时的业务主要是通过线下渠道开展移动单机游戏的发行，之后在与上下游合作方面逐渐建立起与众多游戏开发商、线下渠道商、移动增值服务提供商的合作伙伴关系。在与上下游企业已达默契合作的基础上，美生元研发出一套移动游戏评级与代理发行体系，主营业务呈现快速发展态势。美生元同时注重人才培养，逐渐建立起一支有成熟发行经验的核心团队。

2015 年，美生元积极开拓合作关系，与各个线上平台和游戏运营商合作。在线上渠道方面，移动互联网和移动游戏高速发展，美生元以现有线下多渠道合作为基础，将线下渠道与线上渠道逐步进行整合，形成了矩阵式布局，加上与各重点渠道商建立的稳定的合作关系，其游戏产品的推广发行能力得到增强。

在增强发行推广能力的同时，美生元顺势把握市场趋势，逐渐从普通单一的游戏发行商向多元化的移动游戏开发与发行商转型。现下，用户数量最多的游戏便是中轻度休闲单机游戏，美生元故将自主研发产品聚焦在此。美生元的移动游戏业务快速发展，其对游戏市场发展趋势、游戏玩家偏好等因素的把握日渐精准，公司自有游戏研发团队也逐渐壮大成熟。

截至 2015 年 12 月，美生元公司代理及研发的主要游戏产品见表 5-2。

表5-2　　　　　　截至2015年12月美生元代理及研发的游戏产品情况表

| 游戏名称 | 游戏类别 | 取得方式 |
|---|---|---|
| 全民僵尸大战 | 射击类 | 代理 |
| 金蟾千炮捕鱼 | 捕鱼类 | 代理 |
| 欢乐捕鱼夏日版 | 捕鱼类 | 代理 |
| 新捕鱼2014 | 捕鱼类 | 代理 |
| 千炮狂鲨 | 捕鱼类 | 代理 |
| 天天爱跑酷 | 跑酷类 | 代理 |
| 空战神鹰2014 | 飞行射击类 | 代理 |
| 空战神鹰2013 | 飞行射击类 | 代理 |
| Pop星冰乐 | 消除类 | 代理 |
| 开心宝贝向前冲 | 飞行射击类 | 自研 |
| 开心超人打灰机 | 飞行射击类 | 自研 |
| 猪猪侠爱射击 | 飞行射击类 | 自研 |

资料来源：作者根据美生元2015年年报整理。

在被并购前的 2013 年至 2015 年 9 月 30 日（评估基准日），美生元按游戏运营模式分类的主营业务收入见表 5-3。

表5-3　　　美生元2013年至2015年9月按游戏运营模式分类的主营业务收入情况表

| 类型 | 2015年1至9月 | | 2014年 | | 2013年 | |
|---|---|---|---|---|---|---|
| | 金额（万元） | 占比（%） | 金额（万元） | 占比（%） | 金额（万元） | 占比（%） |
| 移动单机游戏发行业务 | 24 741.66 | 87.87 | 6 192.64 | 97.79 | 3 534.99 | 96.30 |
| 移动网络游戏发行业务 | 152.67 | 0.54 | — | — | — | — |
| 版权金及游戏分成 | 341.64 | 1.21 | — | — | — | — |
| 广告推广及其他 | 2 922.33 | 10.38 | 139.79 | 2.21 | 135.80 | 3.70 |
| 合计 | 28 158.30 | 100.00 | 6 332.43 | 100.00 | 3 670.79 | 100.00 |

资料来源：作者根据美生元2013—2014年年报、2015年第一、二、三季度报告整理。

（三）并购决策

表5-4　　　　　　　　　帝龙新材并购美生元各方决策情况表

| 决策主体 | 时间 | 决策内容 |
|---|---|---|
| 帝龙新材 | 2015年12月18日 | 帝龙新材第三届董事会第二十六次会议审议通过了发行股份及支付现金购买资产并募集配套资金的相关议案 |
| | 2016年1月5日 | 帝龙新材召开2016年第一次临时股东大会审议通过了发行股份及支付现金购买资产并募集配套资金的相关议案 |
| 标的公司（美生元） | 2015年11月20日 | 美生元召开股东会会议并作出决议，同意将其持有的全部股权转让给帝龙新材 |
| 交易对方 | 2015年11月18日 | 火凤天翔召开股东会会议并作出决议，同意将其所持美生元6%的股权转让给帝龙新材 |
| | 2015年11月19日 | 聚力互盈召开合伙人会议并作出决议，同意将其所持美生元8.21%的股权转让给帝龙新材 |
| | 2015年11月19日 | 天津乐橙执行事务合伙人根据合伙协议作出决定，同意将其所持美生元15%的股权转让给帝龙新材 |
| | 2015年11月20日 | 杭州哲信召开股东会会议并作出决议，同意将其所持美生元8.6%的股权转让给帝龙新材 |
| | 2015年11月25日 | 霍尔果斯水泽召开合伙人会议并作出决议，同意将其所持美生元1.07%的股权转让给帝龙新材 |
| | 2015年12月17日 | 杰宇涛召开合伙人会议并作出决议，同意将其所持美生元1.79%的股权转让给帝龙新材 |
| | 2015年12月17日 | 前海盛世召开合伙人会议并作出决议，同意将其所持美生元1.07%的股权转让给帝龙新材 |
| 证监会核准 | 2016年4月22日 | 上市公司收到证监会下发的《关于核准浙江帝龙新材料股份有限公司向余海峰等发行股份购买资产并募集配套资金的批复》证监许可〔2016〕907号批文，本次交易获得证监会核准 |

资料来源：作者根据聚力文化相关公告整理。

根据《重组管理办法》的规定，本次交易构成中国证监会规定的上市公司重大资产重组行为。如表5-4所示，并购交易完成后，帝龙新材更名为帝龙文化，随后又更名为浙江聚力文化发展股份有限公司。美生元公司从2016年5月起纳入聚力文化合并财务报表范围。

## 三、商誉确认与初始计量藏风险

（一）资产评估情况

聚力文化的前身帝龙新材以发行股份和支付现金的方式并购美生元的全部股权。

经过交易各方商谈协定，美生元全部股权交易价格确定为 340 000 万元，交易对价以发行 144 500 000 股普通股股份及 5.1 亿元现金的方式支付，发行股份价格为 20 元/股。北京中企华资产评估有限责任公司（以下简称"中企华"）对美生元的 100% 股权进行了评估，选用收益法和资产基础法，评估结果见表 5-5（评估基准日为 2015 年 9 月 30 日）。

表5-5 美生元股东全部权益评估结果情况表 单位：万元

| 项目 | 评估基准日账面价值 | 收益法评估结果 | 资产基础法评估结果 |
|---|---|---|---|
| 总资产 | 29 366.37 | — | 31 317.38 |
| 总负债 | 12 214.28 | — | 12 214.28 |
| 净资产 | 17 152.09 | — | 19 103.10 |
| 100% 股东权益 | — | 347 160.69 | — |

资料来源：作者根据《帝龙新材：拟发行股份及支付现金购买苏州美生元信息科技有限公司全部股权项目评估报告》整理。

如表 5-5 所示，按收益法评估的 100% 股东权益增值额为 330 008.60 万元，增值率为 1 924.01%；按资产评估法评估的净资产评估增值额为 1 951.01 万元，增值率为 11.37%；收益法和资产基础法的评估结果相差 328 057.59 万元。聚力文化最终选择收益法作为美生元全部股东权益的评估结果，评估值为 347 160.69 万元。

中企华在收益法评估中将美生元正在研制但未开发的游戏产品纳入了评估范围，截至评估基准日，美生元处于研发阶段的移动单机游戏项目（未开发的游戏产品）见表 5-6。

表5-6 美生元处于研发阶段的移动单机游戏项目（截至评估基准日）

| 游戏名称 | 研发阶段 | 拟推出时间 |
|---|---|---|
| 街机捕鱼狂人 | 内测 | 2015 年第四季度 |
| 橡皮泥世界 | 主体开发 | 2016 年第一季度 |
| 全面防御 | 主体开发 | 2016 年第一季度 |
| 开心宝贝向前冲 2 | 内测 | 2016 年第一季度 |
| 闪亮的爸爸 | 调研立项 | 2016 年第一季度 |
| 摄魂灯 | 调研立项 | 2016 年第二季度 |

资料来源：作者根据美生元2015—2016年年报整理。

根据聚力文化企业重组相关公告，中企华评估所使用的未来各类别游戏收入预测模型数据均来自企业历史已发行游戏的业务数据，再结合企业人员预测的产品生命周期进行收入预测，而没有分析游戏 IP 本身对收入的影响。

（二）并购支付方式情况

聚力文化的前身帝龙新材以发行股份和支付现金的方式购买美生元 100% 的股权，即并购标的资产为美生元全部股权。经过交易各方协商，美生元全部股权的交易价格确定为

340 000万元，并支付交易对价340 000万元。交易对价以144 500 000股普通股股份及5.1亿元现金的方式支付，发行股份的价格为20元/股，具体情况见表5-7。

表5-7　　　　　　　　　**帝龙新材发行股份及支付现金购买资产具体情况表**　　　　　　　金额单位：万元

| 交易对方 | 持有美生元股权比例（%） | 对价金额 | 现金支付部分 | | 股份支付部分 | | |
|---|---|---|---|---|---|---|---|
| | | | 金额 | 占总对价比例（%） | 金额 | 发行股数 | 占总对价比例（%） |
| 余海峰 | 37.98 | 129 132.00 | — | — | 129 132.00 | 64 566 000 | 37.98 |
| 肇珊 | 17.49 | 59 466.00 | | | 59 466.00 | 29 733 000 | 17.49 |
| 天津乐橙 | 15.00 | 51 000.00 | 51 000.00 | 15.00 | — | — | — |
| 杭州哲信 | 8.60 | 29 240.00 | — | | 29 240.00 | 14 620 000 | 8.60 |
| 聚力互盈 | 8.21 | 27 914.00 | — | | 27 914.00 | 13 957 000 | 8.21 |
| 火凤天翔 | 6.00 | 20 400.00 | — | | 20 400.00 | 10 200 000 | 6.00 |
| 周团章 | 1.79 | 6 086.00 | | | 6 086.00 | 3 043 000 | 1.79 |
| 杰宇涛 | 1.79 | 6 086.00 | | | 6 086.00 | 3 043 000 | 1.79 |
| 前海盛世 | 1.07 | 3 638.00 | | | 3 638.00 | 1 819 000 | 1.07 |
| 霍尔果斯水泽 | 1.07 | 3 638.00 | | | 3 638.00 | 1 819 000 | 1.07 |
| 袁隽 | 1.00 | 3 400.00 | | | 3 400.00 | 1 700 000 | 1.00 |
| 合计 | 100.00 | 340 000.00 | 51 000.00 | 15.00 | 289 000.00 | 144 500 000 | 85.00 |

资料来源：作者根据《帝龙新材：发行股份及支付现金购买资产并募集配套资金报告书》整理。

完成此次交易后，美生元的股东余海峰、肇珊、杭州哲信信息技术有限公司、苏州聚力互盈投资管理中心（有限合伙）跻身聚力文化前十大股东之列，公司前十大股东排名见表5-8。

表5-8　　　　　　　　　**聚力文化2016年持股5%以上或前十大股东持股情况**

| 股东名称 | 股东性质 | 持股比例 |
|---|---|---|
| 余海峰 | 境内自然人 | 15.32% |
| 浙江帝龙控股有限公司 | 境内非国有法人 | 11.50% |
| 肇珊 | 境内自然人 | 7.05% |
| 姜雄飞 | 境内自然人 | 4.34% |
| 天津紫田企业管理咨询合伙企业（有限合伙） | 境内非国有法人 | 4.26% |
| 杭州哲信信息技术有限公司 | 境内非国有法人 | 3.47% |
| 姜祖功 | 境内自然人 | 3.45% |
| 苏州聚力互盈投资管理中心（有限合伙） | 境内非国有法人 | 3.31% |
| 姜筱雯 | 境内自然人 | 3.05% |
| 姜超阳 | 境内自然人 | 3.05% |

资料来源：作者根据帝龙新材2016年年报整理。

（三）对并购后的收入预测

根据聚力文化相关重组公告，其对美生元2015年第四季度至2020年营业收入的预测分别为 14 667.39 万元、67 264.36 万元、100 452.04 万元、125 343.28 万元、139 305.95 万元、147 968.05 万元，收入预测模型的数据取自企业历史已发行游戏的业务数据，而并购前2013年至2015年第三季度的营业收入分别为 3 670.79 万元、6 332.42 万元和 28 158.31 万元。模型预测的并购后的营业收入与并购前相比增长较大。

深交所向聚力文化发出重组问询函，要求其结合行业内各企业的发展情况、竞争对手情况、美生元市场排名及市场份额、新款游戏产品推出及盈利情况等方面，分析2015年及以后年度营业收入的测算依据及预测值较大的科学合理性。从企业的回复看来，其对美生元的经营风险避而不谈，只是模棱两可地解释：业绩承诺期内美生元拟发行自主研发游戏的月最高收入较报告期内所发行游戏有所增长的原因为美生元各研发团队对相应类别游戏的研发经验积累愈加丰富，所研发的游戏质量不断提高，以及美生元发行平台所覆盖用户数量及各类合作资源不断增加；美生元的合作方数量、发行平台所覆盖的用户数量处在快速增长阶段，在业绩承诺期内，美生元发行平台覆盖的用户规模也将延续增长态势。

（四）并购业绩承诺

美生元与帝龙新材签订了业绩补偿协议：交易对方中，余海峰、聚力互盈、天津乐橙、火凤天翔承诺，美生元在2015年至2017年的三个年度中每个年度实现的合并报表归母净利润分别不低于人民币 1.8 亿元、3.2 亿元、4.68 亿元；若没有达到，美生元要对帝龙新材进行补偿。

聚力文化在业绩承诺的具体依据及合理性分析部分进行了以下披露：以收益法对美生元的营业收入进行测算，在业绩承诺期内（2015年至2017年）息前税后净利润的预测结果分别为 17 930.54 万元、29 491.07 万元、39 115.99 万元，业绩补偿承诺高于净利润预测结果，"承诺净利润能足额覆盖收益法评估预测的标的公司净利润"。聚力文化在业绩承诺的相关依据及科学合理性分析部分未披露风险要素，对我国游戏行业的发展情况作出了向好发展的描述："2015年中国游戏市场规模预计达到 1 347 亿元，未来仍将持续增长""2015年中国移动游戏市场的规模预估可达到 420 亿元，较 2014 年预计增长 52.73%，增幅明显"。

并购双方依据上述资产评估结果以及业绩补偿协议的签订商议得出的合并对价为前述美生元全部股权的交易价格 34 亿元，交易价格与取得的可辨认净资产的公允价值之间的差额为未确认的新增商誉 30.42 亿元。

## 四、商誉后续计量合理性存疑

（一）并购后业绩情况

实现重大资产重组后，聚力文化以原本主营的中高端建材业务为基础，增加了移动游戏研发与发行业务，业务范围拓宽、业务结构转变。聚力文化 2016—2018 年的营业收入构成情况见表5—9。

表5-9　　　　　聚力文化2016—2018年按行业分类的营业收入构成情况

| 行业 | 2016年 | | 2017年 | | 2018年 | |
|---|---|---|---|---|---|---|
| | 金额（万元） | 占比（%） | 金额（万元） | 占比（%） | 金额（万元） | 占比（%） |
| 建材行业 | 100 827.16 | 61.10 | 107 601.51 | 35.13 | 101 574.34 | 29.08 |
| 游戏行业 | 63 491.35 | 38.48 | 197 859.93 | 64.60 | 242 650.81 | 69.48 |
| 影视行业 | — | — | — | — | 4 335.00 | 1.24 |
| 其他业务收入 | 688.60 | 0.42 | 815.22 | 0.27 | 700.07 | 0.20 |
| 合计 | 165 007.11 | 100 | 306 276.66 | 100 | 349 260.22 | 100 |

资料来源：作者根据聚力文化2016—2018年年报整理。

美生元的利润承诺年度为2015年、2016年、2017年，业绩承诺实现情况见表5-10。

表5-10　　　　　　美生元2015—2017年业绩承诺实现情况　　　　　　单位：万元

| 项目 | 2015年 | 2016年 | 2017年 |
|---|---|---|---|
| 合并报表归母净利润 | 18 461.90 | 36 462.47 | 48 506.05 |

资料来源：作者根据美生元2015—2017年年报整理。

由前述美生元业绩承诺可知，美生元2015—2017年业绩均达到并超过业绩承诺标准，分别超过业绩承诺461.90万元、4 462.47万元、1 706.05万元。

（二）商誉后续计量及披露情况

聚力文化在其2016年和2017年年报中披露的有关商誉后续计量的信息显示其进行减值测试后没有发现商誉出现减值损失，故2016年和2017年均没有对商誉计提减值准备。然而，聚力文化在2018年计提了商誉减值准备29.65亿元。

聚力文化在2016—2018年年报中有关商誉减值测试的具体披露情况见表5-11。

表5-11　　　　　　聚力文化年报中有关商誉减值测试的主要披露情况

| 时间 | 事项 |
|---|---|
| 2016年 | 截至2016年12月31日，公司收购苏州美生元公司100%股份，形成合并商誉30.42亿元，占公司期末合并资产总额的61%。商誉可收回金额按公司预计未来现金流量的现值计算，并以此作为对商誉的减值测试。预计现金流量以公司批准的未来若干年财务预算计算，超过财务预算之后年份的现金流量以适用的预测平均增长率推断。现金流量的现值以适当的折现率进行计算，并反映相关风险。减值测试中采用的其他关键数据包括：预算收入及成本、折旧及摊销、运营资金及其他相关费用。减值测试结果表明，该商誉并未出现减值损失 |
| 2017年 | 截至2017年12月31日，公司收购苏州美生元公司100%股份，形成合并商誉30.42亿元，占公司期末合并资产总额的50.68%。由于被收购的子公司就是一个资产组，因此企业合并形成的商誉被分配至对应子公司以进行减值测试。商誉可收回金额按公司预计未来现金流量的现值计算，并以此作为对商誉的减值测试。预计现金流量根据公司批准的未来若干年财务预算计算，超过财务预算之后年份的现金流量以适用的预测平均增长率推断。现金流量的现值以适当的折现率进行计算。减值测试中采用的其他关键数据包括：预算收入及成本、折旧及摊销、运营资金及其他相关费用。减值测试结果表明，该商誉并未出现减值损失 |

| 时间 | 事项 |
|---|---|
| 2018年 | 披露了商誉减值测试过程，并简述了减值测试的方法与结论：①商誉的可收回金额按预计未来现金流量的现值计算，其预计现金流量以公司批准的2019—2023年现金流量预测为基础，采用的折现率（15.24%）是反映当前市场货币时间价值和相关资产组特定风险的税前利率，系根据资本资产定价模型计算的加权平均资本成本率（税前）；②经测试，包含商誉的美生元资产组可收回金额为9.99亿元，低于账面价值39.64亿元，本期应确认商誉减值损失29.65亿元，其中归属于本公司应确认的商誉减值损失为29.65亿元；③未披露美生元的具体财务信息 |

资料来源：作者根据聚力文化2016—2018年年报整理。

聚力文化在承诺期内的2016年和2017年均没有对商誉计提减值准备，但在2018年计提了商誉减值准备29.65亿元。聚力文化2016年与2017年年报对商誉后续计量的披露内容基本一致，仅披露了在后续计量中使用预计未来现金流量的现值、适用的预测平均增长率、适当的折现率等内容，没有披露具体数值和减值测试过程。聚力文化在2018年年报中披露对商誉进行减值测试的原因是"苏州美生元所处的移动网络游戏行业环境发生了重大不利变化、行业增速放缓、苏州美生元经营业绩下滑，存在明显的商誉减值迹象"，并披露了减值测试的详细过程（在减值测试中使用预计未来现金流量的现值，使用的折现率数值为15.24%），以及预测期增长率和利润率，但没有披露其具体数值。

（三）差错更正显问题

聚力文化于2019年4月30日发布公告，对2017年合并报表项目进行了差错更正，净利润由54 912.19万元更正为47 674.09万元，更正原因为公司自查发现其2017年度游戏文化业务中单机业务和移动广告分发业务多确认收入18 058.97万元，在考虑了成本等相关项目的影响后发现2017年度净利润多计7 238.09万元。

聚力文化2018年内部控制报告称其内部控制存在控制运行缺陷，导致其2017年度多计收入和成本。2018年，在聚力文化更正合并报表的同时，美生元将其2017年的净利润相应调整为40 653.71万元，低于并购时承诺的46 800万元，美生元的业绩完成率为86.87%。

2019年5月14日，深交所在年报问询函中要求聚力文化说明是否需要追溯调整2017年的商誉减值准备，但在聚力文化之后的公告中未见相关调整和说明。

聚力文化对2017年报表项目追溯调整的具体情况见表5-12和表5-13。

表5-12　　　　　**聚力文化2017年合并资产负债表项目金额更正前后情况表**　　　单位：万元

| 项目 | 追溯调整前金额 | 调整金额 | 追溯调整后金额 |
|---|---|---|---|
| 应收账款 | 117 057.28 | −1 7625.88 | 99 431.40 |
| 预付款项 | 8 811.65 | 9.28 | 8 820.93 |
| 递延所得税资产 | 1 862.03 | −72.93 | 1 789.11 |
| 应付账款 | 57 010.82 | −9 278.15 | 47 732.67 |

续表

| 项目 | 追溯调整前金额 | 调整金额 | 追溯调整后金额 |
|------|-------------|--------|-------------|
| 预收款项 | 6 869.59 | 588.95 | 7 458.54 |
| 应交税费 | 4 014.34 | -1 762.23 | 2 252.11 |
| 未分配利润 | 112 143.24 | -7 238.09 | 104 905.15 |

资料来源：作者根据聚力文化2017年年报整理。

表5-13 　　　　　　**聚力文化2017年合并利润表项目金额更正前后情况表**　　　　单位：万元

| 项目 | 追溯调整前金额 | 调整金额 | 追溯调整后金额 |
|------|-------------|--------|-------------|
| 营业收入 | 306 276.67 | -18 058.97 | 288 217.70 |
| 营业成本 | 223 197.19 | -9 287.43 | 213 909.76 |
| 资产减值损失 | 6 112.70 | -927.68 | 5 185.02 |
| 所得税费用 | 6 168.86 | -605.77 | 5 563.09 |
| 净利润 | 54 912.19 | -7 238.09 | 47 674.10 |

资料来源：作者根据聚力文化2017年年报整理。

## 五、尾声

深交所的问询函引起了聚力文化董事会对商誉确认与计量问题的高度重视。回顾此次并购事件，公司在商誉确认和计量上出现的问题影响重大，直接损害了公司利益。公司应怎样从该事件中吸取教训、总结经验？答案值得深思……

## 六、启发思考题

1. 聚力文化并购美生元的动因是什么？此次并购是否存在大股东侵占小股东利益的行为？

2. 聚力文化的商誉确认与计量存在哪些问题？分析其产生的原因。

3. 分析判断商誉的后续计量若采用减值测试和系统摊销相结合的方式是否可行。

4. 如何提高商誉确认与计量的合理性？对此你有什么建议？

**【政策思考】** 　　　　**企业风险管理与责任意识、信息披露与监管机制**

党的二十大报告提出要推进国家治理体系和治理能力现代化，强调防范化解重大风险。聚力文化的案例表明，并购虽然能带来短期利益，但也可能因商誉减值引发巨大风险。企业应树立正确的价值观，将风险意识融入决策过程，避免盲目扩张和过度追求短期利益；应加强内部风险管理，完善并购决策机制，充分评估商誉确认与计量的合理性。

在聚力文化的案例中，商誉减值测试和信息披露存在不足，导致投资者难以准确判断风险。信息披露不仅是企业的法定义务，更是企业诚信的体现。完善的信息披露机制是保护投资者利益、维护市场稳定的重要保障。企业应进一步完善信息披露制度，在并购过程中详细披露商誉确认、计量和减值测试的具体方法和依据。监管部门应加强对信息披露的审核和监督，对违规行为加大处罚力度，确保市场公平透明。

# 案例使用说明

## 一、教学目标

1.本案例主要适用于"会计学""企业并购"等课程的教学。

2.近年来，大量与并购活动相关的企业业绩承诺到期，上市公司计提的商誉减值大幅增加，频繁出现业绩爆雷现象。商誉减值问题与并购时商誉的确认、初始计量以及后续计量不可分割。通过对聚力文化并购苏州美生元案例的研究和分析，可以达到以下教学目的：

（1）了解企业并购的动因；

（2）熟悉商誉价值评估的主要方法；

（3）了解收益法下企业估值存在的问题；

（4）分析如何提高商誉确认和计量的合理性，学习并合理运用相关会计准则要求。

## 二、思考题与分析要点

本案例的分析思路如图5-1所示，仅供参考。

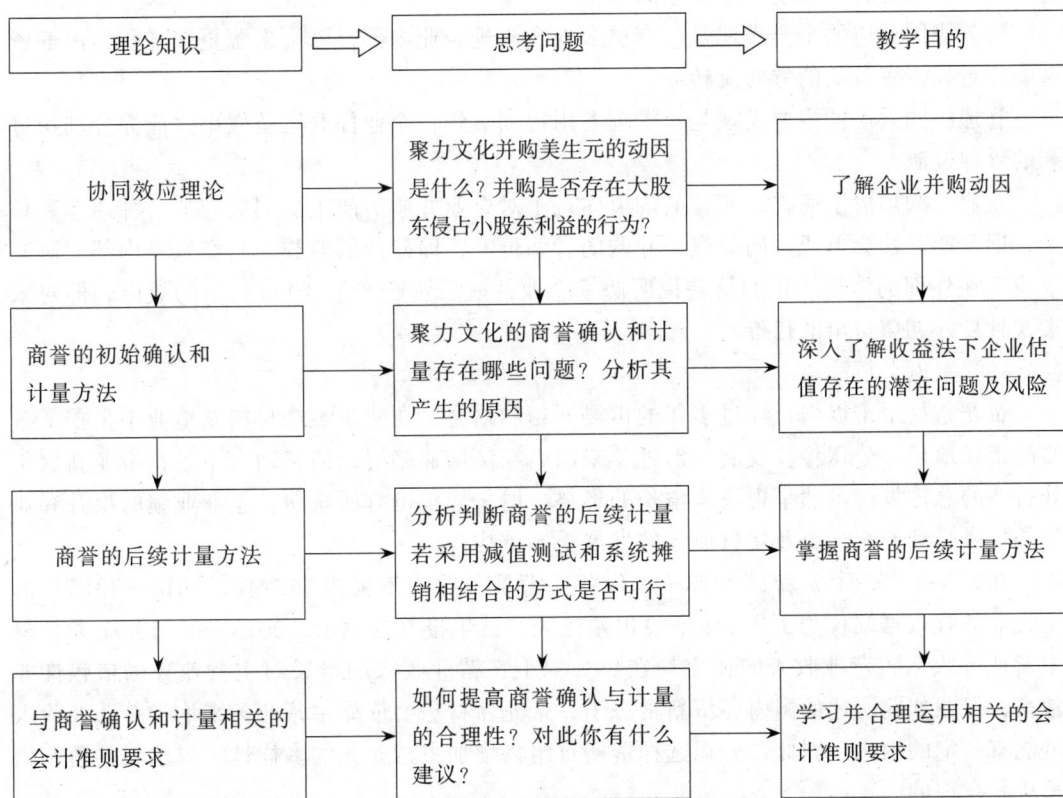

| 理论知识 | | 思考问题 | | 教学目的 |
|---|---|---|---|---|
| 协同效应理论 | → | 聚力文化并购美生元的动因是什么？并购是否存在大股东侵占小股东利益的行为？ | → | 了解企业并购动因 |
| 商誉的初始确认和计量方法 | → | 聚力文化的商誉确认和计量存在哪些问题？分析其产生的原因 | → | 深入了解收益法下企业估值存在的潜在问题及风险 |
| 商誉的后续计量方法 | → | 分析判断商誉的后续计量若采用减值测试和系统摊销相结合的方式是否可行 | → | 掌握商誉的后续计量方法 |
| 与商誉确认和计量相关的会计准则要求 | → | 如何提高商誉确认与计量的合理性？对此你有什么建议？ | → | 学习并合理运用相关的会计准则要求 |

图5-1　分析思路

## 三、理论依据及分析

1.聚力文化并购美生元的动因是什么？此次并购是否存在大股东侵占小股东利益的行为？

（1）理论知识

1971年德国物理学家 Herman Haken 将"协同"作为一个概念提出，并于1976年对协同理论进行了系统的论述："环境中存在着多个系统，其中各个系统既相互产生影响，也相互协作。"20世纪60年代，美国战略管理学家 H.Igor Ansoff 首次将协同理念引入企业管理领域。Ansoff 把协同看作企业战略的四个关键要素之一，分析了战略怎样有机地使企业拥有的多样业务产生关联、让企业在现有资源和优势地位的基础上开拓出更广阔的发展空间。企业若采取多元化战略，协同理论是一个不可或缺的依据。多元化战略的协同效应表现为企业的不同业务间因共享获得的资源而减少成本花费，还可以表现为规模效益。

聚力文化并购美生元的动因之一在于合并后商誉能给企业带来协同效应，让并购企业双方获得比其独立运营产生的效益总和更多的效益。经营协同效应、财务协同效应和管理协同效应在企业并购后表现出来。

经营协同效应的主要表现是：企业并购后规模扩大，获得纵向一体化成果，在资源获得方面形成互补，在市场上形成垄断。

财务协同效应的主要表现是：有更多现金流进企业内部，资金来源更多样化，内部资金能往更具投资效益的方向流转。

管理协同效应的主要表现是：管理费用得到节约，企业提升运营效率并能充分利用过剩的管理资源。

企业并购形成了商誉，商誉的价值体现了对企业并购后产生协同效应的一种期望和预见，即预期并购会形成协同效应。并购的合并价差，即确认的商誉，其实也是内部"协同效应"在外部的体现。正的价差说明两家企业并购后资产产生"1+1>2"的效应，即对未来这种良好期望付出的代价。

（2）案例分析

帝龙新材上市以来，经过多年的市场开拓和培育，在建筑装饰材料制造业中占据了重要的市场地位，公司稳步发展。但近年来国内经济增速趋缓，消费动力不足，帝龙新材所处行业的总体发展虽然呈现稳步增长的形势，增长势头也有所减弱，企业业绩的提升和业务的扩张受到影响，企业建材业务的发展受到挑战。

在表5-1中，帝龙新材2013—2014年主营业务收入增幅为15.75%，2014—2015年的主营业务收入增幅仅为3.45%，增幅相差较大；且年报数据显示，2013—2015年帝龙新材主营业务收入占营业收入的比重均在99%以上，营业收入的增长对主营业务的依赖性非常高，但在如前所述的国内经济新常态下，帝龙新材想要依靠主营业务来增加其营业收入可能有一定的困难。因此，公司选择资产重组以增加主营业务的多样性、寻求新的盈利增长点是合理的。

帝龙新材资产重组的标的公司为美生元，其以移动游戏的研发和发行为主营业务。近年来，居民收入水平不断提高，人们对娱乐文化产品的需求愈加旺盛，移动游戏行业得以快速发展，手机成为人们娱乐休闲的主要终端。美生元自成立以来已研发和发行了多款移动游戏，其主营业务收入增长显示其具有一定的盈利水平并有不小的发展空间。另外，在移动游戏产业链中，美生元还是游戏发行商，公司研发与发行的有机结合增强了其抵御风险的能力。美生元凭借与线上渠道平台、线下渠道商进行合作，逐步积累了丰富的上下游资源，形成的服务体系也较为完备，同时拥有良好的市场口碑。因此，帝龙新材拟通过并购重组的方式，把新兴的具有较高盈利水平的游戏行业资产纳入企业中。

此外国家政策的支持也促进了帝龙新材的并购重组。2015 年 8 月 31 日，中国证券监督管理委员会（以下简称"证监会"）、中华人民共和国财政部（以下简称"财政部"）、国务院国有资产监督管理委员会（以下简称"国资委"）、原中国银行业监督管理委员会（以下简称"原银监会"）等四部委联合发布了《关于鼓励上市公司兼并重组、现金分红及回购股份的通知》。该文件指出，在并购重组中，监管方面要进一步简化行政管理和将权力下放，进一步优化市场定价机制，同时在创新方面鼓励支付工具的多样化以及融资方式的变革与更新，并通过多种方式在金融方面给予并购重组帮助。另外，2015 年 3 月提出的"互联网+"行动让帝龙新材认为移动游戏行业处于快速发展阶段，未来前景可期，能给公司发展带来新突破。帝龙新材原有业务与并购公司的新业务类型具有差异互补性，可作为互联网传媒行业的最优进入点。

综上，帝龙新材积极策划，准备通过并购重组向移动游戏行业进军。

此次并购重组采取的支付方式是"现金支付+股权支付"，帝龙新材以发行 144 500 000 股普通股股份及支付 5.1 亿元现金的方式获得美生元 100% 的股权。并购后，美生元的股东余海峰、爱新觉罗肇珊、杭州哲信信息技术有限公司、苏州聚力互盈投资管理中心（有限合伙）跻身上市公司前十大股东之列。帝龙新材并没有以大量的现金买断美生元股东手上的股权并彻底将其踢出大股东之列，而是想让被并购方参与上市公司的经营管理。帝龙新材的姜氏家族主要关注原主业装饰纸的经营，而美生元的余海峰进入董事会，致力于文化事业的发展，不过在合并初期还是姜氏家族掌控公司管理大权。

2016 年帝龙文化与实际控制人之间的产权及控制关系图如图 5-2 所示。

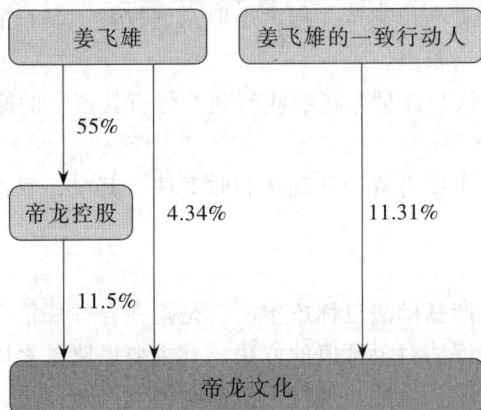

图5-2　2016年帝龙文化与实际控制人之间的产权及控制关系图

不过在2017年，姜氏家族开始"退居二线"，公司在资源配置方面逐步向文化产业倾斜，有计划地实施向泛娱乐文化发展的战略转型。

2017年12月1日，聚力文化控股股东帝龙控股及其一致行动人姜祖功与揽众天道签署了股份转让协议：帝龙控股为归还自身借款、缴纳税款及满足对外投资和优化资产业务配置的需求，将其持有的7 000万股聚力文化股份转让给揽众天道；姜祖功为解决自身资金需求，将其持有的1 000万股聚力文化股份转让给揽众天道。交易双方并无关联关系。本次股份协议签订后，揽众天道直接持有8 000万股公司股份，占聚力文化总股本的9.3985%；帝龙控股及其一致行动人合计持有15 128.46万股公司股份，占聚力文化总股本的17.7732%。

本次转让后，聚力文化变更为无控股股东、无实际控制人的状态，且当时的公司董事长、总经理姜飞雄基于公司战略发展需要及业务发展变化辞去了公司董事长及总经理职务，姜丽琴辞去了副总经理及财务总监职务。聚力文化选举余海峰为公司董事长，聘任薄彬为公司总经理、胡皓为副总经理。余海峰、薄彬和胡皓都是美生元的创始人，聚力文化为发展泛娱乐文化产业提供了诸多权利。由此，聚力文化不再由姜氏家族掌控大权，从股权结构上看，双方互利共赢、互相制衡。

2017年聚力文化产权及控制关系图如图5-3所示。

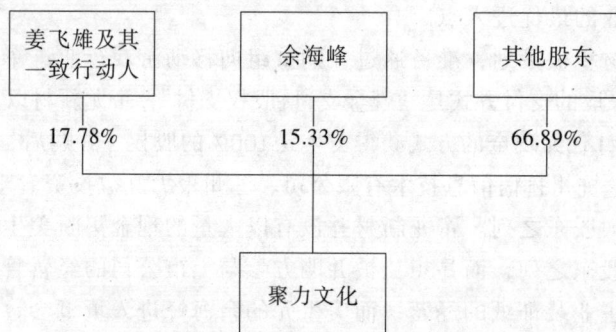

图5-3  2017年聚力文化产权及控制关系图

由此股权结构变化可以看出，帝龙新材并购美生元并不是为获取并购后的协同效益而使上市公司市值上涨再恶意高位减持，侵占小股东的权益。其目的是进入高盈利的泛娱乐文化产业，寻求新的利润增长点。

2.聚力文化的商誉确认与计量存在哪些问题？分析其产生的原因。

（1）理论知识

商誉价值的评估方法主要有资产基础法和收益法。其中，收益法又包括余值法和超额收益法。

①资产基础法

企业价值评估中的资产基础法也称成本法，是指在合理评估企业各项有形资产、无形资产和负债的基础上确定评估对象价值的方法。其主要思路是将以历史成本编制的企业资产负债表换成以市场价值或其他适当现行价值编制的资产负债表，反映企业所有资产和负债的价值。其实质是对审计后的"资产负债表"的评估。

但是用资产基础法评估企业价值与企业的未来收益能力或内在价值不相干。其评估结果是以惯用的资产负债表的形式表示的，分别将每一种资产对企业价值的贡献反映出来，便于进行账务处理，但模糊了单项资产与整体资产的区别。整体性资产不仅仅是单项资产的简单加总，而是经过企业有效配置后作为一项独立的获利能力而存在。资产基础法只能对单项资产加总，而无法评估它的获利能力，难以真实反映资产的经营效果，不能很好地体现资产评估的评价功能。

②收益法

A.余值法

余值法又称为割差法，在余值法下，商誉的价值是将企业的整体价值与企业各个资产价值之和相比而产生的差额。该方法认为企业的整体价值比企业各部分加总的价值要大。余值法的根本思想是，使用收益法来评估企业的整体资产价值，有形资产、单项可辨认无形资产的价值则采用成本法和市场法来分别评估，它们的差额就是企业形成的商誉的价值。

B.超额收益法

超额收益法又称直接法，使用超额收益法获取商誉评估值是通过直接的方法把企业的超额收益折现。该方法在确认商誉时把商誉创造的超额收益作为依据。超额收益法又分两种方法，包括超额收益本金化价格法和超额收益折现法。

超额收益本金化价格法，是把商誉价值看作本金化的超额收益。此方法首先根据企业未来多年的预期收益率以及企业所处行业的平均收益率，将企业的超额年金求出；然后再把所得结果资本化，得出商誉价值。

超额收益折现法，是把企业能够测算的若干年的预期超过平均水平的收益进行折现，然后求得企业的商誉价值，一般来说对于仅能在有限时期内带来超额收益的商誉才适用。使用此方法来求得企业的商誉价值首先要确定企业能获得超额收益的期限，然后分别测算在此期限内每年超过平均水平的收益，再进行折现，最后求和。

余值法和超额收益法都认为商誉与企业整体不可分割，不能脱离企业单独存在，所以在对商誉进行估值时，要借助企业其他资产的评估才能计算出商誉的价值。它们的不同之处在于：

第一，商誉被余值法当作差额，被超额收益法当作超额收益能力，通过资本化或折现的方法求得。

第二，余值法比超额收益法更易操作，只需取得企业整体资产的价值和各单项可辨认资产的价值，且两项指标较易取得；而超额收益法不仅要获取企业的财务报表数据，还要获得同行业企业的财务报表数据等信息才能确定企业是否有超额收益，同时要确定资本化率和折现率，工作量和难度都较大。

（2）案例分析

①聚力文化的商誉确认与计量存在的问题

在本案例中，资产评估机构中企华分别选择了收益法和资产基础法来评估美生元全部股东权益的价值。收益法评估结果显示美生元股东全部权益价值为 347 160.69 万元，资产基础法显示净资产评估值为 19 103.10 万元，二者相差 328 057.59 万元。聚力文化最后选择了收益法（通过估算被评估资产的未来预期收益并折算成现值来确定被评估资产价值）下的评估值作为美生元全部股权价值的评估结果。但是，这种计量方法存在以下问题：

A.收益法的选用使商誉高估值存在不合理性

聚力文化支付的 340 000 万元的合并对价参考了评估机构中企华选取的收益法评估值，根据《企业会计准则第 20 号——企业合并》，在非同一控制下的企业合并中，商誉是合并对价与取得的被并方可辨认净资产公允价值的差额，这就使得聚力文化确认的商誉价值较高。

然而，资产评估机构用收益法进行评估时，需要依赖很多假设，评估参数的选择依赖于评估人员的职业判断，具有一定主观性，对于并购活动中的标的资产评估，容易倾向于选取最乐观的参数。在企业价值评估中，以企业未来收益的现值确定企业价值更加符合企业作为整体资产的特性，故资产评估中对企业价值的评估首推收益法。然而，企业未来的经营会受到许多不可控因素的影响，既受企业所处行业发展情况的影响，又受宏观经济发展情况的影响，导致收益法的评估结果极有可能与标的公司未来的盈利能力严重不匹配，故收益法往往更适用于对收益稳定且市场成熟的企业进行价值评估。

在本案例中，被并购方美生元于 2013 年成立，虽然自成立起至 2015 年 9 月其主营业务收入呈上升趋势，但其被并购时仅成立不到三年，成立时间较短，收益的稳定性和市场的成熟性仍未显现，所以对其选用收益法进行估值存在着适用性问题。综上所述，使用收益法评估的美生元价值的高增值存在着不合理性，从而导致聚力文化确认的商誉也存在着不合理性。

美生元 2013 年至 2015 年 9 月按游戏运营模式分类的主营业务收入情况表见表 5-3。

B.忽视标的企业特殊无形资产的价值评估

中企华在标的企业美生元全部股权项目的评估说明中解释了选择收益法评估结果作为评估结论的理由：美生元作为一家游戏公司，以移动游戏的研发和发行为主营业务，属于轻资产型企业。轻资产型企业经营所需投入的固定资产较少，账面价值较低，企业价值的来源不仅包括固定资产、营运资金等有形资源，也包括研发团队的研发经验、研发能力、行业声誉、上下游客户资源、业务网络整合度、企业内部管理水平以及所享受的各项优惠政策等影响企业未来获利能力的各项无形资源。对于轻资产型企业来说，这些无形资源具有不可替代性，各项资源相互整合、有机结合，体现企业整体的收益能力。

标的公司美生元的收入增长主要依靠其游戏类产品，而游戏 IP（知识产权）对企业来说是一项重要的无形资产，蕴含着公司游戏研发团队的经验、研发能力、代理能力等因素，具有不可替代性。当今科技日新月异，流行趋势不断变化，游戏企业所处的市场环境包含着极不稳定的因素，在评估中重视游戏企业这一非常特殊的无形资产对于科学合理的评估极为重要。

中企华在收益法评估中将美生元正在研制但未开发的游戏产品纳入了评估范围，截至评估基准日，美生元处于研发阶段的移动单机游戏项目见表 5-6。但根据聚力文化企业重组的相关公告，中企华评估所使用的未来各类别游戏收入预测模型的数据均参考企业历史已发行游戏的业务数据，再结合企业人员预测的产品生命周期而得出，没有分析游戏IP本身对收入的影响。

根据《2017泛娱乐IP游戏价值研究报告》，有代表性的IP的价值可达到数百亿元级别，如《梦幻西游》（2017年价值为722亿元）等。该研究报告显示，游戏业务是游戏IP价值的重要体现，游戏IP作为游戏公司一项特殊的无形资产，是影响游戏业务发展的重要因素。分析游戏IP价值时应考虑的因素包括用户影响力、用户需求度等。一些游戏IP是由其他优秀文化产品IP改编而来的，从用户的角度看，对于优秀文化产品的热爱会促使他们愿意体验同IP的其他产品，而游戏恰好是最适合的载体；从市场的角度看，自用户红利耗尽后，移动游戏面临用户成本迅速提升的局面，自带用户流量的IP产品能够降低游戏产品获取用户的成本。

根据美生元并购前代理及研发的游戏产品以及表5-6中美生元未开发的游戏产品，仅有《开心宝贝向前冲》和《猪猪侠爱射击》这两个游戏IP较有辨识度，其他的游戏IP既不是由经典著名IP改编，也不是由热门的文学、影视或动漫IP改编，对于知名度较小的IP，市场用户的关注度可能较低，从而影响游戏业务的发展。不同IP的用户影响力和需求度也存在差异，但中企华在进行收益法评估时，没有考虑美生元游戏IP的用户影响力、用户需求度等影响游戏业务收入的因素，对各IP的收入预测参考的是同类游戏的历史收入水平，而没有分别分析各游戏IP对收入预测的影响。这些都影响到收益法评估结果的合理性。

综上，聚力文化并购评估的不合理表现在两个方面：一是选用了收益法的评估值作为评估结果，评估结果出现高增值，而收益法的选用欠缺适用性的考虑，难以支撑高估值的结果；二是应用收益法的评估过程中忽视了对企业未来收益有重要影响的特殊资产的评估，使收益法的评估结果缺乏合理性。

企业并购的合并对价是以资产评估机构对标的的评估值为参考依据，通过并购各方商议而最终确定的，商誉是合并对价与取得的被并方可辨认净资产公允价值的差额。由于聚力文化商誉的初始计量因收益法的选用和评估过程存在着不合理性，确认的商誉中包含了非商誉部分，高额合并商誉形成的基础不牢固，因此可以认定其合并商誉高估值存在不合理性。

C.商誉减值准备计提不合理

根据《企业会计准则第8号——资产减值》，企业应在资产负债表日判断有没有可能出现资产减值迹象，且对并购形成的商誉至少于每年年度终了进行减值测试，即每年都应对商誉进行减值测试，而不管其是否存在减值迹象。经过减值测试发现商誉的可回收金额小于其账面价值的，应计提商誉减值准备。

由前述可知，美生元2015—2017年的业绩均达到对聚力文化的业绩承诺标准。业绩承诺期的最后一年是2017年，美生元在承诺期内共实现归属母公司净利润10.34亿元，超过总承诺净利润数。聚力文化在2016年和2017年的年报中披露的有关商誉价值后续计量的信息显示，经过减值测试，没有发现商誉出现减值损失，故2016年和2017年均没有对商誉计提减值准备。2018年是业绩承诺期过后的第一年，聚力文化于2019年1月30日发布2018年业绩预告的修正公告，公告称公司基于谨慎性原则，根据当前的游戏行业监管政策、行业发展情况预测了美生元未来的经营情况，并对商誉拟计提减值准备20亿至25亿元。之后公布的2018年年报显示聚力文化经减值测试确认了商誉减值损失29.65亿元，归属公司股东的净利润为-28.97亿元，同比下降707.67%，引起资本市场的关注。

2019年，聚力文化的相关公告显示，其通过自查2017年度游戏文化业务，发现2017年单机业务和移动广告分发业务多确认收入18 058.97万元，故追溯调整了2017年合并报表项目的金额，净利润由54 912.19万元更正为47 674.09万元，美生元2017年的净利润金额由48 506.05万元调整为40 653.71万元，低于并购当时承诺的46 800万元，差额为6 146.29万元。实际上，2017年美生元没有完成业绩承诺，而2017年未计提商誉减值，之后深交所向聚力文化发送年报问询函，要求其说明是否需要追溯调整2017年的商誉减值准备，故企业2017年未计提商誉减值准备是否合理存在疑问。

根据证监会《会计监管风险提示第8号——商誉减值》，以下迹象与商誉减值相关："现金流或经营利润持续恶化或明显低于形成商誉时的预期，特别是被收购方未实现承诺的业绩"等；"当商誉所在资产组或资产组组合出现特定减值迹象时，公司应及时进行商誉减值测试，并恰当考虑该减值迹象的影响"。但聚力文化在2017年年报中未披露与出现减值迹象相关的信息，仅给出"减值测试结果表明，该商誉并未出现减值损失"的表述，也未披露减值测试的过程，而2017年报表项目金额调整后，美生元实际上未完成业绩承诺，也没有追溯调整2017年的商誉减值准备。

D. 未充分披露合并商誉计量相关信息

并购后，聚力文化在2016年、2017年、2018年年报的合并资产负债表中列示了商誉账面价值，将商誉确认为一项资产，在合并财务报表项目注释中披露了商誉当期的期初数、变动值和期末数。对于商誉减值的相关信息披露，聚力文化在2016年和2017年年报的财务报表附注的"其他对投资者决策有影响的重要交易和事项"中，披露了包含商誉的资产组的划分依据、计算商誉可回收金额的方法，但对于进行减值测试时使用的折现率和增长率表述模糊——"现金流量的现值使用适当的折现率进行计算""超过财务预算之后年份的现金流量以适用的预测平均增长率推断"，并表示经过减值测试"该商誉并未出现减值损失"，而没有给出减值测试的过程以及使用的增长率和折现率的具体数值。

聚力文化2018年年报披露了当年商誉减值的测试过程，披露了可回收金额是"按照预计未来现金流量的现值计算，其预计现金流量根据公司批准的2019年至2023年现金流量预测为基础"，在减值测试中使用的关键数据有折现率、预测期增长率和利润率，使用的折现率是"反映当前市场货币时间价值和相关资产组特定风险的税前利率"，但对于预期增长率没有披露具体数值或区间，也未披露利润率的具体数值。经减值测试，包含商誉的美生元资产组可收回金额仅为9.99亿元，低于其39.64亿元的账面价值，然而年报中并没有合理理由说明可回收金额较低的可靠性，披露的信息缺乏实质性内容。聚力文化年报中有关商誉减值测试的主要披露情况见表5-11。

根据《企业会计准则》《公开发行证券的公司信息披露编报规则第15号——财务报告的一般规定（2014年修订）》（证监会公告〔2014〕54号），公司披露的与商誉减值相关的信息应尽可能详细，财务报表使用者作出决策要使用到公司披露的信息，公司要充分披露所有与决策相关的重要信息。但是，根据聚力文化在年报中披露的商誉相关内容来看，其并没有给决策者提供充分的信息。聚力文化2016年和2017年经过减值测试发现商誉没有减值，未计提商誉减值准备，然而未将减值测试的详细过程披露出来，再加上之后对2017年年报进行了会计差错更正，对年报项目进行调整之后发现美生元实际没有完成2017年的业绩承诺，因此证监会在问询函中要求其说明是否需要追溯调整2017年的商誉减值准备，但聚力文化并未作出回复。聚力文化2018年计提商誉减值准备高达29.65亿元，其在年报中披露的对商誉进行减值测试的原因是美生元所处的移动网络游戏行业的环境发生了重大不利变化、行业增速放缓以及美生元经营业绩下滑，存在明显的商誉减值迹象，然而未披露减值测试过程中行业发展不利因素等涉及的会计估计的假设及参数，提供的信息量不足，财务报表使用者无法验证减值测试中使用的参数，从而难以评价财务报表相关数据的可靠性。

②聚力文化合并商誉确认与计量不合理问题的原因分析

对于本案例中聚力文化合并商誉确认与计量不合理问题，原因分析如下：

A.对被并购方风险评估不足

第一，对被并购方的发展期望较高。

聚力文化在并购时对标的美生元的经营风险评估不足，具体表现为聚力文化对被并购方美生元的发展期望较高而忽视了风险评估。

聚力文化在并购前属于建造行业，并购后，主营业务新增移动游戏等文化娱乐业务，与原本中高端建筑装饰贴面材料业务并行，实现了业务结构的转变。聚力文化接受中企华使用收益法得出的评估值作为评估结果，评估值溢价率为1 924%，并以此为参考确定了合并对价，即确认了高额商誉。但美生元在被并购时才成立不到3年，其收益的稳定性和市场的成熟性仍未显现，聚力文化在并购时使用收益法表现出对并购标的稳定发展的期望，但也产生了适用性风险。

根据聚力文化的相关重组公告，其对2015年第四季度至2020年美生元营业收入的预测分别为14 667.39万元、67 264.36万元、100 452.04万元、125 343.28万元、139 305.95万元、147 968.05万元，收入预测模型的数据参考企业历史已发行游戏的业务数据，而并购前2013年至2015年第三季度美生元的营业收入分别为28 158.31万元、6 332.42万元和3 670.79万元。预测的并购后的营业收入与并购前相比增长较大，体现了聚力文化对美生元创造收入的期望较高。

深交所向聚力文化发出重组问询函，要求其结合行业发展、竞争对手、美生元市场排名及市场份额、新款游戏产品推出及盈利等情况，分析2015年及以后年度营业收入的测算依据及预测值较高的合理性。深交所对美生元营业收入的预测存在疑问，说明聚力文化在评估说明等相关重组公告中，对并购后美生元收入预测的依据披露不充分。

从聚力文化对深交所问询函的回复可以看出，其对美生元的经营风险避而不谈，且表述模糊：在业绩承诺期内，美生元拟发行自主研发游戏的月最高收入较报告期内所发行游戏有所增长的原因为美生元各研发团队对相应类别游戏的研发经验愈加丰富，所研发的游戏质量不断提高，以及美生元发行平台所覆盖用户数量及各类合作资源不断增加；美生元的合作方数量、发行平台所覆盖的用户数量处在快速增长阶段，在业绩承诺期内，美生元发行平台覆盖的用户规模也将延续增长态势。这些表述反映出聚力文化对美生元的发展较为看好，但研发经验的积累、游戏质量的提高、用户规模的延续均具有不确定性。另外，游戏行业存在较强的行业特征，游戏公司拥有的游戏IP是其特殊的重要资产，依靠其创造收入。由上文所述，中企华用收益法评估标的价值时没有将游戏IP作为一项重要的无形资产进行评估，而游戏IP是影响游戏业务收入的重要因素，因此中企华的收益法估值过程存在不合理性。本案例中的并购方聚力文化管理层对标的发展较为看好，但无公开资料显示其对美生元的游戏IP包含的影响经营的风险因素进行了分析预测，如IP知名度、是否自带用户流量、可能的活跃用户数规模等。这些因素对游戏业务收入有重要影响，忽视这些风险因素的评估使收益法估值存在不合理性，从而进一步影响到商誉确认和计量结果的合理性。

第二，确定业绩承诺时缺少风险分析。

在相关重组报告中，聚力文化在业绩承诺的具体依据及合理性分析部分，披露了以收益法为基础对美生元的营业收入进行测算，在业绩承诺期内（2015—2017年）息前税后净利润预测结果分别为17 930.54万元、29 491.07万元、39 115.99万元，承诺净利润分别为18 000万元、32 000万元、46 800万元。其中，业绩承诺高于净利润预测结果表述为"承诺净利润能足额覆盖收益法评估预测的标的公司净利润"，通过将承诺净利润与收益法的预测值进行比较来表现承诺净利润确定的合理性，而这一定程度上表明了聚力文化对收益法的评估预测结果合理性的认同。在收益法评估模式下，业绩承诺与估值挂钩，业绩承诺对收益法的高估值起到支撑的作用。

然而，无论是在收益法评估中，还是在业绩承诺合理性说明中，对于美生元经营风险的评估都不足。如前所述，聚力文化将美生元在并购时已上线的游戏产品和正在研发的未上线游戏产品纳入收益法评估范围，但收入预测仅简单利用历史数据，对游戏IP价值缺少经营风险因素分析，使收益法的高增值存在不合理性；业绩承诺与使用收益法评估预测的美生元的净利润挂钩，确定的业绩承诺高于收益法评估的净利润促进了并购交易的顺利完成，但聚力文化相关重组公告中的业绩承诺的具体依据及合理性分析部分没有披露风险因素，对我国游戏行业的发展情况作出了"2015年中国游戏市场规模预计达到1 347亿元，未来仍将持续增长""2015年中国移动游戏市场规模预计达到420亿元，较2014年预计增长52.73%，增幅明显"等乐观的描述。

然而，聚力文化在2018年年报中披露的对商誉进行减值测试的原因是美生元所处的移动网络游戏行业的环境发生了重大不利变化、行业增速放缓、美生元经营业绩下滑，存在明显的商誉减值迹象。本文认为其中的行业环境重大不利变化指的是2018年3月底到12月底，游戏版号的官方审核机构冻结了国内游戏版号，使得国内的正规渠道在相当一段时间内无新游戏上架。聚力文化于2018年计提商誉减值29.65亿元，可见政策因素的变动对游戏企业的业绩产生了一定程度的影响，但聚力文化在并购美生元时对业绩承诺的确定没有考虑政策变动的风险。

综上所述，业绩承诺在数值上超过收益法预测的净利润促进了并购交易完成，支撑起收益法评估高值的合理性，但实际上没有结合并购方所处行业的特点充分分析行业发展趋势、评估政策风险，企业接受业绩承诺支撑起的收益法估值的高增值，从而进一步影响到商誉确认和初始计量结果的合理性。

B.内部控制存在缺陷

由于在委托代理关系下，委托人在信息获取方面处于劣势地位，无法获得代理人拥有的全部信息，故存在信息不对称性，从而引发代理问题。现代公司为了提高公司的效率、更好地实现公司目标，从公司治理和内部控制两个方面来克服代理问题。内部控制是一种制度安排，由管理层、监事会、董事会以及全体员工共同实施。有效的内部控制能提升群体决策能力、制约高管权力；有缺陷的内部控制通常无法对高管权力形成有效的制衡，甚至可能出现高管凌驾于内部控制之上的情况，对于商誉减值准备的计提来说，还会增加其随意性，给管理层的盈余管理行为增添了便利。

聚力文化出具的2018年内部控制报告显示其发现公司内部控制存在两个缺陷。

第一个缺陷是聚力文化在自查中发现2017年多计了收入和成本，在收入和成本的确认执行方面存在着控制运行的重大缺陷。这一事项导致聚力文化在业绩承诺期过后对其2017年度财务报表的相关项目进行了追溯调整，调整后显示美生元实际未完成2017年的业绩承诺，而聚力文化在2017年当年未计提商誉减值准备，且没有回复深交所在问询函中提到的"是否要追溯调整2017年度的商誉减值准备"的问题，其2017年未计提商誉减值准备的合理性存疑。再结合业绩承诺期过后的2018年聚力文化计提巨额商誉减值准备29.65亿元的情况，我们判断聚力文化存在故意推迟计提商誉减值准备的问题，其商誉后续计量不合理。因为聚力文化与收入和成本确认相关的内部控制流程不完善，多计收入使报表呈现的业绩不真实，而不真实的业绩掩盖了商誉减值迹象从而没有及时计提商誉减值，且管理层因为背负着企业转型的压力，很可能是故意利用不实业绩给不计提商誉减值准备提供理由。最终结果是美生元业绩达标，不用作出业绩补偿，故管理层存在盈余管理倾向。

第二个缺陷是董事长余海峰规范意识不足，凌驾于内部控制之上，将公司相关合作方作为资金通道，占用公司非经营性资金15 672.60万元，这说明聚力文化内部控制相关流程流于形式。

聚力文化存在财务报告内部控制重大缺陷，使其披露的业绩的真实性难以识别，加上管理层凌驾于内部控制之上，将企业资金据为己有，说明企业缺乏必要的监督制约机制，内部控制各个环节的有效运行难以保证。综上所述，聚力文化存在为实现业绩目标而采用盈余管理手段调整收入的嫌疑，利用内部控制缺陷掩盖了商誉减值迹象而推迟确认商誉减值损失，商誉后续计量结果不合理。

C.企业商誉后续计量自主权大

有关我国商誉后续计量的会计选择空间体现在以下三个方面：一是确定资产组或资产组组合，并将商誉分摊至确定的资产组或资产组组合进行减值测试；二是确定如何分配商誉金额；三是确定资产组或资产组组合的可回收金额。

《企业会计准则第8号——资产减值》规定可回收金额为公允价值减去处置费用后的净额与未来现金流量现值的较高者，但公允价值鉴于各种原因往往不能可靠估计，预计未来现金流量的计算也需要选用合适的增长率和折现率，而我国现行会计准则对此并没有明确的说明，实际操作中多依赖于主观判断，主观性较强。另外，《企业会计准则第8号——资产减值》规定若发现存在商誉减值迹象要进行减值测试，但有关商誉减值迹象的判断等缺乏相关的指导，故同样存在着自主判断和偏误的空间。因此从技术方面看，在实务操作中，商誉减值测试法是有缺陷的，使得商誉信息的披露不可避免地成为上市公司"洗大澡"的工具。企业可以通过行使自由裁量权，对于商誉减值准备不计提或少计提或一次性高额计提，并选择在合适的时机披露。

会计准则存在弹性使企业在商誉计量中的盈余管理空间更大。当企业业绩不如预期甚至亏损时，企业很有可能产生对于商誉不计提或少计提减值损失的倾向，管理层为了达到操控利润的目的会利用商誉减值进行盈余管理。从信号传递理论的角度看，推迟计提商誉减值损失的结果是向利益相关者传递出企业并购后效益好、在业绩承诺期内能圆满完成业绩目标的信号，维护企业的正面形象。

由前所述，聚力文化2016年、2017年的业绩承诺达标，其2016年、2017年年报既没有披露详细的商誉减值测试过程，也没有披露使用的折现率和增长率及其依据，只简单说明商誉已经过减值测试，未发现有减值迹象。信息披露的不充分使其减值测试的合理性难以判断，其最终显示的业绩准确性也难以判断。

由上文分析可知，聚力文化在业绩承诺期过后经过自查发现收入确认出现问题，故追溯调整了2017年年报，确认美生元实际业绩未达到承诺标准，商誉有可能存在减值迹象，且经分析发现，其依靠广告业务新增的"其他"业务来弥补原本应依靠核心的游戏业务拉动的业绩，业绩承诺才得以完成。因此，我们判断聚力文化2017年不计提商誉减值不合理，其有意推迟了商誉减值计提，在业绩承诺期过后的2018年才一次计提大额商誉减值。

商誉后续计量自主权大，企业可以自行判断商誉是否减值，减值测试过程使用的参数也由企业人员判断、选择，导致了商誉后续计量的不合理。聚力文化利用我国现行商誉后续计量方法主观性较大的特点多计了收入，而后又选择不计提商誉减值，掩盖了业绩不达标的问题，避免了业绩补偿。由此动机看，聚力文化有可能利用会计估计作出了盈余管理行为，存在盈余管理倾向。

3.分析判断商誉的后续计量若采用减值测试和系统摊销相结合的方式是否可行？

（1）理论知识

商誉的后续计量有四种方法：直接冲销法、永久保留法、系统摊销法，以及减值测试法。

①直接冲销法

直接冲销法对商誉进行计量的方式是在企业获得合并商誉时就注销其价值，一般抵减掉所有者权益或者将费用进行冲销。以会计信息质量中的谨慎性原则为基础，直接冲销法认为把商誉在获得时就注销比较简单和方便，同时更具有谨慎性，因为商誉作为一项资产的消耗速度难以确定。企业的并购是用企业的一项资产的付出来换得另一项资产，商誉就是这样一种资产，其源于企业的购买行为。商誉作为资产将给企业带来超过平均水平的收益，所以在直接冲销法下把合并商誉当作费用不仅存在非合理性，还会造成会计信息质量的降低，使合并商誉的经济实质得不到体现。

②永久保留法

永久保留法将商誉作为一项永久资产留存在账面上，直到可以证明商誉不能够继续给企业带来价值才将其划出账面。此方法认为商誉从本质上来看是一种能力，这种能力能给企业带来超额收益，故只要它能继续给企业带来超额收益就应当继续存留于账面。对于固定资产来说，其价值的消耗是渐进的，但商誉的价值则不同，其有可能升值，摊销升值的资产是脱离企业的经济实质的。此外，企业在获得商誉后，为了能够使商誉保值甚至增值，要花费一定的代价，如果将商誉摊销或者注销，会导致将费用重复计算，从而造成商誉账面价值不准确。商誉不像固定资产的价值损耗一样有规可循，但认为其价值始终保持不变并不现实。有研究认为，企业的超额收益来自企业的人力资本，故超额效用的获得从时间上来看不会一直延续。永久保留法没有合理性，因为商誉无法长时间持续保持。

③系统摊销法

系统摊销法在会计账簿中记入商誉，认为商誉是企业的一项资产，企业要预估商誉的使用寿命，按此寿命将商誉逐期摊销，商誉各期摊销额要归入企业当期损益。由此看来，系统摊销法是直接冲销法和永久保留法的折中方式。系统摊销法在20世纪90年代的使用范围较广，中国、日本，以及IASB（国际会计准则理事会）都认同以系统摊销法对商誉进行后续计量。但此方法也有缺点，因为固定的摊销期限给实施盈余管理提供了机会，且摊销过程较为机械。

④减值测试法

使用减值测试法对商誉进行后续计量要求企业在固定时期对商誉进行减值测试。若经测试发现可回收金额低于账面价值，则需计提商誉减值。此法认为既然商誉能持续给企业带来超额收益，那么账面价值应该反映商誉作为一种给企业带来超额收益的能力的真实价值。

根据我国《企业会计准则第8号——资产减值》的规定，企业对其合并商誉至少应在每年末进行一次减值测试。因为企业合并商誉独立产生现金流量较为困难，企业应对商誉进行分摊，用一贯使用且合理的方法从购买日开始把商誉的账面价值分至其相关的资产组或资产组组合，然后对资产组或资产组组合进行减值测试。若在会计年末的减值测试中发现包含商誉的资产组或者资产组组合有减值迹象，应当按照以下步骤处理：第一步，测试不含商誉的资产组或资产组组合，计算可收回金额，然后比较相关的资产组或资产组组合的账面价值，确认此部分资产减值损失；第二步，测试含有商誉的资产组或者资产组组合，再将其账面价值与可回收金额对比，若可收回金额比其账面价值低，则要确认商誉减值损失。

（2）案例分析

用减值测试的方法对商誉进行后续计量，要求企业至少每年进行一次减值测试。商誉账面价值在规定使用减值测试法进行后续计量的情况下，能反映其可以使企业获取超额收益能力的本质，在一定程度上向利益相关者传递企业的经营状况。但是企业在使用商誉减值测试法时享有较大的自主权，在判别减值迹象和确定可收回金额等方面主要依靠主观判断，易使商誉的计量被人为操纵，影响商誉价值的可靠性。

使用系统摊销法对商誉进行后续计量则要求企业在摊销期内逐期摊销合并商誉、冲减利润，相比减值测试法更便于操作，计提商誉减值准备的时间和金额更为固定和均衡，压缩了企业的自主判断空间，但摊销期限难以确定，不能反映商誉为企业创造超额收益的本质。

采用摊销和减值相结合的方式对商誉进行后续计量，企业在规定的最长期限内确定自身商誉的摊销期限，每年至少进行一次商誉减值测试，经减值测试发现商誉确实减值的应计提商誉减值准备，并将计提减值后商誉的账面价值和剩余摊销年限用来重新计算之后每一年的摊销额。当前上市公司的合并商誉普遍较高，摊销有利于风险的匀速释放，与减值相比更具有稳健性，有利于稳定市场主体预期和市场情绪。将商誉进行逐期摊销会影响企业未来若干年度的损益，这反过来使得企业在实施并购时更加谨慎地分析并购标的的经营风险、判断资产评估机构给出的高评估值是否合理，有利于增强商誉初始确认与计量的合理性，使商誉更接近其真实价值。每年摊销固定金额还可以减轻后续计量的主观性，同时保留商誉减值测试法反映商誉本质，提示企业重视风险以及并购后的整合，存在明显减值迹象时要计提减值，以在财务报表中合理反映并购后的商誉账面价值的变化。

因此，商誉的后续计量若采用减值测试和系统摊销相结合的方式是可行且具有优势的。

4.如何提高商誉确认与计量的合理性？对此你有什么建议？

（1）理论知识

在2006年之前，我国没有制定单独的会计准则来规定商誉的会计信息披露，而是将其归入无形资产准则中。2006年发布的《企业会计准则第6号——无形资产》（CAS6）、《企业会计准则第8号——资产减值》（CAS8）以及《企业会计准则第20号——企业合并》（CAS20）中包含了与商誉的会计处理及披露相关的内容：

CAS6中提到，若非属于"符合本准则规定的确认条件、构成无形资产成本的部分"以及在"非同一控制下企业合并中取得的、不能单独确认为无形资产、构成购买日确认的商誉的部分"的无形项目的支出，都要在发生时计入当期损益。

根据CAS8的规定，企业合并所形成的商誉和使用寿命不确定的无形资产，无论是否存在减值迹象，每年都应当进行减值测试。在对包含商誉的相关资产组或者资产组组合进行减值测试时，与商誉相关的资产组或者资产组组合存在减值迹象的，应当首先对不包含商誉的资产组或者资产组组合进行减值测试，计算可收回金额，并与相关账面价值相比较，确认相应的减值损失。然后，再对包含商誉的资产组或者资产组组合进行减值测试，比较这些相关资产组或者资产组组合的账面价值（包括所分摊的商誉的账面价值部分）与其可收回金额，若相关资产组或者资产组组合的可收回金额低于其账面价值，减值准备金额先抵减分摊至该资产或者资产组的商誉的价值，再根据资产或者资产组所占比重分别抵减相应的账面价值。在信息披露方面，CAS8要求：若分摊到某单个资产组的商誉账面价值占总商誉账面价值的比重较大，应披露分摊到该资产组的商誉的账面价值，以及该资产组可收回金额的确定方法；若以资产预计未来现金流量的现值来确定可回收金额，则需披露预计未来现金流量的各关键假设及其依据、估计现值时所采用的折现率等。企业确定的各关键假设相关的价值若与历史经验或外部信息不一致，还应说明理由。

CAS20规定，在非同一控制下的企业合并中，"购买方对合并成本大于合并中取得的被购买方可辨认净资产公允价值的差额，应当确认为商誉""初始确认后的商誉，应当以其成本扣除累计减值准备后的金额计量""商誉的减值应当按照《企业会计准则第8号——资产减值》处理"。在信息披露方面，CAS20要求合并方在合并发生当期的期末，在财务报表附注中披露商誉的金额及其确定的方法等。

（2）案例分析

对于本案例中商誉确认与计量的合理性，建议如下：

①重视并科学评估并购活动包含的风险

企业并购的动因之一在于合并商誉能给企业带来协同效应，因为并购整合会给双方企业带来一种能力，使并购后企业获得的效益超过之前各自运营创造的效益之和，这种能力即商誉。重视并且科学合理地评估并购活动包含的风险因素，能使商誉价值的确定更具合理性。

聚力文化对美生元的并购是对传媒行业企业的跨行业并购，并购方欲通过并购进行转型，在并购后发挥协同效应，对标的企业的发展较为看好，因此在促进并购交易完成的过程中容易忽视可能存在的风险因素，导致参考标的评估值确认的高商誉存在不合理性。

传媒行业企业，如游戏公司，主要依靠轻资产进行运营，游戏IP是游戏企业拥有的特殊无形资产，如何准确评估其价值对企业来说意义重大。对于游戏企业来说，游戏IP这项知识产权具有较强的行业特殊性，企业应当选择适合的有专业经验的评估机构，在使用收益法模型进行评估时考虑此特殊性对模型中参数的影响，并选择合适的参数使结果更合理、客观。必要时企业可以聘请除资产评估机构外的第三方机构的行业专家对被并购企业的特殊资产包含的经营风险因素（包括资产本身的风险和宏观行业变化风险）进行分析，以供资产评估机构参考，增强评估结果的合理性，并在商誉后续计量方面为企业提供决策预见性。

企业可与评估机构多进行沟通，建议评估机构改善评估方法，如果被并购方是传媒行业企业，可以采用收益法为主、其他方法为辅的方式来进行估值，其他方法可以对收益法的评估价值提供参考和修正，使最终评估值更接近企业的实际价值，减少单独使用收益法估值而发生的适用性风险。如此一来，并购双方以评估值为依据确定的并购对价才能更接近并购标的的真实价值，使商誉的确认和计量更为合理。

另外，因为业绩承诺对收益法的高估值有支撑作用，并购方要重视业绩承诺的确认依据是否考虑了风险因素，若认为考虑得不充分，则应要求被并方调整业绩承诺或补充风险评估。

②加强企业内部控制建设

由于我国会计准则在商誉的后续计量上赋予了企业较大的自主判断空间，企业进行商誉减值测试时主要依赖职业判断，计提商誉减值准备的操作弹性较大，因此企业有可能利用内部控制的缺陷掩盖业绩的低迷，不计提或少计提商誉减值准备，最终影响商誉后续计量的准确性。

加强企业内部控制建设，将内部控制贯穿于整个经营管理过程，有利于促进企业并购后整合能力的提升、保障商誉确认与计量的合理性，并且减少企业利用会计准则的弹性调节商誉减值准备进而影响业绩的可能性。

在并购决策方面，企业首先要明确参与并购决策的主体责任，独立的审计委员会要全方位监督和评估并购工作，尽可能防止并购溢价过高，以降低并购后发生大额商誉减值的风险。

在商誉后续计量方面，企业应完善与商誉减值相关的内部控制流程，如与收入和成本确认相关的内部控制流程；加强专业技能培训，提高各流程人员的专业胜任水平，增强员工风险意识和职业责任感，并定期进行内部控制流程的自我评价和梳理；对内部控制各流程要严格执行，确保不相容职位分离，如进行商誉减值测试的人员与内部流程评价人员、内部审计人员不能为同一人；为防止管理层凌驾于内部控制之上，管理权不能集中在一个人或少数几个人手中而导致内部控制形同虚设。

在外部监管方面，监管部门可以进一步健全与商誉确认及计提减值相关的内部控制措施法规，使企业重视内部控制责任、加强内部控制风险意识、完善内部控制流程。

③加强合并商誉确认和计量相关信息披露

我国会计准则要求企业详细披露与商誉相关的信息，包括与作出决策相关的所有重要信息，但没有给出明确的指导要求，如没有要求企业在商誉后续计量中确定可回收金额时披露关键假设、依据以及折现率等。因为缺乏必要的操作指导，企业在选择折现率和增长率等数据时较大程度地依赖主观判断，在一定程度上影响了商誉信息披露的充分性和真实性。

为了保证商誉信息披露的充分性，企业对于并购前、中、后的整个过程要建立商誉信息的披露机制。首先，企业要披露并购标的的评估方法和详细的评估依据，特别注意要披露影响估值的重要风险因素，说明高估值的合理性。其次，企业要单独披露业绩承诺，披露内容可以包括被并购企业在业绩承诺期内业绩快速提升的理由等，对于业绩承诺期内出现的可能影响业绩承诺达标的突发事件要出具临时公告，提醒利益相关者关注投资风险。最后，企业对商誉减值测试的过程要详细披露，无论测试结果是否发生了商誉减值；对确定可回收金额中预测未来现金流量所使用的假设和依据的标准要重点说明，不能只简单给出评估报告结果，特别是当被并购企业经营情况与业绩承诺相差较大时。

在准则层面，准则制定机构可以出台针对并购过程中商誉信息披露的操作指引，要求企业将与商誉相关的信息集中披露，有助于企业的利益相关者了解整个并购交易、商誉的确认和初始计量的依据，以及评判商誉减值的依据与企业业绩的实现情况；对信息披露提供原则性和指导性规范，规定商誉确认及计量中使用的重要参数的估计标准，并规定披露格式等。

　　企业主动建立商誉披露机制，以及在制度方面对商誉信息披露的要求愈加严格，有利于企业提高商誉信息的真实性，降低商誉信息被操纵的概率，进而促进企业提高商誉确认和计量的合理性。

## 四、背景信息

5-1 背景信息

5-2 案例后续进展

## 五、关键要点

（一）关键点

结合目标公司实际情况，分析企业选择价值评估方法存在的问题；提高商誉确认与计量的合理性。

（二）关键知识点

商誉的确认与计量。

（三）关键能力点

1.综合分析能力。

2.逻辑思考能力。

3.发现问题、解决问题的能力。

# 案例6 中矿资源海外并购开启国际化发展之路[①]

## 【学习目标】

通过本案例的学习，您应该：①通过对矿业企业及其内外部环境的分析，了解什么是海外并购，海外并购的一般过程有哪些；②了解海外并购的动因，并学会针对不同行业识别海外并购动因的差别与共性；③结合当下的经济全球化背景和我国"走出去"战略的实施，思索未来企业尤其是矿业企业海外并购的趋势和发展方向，以及企业在进行海外并购的过程中应该注意哪些问题。

## 【关键词】

中矿资源  海外并购  并购动因

# 案例正文

## 一、引言

随着21世纪经济全球化的进一步发展和全球利益共享观的进一步深化，海外并购成为实现全球利益共享的有效途径之一，也是企业实现资源扩张、提升综合实力的有效途径。党的十一届三中全会召开后，我国推出"走出去"的发展战略，引导有经营优势的公司积极开展跨境业务。此后，各大公司纷纷开始海外并购，进一步加强了国内外优质资源的互利协作。除此之外，中国还是共建"一带一路"倡议的引导者，需要进行实质的经济交流，促进实体经济发展，加快实现经济大国的梦想。

中矿资源作为我国最早"走出去"的资源勘查型企业之一，业务遍布亚洲、欧洲、非洲、美洲的20多个国家和地区，在长期的发展历程中积累了大量资源和技术优势，拥有多个具有国际影响力的大项目，具备丰富的海外经营经验。我国经济步入高质量发展的态势后，对资源的需求量也进一步加大，中矿资源良好的资源和技术优势是此次成功完成海外并购的关键，使其跨入了锂、铯等稀有轻金属的勘查、开发、销售和应用领域，形成公司新的产业版图。这一切的开端要从那一则公告说起。

## 二、双雄齐聚：并购双方简介

（一）中矿资源

中矿资源于1999年成立，是由原国家有色金属勘查总局按照现代企业制度成立的资

---

① 本案例由湖南大学工商管理学院的蒲丹琳、金海杨撰写，作者拥有著作权中的署名权、修改权、改编权。本案例授权中国管理案例共享中心使用，中国管理案例共享中心享有复制权、修改权、发表权、发行权、信息网络传播权、改编权、汇编权和翻译权。由于企业的保密要求，本案例对有关名称、数据等进行了必要的掩饰性处理。本案例只供课堂讨论之用，并无意暗示或说明某种管理行为是否有效。

源勘查型服务企业，2014年在深交所上市。中矿资源的主营业务包括固体矿产勘查技术服务、国内国际贸易业务、稀有轻金属原料加工和研发业务。2018年，中矿资源并购东鹏新材之后，新增了稀有轻金属业务，同年在香港地区成立了中矿（香港）稀有金属资源公司。2019年，其将美国Cabot特殊流体事业部收入囊中，实现了公司的跨域发展。

中矿资源的发展历程如图6-1所示。

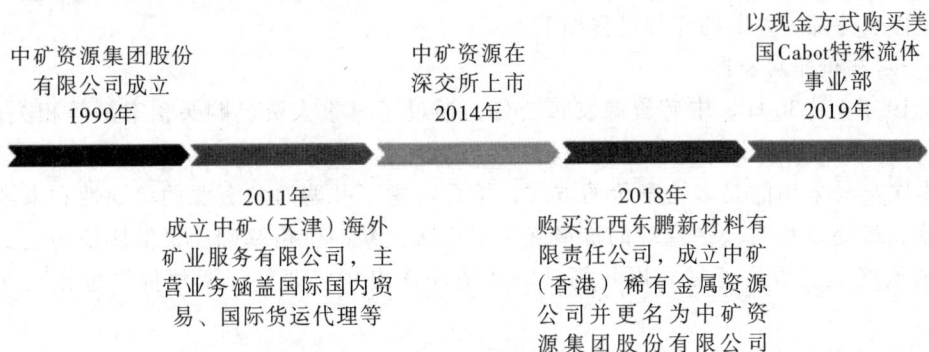

中矿资源集团股份有限公司成立 1999年

中矿资源在深交所上市 2014年

以现金方式购买美国Cabot特殊流体事业部 2019年

2011年 成立中矿（天津）海外矿业服务有限公司，主营业务涵盖国际国内贸易、国际货运代理等

2018年 购买江西东鹏新材料有限责任公司，成立中矿（香港）稀有金属资源公司并更名为中矿资源集团股份有限公司

**图6-1 中矿资源发展历程图**

（二）美国Cabot特殊流体事业部

美国卡博特公司（以下简称Cabot）于1882年成立，1968年在纽约证券交易所上市，主要生产经营特殊化学品、金属氧化物等。Tanco、CSF Inc和CSF Limited及其各自的子公司的主营业务是铯矿资源的开采、加工以及终端销售。

中矿资源本次并购的标的资产是Tanco、CSF Inc及CSF Limited的100%股权。Cabot的股权结构如图6-2所示。

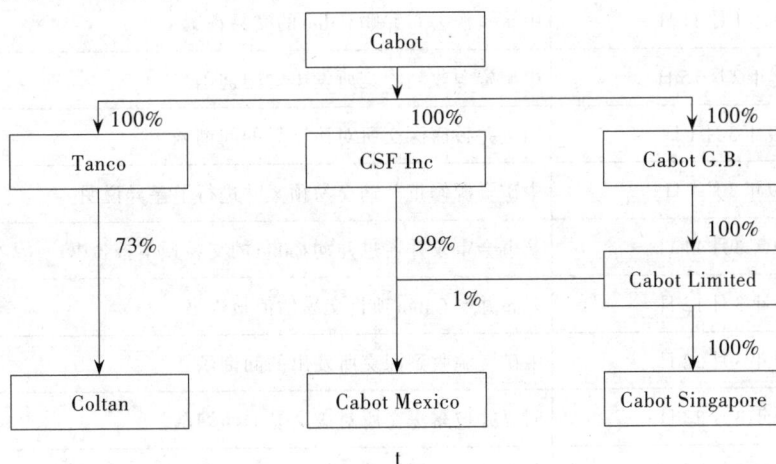

**图6-2 Cabot股权结构图**

## 三、雄心壮志：中矿资源并购Cabot背景

2018年，中矿资源并购了江西东鹏新材料有限责任公司，该公司主要从事铯和铷盐产品的生产和销售，铯盐产品的生产规模在中国乃至全世界都有较大的市场占有率，是主要供应商之一。在拥有如此成熟的铯盐加工技术和足够的铯盐生产能力后，并购Cabot能为中

矿资源的业务发展锦上添花，更有利于公司全球化和全产业链战略目标的实现。

## 四、循序渐进：并购的具体过程

2018年，中矿资源通过并购东鹏新材而正式涉足锂、铯、铷稀有轻金属产业。在并购进程中，中矿资源没有满足现状，在2019年6月又以1.347亿美元现金并购了美国Cabot特殊流体事业部，并购的详细过程如下。

（一）发布并购公告

2019年1月30日，中矿资源发布公告，通过了《重大资产购买预案》等相关议案，并表示已经与对方签订了股份购买协议。

本次交易采用的是多轮竞价的方式，综合考虑了并购对象资源的稀缺性和未来的发展前景，最终以相对公平合理的价格确定了本次交易的价格基础。根据协议约定，目标公司的最终交易价格还需要以收割日资产情况作出相应调整，调整价格也在合理范围之内。

（二）审议交易方案并报批

交易公告发布后，很快便进入了审议报批流程，见表6-1。

表6-1　　　　　　　　　　　**交易方案审议及报批过程**

| 时间 | 具体内容 |
| --- | --- |
| 2019年1月30日 | 董事会通过并购Cabot的相关议案 |
| 2019年1月30日 | 中矿资源于2019年3月1日签署股份购买协议 |
| 2019年1月31日 | 中矿资源公布并购Cabot的交易预案 |
| 2019年2月15日 | 中矿资源收到深交所发出的问询函 |
| 2019年3月1日 | 回复并披露深交所对该交易的问询函 |
| 2019年3月1日 | 中矿资源修正并购交易预案并进行了差异说明 |
| 2019年3月11日 | 董事会审议并通过并购Cabot的交易预案报告书 |
| 2019年3月12日 | 公布并购Cabot项目交易估值报告书 |
| 2019年3月22日 | 中矿资源收到深交所发出的问询函 |
| 2019年3月28日 | 回复并披露深交所对该交易的问询函 |
| 2019年3月29日 | 股东大会审议通过并购Cabot的交易报告书 |
| 2019年6月28日 | 中矿资源支付全部交易款，完成本次并购 |

资料来源：作者根据巨潮资讯官网资料整理。

巨潮资讯的数据显示，在2019年2月15日，也就是中矿资源公布交易预案半个月之后，深交所发出问询函，对本次交易中的关键情况进行问询。此时中矿资源对问询函并没有及时回复，只是作出延迟回复的说明，于2019年3月1日才发布回复公告，且在回复后的22天后再次收到了深交所的问询函，并在一周之后的2019年3月28日才给予回复。在2019年3月29日，中矿资源召开临时股东大会并审议通过了本次交易。2019年6月28日，中矿资源将最后一笔款项汇入对方公司账户，完成了本次并购的全部过程。

## 五、完美蜕变：全球化战略实现

实现全球化战略是中矿资源的长期发展目标。经过20多年的发展，中矿资源的全球化战略初期目标已经达成，业务模式从单一的资源勘查技术服务不断发展扩大，形成"资源勘查+权益矿权"的新型业务模式，成功进入稀有轻金属原料开发领域。中矿资源产业体系演进如图6-3所示。

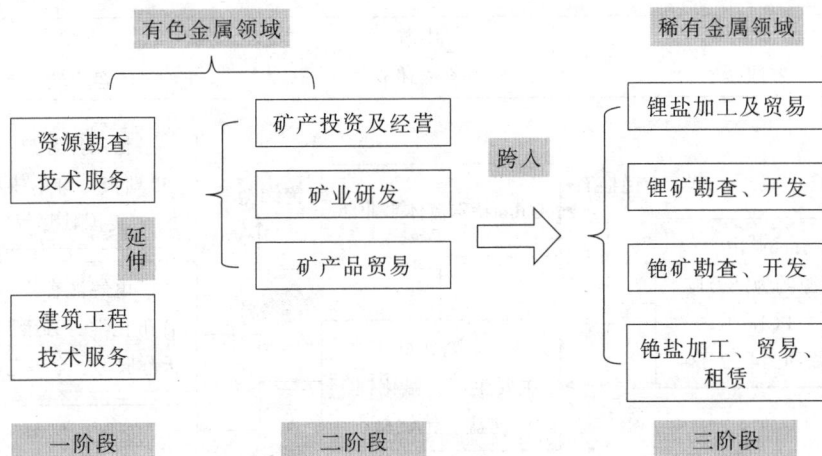

**图6-3　中矿资源产业体系演进图**

中矿资源全球化战略目标的制定分为三个阶段。第一阶段，中矿资源的主营业务包括资源勘探技术服务和建设工程技术服务两项业务，业务相对单一，在市场上处于低级地位。第二阶段，中矿资源的主营业务实现了初步扩展，进入矿业研发、矿产投资经营及贸易领域。公司规模扩大，产业链实现了向下游延伸，盈利渠道变宽，但主营业务还是集中在传统的有色金属领域，没有实现跨域发展。进入到第三阶段，中矿资源的主营业务发生了一定变化，在原有的矿业经营和开发基础上扩展到稀有轻金属原料领域的研发和加工领域，主要包括锂、铯、铷盐的勘探开发及深加工，公司业务的整体版图明显扩大，其资产也从2018年之前的10亿元左右扩大到40亿元左右，市场占有率和品牌知名度都有了质的飞跃。这只是第三阶段的一个开始，在未来公司还将进一步扩大生产规模，打造世界一流的跨国矿业公司。

本次并购成功完成是中矿资源实现国际化战略目标的关键环节。如今，各类企业都追求全球化发展，竞争压力不断增大，中国企业必须寻求海外的新市场，中矿资源也向新的海外市场实现跨域发展，从原有的有色金属领域进入锂、铯、铷等稀有金属矿产领域，完成了多元化扩张，奠定了公司在锂盐、铯盐等领域产品开发的优势地位，形成新的核心业务模式。与此同时，公司业务的遍布范围从原本的亚洲、非洲地区，扩展到亚洲、非洲、欧洲、美洲等大部分地区，开始从全球范围考虑公司的市场和资源分布，进而提升竞争地位和竞争力。

## 六、如虎添翼：全产业链布局完成

从产业链的角度看，中矿资源并购完成后的主营业务涵盖了锂、铯、铷等稀有轻金属资源的开发和利用，以及固体矿产勘查、矿权开发技术服务等领域。其中，锂盐业务的主要产品包括：电池级碳酸锂、氢氧化锂和氟化锂三种包含锂元素的产品；铯铷盐业务的主要产品包括碱式铯盐和甲酸铯。中矿资源熟练的固体矿产资源开发技术为锂、铯、铷资源的开发提供了强有力的技术支撑，矿产开发权给原料供给提供了保障，实现了互惠双赢。中矿资源全产业链布局如图6-4所示。

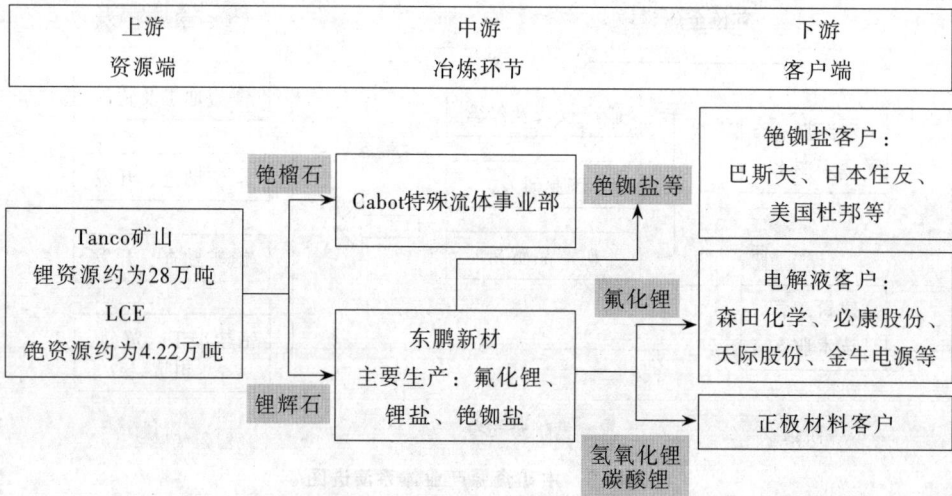

图6-4  中矿资源产业链布局图

在2018年以前，中矿资源的固体矿产勘查技术和服务业务收入占公司整体营业收入的一半。2018年，中矿资源通过并购东鹏新材进入稀有轻金属锂铯铷领域，2019年通过并购Cabot开始布局铯铷全产业链，开拓锂铯业务。Tanco矿山拥有丰富锂铯资源，中矿资源通过并购获取了这些资源的开发权，让公司规模进一步扩大，产业链结构发生变化。其全产业链的布局分为两部分：一方面，Tanco矿山为东鹏新材的氟化锂、氢氧化锂、碳酸锂的生产提供丰富的锂辉石原料；另一方面，Tanco矿山为Cabot特殊流体事业部提供丰富的铯榴石原料，具备铯榴石从开采加工到精细化生产的全部工艺技术，是铯铷盐精细化工领域的龙头企业，也是全球有色金属产业链最完善的供应商。

因此，在成功完成并购后，中矿资源的全产业链计划才算真正完成，实现了从资源开发勘探业务到稀有轻金属领域开发和加工的完美扩张，实现了锂、铯、铷盐从开发、加工到销售再到终端市场的全产业链流程，使其在新材料领域的布局不断深化。

## 七、锦上添花：获得稀有轻金属领域话语权

中国虽然是矿产资源大国，掌握着全球80%左右的矿产资源，但在一些稀有轻金属领域的开发权和定价权上一直处于被动地位。而且，中国的矿业企业缺乏规模效应，导致

在矿产资源的开发和利用中常常处于不利地位。中矿资源本次并购的对象是铯铷盐精细化工领域的龙头企业，在铯盐产品市场份额中占据绝对主导地位，是全球唯一的铯产业链制造商，具备铯榴石的开采、加工，以及精细化工产品生产和产品技术服务的能力，生产了种类繁多的铯盐产品，几乎处于行业垄断地位。铯具有优异的光电性能和较强的化学活性，是红外技术的重要组成部分，铯产品主要应用于医疗制药、航空航天、5G 通信等领域，其不可替代的优越性能在相关领域得到了高度认可和广泛应用。现在正处于新能源、新材料、新一代信息技术飞速发展的时期，铯越来越受到世界各国的青睐。但目前全球具备经济性铯榴矿石开采权的矿区少之又少，而美国 Cabot 流体事业部占有全球 80% 的铯榴石矿产资源保有量，其中，Tanco 矿区是其子公司且享有全额包销权。中矿资源通过并购 Cabot 成为全球铯铷盐龙头，几乎处于铯榴石资源开发的垄断地位，在国际市场的地位得到显著提升，同时也获得了铯铷盐的国际市场定价权。

通过此阶段的跨领域、多元化扩张，中矿资源不仅进入了新的领域，更是通过资源壁垒获得了市场垄断地位，国际影响力进一步增强，也获取了国际市场上铯铷盐产品的定价权。

## 八、尾声

转眼间，离中矿资源并购美国 Cabot 特殊流体事业部已经过去近 4 年的时间了，中矿资源就如它预想的那样稳步前进，2022 年中矿资源又发布公告拟收购津巴布韦的 Bikita 锂矿项目主要股权，实现完美蜕变。中矿资源多年来的战略局部可谓是耐得住寂寞、经得起诱惑、扛得住风险、守得住繁华。

## 九、启发思考题

1.结合案例及相关资料，了解什么是海外并购，并分析企业在进行海外并购的过程中应该注意什么。

2.结合中矿资源的海外并购背景，分析其进行此次海外并购的动因是什么。

3.结合案例相关描述，分析中矿资源在海外并购过程中可能会遇到哪些风险，又该如何解决。

4.中矿资源此次海外并购是否成功？取得了哪些成果？此次海外并购的经验带来了哪些启示？

【政策思考】　　　　　　服务国家战略，保障资源安全

党的二十大报告强调要加快构建新发展格局，推动高质量发展，增强国内、国际两个市场两种资源的联动效应。中矿资源的海外并购案例正是这一战略思想的具体实践。

通过并购美国 Cabot 特殊流体事业部，中矿资源不仅获得了稀缺的锂、铯等稀有轻金属资源，还打破了国际垄断，保障了我国在关键矿产资源上的供应安全。此外，中矿资源通过海外并购，成功布局锂、铯等稀有轻金属领域，实现了从传统矿业向高端新材料领域的转型升级。这一转型不仅提升了企业的核心竞争力，也推动了我国矿业企业在新能源、新材料等战略性新兴产业的发展。

企业进行海外并购应紧密结合国家战略需求，重点关注我国短缺的战略资源和关键矿产资源，并以海外并购为契机，推动产业升级和技术进步，提升企业在全球产业链中的地位。政府应进一步完善政策支持体系，引导企业在全球范围内优化资源配置，提升我国在全球资源市场的影响力和话语权。

# 案例使用说明

## 一、教学目标

1. 本文案例主要适用于"企业并购""企业并购与重组"等相关课程的辅助案例教学。

2. 本文案例的教学目的是通过对中矿资源并购美国 Cabot 特殊流体事业部的事件进行研究与讨论，引导学生理解和掌握海外并购相关理论，具体包括：

（1）通过对矿业企业及其内外部环境的分析，了解什么是海外并购以及海外并购的一般过程。

（2）了解海外并购的动因，并学会针对不同行业识别海外并购动因的差别与共性。

（3）结合当下的经济全球化背景和我国"走出去"战略的实施，思索企业尤其是矿业企业海外并购的趋势和未来的发展方向，以及企业在进行海外并购的过程中应该注意哪些问题。

## 二、思考题及分析要点

本案例分析思路如图6-5所示，仅供参考。

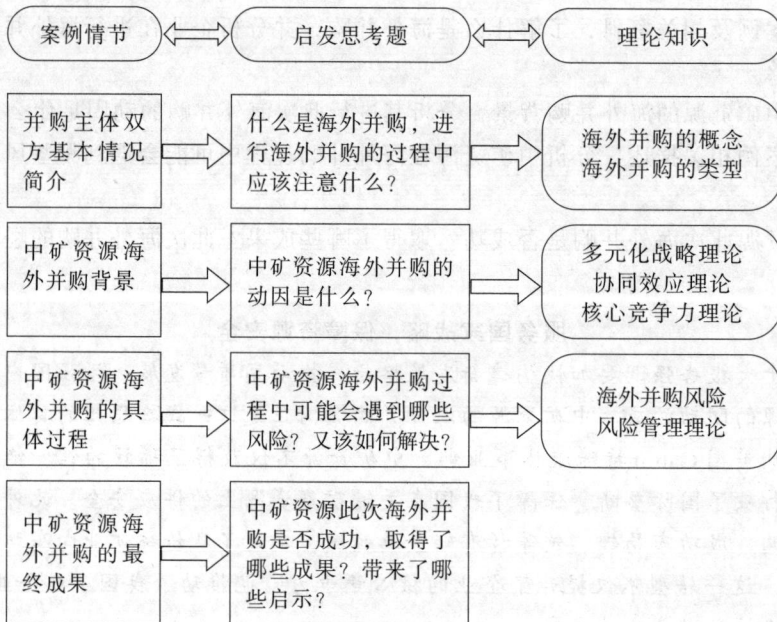

图6-5　分析思路

## 三、理论依据及分析

1.结合案例及相关资料，了解什么是海外并购，并分析企业在进行海外并购的过程中应该注意什么。

（1）理论依据

①海外并购的概念

海外并购是指并购方以获取对方资源等为目的，用现金或证券交换等双方约定的某种方式，在市场上并购目标企业部分或全部资产的所有权或控制权，以增强自身竞争优势和实现经营目标。

海外并购比普通的并购更具有特殊性，其关系到两个或者两个以上国家和地区的企业，不仅需要面对截然不同的国家政策、会计准则、汇率、制度和文化等带来的影响，还需要考虑并购的时长问题，并购难度巨大且难以预测，风险和收益都具有更大的不确定性。尽管困难重重，中国企业还是纷纷开展了海外并购，一方面可以扩大自己在国际市场上的影响力，获取创新性技术，延伸产业链，实现企业产品多元化；另一方面，还可以增加本国资源，降低汇率的影响，减少竞争对手。

②海外并购的类型

企业并购按不同的标准可划分为很多类型，可以按照支付的具体方式进行划分，也可以按照并购的实现方式、交易双方所从事的业务性质等多个维度进行划分。不同的并购方式往往与并购目的相关联，同时也能在一定程度上反映并购双方的实力。在本案例中，中矿资源是通过支付现金进行的并购，所以在此按并购支付的具体方式对并购进行细分，并详细介绍每种并购方式的特点及优缺点。

A.现金购买式并购

现金购买式并购，即并购方以现金购买的方式直接获取被并购企业的净资产或者股票等。采用此种方式进行并购时，并购方要拥有足够的货币资金，或者实力强劲，能够在短期内筹集到相应资金，并且在并购完成后不会因为债务偿还能力不足而影响到企业的正常经营。这种并购方式速度快、简单明了，能够让企业在较短时间内完成并购。现金购买式并购不用承担证券风险，也不会受到利率、市场等因素变化对公司造成的不利影响。

B.承债式并购

承债式并购顾名思义就是并购方通过承担被并购方的债务从而取得其控制权的并购方式，并购方承担的可能是部分或者全部债务，通常被并购的企业都表现为资不抵债或者资产与负债相当。此种方式的并购风险相对较大，被并购企业一般是因为生产经营能力等存在一定程度的不足，才出现资不抵债的情况。采取此种方式进行并购的企业一般是看好被并购企业的核心能力，希望获取其特殊资源以促进自身发展。

C.股份置换式并购

采用股份置换方式进行并购，就是并购方通过发行股票让被并购方用自己公司的控制权来换取并购企业的股份，进行并购的企业双方通常都拥有可观的资产，并购的目的是实现双赢、促进双方企业的共同发展。

（2）案例分析

① 海外并购的目的

并购只是手段，提高投资回报率或效益才是目的。企业在向海外扩张的过程中，要防止一种倾向，即为了兼并而兼并，或为了规模而兼并，看到别的企业到海外收购企业就盲目跟风。尤其是2021年我国的人民币汇率小幅调整后，人民币升值的预期加大，更多的企业蠢蠢欲动，想到国际市场上分一杯羹。这个想法是可以理解的，但如果不顾实际、一味地贪多求大、盲目收购，将来企业面临的经营风险也会更大。我国企业与国际大型企业相比，不仅在规模上存在差距，在运行机制上也有不小的差距，而企业的发展在一定程度上更多地依赖于运行机制。如果离开提高效益这一目的来片面追求企业规模的扩大，甚至把企业的海外并购当作发展目标，那么企业最终会受到市场的惩罚。

② 海外并购的策略

海外并购策略可以分为市场型的并购、资源的并购、品牌的并购、销售渠道的并购、技术的并购等。要注意的是，有些策略可能会产生功能的抵消作用。例如，海尔曾经想通过并购美国的家电巨头美泰公司来扩大海尔产品在美国的销售渠道，提高销售额。如果海尔兼并了美泰，虽然可以利用其在美国雄厚的生产基础和技术力量，在美国扩大海尔产品的生产与销售，从而提升知名度，避免从中国向美国出口产品时可能遇到反倾销等方面的问题；但在美国生产家电产品的劳动力成本会提高，这必然会使海尔产品的价格优势减弱。

③ 海外并购的注意事项

A. 重视人才储备

任何好的并购机会如果没有合适的管理人才加以把握，也必然以失败告终。对中国企业来说，除了在资金上做足准备外，尤其要重视培养合适的国际管理人才来整合并购后的企业。如果企业有国际扩张的长远规划，应该提早注意人才储备。

如果目标企业是家族企业，企业主卖掉企业的原因是继承人问题，那么由于企业主对企业的感情深厚，他很可能把企业持续发展作为卖掉企业的前提条件。如果买方没有合适的人才储备，这一要求很难得到满足，就可能导致并购失败。

B. 对整个交易时间的把握

对收购的时间进程要有相应的把握。在并购过程中，交易的顺利进行经常要求当事人尽快作出决定。除了要把一般并购案中的因素考虑进来，中国企业在申请政府核准境外投资和境内融资方面可能会耗时颇多。当前，中国企业进行境外投资应该向商务部门以及发展改革委报批，这个程序可能会持续一段时间，同时应当向外方及时说明国内的审批程序，以获得对方的理解。另外，由于中国企业的融资速度、金融服务水平与国际先进水平相比还有较大差距，在境外投资的中国企业进行融资可能相当费时，而且中国企业派出的谈判代表常常无权最后拍板，导致决策时间拖长，而语言不通也会造成障碍。在兼并破产企业时，时间因素尤其重要，企业一旦宣布进入破产程序，停工时间越长，在生产、客户以及供货渠道等方面的损失就越大。所以破产管理人一般都急于将企业出手，如果买方将交易时间拖得过长，并购很可能失败。但对于急于出手的企业，延长进程也可用于在谈判时压低对方的价格。

C.重视专业咨询机构

并购是一种复杂的专业性很强的投资活动，并购过程涉及多种专业知识，因此被称为财力与智力的高级组合，仅靠企业单枪匹马是难以完成的，需要专业的中介机构提供服务（律师事务所、会计师事务所、咨询机构）。同时，兼并收购又是一项高收益与高风险伴生的业务。融资风险、债务风险、经营风险、法律风险、信息风险、违约风险等，哪一方面顾及不到都会为并购失败埋下隐患。专业的交易协调人、律师、会计师、税务师必不可少，有时中国企业去海外并购，力图省钱省事，就找熟人日常接触的律师和税务师，然而擅长处理移民、交通事故的律师很可能对并购没有经验，平时只给企业报税、转账的会计师也许根本不了解并购中的风险，不找真正的专业人才，企业不仅白白付费，如果未来出现突发风险导致并购失败，就更加得不偿失。

2.结合中矿资源的海外并购背景，分析其进行此次海外并购的动因是什么。

（1）理论依据

①多元化战略理论

多元化战略是指企业为了使生产规模进一步扩大和实现多种经营的长期发展策略而采取的多元化经营模式，是企业的一种成长模式。当企业发展到一定阶段后，采用多元化发展战略是必然趋势。

多元化战略包括相关多元化和非相关多元化。相关多元化指的是企业发展的业务在某些方面具有相同或者相似的特征，可能是经营产品、销售途径或某项科学技术相同或相似，能更好地使企业产生协同效应。非相关多元化一般适用于经营业务比较单一的企业，这种多元化战略可以帮助企业提高抵御风险的能力。随着企业的发展，绝大多数企业不仅追求相关业务之间协同效应的发挥，也注重非相关多元化战略的实施，以分散经营风险。

企业采用多元化发展战略，首先可以分散企业的经营风险，提高安全性。在市场环境复杂多变的形势下，任何行业的一个微小变动都可能直接影响企业的经营和发展，如果企业经营的产品多元化、涉及领域广，就能分散风险，增强企业的环境适应能力。其次，多元化发展战略可以促进企业向发展前景好的领域扩张，增强企业竞争力，还能在一定程度上促进原有业务的发展，实现资源整合。目前，并购或者合并方式是企业实现多元化战略最常用的手段，这种方式可以快速获得被并购企业的资源和能力，在较短时间内实现企业的战略目标，整合周期短、效率高。

②协同效应理论

协同效应可以简单地理解成"1+1>2"的效应。不同企业间通过相互合作共享资源、实现双赢是外部协同，同一企业内部实现资源生产、管理、营销一体化是内部协同。企业在进行并购后会产生协同效应，一般分为经营协同效应、管理协同效应和财务协同效应。各种协同效应相互促进，给企业带来更多的经济效益。

经营协同效应是指公司在进行并购之后，经营效率会因此得到显著提升，综合管理和绩效管理水平也会得到提升，公司的整体生产力和运营条件同样会得到改善，包括经营成本降低、产品市场份额扩大等。

管理协同效应主要指企业并购有效地提高了企业管理活动的工作效率和执行能力，从而为企业带来更多的经济效益。管理协同效应只能通过选择正确的并购目标来实现，除此之外，并购的协同管理还应考虑并购前后公司员工与企业文化的整合，以提高企业的整体管理水平。

财务协同效应主要包括企业财务能力的提高、合理避税的实现，以及并购活动给并购后企业带来的财务利益。财务协同效应在公司并购中的体现通常是：当标的资产临近到期或步入衰退阶段时，公司整体的流动性反而趋于上升。公司并购后将出现闲置资金，可以带来更高的回报。

③核心竞争力理论

核心竞争力是能给企业带来竞争优势的独特的或出众的资源和能力。核心竞争力能给企业带来持久的价值回报，维持企业的竞争优势。企业可以依靠现有的核心能力来产生和扩展新的商业机会、降低企业成本、提高运营效率，从而提高企业的市场竞争力和占有率。因此，构筑企业核心竞争力是企业扩展市场、高效持续发展的有效捷径。企业要把握好、发挥好自身的优势和有利条件，并将其转化为企业做优、做强的助推剂。

（2）案例分析

企业进行海外并购大部分是在国家政策的引导下进行的，需要综合考虑多方面因素。矿业企业在进行海外并购时主要考虑获取海外优质的矿产资源、实现全球化战略，以及获取并购后的协同效应等。本案例结合了中矿资源的战略目标和未来发展方向，对中矿资源并购美国Cabot特殊流体事业部的动因进行深入分析。

中矿资源2018—2020年主要业务收入占比如图6-6所示。

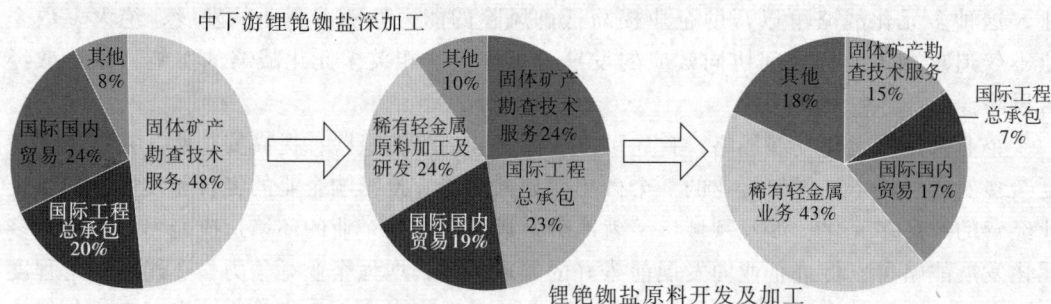

图6-6　中矿资源2018—2020年主要业务收入占比图

由图6-6可知，2018年中矿资源还没有涉足稀有轻金属原料领域，但在2019年并购东鹏新材并将其纳入合并报表之后，其主要营业收入类别就增加了稀有轻金属原料加工及研发部分，但此时该业务占营业收入的比重并不是很大。

截至2020年，中矿资源的主营业务收入就包含了稀有轻金属原料开发及加工，且营业收入占比激增至所有业务的43%，成为中矿资源的主要收入来源。由此我们联想到，中矿资源进行此次并购的首要动因是实现跨域发展，进军稀缺资源领域，进而实现自己的全球化战略目标；其次是实现稀有轻金属原料全产业链布局，从而提升自己在国际、国内市场的影响力。

①全球化战略的关键环节

全球化战略是公司从全球角度出发，利用不同国家和地区的比较优势，在价值链的各个环节合理利用有限的资源，并将其有机结合，降低企业的运营成本，获取企业的竞争优势，提高资源利用率。然而，我国经济市场上的中小企业居多，它们在开拓国内市场的道路上困难重重，因此把未来发展的希望寄托在国外市场上，希望依靠并购来开拓新的海外市场，从而增加其市场份额，进一步增强其市场影响力。如果一家公司选择并购其所在行业的公司，就可以成功地减少竞争对手，增加其在国际市场上的份额；而如果选择并购与自身经营相关的上下游企业，就可以更好地控制竞争对手的生产活动，确保自身的生产结构更加稳定，获得更长期的盈利机会。无论并购的目的是什么，企业都可以提高在国际市场上的地位，增加长期盈利的可能性，实现全球化的战略目标。

中矿资源是我国首批"走出去"的资源勘查型企业之一，始终以实现全球化战略为目标。经过长期部署，中矿资源目前已经进入全球化战略的第三个阶段。在这个阶段，中矿资源把进军稀有资源领域作为关键环节，其中，实现锂、铯、铷稀有轻金属产业的"三步走"战略是首要任务。该战略的第一步就是获得津巴布韦Arcadia锂矿的包销权，并且成功入股澳大利亚的PSC公司；第二步就是通过并购国内的江西东鹏新材料有限责任公司，进军铯、铷稀有轻金属领域，成为铯、铷盐的生产商和供应商，同时成为国内电池级氟化锂的主要供应商。到目前为止，该战略的前两步已经成功完成，第三步就是并购美国Cabot特殊流体事业部，拿到锂、铯、铷等稀有轻金属原料的开发权，从而控制全球75%以上的铯资源。

全球化战略除了要实现国内业务的平稳健康发展外，最主要的是拓展国际业务。在进行此次并购前，中矿资源的业务只涉及亚洲和非洲，而非洲的业务地处偏远地带，发展缓慢。此次中矿资源并购的美国Cabot特殊流体事业部在世界各国都设有子公司，业务范围更是覆盖到欧、美、亚、非等各大洲，在世界范围内具有一定的影响力。不仅如此，它还拥有成熟稳定的铯榴石矿，获得过100多项国际发明专利，对铯的深加工和应用有相当成熟的经验，并且构造了铯盐的全产业链业务模式。同时，它还能拓展中矿资源关于铯铷盐业务的原材料来源，为并购东鹏新材后的上游资源做扩充，进一步提升公司抵御风险的能力，实现公司的可持续发展目标。

总而言之，本次并购是在综合考虑了公司未来经营发展方向之后进行的战略性并购，是中矿资源全球化战略目标的重要补充，是实现中矿资源全球市场影响力的关键环节，为公司国际化发展的长远布局奠定基础。

②发挥协同效应，布局全产业链

中国企业在进行海外并购时，不仅希望并购标的企业的资产，还希望通过两家企业的整合实现一加一大于二的商业效应，让资源和优势得到更充分的利用。在进行海外并购的过程中，企业选择的并购对象一般是与自身资源形成优势互补的企业，通过整合企业间的优势资源实现稳定发展，同时希望在技术研发、经营管理等多方面实现质的提升。除此之外，中国企业还希望通过并购实现国际化、多元化发展之路，拓宽发展渠道，增强抗风险能力。

为了实现产业链延伸和业务协调发展的目的，中矿资源投资了澳大利亚PSC公司津巴布韦锂矿项目，获取了储量丰富的锂辉石精矿，为并购东鹏新材作出充分准备，不仅成功完成并购，解决了公司的燃眉之急，还实现了公司上下游一体化的协调发展。近年来，随着我国新能源、新材料、新型电子信息产业和其他战略性和新兴高技术产业的快速兴起，稀有战略矿产资源的争夺问题也逐渐进入世界各国的视野，成为全球资源争夺的焦点。铯作为各行各业都不可或缺的稀缺资源，矿石储量很少。美国 Cabot 特殊流体事业部拥有世界上最大的铯榴石矿，其铯矿石储量丰富、开发成熟、生产稳定。并购完成之后，中矿资源将成为全球拥有最多铯榴矿石的企业，以及最大的铯资源开发商和供应商。不仅如此，并购完成后，中矿资源的铯盐业务模式会得到全面升级，实现集铯矿资源勘探、开发、生产和终端销售于一体的全产业链模式。中矿资源将对资源进行有效整合，充分发挥协同效应。

③进军稀缺资源领域，提升核心竞争力

大多数企业进行战略转型是为了获取新的发展优势，提升公司的核心竞争力。中矿资源通过此次交易获取了核心资源，在此之前，其主营业务集中在固体矿产勘查技术服务、国际国内贸易和国际工程承包等方面。在国内的并购热潮中，资源勘查型企业如何实现变大、变强的目标是一大难题。中矿资源作为首批"走出去"的矿业企业之一，在长期的发展过程中，通过对自身优势的了解，将布局锂、铯、铷稀有轻金属产业作为自己未来的发展规划目标之一，进而展开全面布局，跨入稀缺金属资源领域。资源的不可再生性使得企业的核心竞争力增强，这些资源包含锂铯铷盐的开采和生产全过程。铯盐市场的发展和铯盐产品使用范围的扩大，有效地促进了公司利润的增长。中矿资源并购的公司拥有优质的客户资源，并在全球范围内开展业务，这有助于上市公司的铯盐业务和地质勘探业务在全球范围内扩张。

2018年，中矿资源通过成功并购东鹏新材而正式涉足锂、铯、铷稀有轻金属产业，其主要业务是稀有轻金属原料加工和研发，并进一步拓展到产业链中下游的锂盐、铯盐和铷盐深加工。如果想在并购后实现收入最大化、确保并购收益的稳定，那么获取上游稀有轻金属原材料至关重要。可是当时全球只有津巴布韦 Bikita 矿区和加拿大 Tanco 矿区拥有铯矿资源的开采权，Bikita 矿区还只对美国雅保和自己的公司提供铯榴石，Tanco 矿区的矿石资源更是不对外销售。中矿资源想要获取铯盐的上游资源为东鹏新材的持续发展提供稳定保障，就只能选择从这两个突破口入手。如果中矿资源希望最大限度地利用东鹏新材，并购美国 Cabot 特殊流体事业部至关重要，此次并购完成后，就会打破国外对于铯榴石资源的垄断地位，取得 Bikita 矿区铯榴石在中国地区的独家代理权，获得高品质的铯榴石资源，同时拥有在铯盐领域的资源优势，在铯盐产品的定价上掌握话语权。

另外，本次交易完成后，中矿资源将得到先进的生产研发技术。被并购企业拥有先进的铯铷资源综合利用研发中心，是硫酸铯、甲酸铯、硝酸铷和金属铯等六种产品的国家行业标准制定者，拥有35项国内专利和126项国际专利。该项目极大地提升了中矿资源的核心竞争力，为企业发展提供了长期动力。

通过此次并购，中矿资源的业务范围从原来的亚洲和非洲扩展到包括欧洲、美洲、亚洲和非洲等在内的全球大部分国家和地区，业务量出现较大增长，在全球范围内造成一定影响，有助于其全球化战略目标的实现。

综上所述，并购交易可以提升中矿资源的核心竞争力，使其获得不可再生的优质矿业资源、难以复制的生产研发技术和广阔的国际市场。

3.结合案例相关描述，分析中矿资源在海外并购过程中可能会遇到哪些风险，又该如何解决。

（1）理论依据

①海外并购风险

海外并购风险是指企业跨国并购活动内在的不确定性所造成的未来实际收益与预期收益的偏差或波动。企业进行海外并购，一方面可能会在财务方面得不偿失，引发海外并购财务风险；另一方面，如果并购双方在并购完成后未能实现完全的并购整合过程，会导致企业不仅未实现"1+1>2"的效果，反而出现内部的动荡和混乱，如并购双方的企业文化冲突、核心人才流失等。这种并购整合失败的可能性也被称为并购整合风险。

②风险管理理论

风险管理理论最早出现于20世纪60年代，该理论主要对企业风险发生的内在规律及防控策略等问题进行解释。该理论将潜在风险的控制作为主要的问题导向，以风险识别为开始，通过全面风险评估实现对风险防控手段的设计。该理论指出风险管理是贯穿于企业业务全过程的一项重要管理活动。

风险管理的第一步是风险识别，即基于对具体的企业活动的分析甄别影响业务目标实现的各种因素，在此基础上实现风险因素的分类。第二步是风险管理的关键环节——风险评估。风险评估过程是基于定性或者定量分析展开的，其最终目的是为企业决策提供参考。

风险管理理论把风险的规避、分散、对冲和转移作为最终选项。同时，该理论主张将风险管理的落脚点放在内部潜在风险的发掘上，并要求将风险的识别全面贯穿于采购、生产、销售等企业运营环节，通过多部门的协同沟通实现信息的收集、鉴别和处理。

（2）案例分析

①并购准备阶段：决策风险、定价风险

决策风险是海外并购第一阶段面临的风险。从战略方针的选择再到并购方案的制定，都是海外并购能否成功的关键。此次中矿资源进行海外并购是根据自身的发展情况，综合多年来的海外并购经验和自身战略目标制定的符合企业长期发展目标的决策，而且在此期间中矿资源已经并购了东鹏新材，为实现跨域发展全产业链目标打好了坚实基础，是在综合考量后制定的正确的决策。

定价风险是对被收购方市场价值进行评估时，由于高估价值所引起的风险。本次并购前，中矿资源综合考虑资源稀缺性、业务协同效应等因素，经过了多轮竞标，最终基于公平合理原则与交易对方协商确定本次交易的基准购买价及调整方式，并且聘请了具有证券期货从业资格的中联评估对标的公司进行了估值，估算以持续经营为前提，综合考虑了各种影响因素。中联评估采用收益法和市场法对评估对象进行估值，从不同角度最大限度地降低了由高估值带来的风险。

②并购实施阶段：资金筹措风险、汇率风险

此次中矿资源进行海外并购的支付方式是现金支付，交易金额约为1.3亿美元。要支付如此庞大的金额，中矿资源可能会面临资金筹措风险，若以美元兑付还可能面临汇率风险。所以，中矿资源筹措资金的主要来源是自有资金和银行并购贷款。

首先，中矿资源披露的并购预案显示，截至2018年第三季度，合并财务报表显示的能够用于支付并购款项的自有资金总额超过6亿元人民币，涵盖应收票据和其他流动资产的金额。也就是说，公司自有资金充足，能够支付部分并购款项，其日常经营活动不会因此受到较大影响。

其次，在自有资金无法满足支付全部对价时，2019年年初，中矿资源向银行申请贷款，以保证本次并购拥有足够的资金来源。在发生并购贷款后，中矿资源根据近几年的盈利能力制定了详细的还款计划，在保证交易顺利进行的前提下不给公司带来重大的财务风险。

此外，在中矿资源的日常经营活动中，大部分采购及销售业务主要采用美元结算，所以此次兑换美元的汇率波动未对中矿资源的经营情况造成较大影响。

③并购整合阶段：经营管理风险、文化整合风险、人才流失风险

对于可能发生的经营管理风险，本次交易完成后，中矿资源将进一步巩固公司在铯盐领域的领先地位，将业务向海外板块延伸。同时，公司的经营规模和业务总量将随之增加，对人员构成、业务管理体系和运营也将提出更高的要求。为了发挥整体协同效应，公司将进一步梳理与标的公司在经营和管理上的共性，求同存异，从企业文化、财务管理及内控规范等方面进行整合，相互借鉴，以实现长远的战略布局。

由于中矿资源本次收购的是境外资产，管理文化不可避免地存在一定差异，本次交易完成后的整合能否顺利实施以及整合效果是否能达到预期存在一定风险。如果公司不能根据海外业务的发展需要及时优化现有的组织模式和管理制度，则可能对标的公司的经营管理造成不利的影响。

对于可能发生的人才流失风险，中矿资源通过优化薪酬体系等方式保持公司核心团队和优秀人才的稳定性。Cabot具备较强的研发能力，管理团队和研发团队拥有丰富的行业经验，同时也很注重企业文化，为了最大限度地留住人才，中矿资源在尊重其企业文化的同时，也从薪酬体系角度最大限度地满足了原有团队和优秀人才的需求。

4.中矿资源此次海外并购是否成功？取得了哪些成果？此次海外并购的经验给你带来了哪些启示？

（1）成果

中矿资源本次海外并购达到了股东预期，成功跨域并购上游稀缺资源，创造了新的发展契机，加速了国际化转型，同时充分利用并购资源发挥强大的协同效应，进而使公司的经营业绩和国际市场影响力同步提升，成为全球铯铷盐领域的龙头企业。

（2）启示

①海外并购动机要符合公司战略规划

战略是企业发展的方向，决定企业的未来，企业在进行战略规划时应具备长远发展的眼光。好的战略规划是企业可持续发展的原动力。当然，战略规划也不是一成不变的，随着环境的变化，战略规划也要进行相应的调整，以捕捉新的发展机遇。企业在进行并购时，不应只是简单地规划业务，更应该注重被并购企业的资源、技术等无法被取

代的核心竞争力。当并购机会出现时，要综合考量并购的利弊，以大局意识规划公司的未来。

近年来，随着海外并购热度的不断高涨，我国企业海外并购的经验逐渐丰富，再加上国家政策的引导，国内企业海外并购的成功率不断提升。企业在进行海外扩张的同时，会充分考量自身的发展前景和相关政策，对被并购方进行合理的风险评估，但仍有不少企业盲目制定战略规划导致并购失败。制定正确的符合自身发展规划的战略是接下来企业海外并购的重点，在制定战略规划时要持有长远发展的眼光、经过管理层多次谨慎的探讨。只有在正确的战略规划的引导下，海外并购才有可能实现效益最大化。

并购对象的合理性决定了企业并购的成败，并购时要综合考量行业的特殊性和自身的发展规划。矿业企业的特殊性在于矿产资源的不可再生性，以及分布不均问题导致的矿产资源开发周期长、投资回报率不确定等问题。如果只是随波逐流地盲目进行并购，不仅会导致企业出现资金链断裂的风险，还可能导致企业无法盈利，面临破产风险。因此，矿业企业在进行海外并购时，既要考虑被并购方资源与自身能否形成互补，还要考虑企业是否有能力承受并购资源的周期性所带来的风险，要站在长远的角度对公司的国际化战略进行理性规划，明确自己的发展目标，正确判断并购能否给企业带来协同效应，杜绝盲目国际化扩张造成的反噬。

②利用海外并购形成资源壁垒

矿业企业资源壁垒优势是提升企业综合实力和核心竞争力的关键。我国人口众多，人均资源占有量少，对国外资源的依赖较大，缺乏在国际市场上的话语权。如果能利用海外并购获得海外的优质矿业资源，对于提升公司的综合实力和国际市场影响力有重要作用。

近年来，越来越多的企业意识到打破资源壁垒的重要性，如果能够通过抢占资源寻求新的竞争优势，公司的核心竞争力就会大大提高。现在国际上的资源抢夺已经处于白热化状态，各个国家的企业都意识到稀缺资源对发展的重要性，于是加大了对稀缺资源的控制和研发力度，为未来新能源产业链的安全提供保障，同时有效提升企业价值。

从中矿资源的海外并购案例中我们可以看出，通过抢占核心资源形成资源壁垒，对于提升企业绩效和自身综合实力来说至关重要。对于矿业企业而言，资源优势就是立足市场的竞争优势，在资源极其稀缺的情况下，拥有资源优势意义重大。

③注重海外并购协同效应的发挥

并购是否成功的评判标准从不是并购事件本身，而是看并购完成后是否实现了企业的目的、发挥了协同效应、提高了经营绩效，是对企业资源整合能力的评判。海外并购涉及国家政策、会计政策、语言文化等一系列差异，因此成功率并不高，并购完成后的资源整合工作更是难上加难。如何能够完美地解决这些差异带来的影响、实现"1+1>2"的协同效应，是企业需要不断学习的课题。

近些年，在各级政府部门相继出台政策进行引导的背景下，矿业企业不断尝试海外并购，不仅仅是希望扩大自身的产业链、实现跨域发展，更主要的是想获取海外丰富的矿产资源。然而，很多企业在进行并购时忽略了资源的稀缺性，并购成功率不高。有的企业虽然完成并购，但对资源的开发周期问题和整合效率问题没有足够重视，最终因为盲目并购使得企业面临经营困难。因此,政府应重视并购后企业的经营问题和资源整合问题,对于缺乏海外并购经验的矿业企业提供帮助,有效评估并购资产的周期性和盈利点,避免那些会影响企业正常生产经营的因素出现,同时还应监督和帮助企业做好并购后的资源整合工作,保证企业取得良好的经营效果。

矿业企业也要综合考量自身的战略规划,对被并购企业进行详细评估,理性判断在矿产资源达到盈利状态之前自身的经营状况能否承担并购风险;对于并购后资源的有效整合,要制定完善的整合方案,严格执行整合流程,防止出现业绩不稳定的局面;此外,还要考虑海外并购企业因文化、财务管理和内部控制等方面的差异发生的经营风险,不断吸收优秀的国内外人才,选择了解被并购方所在国文化和经营管理经验丰富的人才,尽可能消除文化、地域差异导致的整合障碍,相互借鉴,求同存异,帮助企业快速有效地实现资源整合,尽力避免被并购方企业的人才流失。

综上所述,解决海外并购后的资源整合问题既需要政府提供相关方面的支持,也需要企业自身拥有强大的实力和详细的资源整合策略。在内外的双重保障下,将双方的优势完美结合、实现双赢,才是企业进行海外并购后想要实现的长期发展目标。

## 四、关键要点

(一)关键点

1.结合案例样本的描述理解海外并购以及海外并购的动因及风险等;

2.结合当前的经济全球化背景,探析企业进行海外并购的未来发展趋势。

(二)关键知识点

海外并购。

(三)关键能力点

1.理论学习能力;

2.逻辑思维能力和综合分析能力;

3.理论与实践相结合的能力和应用能力。

# 第三章 财务战略

## 案例7 "失声"的金嗓子缘何退市失败？①

### 【学习目标】

通过本案例的学习，您应该：①熟悉企业私有化退市的概念及动因；②了解企业在香港资本市场上的私有化运作方式和程序；③运用企业战略知识探讨退市失败后的方向；④判断影响企业成功退市的因素；⑤提升对资本市场的分析能力，深入了解其变化。

### 【关键词】

私有化动因 退市失败

## 案例正文

### 一、引言

2020年以来，众多港股企业拟进行私有化退市，私有化退市成为一股浪潮。2021年8月12日，金嗓子控股集团有限公司（以下简称"金嗓子"）也加入了私有化退市的浪潮，其发布私有化方案并公告称，计划以协议安排方式将金嗓子私有化，并撤销金嗓子的上市地位。此公告一出，众人唏嘘，仿佛"保护嗓子，请用金嗓子喉片，广西金嗓子！"的广告语还回响在耳边，而今曾经红极一时的老牌企业却走上了退市的道路。在响亮的广告语背后，金嗓子企业发生了什么？在资本市场沉浮6年的金嗓子又为何要私有化退市呢？

事与愿违的是，11月30日，金嗓子发布公告称，公司私有化议案未获通过，将维持在港交所的上市地位，私有化退市以失败告终。退市无果的金嗓子企业到底是哪里出了问题呢？

### 二、破土而出入药圈

（一）一张药方助出道

金嗓子原为广西柳州市糖果二厂，始建于1956年。金嗓子的董事长江佩珍女士从学

---

① 本案例由湖南大学工商管理学院的蒲丹琳、冉曲撰写，作者拥有著作权中的署名权、修改权、改编权。本案例授权中国管理案例共享中心使用，中国管理案例共享中心享有复制权、修改权、发表权、发行权、信息网络传播权、改编权、汇编权和翻译权。由于企业的保密要求，本案例对有关名称、数据等进行了必要的掩饰性处理。本案例只供课堂讨论之用，并无意暗示或说明某种管理行为是否有效。

徒到厂长的故事在这里上演，其出众的能力和敢于突破的勇气使得当年的广西柳州市糖果二厂打破了大锅饭的制度，并创新性地研发出第一颗酒心巧克力，企业产值飞速上涨，多项指标位列行业第一。但天有不测风云，1991年，面对原材料上涨、假货充斥市场、外国糖果挤压中国市场的不利局面，糖果二厂一蹶不振。江佩珍并没有放弃转型，而是走上了寻找高科技产品之路。

20世纪90年代初，身处困境的江佩珍遇到了自己的贵人——王耀发教授。王耀发教授无偿赠予了她一个治疗慢性咽喉炎的药方，于是企业创造性地将糖和咽喉炎药方相结合，试产出第一批润喉糖。这批润喉糖润喉化痰的效果奇好，江佩珍为其取名为"金嗓子喉宝"，金嗓子喉宝正式"出道"。

1998年，广西金嗓子制药厂和糖果二厂改制，合并为广西金嗓子有限责任公司，在"保护嗓子，请用金嗓子喉片"广告的营销下，企业的名字传遍大江南北。

（二）强势发展终上市

在咽喉炎药方的助力下，金嗓子不断创新融合，发展势如破竹。2000年年初，公司的产值已达到2亿元，跻身全国百强制药企业之列。2001年，广西金嗓子集团注册成立。2003年，企业主打国际市场，产品畅销于20多个国家。2009年企业价值高达31亿元，相比成立之初的市值已经翻了几十倍，金嗓子逐渐从广西走向全国，从国内市场迈向国际市场。2015年，金嗓子在香港交易所上市，江佩珍董事长霸气外露的敲锣姿势红遍了网络，吸引了大众的关注。企业上市几乎是每个企业家的梦想，金嗓子成功上市后，市值一度高达60多亿港元，最高股价在2016年达到了8.47港元，企业的发展可谓蒸蒸日上。

## 三、久病成疾治未果

带领柳州市糖果二厂打破大锅饭制度、送技术人员到国外学习新技术、使企业产值飙升并坐上国内行业第一交椅的江佩珍董事长，面对新产品被同行业众多企业模仿、竞争日益激烈的局面，为适应市场的需要，自筹资金对企业进行技术改造，筹建制药厂。在树立名牌意识、采用灵活的市场营销策略、产品创新的理念下，制药厂的业绩惊人，最终成功在港交所上市。可好景不长，金嗓子上市6年以来，财务业绩不尽如人意，新产品难以在市场立足，股价也持续下跌，积累了很多痛点，从前大刀阔斧进行改革的江佩珍也陷入了焦虑。

（一）内部困境缠身

1.重营销轻研发，品牌老化

为了打响刚成立的企业的名声，在央视打广告成了众多企业的选择。彼时才开始盈利的金嗓子制药厂也得益于江佩珍女士的英明决策，在央视广告的曝光下一炮而红，次年营收就破亿元。营销的甜头让江佩珍难以抗拒，2015年以来，公司每年的销售费用都将近2亿元，占到总支出的四成，而相比之下，企业的研发投入仅200多万元，占销售费用的比率不到2%。研发是制药企业维持长期竞争力的核心，需要投入大量的资金，但金嗓子和A股多家药企在研发的投入上相距甚远。2020年A股"医药一哥"恒瑞医药投资近50亿元用于研发，研发投入占到销售收入的18%。同样是老牌药企的云南白药2020年的研发投入也占到了营收的3%。然而，同为上市药企的金嗓子，连续多年研发成本占总营收的比率不到0.5%，研发投入微乎其微。

金嗓子在研发上的投入占比见表7-1。

表7-1　　　　　　　　　　**2016—2020年金嗓子研发投入**　　　　　　　金额单位：万元

| 年份 | 研发成本 | 研发成本/销售成本 | 研发成本/营业收入 |
|------|----------|-------------------|-------------------|
| 2016 | 172 | 0.83% | 0.22% |
| 2017 | 209 | 1.11% | 0.33% |
| 2018 | 219 | 1.25% | 0.32% |
| 2019 | 289 | 1.43% | 0.36% |
| 2020 | 279 | 1.67% | 0.43% |

资料来源：作者根据金嗓子2016—2020年年报整理。

金嗓子不仅研发投入少，研发的专利质量也不高。通过查询专业网站可知，广西金嗓子有限责任公司共申请100项专利，截至目前过期了65项，在有效期内的不到1/4，见表7-2。

表7-2　　　　　　　　　　　　　　**金嗓子专利申请数量**

| 专利类型 | 发明申请 | 发明授权 | 外观设计 | 专利有效 | 专利失效 |
|----------|----------|----------|----------|----------|----------|
| 数量 | 3 | 2 | 95 | 35 | 65 |

其中，外观专利占据了大部分，而药品的核心技术专利少之又少，且申请时间比较久远，近年来几乎没有新的专利申请，进一步说明了金嗓子在技术研发和产品创新方面乏善可陈。面对专利数量多、质量高、政策支持力度大的竞争企业——桂林三金药业有限公司，金嗓子的痛点再一次被戳中。另外，同样是老品牌的大白兔、回力鞋也通过跨界营销重焕生机。相比之下，金嗓子重营销却无新意的广告语也逐渐被大众所遗忘，湮没在新时代的浪潮中。一个企业仅有光鲜的广告而没有有创新力、吸引力的产品作为依靠，也只能是空壳，这也从侧面说明了金嗓子面临的严重的内部困境。

2.屡陷信誉危机，形象弱化

在金嗓子的发展历程中，有两起事件让其陷入了信誉危机——"罗纳尔多"事件和拒付宣传"金嗓子草本植物饮料"广告费事件。

金嗓子在2003年就打开了国际市场，这主要得益于当时的足球明星罗纳尔多代言了金嗓子喉片。但据媒体报道，其实这则广告是通过江佩珍的套路"骗"来的，在饭局上她诱导罗纳尔多拍摄了手拿金嗓子喉片的照片，并将其用于公司产品的宣传，使得金嗓子喉片当年的销量居于行业前列，而这也差点让企业陷入侵权纠纷。虽然其中的真相我们不得而知，但人们对这一事件的长期讨论，再加上足球明星的放大效应，使得金嗓子的信誉大打折扣。

2016年，金嗓子的企业形象进一步恶化，为了推陈出新吸引消费者，金嗓子推出了"金嗓子草本植物饮料"。为了打响这款产品的名声，金嗓子在两档音乐娱乐节目中投放了总额近亿元的广告，但后来因不认可节目收视率，拒绝支付剩余的广告费，被告上法庭。有钱付款但迟迟不履行付款义务的金嗓子被法院强制执行，控制人江佩珍也被法院列为"限制消费人员"。至此，毫不占理的金嗓子的老赖形象已深入人心，难以被抹掉，原本业绩就停滞不前的金嗓子更是雪上加霜。

### 3.尝试多元无果，产品单一

金嗓子上市以来在广告和营销的助推下，在2014年占据了25.8%的市场份额，成为行业第一。2015年公司成功在港交所上市。金嗓子曾依靠创新性的产品一鸣惊人，但上市之后的业绩喜忧参半，企业发展动力逐渐不足。

"成也萧何，败也萧何"可以说是对金嗓子的准确描述。依靠润喉护咽类产品（金嗓子喉片和金嗓子喉宝）发家并上市的金嗓子也陷入产品单一的桎梏。2015年以来，金嗓子喉片和金嗓子喉宝对于企业营收的贡献高达90%以上，在2020年财报中，金嗓子喉宝和金嗓子喉片两款主打产品分别撑起了企业总销售额的8.3%和89.9%，合计98.2%，而其他产品的销售额贡献薄弱。企业如果太过于依赖王牌产品，当王牌产品受到其他企业的模仿并被抢占市场份额时，就会迅速跌下神坛、风光不再。在西瓜霜含片、京都念慈菴、草珊瑚含片等同类产品的冲击下，金嗓子喉片年销量一路下滑，从2016年的1.24亿盒下降到2020年的0.91亿盒。为了维持营收水平，公司采取的主要措施就是涨价。虽然涨价在一定程度上保持了金嗓子喉片多年来高达75%左右的毛利率，但企业的本质问题仍没有解决，即配方丝毫没有改进，一直在啃老本。

在润喉糖行业，市场空间本就不大，而且带有药品成分的润喉糖受众人群有限，再加上许多药企纷纷模仿，金嗓子面临着愈加激烈的竞争。在这一局面下，药企仅靠一款产品很难在市场上长远发展。金嗓子的管理人也认识到了这个问题，并于2016年、2019年先后推出了金嗓子植物饮料和金嗓子肠宝两款产品。但企业大手笔的投入并未收到期望的结果，金嗓子植物饮料较少的销量使得当年归母净利润下滑，同比下降33.4%，企业想转型进军饮料行业的梦想破碎，而这次失败无疑是管理层的错误决策的结果。金嗓子依托药企优势想要把生产的饮料往健康方向营销，但国家政策不允许药企虚假宣传产品功能，而且公司产品缺乏核心的配方和专利，再加上饮料行业的大品牌太多，如王老吉、娃哈哈、康师傅等，如果没有创新的味道、精准定位的客群，想要进入其中并站稳脚跟异常艰难。

### （二）外部竞争加剧

咽喉药有"三杰"，即江中牌复方草珊瑚含片、三金西瓜霜含片和金嗓子喉片。金嗓子因产品结构单一，市场份额逐渐被其他企业蚕食，企业的发展受限，面临着巨大的外部竞争。虽然金嗓子上市以来并未出现亏损，但作为企业主打产品的金嗓子喉片的销量却在下降。企业年报显示，2015—2020年，金嗓子喉片的销量趋势整体向下，从1.29亿盒跌至0.91亿盒；所占市场份额也从2014年的25.8%下跌到2020年的不到10%，排名从第一名滑落至第三名，企业的发展动力逐渐不足。在咽喉中成药市场不断增长的背景下，金嗓子却已逐渐"失声"。虽然其中掺杂着新冠疫情的影响，但外部多家护喉产品的加入加剧了金嗓子市场份额的下降趋势，如图7-1所示。

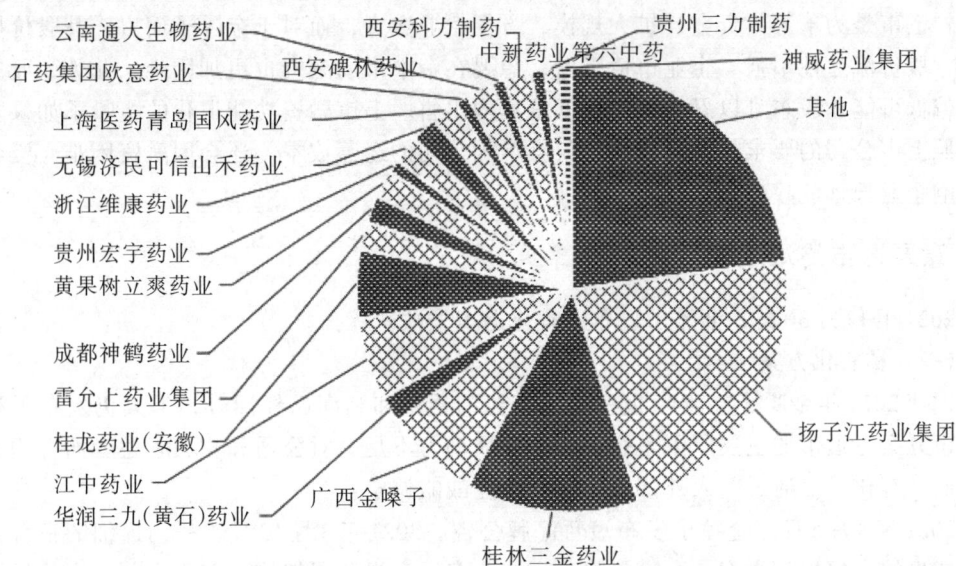

图7-1 20家咽喉中成药市场占比图

（三）股价持续下跌

上市6年以来，金嗓子股价在经历了2016年8.47港元的高光时刻后一直下跌，企业市值最多缩水达90%。2016年9月，金嗓子大股东计划私人配售，折让18%，并套现至少5 000多万元的传闻一出，企业的股价大幅下跌，加上企业经营业绩逐渐下降，企业的股价一去不复返。与A股相比，香港资本市场交易不活跃、估值低、再融资难，而金嗓子也正经历着这些痛点。

纵观金嗓子公司上市以来的股价，整体呈现下跌的趋势，以其上市以来的月K线绘制其股价走势，如图7-2所示。

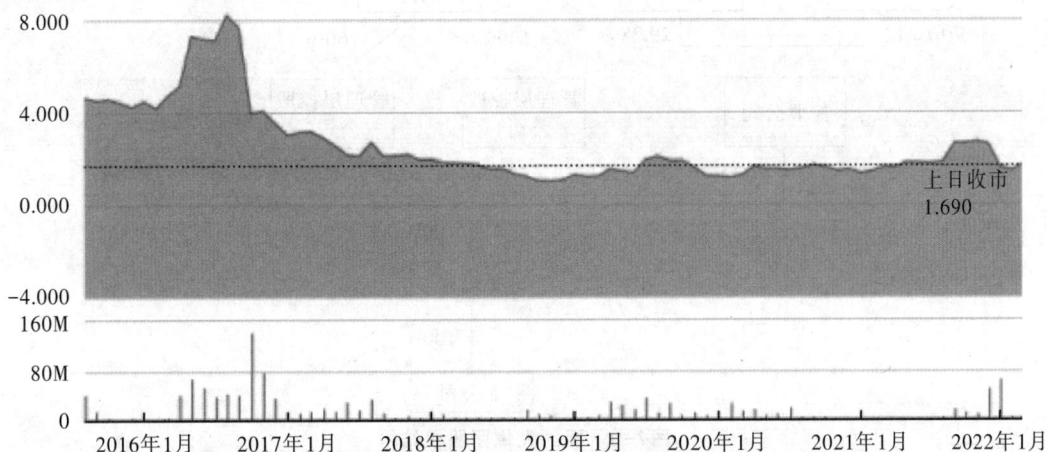

图7-2 金嗓子股价走势图

对上市公司来说，股价和市值越高意味着公司的社会影响力越高、品牌知名度越高、股民的认可度越高。股价不仅关系着股东财富的多少，也和企业高管的业绩相关，而且许多公司上市是为了筹集资金、扩大规模，方便企业融资，而对于金嗓子而言，其股价持续下跌、股价流通性不强、企业市值下滑，想要在资本市场融资也更加困难。此外，股票流动性偏低可能让股东难以忍受而进行低价场内出售。上市融资功能退化的金嗓子如果要继续按照上市公司的要求规范运作，不仅会增加公司的运营成本，还会因融资困难、资金受限影响企业长远的战略布局。

## 四、意愿退市终难平

2021年11月30日，金嗓子宣布私有化退市失败。

（一）私有化方案

即使2021年金嗓子在半年报中披露企业的销量和利润已经回升，但其仍发布了私有化退市方案，退市的主要原因是企业长期发展动力不足，对公司和相关利益者而言均不理想，而私有化可以通过引入外部资本实现企业战略调整。

2021年8月5日，金嗓子发布短暂停牌公告。2021年8月12日，一则详细的私有化方案正式出炉，根据该方案，金嗓子将建立一个多层离岸公司架构：首先由创始人信托持股70.72%、亚赋基金持股29.28%，设立一个公司；然后，通过置换高管层信托的股份，使此类金嗓子股东成为要约人的股东，中小股东的股份则通过赎回进行注销。这一私有化方案相当于亚赋基金通过购买中小股东的股份，将上市公司金嗓子私有化，如图7-3所示。

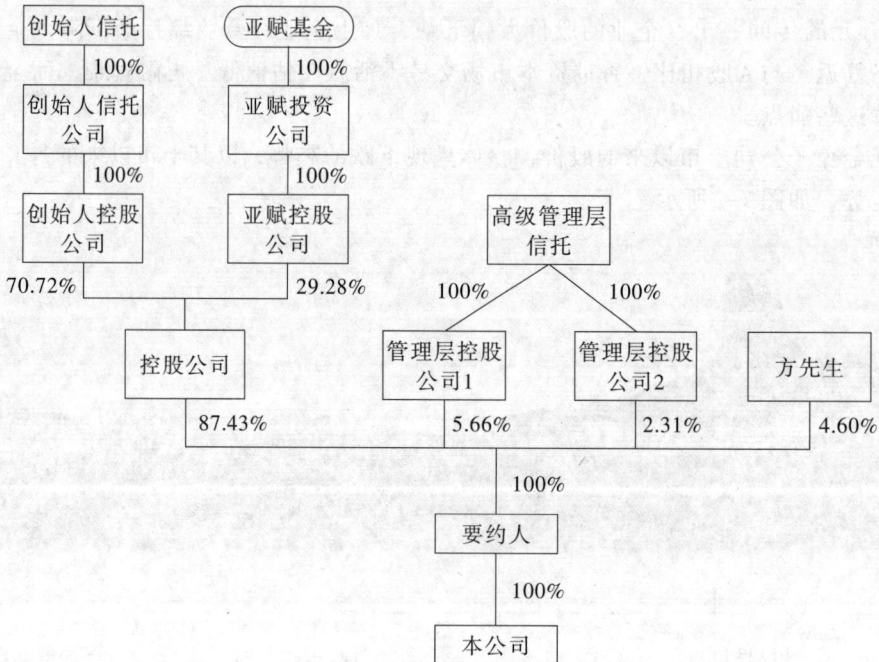

图7-3 要约人集团股权结构

要约人将按照2.80港元/股的价格购回股票并注销，即为了换回无利害关系股东的股份一共需要花费5.3亿港元左右。大股东想要一下拿出这笔钱无疑是困难的，但在整个私有化过程中，大股东并不需要花钱，而是由亚赋基金出资。也就是说，企业不需要自己出资或融资，借助亚赋基金的财务及经营资源就可以实现治理结构的调整。但理想和现实往往操作差距，大股东无须花一分钱的资本运作，最后是竹篮打水一场空。

（二）道阻路难行

1.私有化价格

2021年11月30日，金嗓子的私有化方案未能达到港交所要求的退市条件，宣布了其私有化计划失败，并撤销了私有化要约。

私有化价格是企业私有化方案中的一个重要因素，价格过高或者过低都会影响私有化，其更像是要约人和中小股东之间的博弈。企业如何确定私有化价格尤其重要，金嗓子为了实现私有化，于8月12日提出以每股2.8港元的价格回购股份，这个价位与不同日期的溢价率的比较见表7-3。

表7-3　　　　　　　　　　　　回购价格的溢价率　　　　　　　　　　　金额单位：港元

| 时间 | 截至最后交易日前120日平均收市价 | 截至最后交易日前60日平均收市价 | 截至最后交易日前5日平均收市价 | 8月5日停牌收市价 | 11月29日收市价 | 上市发行价 |
|---|---|---|---|---|---|---|
| 股价 | 1.73 | 1.81 | 1.88 | 2.22 | 2.64 | 4.6 |
| 溢价 | 61.85% | 54.70% | 48.94% | 26.13% | 6.06% | 39.13% |

资料来源：作者根据金嗓子控股集团有限公司2021年8月12日公告整理。

企业2020年、2021年上半年的股价普遍在1.7港元左右，外界普遍认为私有化收购项目的溢价应高于最后收盘价的20%～30%，金嗓子企业的私有化价格也较为合理，但企业为何私有化失败了呢？据悉，金嗓子的私有化价格虽达到市场一般的溢价率，但随着企业公布私有化以来，企业股价大幅上升，在私有化表决前一日，股价收市价为2.64元，已接近了收购价，而相比于股东的购买价格，如发行价4.6港元，收购价已缩水了40%。另外，在资本市场上，存在着较多的第一次私有化失败，而第二次私有化成功的案例，原因是企业大多在第二次私有化时提高了收购价格，如盛大游戏、学大教育、世纪佳缘等均上调了私有化价格，这也促使中小股东想要与大股东进行博弈。

2.无利害关系股东

在金嗓子私有化方案的投票中，投出反对票的股东所持有的无利害关系股份数量占比为63.87%，无利害股东的反对按下了金嗓子私有化退市的暂停键，根据收购守则规则，金嗓子12个月内都不会私有化退市了。

纵观金嗓子的发展，其私有化退市完全是自身的经营发展受困所致，而非受政策影响或是被强制退市，企业若能进行有效的经营调整仍然有翻身的机会。另外，中小股东指责金嗓子的经营困境是由大股东决策失败所致，大股东主导的多元化产品如草本植物饮料、金嗓子肠宝等在市场上没有吸引力，因此中小股东也不想接受私有化的结果。

中小股东更注重短期利益，而控股股东更注重长期价值。中小股东和控股股东利益不一致，追求的目标不同，这也在一定程度上阻碍了企业的私有化进程。2021年，金嗓子发布半年报，企业的销售水平已经有所恢复，净利润大幅上升，营收有了一定的改善，如图7-4所示。

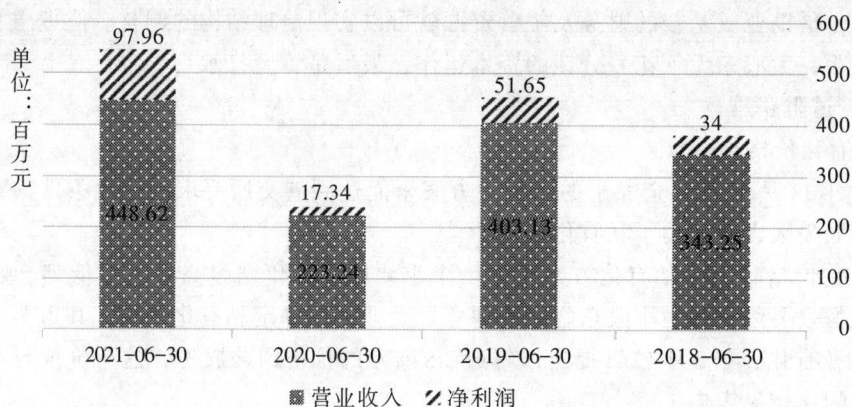

图7-4 2018—2021年半年收益走势图

除此之外，上市以来金嗓子每年都进行了派息，且中期财务报表显示企业的盈利上升，中小投资者有很大的动机想要等待企业改善经营以拉升企业股价，这样既能收取红利又能在股价高位套利。私有化失败后，中小股东的反对也对大股东形成了压力，促使企业的管理者思考如何改变企业的发展现状、解决企业的发展痛点、缓和与无利害关系股东的关系。

## 五、未来布局破困境

是坐以待毙还是谋求发展？金嗓子一直选择的是谋求发展这条道路，但是发展的方向似乎还未找到或者效果并不明显。企业应该寻怎样的突破一直是困扰金嗓子管理层的问题。

2021年以来，发布私有化退市公告的金嗓子在遭遇了这些困境之后，开始规划企业的未来布局。这次布局相比以往有了较大的突破，主要表现在以下两个方面：一是跟上时代的步伐，着力大健康市场；二是在一定程度上打破家族企业的管理方式，引入外部资本，为企业注入新鲜的血液。这些改革会带着金嗓子再一次走上正轨吗？

（一）着力大健康市场

近年来，国内药企面临着诸多困境，如新药研发难度大、行业监管日益严格、利润空间缩小等。随着人们的消费理念和收入水平的改变，快消品行业因为门槛相对较低、利润较为丰厚，成为众多药企瞄准的新方向。众多企业加入了大健康领域的新战场，广药集团、太极集团、康美药业等药企纷纷推出保健品以及健康饮品寻找新的利润增长点。金嗓子也开始进军大健康市场，既想在大健康市场分一杯羹，又想带动企业的战略转型。2021年11月，在新基地启动媒体见面会上，金嗓子提出要聚焦大健康市场的发展机遇，推进健康产业园的建设，以未来十年成为百亿级细分行业龙头企业为目标。

金嗓子一直受限于所处的城市中心城区的地理位置，企业新基地的建设一举突破了这一困境。从2021年金嗓子新基地的建设和半年报披露中可知，金嗓子正聚焦于药品及其他健康产品研发领域。金嗓子旨在通过新基地的建设加强各个产品的协同作用，未来将引入高科技研发团队，聚焦智能化未来，力求开发出更多元化、更具潜力的大健康产品，满足人们多样化的健康需求，从而翻开其高质量发展的新篇章。

（二）引入外部资本

家族企业在初创期的所有权和控制权高度统一，企业凭借家长式权威治理能够在复杂、瞬息万变的市场环境下作出及时有效的决策，从而获得先发优势。但家族继承人能力不足是家族财富传承的过程中普遍出现的问题。金嗓子作为典型的家族企业，核心管理人员由主要家族成员担任，缺乏必要的外部股东对其进行监督。而且企业目前面临困境，急需一个明确的重振计划，需要大量投资，但由于股价日益下跌，投资者对其并不看好，企业的融资能力有限，又受限于上市监管和企业股权结构的现状，企业的战略目标难以实现。因此，金嗓子将引入外部资本——亚赋基金。亚赋基金作为全球著名的投资机构"渣打直投"的前身，拥有丰富的资金、投资经验和财务及运营资源，亚赋基金的加入有助于将资源集中投入到金嗓子润喉片及其他医药大健康产品的产销发展。但是，原本想要私有化退市并执行重振计划的金嗓子和亚赋基金的合作随着退市失败戛然而止，金嗓子又该如何进行战略转型呢？

## 六、尾声

金嗓子的发展历程就像坐过山车一样，曾经一鸣惊人，成为国民品牌、红极一时，之后由盛转衰，逐渐淡出公众的视野。这个老牌企业面临的痛点很多，亟待打破老化的桎梏，私有化退市会成为企业破局的开始吗？如今的时代早已今非昔比，像金嗓子这样的国民老品牌应如何破旧立新、跟上时代节奏？面临着企业退市失败的结果，金嗓子未来的发展又将怎样转变？这些都是未知数，但上市不是终点，退市同样不是终点，金嗓子的未来布局和转型将有怎样的市场表现，它将交出什么样的答卷，将留待资本市场来检验。

## 七、启发思考题

1. 港股主动退市和强制退市的区别是什么？分析金嗓子私有化退市的动因。
2. 金嗓子引入亚赋基金进行私有化退市有什么益处？
3. 要想成功实现私有化退市，企业需要考虑哪些因素？探讨金嗓子退市失利的原因。
4. 从企业战略的角度试着探讨金嗓子未来的发展方向，是维持上市还是私有化退市？

**【政策思考】　企业战略与高质量发展、品牌建设、资本市场、实体经济的良性互动**

党的二十大报告强调高质量发展是全面建设社会主义现代化国家的首要任务。金嗓子的案例表明，企业长期依赖单一产品和营销手段、忽视研发创新，会导致品牌老化和市场竞争力下降，这与高质量发展的要求背道而驰。

金嗓子因广告营销的成功而崛起，但也因广告纠纷和品牌形象受损而陷入困境。其股价长期下跌、融资功能退化，也反映了资本市场与实体经济之间的脱节问题。

企业作为文化传播的重要主体，应注重品牌建设与社会责任的结合，通过诚信经营和优质产品赢得市场的认可。资本市场应更好地服务实体经济，通过优化资源配置支持企业转型升级。监管部门应加强对资本市场的监管，防止市场操纵和内幕交易，保护投资者的信心。同时，企业应合理利用资本市场，通过优化股权结构和提升公司治理水平增强融资能力。

# 案例使用说明

## 一、教学目标

1.本案例主要适用于"财务管理"课程的教学。

2.教学目标：

（1）通过分析金嗓子经营发展的痛点，找出企业私有化退市的动因；

（2）介绍了企业私有化方案，意在引导案例使用者了解企业在香港资本市场上的私有化运作方式和程序；

（3）运用企业战略的相关知识点探讨企业退市失败后的发展方向，以便为企业的管理者提供决策参考。

## 二、思考题与分析要点

图7-5给出了本案例指导性分析思路，仅供参考。

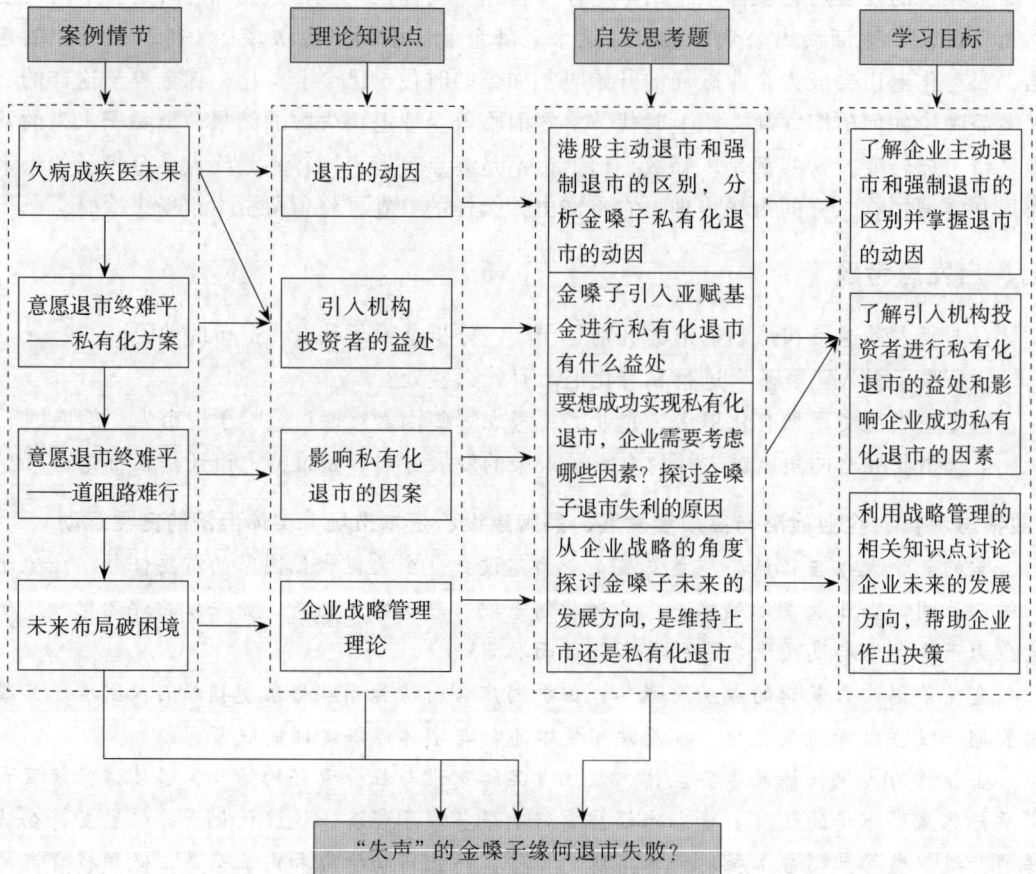

| 案例情节 | 理论知识点 | 启发思考题 | 学习目标 |
|---|---|---|---|
| 久病成疾医未果 | 退市的动因 | 港股主动退市和强制退市的区别，分析金嗓子私有化退市的动因 | 了解企业主动退市和强制退市的区别并掌握退市的动因 |
| 意愿退市终难平——私有化方案 | 引入机构投资者的益处 | 金嗓子引入亚赋基金进行私有化退市有什么益处 | 了解引入机构投资者进行私有化退市的益处和影响企业成功私有化退市的因素 |
| 意愿退市终难平——道阻路难行 | 影响私有化退市的因案 | 要想成功实现私有化退市，企业需要考虑哪些因素？探讨金嗓子退市失利的原因 | |
| 未来布局破困境 | 企业战略管理理论 | 从企业战略的角度探讨金嗓子未来的发展方向，是维持上市还是私有化退市 | 利用战略管理的相关知识点讨论企业未来的发展方向，帮助企业作出决策 |

"失声"的金嗓子缘何退市失败？

图7-5　案例分析思路图

## 三、理论依据及案例分析

1.港股主动退市和强制退市的区别是什么？分析金嗓子私有化退市的动因。

（1）理论依据

①私有化概念

上市公司私有化，是指由上市公司大股东、管理层或者其一致行动人作为收购建议者所发动的收购活动，目的是全数收回公司流通在外的股份，买回后撤销这家公司的上市资格，变为私有公司，即退市。这是资本市场的一类特殊并购操作，它与其他并购操作的最大区别就是它的目标是使被收购的上市公司下市，由公众公司变为私人公司。

港股主动退市和强制退市的区别见表7-4。

表7-4　　　　　　　　　　　港股主动退市和强制退市的区别

| | 主动退市 | 强制退市 |
|---|---|---|
| 含义 | 主动退市，又称自愿退市，是指上市公司行使其选择和作出商业决策的权利，自愿向联交所申请停止在交易所上市 | 被动退市，即"被迫退市"，是指一家上市公司触发联交所强制性退市机制，而联交所根据其相关规则或规定，被迫将其从联交所上市公司的股票列表中删除 |
| 原因 | a.大股东提出私有化协议安排或强制要约收购；<br>b.股票价格长期低迷，价值被低估，失去融资功能等 | 触发强制退市的条件：<br>a.发行人（上市公司）未遵守《上市规则》，且情况严重的；<br>b.公众持股不足（公众持股不低于发行人已发行股本总额的25%）；<br>c.经营活动或资产不足以维持其证券上市；<br>d.发行人或其业务不再适宜上市；<br>e.对于连续停牌18个月的证券，港交所可以对其进行摘牌；<br>f.港交所可以刊发摘牌通知，列明发行人若未能在通知所指定的时间内（即补救期）恢复股份买卖，港交所有权将其摘牌 |
| 退市程序 | a.收购方及其一致行动人拟定收购协议；<br>b.收购方向证监会和联交所提交私有化申请，公司暂时停牌；<br>c.通过证监会和联交所的审批后发布公告，恢复股票交易；<br>d.向中小股东发出计划文件，召开股东大会；<br>e.举行法院会议，法院通过私有化计划 | a.在停牌后的6个月内，公司须定期公告其当前状况；<br>b.上一阶段结束后，如公司仍不符合上市标准，交易所将发出书面通知，告知其不符合上市标准，并要求其在6个月内提供重整计划；<br>c.上一阶段结束后，如公司仍不符合上市标准，交易所将发出公告，声明公司已经失去持续经营能力，将面临退市，并向公司发出最后通牒，要求其在一定期限内（一般是6个月）再次提交重整计划；<br>d.上一阶段结束后，如公司没有提供重整计划，则交易所宣布公司退市 |
| 达成条件 | 参照港股常见的协议安排和要约收购主动退市条件 | 交易所对上市公司退市一般有较大的自主权，如香港联交所上市规则规定，交易所对认为不符合上市标准的公司，有权终止其上市。联交所作出终止上市的决定无须经过证交会批准，但香港交易所在退市的前三个阶段都有宽限期，被强制退市的可能性较小 |

资料来源：周煊，申星.中国企业海外退市思考：进退之间的徘徊［J］.国际经济评论，2012（4）：135－147.

②私有化退市的动因

由于各个企业所处的资本市场、行业不同以及企业自身发展存在差异，企业私有化退市的动因也有所不同，但总体可以归纳为以下几个方面：

A.价值重估动因

上市公司在抉择是否私有化退市时，公司股票价格是一个重要依据。由于信息的不对称性，外部投资者因为自身的逐利性较多地关注公司的短期价值而忽略了其长期发展潜力，使得许多具有成长性的公司的价值被低估。如果公司的股票价格长期处于低位、股票交易量低，不仅会影响其融资能力，还会严重损害公司形象，打击外部投资者的信心。长此以往，上市对于公司来说不仅不会带来收益，反而会将其拖入更深的泥潭。因此，很多公司为了维护管理者与大股东的权益、维护自身的形象，果断地选择私有化退市来减少损失。

B.交易成本动因

越成熟的市场对信息透明度的要求越高。与中国内地市场相比，中国香港资本市场较为成熟，对于上市公司的信息披露要求更为严格，上市公司的财务状况必须定期公示，从而使投资者、监管机构可以及时掌握公司的经营情况，所以公司需要支付巨额费用来聘请会计师事务所和律师事务所的专业人员为信息披露工作服务。

不仅如此，上市公司要具备完善的公司治理结构，这也会使其成本费用增加。在股票价格低迷、融资可能性低的情况下，上市公司还需要继续承担这笔费用，无疑将加重公司的负担。

对于上市公司来说，如果上市所获取的收益无法弥补其成本费用，那么上市就失去了意义，而私有化退市就变成更加理性的选择。

C.进行战略调整的需要

中概股企业初期为增加自身的知名度与国际影响力，往往选择远赴海外上市，扩张海外版图。但部分企业在海外上市几年后面临市场饱和，企业发展陷入瓶颈，亟需战略转型以实现进一步发展。根据资本市场有效性理论，在成熟的资本市场，上市公司的一切行动都会比较迅速地通过股票价格反映出来，而投资者对股市往往是敏感的。个人投资者持股换手率高，侧重短线投资；而机构投资者侧重于长期价值投资，比个人投资者更善于发掘市场信息，减少信息不对称性。因此，当公司在资本市场上表现不佳而需要通过机构投资者提升长期价值时，大股东或者管理层可以通过私有化退市的方式避免监管部门的监督、股东的压力以及社会公众的关注，进而顺利进行战略调整，促进公司的长远发展。

（2）案例分析

从金嗓子的发展历程来看，其私有化退市的动因表现在以下几个方面：

①股价长期低迷

金嗓子面临着过度依赖单一产品、内部经营不善、屡陷信誉危机、尝试多元化经营无果的内部困境和众多竞争者抢占市场的外部威胁，在业绩日渐低迷的情况下，企业发展乏力。投资者越来越不看好金嗓子的发展，集中表现为企业的股价持续下跌，从最高的8.47港元/股下跌到1港元/股，股票交易量也越来越少，企业的市值从最高的62亿港元一度下跌到十几亿港元，缩水了80%左右。而且金嗓子已度过其高速增长阶段，短期内业务增速潜力有限。因此，金嗓子拟通过私有化脱离上市融资功能退化和渠道阻塞的困境。

②减少上市维护成本

与中国内地资本市场相比，中国香港资本市场较为成熟，对于上市公司的信息披露和监管更为严格，上市公司每年需要花费大量的审计费用、诉讼费用、咨询费用，企业的上市维护成本极高，这对于业绩下滑的金嗓子而言更是雪上加霜。金嗓子选择私有化退市会为公司节约巨额费用。非上市公司无须进行信息披露，节省了部分的被管制成本。再者，退市后企业的各种经营管理依然能够保持正常，不但不会给企业造成较大冲击，还会免除企业的上市成本。金嗓子的财务年报披露，其每年需要支付200多万元的审计费用，而这笔支出和企业的研发投入相差无几。

各资本市场的上市维持成本比较见表7-5。

表7-5　　　　　　　　　　　**各资本市场上市维持成本比较**　　　　　　金额单位：万元

| 可预测费用 | A股 | 香港主板 | 香港创业板 | 纽交所 | 纳斯达克 |
|---|---|---|---|---|---|
| 上市费用占融资额比例 | 4%～5% | 15%～20% | 10%～15% | 15%～25% | 9%～16% |
| 每年投资者关系维护费 | 5~10 | 25 | 25 | 630 | 630 |
| 每年上市年费 | 0.6~3 | 8~90 | 6~18 | 24~315 | 17~63 |
| 每年法律顾问费用 | 10 | 60~100 | 40~100 | 160 | 160 |
| 每年审计费用 | 30~40 | 100 | 60~100 | 160 | 160 |
| 每年信息披露费用 | 12 | 30~50 | 30~50 | 50~100 | 50~100 |

资料来源：周煊，申星. 中国企业海外退市思考：进退之间的徘徊 [J]. 国际经济评论，2012（4）：135－147.

③进行战略调整的需要

金嗓子重营销、轻研发，上市以来连续多年研发成本占总营收的比率不到0.5%，研发投入甚少。因此，金嗓子近年来并没有什么有吸引力的新产品，品牌严重老化，被湮没在时代的海洋中。而且，成为行业第一的金嗓子在2014年上市后，营收并未显著增加，相反还出现了下降趋势，虽然公司后来进行了多元化尝试，但屡屡受挫，新产品落地无声，企业的发展呈现动力不足的状态。

另外，由于近年来中国城市零售药店终端的咽喉中成药市场规模不断扩容，大众对于咽喉中成药的需求与日俱增，咽喉中成药的种类也日益增多，更多的企业进入这一领域瓜分红利，江中牌复方草珊瑚含片、三金西瓜霜含片、京东念慈菴等畅销产品纷纷出现。外部竞争加剧使得金嗓子的市场份额逐渐下降，企业发展慢慢失去优势，发展方向急需转变。

为了实现战略转型，金嗓子拟引入外部资本进行私有化退市，以此进行新的战略布局，进入大健康市场，实现资源的合理配置，并促进企业价值的提升。

2.金嗓子引入亚赋基金进行私有化退市有什么益处？

（1）理论依据

有关引入机构投资者的文献显示，引入机构投资者的益处主要表现在以下方面：俞军等（2016）认为上市公司引入战略投资者是因为战略投资者一般拥有一系列难以获得的社会资源，如较好的资质条件、卓越的管理才能和市场品牌效应等，能够帮助上市公司整合产业链、优化公司运营流程、扩大市场份额和规模效应，从而使上市公司能够长足发展并进行战略转型；Jhuma等（2017）认为企业引入境外机构投资者更多的是为了获得其资源，如技术支持等；Hamish等（2019）认为境外战略投资者通过减少企业间借贷产生的隧道效应提供了监管保护，通过控制过度借贷减轻了对少数股东的侵占；韩忠雪等（2019）认为战略投资者具有充足的资金以及技术储备，能够让企业进行技术创新，继而提高技术效率，同时，战略投资者能在一定程度上抑制财务投资者的短期行为。

（2）案例分析

根据企业的发展现状，金嗓子引入机构投资者可以获得以下益处：

①缓解融资问题

金嗓子上市6年以来，没有增发也没有配股，而且上市1年多后，企业的股价从最高的8.47港元下降到1港元左右，股票成交量也逐渐下降，企业市值最多缩水达90%。股民越来越不看好企业的发展，金嗓子想要在资本市场融资比较困难。面对在资本市场上的融资困境，金嗓子希望通过引入机构投资者来缓解融资压力。另外，金嗓子想要进行私有化退市，而换回无利害关系股东的股份需要花费约5.3亿港元，大股东想要一下拿出这笔钱无疑是困难的，但引入战略投资者后可以由亚赋基金出资，企业不需要自己出资或融资，大股东无须再花钱。

②提高创新能力

重营销而轻研发、品牌老化是金嗓子企业面临的内部困境。纵观金嗓子上市以来的年报，其每年的销售费用都将近2亿元，而在研发上每年仅投资200多万元。金嗓子不仅对研发投入少，研发专利的质量也不高。然而，研发是制药企业维持长期竞争力的核心，需要投入大量的资金。2020年，A股"医药一哥"恒瑞医药投资近50亿元用于研发，研发投入占到销售收入的18%。相比之下，金嗓子的研发投入微乎其微，而亚赋基金拥有丰富的投资经验和充足的资金，既可以加大企业的研发投入，又能够凭借其投资经验在资本市场进行并购，以快速获取一些企业的关键技术，使企业的创新能力得以提升。

③便于战略调整

金嗓子在上市期间的财务业绩喜忧参半，推出的新产品吸引力不足，导致其股价下跌，股票流动性日益不足。金嗓子的发展陷入了瓶颈期，急需进行战略调整。亚赋基金的前身为全球著名的投资机构"渣打直投"，拥有充足的资金、丰富的投资经验以及财务和运营资源，从2005年至今，在中国至少投资了18个项目，涵盖物流、房地产、投融、消费、科技等领域。亚赋基金的加入会促进金嗓子进行资源整合，把资源集中于润喉片及其他医药大健康产品的产销发展，帮助企业实现战略转型。

3.要想成功实现私有化退市，企业需要考虑哪些因素？探讨金嗓子退市失利的原因。

企业想要成功实施私有化退市需要考虑很多方面，如退市的方式、时机、价格、支付方式、融资渠道、私有化退市与未来发展战略的衔接、退市风险的衡量等。

（1）理论依据

影响私有化退市的因素如下：

①私有化方式（针对港股私有化）

在上市公司私有化方面，香港市场对中小股东的保护力度较大。上市公司私有化不仅要遵守香港证监会的《公司收购、合并及股份回购守则》，同时要遵守上市公司注册地的公司法。目前，香港证监会和香港联合交易所认可的主要司法权区包括中国香港、中国内地、开曼群岛和百慕大。港股私有化主要有要约收购、协议安排两种方式，但对于注册地不同的公司，其私有化的要求也不尽相同。

第一，要约收购是指要约方在证券交易所内通过购买股票的方式持有标的公司股份使其达到法定比例，该比例通常为30%。如果公司需要继续增加持股数量，那么其必须向标的公司全体股东发出全面要约。只有当所持标的公司股票数在90%以上时，要约方才具有强制性收购的义务。在要约生效条件满足后，要约收购才会生效，而要约收购又分为强制要约和自愿要约。

第二，协议安排是由收购方和目标方共同向目标方的股东发出协议安排通知，经过由股东参与的法院会议和特别股东大会批准后，由法院强制执行，有关的协议安排必须根据公司成立所在地的公司法执行。收购方收购目标方所有股东的全部股份，被收购公司退市并入收购方，收购的股份只能是100%或0。

协议安排和要约收购的区别见表7-6。

表7-6　协议安排和要约收购的区别

|  | 协议安排 | 要约收购 |
| --- | --- | --- |
| 含义 | 主要由大股东向上市公司提出协议安排，建议注销所有小股东所持股份，作为交换支付对价，达到100%控股的效果 | 要约人（通常为大股东或实际控制人）向上市公司全部股东提出股份要约收购 |
| 分类 | 无 | a.自愿要约（Voluntary offer）<br>b.强制要约（Mandatory offer）<br>由于自愿要约较灵活且对要约人的限制较少，因此通常采用自愿要约 |
| 所需时间 | 平均用时5~6个月 |  |
| 达成条件 | 至少75%的参与投票的独立股东的批准票数；不超过10%的所有独立股东的反对票数；还需符合公司注册地的要求 | 强制要约达成条件：当要约人持有股份超过总股本的90%，可强制收购剩余股份；还需符合公司注册地的要求 |

两种私有化方式的执行程序大致相同，具体为：收购方及其一致行动人拟定收购协议；收购方向证监会和联交所提交私有化申请，公司暂时停牌；通过证监会和联交所的审批后，发布公告，恢复股票交易；向中小股东发出计划文件，召开股东大会；举行法院会议，法院通过私有化计划。

上市公司可以有多种私有化退市的方式选择，不同方式有不同的特点，并且对公司私有化退市产生的效果也有所不同。因此，公司在选择私有化退市方式时，需要综合考虑自身的资金实力、战略目标以及公司发展前景等情况，谨慎地作出选择。

②退市时机

企业退市的风险巨大，而退市能否成功与其私有化退市时机的选择有很大的关系。对于海外上市公司而言，充分评估上市公司实施私有化退市等资本运营行为的市场时机特别重要。一个好的退市时机不仅可以节约私有化退市的时间成本，还可以有效节约财务成本。因此，公司应该合理地选择私有化退市时机，实现低成本、高效率的退市。比如，公司应明确自身的生产经营情况，防止资金链中断进而影响退市；关注外部市场的变动，谨防外部资本市场的剧烈变化干扰企业退市进程；关注国家对企业所处行业的相关政策，借助政策东风退市。

③退市价格

私有化退市价格是私有化交易过程中发起人收购目标公司股票的价格。一般情况下，私有化退市价格的确定有三种参考标准：

一是上市公司私有化退市前一个交易日股市的收盘价格；

二是退市前20日、60日、120日的股票平均价格；

三是公司进行估值分析日前20日、60日、120日的平均价格。

私有化退市价格只要高出上述三个标准中的任意一个即可。对于私有化发起人来说，当然是价格越低越好，但如果价格过低，则很可能遭到中小股东的反对，使方案不能通过，最终导致退市失败。因此，在制定私有化退市价格时，在参考历史交易价格的基础之上，还需要考虑同行业、具有可比性的公司的私有化退市价格，并在以上参考标准的基础上给予适当的溢价，从而让中小股东愿意卖掉手中的股票，实现公司私有化退市。

④支付方式和融资渠道

企业进行私有化退市难免会面临收购中小股东股份的情况，而面对大量的现金需求和价格溢价该怎样融资是企业退市的难题。虽然退市也可以进行股权置换，但企业选择的支付方式和融资渠道会影响企业的退市进程和退市效果。

⑤退市风险的衡量

上市公司私有化退市的风险是贯穿始终的，私有化退市有可能引发道德风险、财务风险、法律风险、中止风险等。要想成功实现私有化退市，收购方应根据企业自身现状拟定风险控制方案，对私有化实施期间的突发事件进行有效规避，对自身的风险应对能力进行客观评定。这些风险一旦形成将会对退市造成较大的挑战，因此企业在进行私有化退市时应该衡量退市的风险。

（2）案例分析

基于本案例的介绍，金嗓子私有化退市失利可能有以下原因：

①退市价格

企业想要成功实行私有化退市需要考虑较多的因素。实施私有化的一方需要购买上市公司股东所持有的股份并取消该公司的上市地位，相当于把在市面流通的不属于其的股票购回，而小股东需要统一卖出他们手中持有的股票，因此他们通常会要求一个合理的价格。对于金嗓子而言，退市价格不够高可能是其退市失利的一个原因。退市价格是影响中小股东利益的主要因素，退市价格定得太高，大股东会支付巨额的成本；而价格定得太低，中小股东又不会同意，企业将面临私有化方案不通过、退市中止的风险。

金嗓子提出的以每股2.80港元的价格注销股份，较最后交易日前120日、60日、5日的平均收市价分别溢价了61.85%、54.70%、48.94%，较8月5日停牌前收市价（每股2.22港元）溢价了26.13%，相比外界普遍认为的私有化收购项目的溢价应在20%~30%而言，已经相对合理。但是，企业宣布私有化方案以来，股价逐渐上涨，已逼近收购价，与11月29日（私有化方案表决前）的收市价相比才溢价6.06%，二级市场股价高于要约收购价格，投资者低价接受要约显然不划算，甚至难以弥补投资者的投入成本。由招股说明书可知，2.80港元/股的收购价较上市发行价4.6港元缩水了39.13%。面对着短期割肉和长期等待企业分红和经营改善的选择，中小股东的等待心理致使其想要弥补自己的投入成本。

金嗓子退市失败后股价走势如图7-6所示。

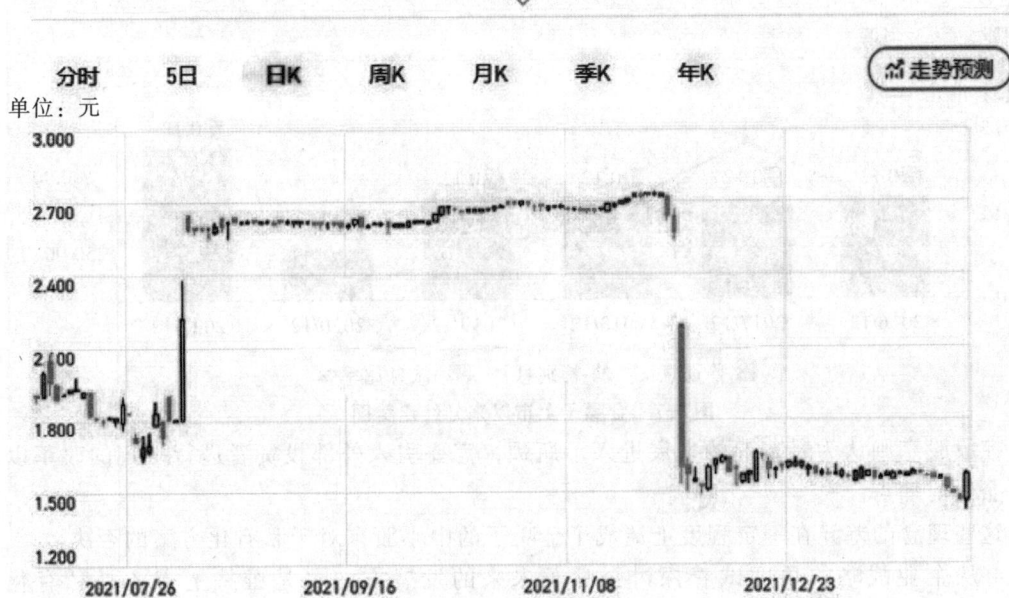

**图7-6 金嗓子退市失败后股价走势图**

②退市时机

退市时机的选择对于企业的退市和上市具有重大的影响。由图7-2可知，金嗓子在2020年和2021年上半年的股价都维持在1.7港元左右。2021年，金嗓子的半年报披露其利润实现较大增长后，股价才开始上涨。2021年8月12日金嗓子披露的私有化方案价格可以在半年报披露前形成较高的收购溢价，这一时机的选择对于金嗓子而言应该是正确的。但金嗓子的私有化退市完全是由于自身的经营发展困境所致，而非被强制退市，企业若进行有效的经营调整仍然有翻身的机会，中小股东发现企业的产品销量已经有所恢复，企业2021年营业收入和净利润都有了较大幅度的提升，再加上企业已经开始调整战略，使无利害关系股东重燃希望，因此不同意此次私有化，希望待其强势归来时能得到较高的回报。

③价值追求

控股股东和中小股东在利益追求、价值观念和退市理念上都存在着一定差异。有关文献研究和揭露了大股东对中小股东的利益侵占和控制权收益，更加剧了大股东和中小股东的紧张关系。

中小股东更看重短期利益，受资本市场情绪影响较大，而大股东更看重长期价值和企业的发展方向和战略。而且，金嗓子的中小股东认为金嗓的经营困境是由大股东失职所致，大股东的多元化经营决策失败，草本植物饮料、金嗓子肠宝等产品在市场上没有吸引力，他们不想为此买单。此外，金嗓子每年都分红，也对中小股东具有一定的吸引力（如图7-7所示）。金嗓子作为国民品牌进行经营调整后股价很可能上升，中小股东也能够从股市中获得投机机会和更高的收益。

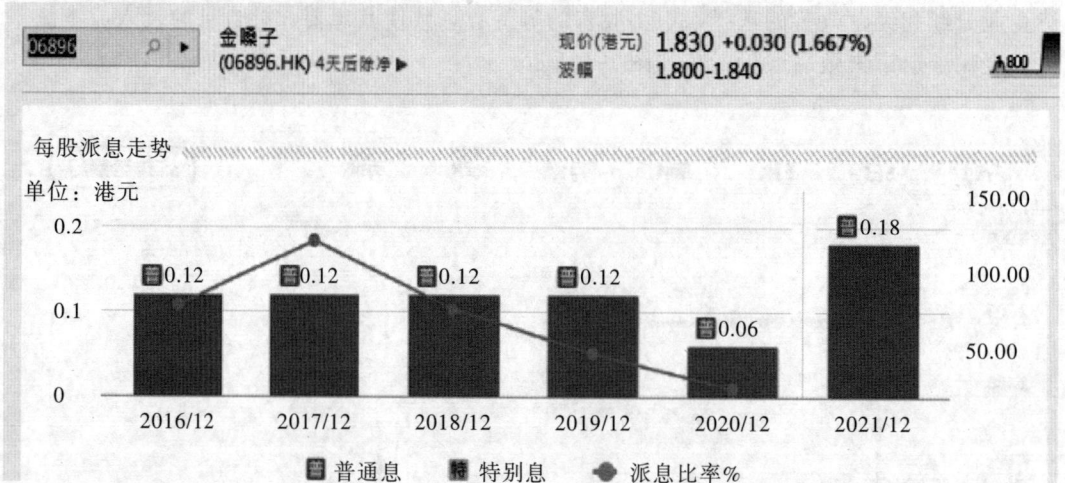

图7-7 金嗓子上市以来分红走势图

控股股东则认为，企业的发展进入了瓶颈，需要引入外部投资者进行一定的改革以解决企业的痛点。

这些理念的差异在一定程度上造成了金嗓子的中小股东对于私有化方案的否决。

4. 从企业战略的角度试着探讨金嗓子未来的发展方向，是维持上市还是私有化退市？

（1）理论依据

战略管理是指企业对未来的发展方向做的提前规划。管理层通过对企业所处的背景和环境进行分析，得出企业发展的优势和劣势，根据企业的自身情况和外部环境来制定一个合理有效的战略目标，并且通过一系列的措施来保证目标的顺利实现。对于企业来说，不确定环境下的战略管理至关重要，战略管理的实施可以为企业作出长远的规划，为企业发展提供明确方向，使企业在面对市场风险时可以妥善处理，提高经营能力和核心竞争力。

　　战略对企业的发展有着重要意义，企业资源的引入、重组和整合都需要围绕企业战略来进行。因此，战略作为企业长远发展的目标是驱动企业前进的重要引擎。

　　（2）案例分析

　　企业未来的发展方向都应该以企业的长期战略为目标，长期战略对于企业而言起着引领性的作用。金嗓子的战略目标是在未来实现良性健康的发展，下面将分别分析金嗓子维持上市和再次私有化对于企业经营困境的改善，以及是否符合企业的长期战略目标。

　　①维持上市

　　维持上市、解决企业的痛点才能使企业长远地发展。本案例使用SWOT分析模型总结了金嗓子的内外部优势和劣势，如图7-8所示。

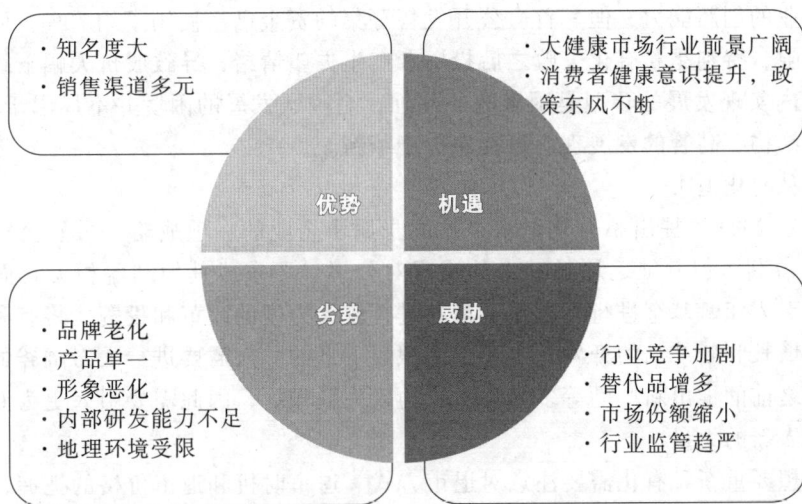

**图7-8　SWOT分析图**

　　金嗓子面对着较多的发展难题，企业产品单一、研发投入不足和后续发展乏力的问题尤为严重。然而，面对外部大健康市场的机遇，企业也需要大量的资金投入。解决这些问题将有利于实现企业营收增长、核心能力提升并促进企业市值的回归。

　　金嗓子上市以来的财务数据见表7-7。

表7-7　　　　　　　　　　　　**2017—2021年金嗓子财务数据**　　　　　　　　　　　单位：千元

| 项目 | 2017-12-31 | 2018-12-31 | 2019-12-31 | 2020-12-31 | 2021-12-31 |
|------|-----------|-----------|-----------|-----------|-----------|
| 营业收入 | 24 084 | 694 194 | 797 129 | 646 941 | 820 543 |
| 净利润 | 187 643 | 154 052 | 167 613 | 154 052 | 187 643 |
| 销售费用 | 305 546 | 290 027 | 308 447 | 253 309 | 261 610 |
| 研发支出 | 209 | 219 | 289 | 279 | 2 228 |
| 短期借款 | 86 000 | 96 000 | 96 123 | 152 450 | 234 999 |

从表7-7可以看出，金嗓子的营业收入虽然在2018年之后有了大幅提升，但净利润并没有随着营业收入的大幅增加而增加，甚至还出现了下降趋势。2021年金嗓子的营业收入和净利润都有较明显的上升，但其年报披露，收入的98%来自金嗓子喉片和金嗓子喉宝，而且企业收入的增加主要是由于2021年的销售情况有所恢复，产品单一的局面还是没有改变，受外部环境的影响较大，一旦拳头产品受到影响就会大幅削弱企业的业绩。

值得一提的是，2021年金嗓子的研发投入实现了较大增长，但企业的销售费用依然高达2.6亿元。相比销售费用，企业在研发投入上还有较大的上升空间。上市以来，金嗓子没有通过配股和增发获取权益资金的投入，而且企业的负债高度集中于短期负债，长期负债基本没有，企业的长期发展规划和融资能力仍显不足。

金嗓子已经开始建设新基地以打破中心城区的地理位置限制，同时加大了对研发的投入以提升企业的创新能力，但其首次公开发售募集的资金已经使用了约70%，而且企业的融资能力受限，特别是私有化失败之后投资者产生失望情绪，导致股价大幅下跌，企业想要在短时间内实现发展的转型是困难的。此外，金嗓子发展的困境并不局限于财务方面，企业的治理结构、高管的发展理念等都有待于革新。

②重新私有化退市

金嗓子在2021年提出私有化退市，这本身属于企业的一项战略，虽然公司继续上市运营可能会盈利，但其缺乏增长动力的表现对公司、股东或其他利益相关者而言均不理想。因此，引入亚赋基金进行私有化退市并进行较大力度的改革和投资，将有利于实现企业收益长期增长和新产品的开发。企业长期积累下来的弊病需要进行大刀阔斧的改革才能解决，而且之前的推出新产品等多元化尝试均以失败告终，因此需要引入更为专业的团队为其发展注入新的力量。

金嗓子想要重新私有化需要注意对退市方式、退市时机和退市价格的把握，权衡中小股东的利益，为下次的私有化退市打好基础。

## 四、关键要点

（一）关键点

1.了解香港市场企业私有化退市的动因

2.了解企业私有化退市流程和引入机构投资者的益处，加深对资本市场了解。

（二）关键知识点

1.私有化退市概念

2.企业私有化退市的动因

3.企业退市失败和企业战略管理

# 案例8 弃车保帅：沃森生物资产剥离助力归核化战略实施①

## 【学习目标】

通过本案例的学习，您应该：①熟悉资产剥离的概念及战略动因；②了解资产剥离方案的运作方式；③掌握资产剥离后资源优化配置的方法；④明确评估资产剥离财务绩效的要点；⑤提升对企业战略转型中资本运作的分析能力。

## 【关键词】

资产剥离 企业战略 剥离方案 优化配置

## 案例正文

2016年上半年，云南沃森生物技术股份有限公司（以下简称沃森生物）卷入"山东疫苗案"，2017年其未完成对赌业绩，需进行赔偿。受"山东疫苗案"的影响，公司2015年减值调整后亏损8.41亿元，2016年营业收入较上年减少41.25%，2017年因需赔偿继续亏损5.37亿元。2017年，公司审时度势，进行归核化战略调整。

在2018年的董事会上，云南沃森生物技术股份有限公司董事长李云春沉重地向其他董事说："这几年是公司的艰难时期，业绩以及公司形象都受到重创。所以，我们希望能深入扎根核心主业，通过核心主业来提升公司的竞争力，立足市场。为进一步实现归核化战略，我们计划今年剥离嘉和生物。同样，也需要大家努力在核心产业继续耕耘，创造出影响力大的产品！我们一起努力，渡过难关！"

## 一、公司情况简介

### （一）沃森生物基本信息

沃森生物成立于2001年，是一家专业从事研发、生产、销售人用疫苗等生物技术药的高科技生物制药企业，在以新型疫苗为代表的生物技术药细分领域处于行业领先地位。沃森生物的上市时间为2010年11月，上市板块为深圳证券交易所创业板。

沃森生物现已拥有两大畅销全球的重磅疫苗储备品种：第一种是13价肺炎结合疫苗，沃森生物是国内首家、全球第二家生产13价肺炎结合疫苗的企业；第二种是二价HPV疫苗，于2022年4月底上市，其研发的九价HPV疫苗即将进入三期临床试验。

---

① 本案例由湖南大学工商学院的蒲丹琳、鄢鸶、梁诗瑶、段凌撰写，作者拥有著作权中的署名权、修改权、改编权。本案例授权中国管理案例共享中心使用，中国管理案例共享中心享有复制权、修改权、发表权、发行权、信息网络传播权、改编权、汇编权和翻译权。由于企业的保密要求，本案例对有关名称、数据等进行了必要的掩饰性处理。本案例只供课堂讨论之用，并无意暗示或说明某种管理行为是否有效。

截至2020年年末，沃森生物主要生产和销售的自主疫苗产品如图8-1所示。

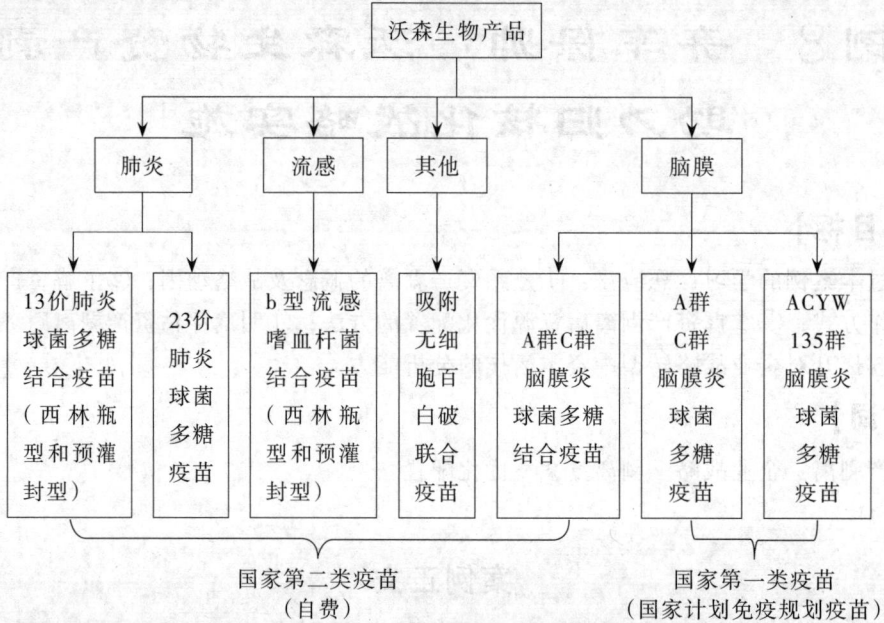

**图8-1 2020年沃森生物主要生产及销售的自主疫苗产品**

沃森生物自上市以来，股权结构处于较为分散的状态，不存在控股股东与实际控制人，如图8-2所示。

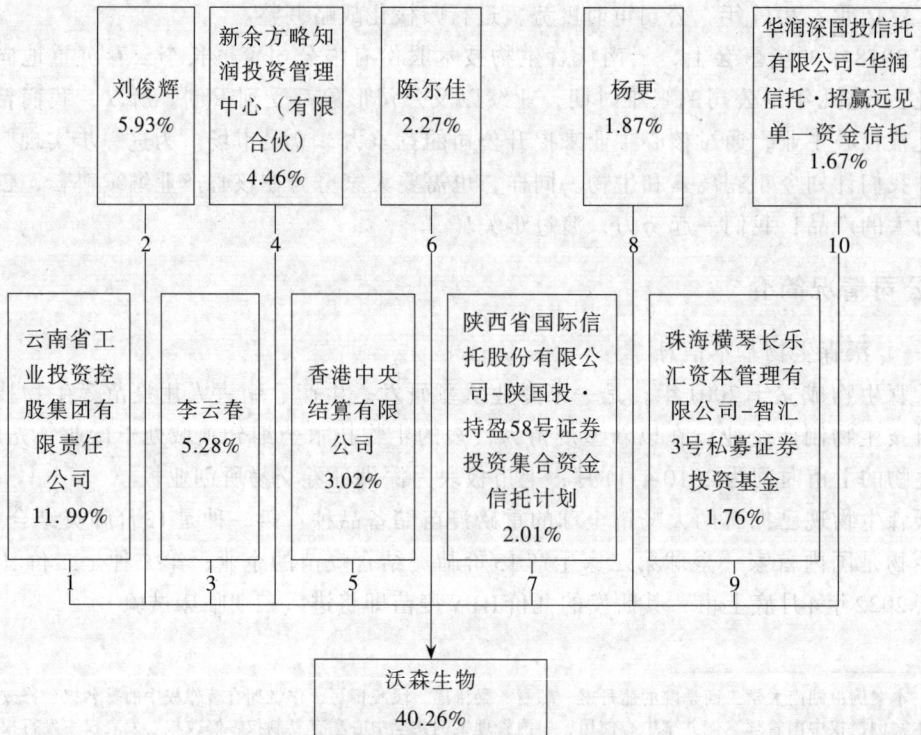

**图8-2 2018年沃森生物前10大股东持股情况**

　　在2018年年末，沃森生物前十大股东共计持股比例为40.26%，其中，第一大股东是国有法人——云南省工业投资控股集团有限公司，持股比例超过10%，达到11.99%。其余股东中，持股比例超过5%的有境内自然人刘俊辉和李云春，分别持有5.93%和5.28%。此外，境内自然人股东陈尔佳和杨更系夫妻关系，存在关联关系或一致行动关系，两人总持股比例小于5%，仅为4.14%。

（二）沃森生物战略扩张

　　上市后的2011—2014年，沃森生物战略发展的关键词是"外延扩张"。2010年，沃森生物在深交所创业板上市，共募集23.75亿元资金，解决了发展的资金瓶颈问题。由此，沃森生物开始并购多家公司，并购标的也呈现多元化的特征。

　　2011—2014年，沃森生物主要并购情况如图8-3所示。

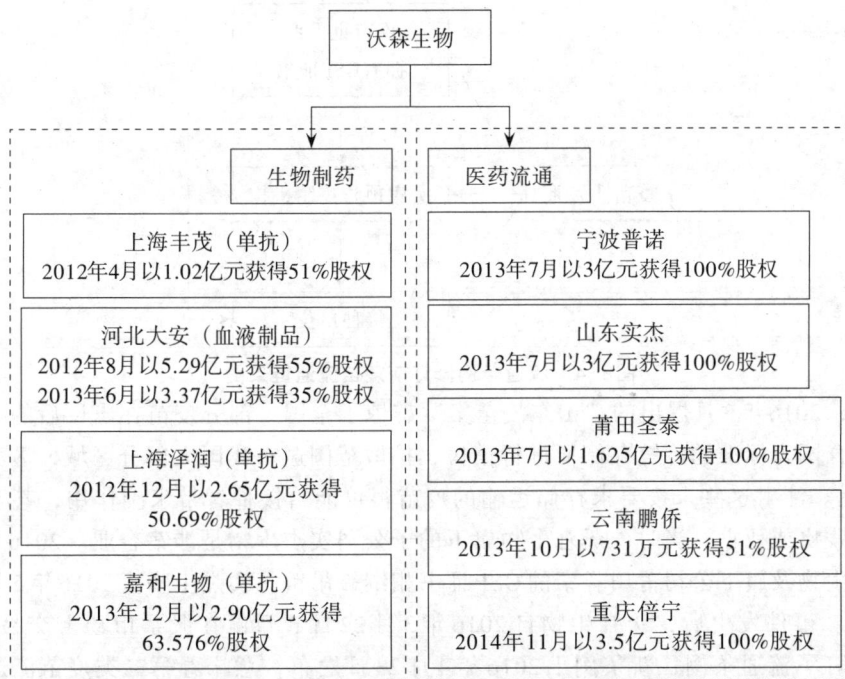

**图8-3　沃森生物2011—2014年主要并购情况**

　　由图8-3可知，2011—2014年沃森生物并购的企业以生物医药企业和医药流通企业为主，前者涉及单抗产业、血液制品产业以及疫苗产业。此外，为掌控优质渠道资源，公司通过并购进入生物制品的代理销售领域。

　　2015—2016年，沃森生物战略发展的关键词是"优化调整"，重点是实现并购后的协同效应。2015年，沃森生物整合了下属渠道公司，将下属医药流通公司全部注入实杰生物，并完成实杰生物的IPO。在单抗药物领域，2015年3月，沃森生物收购了嘉和生物注册资本8.384%的股权，收购价格为0.85亿元，至此，沃森生物拥有嘉和生物共计71.96%的股权。在疫苗领域，沃森生物在2015年进一步收购了上海泽润33.53%的股权，至此共计拥有上海泽润84.22%的股权。

　　总的来说，沃森生物是一家以研发为主的公司，其上市后采取"双轮驱动"的战略布局，以血液制品和销售平台这"两只轮子"驱动重磅疫苗产品以及单抗药物的研发，当研发动力不足时，血液制品和销售平台可以为其输送动力，以支撑研发进程。

## 二、涉案及赔偿，业绩遭遇"滑铁卢"

（一）沃森生物卷入"山东疫苗案"

在沃森生物的7个产品中，第二类疫苗有5个，第一类疫苗有2个。第一类疫苗接种无须费用，第二类疫苗接种需公民自愿自费。我国2005年发布的《疫苗流通和预防接种管理条例》（以下简称"流通条例"）指出，二类疫苗可以多渠道流通，一层一层的疫苗批发商掌控并拉长了疫苗流通链条，如图8-4所示。因此，沃森生物开始收购并搭建自己的销售平台，将销售渠道掌控在自己手中。

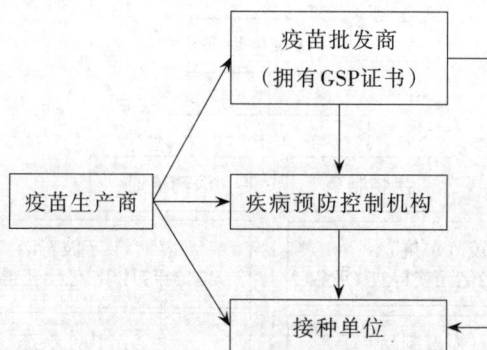

图8-4　流通条例修订前疫苗流通链条图

然而，2016年3月爆出的"山东疫苗案"震惊了全国，部分疫苗在出厂后的运输过程中未经符合国家标准的冷链存储便进行销售，扩散范围遍布我国大部分区域，涉案金额高达5.7亿元。注射这些未按要求存储运输的疫苗很可能给接种者带来副作用，甚至可致接种者终身残疾或死亡。当时，沃森生物旗下的子公司实杰生物是涉案企业。2016年3月24日，实杰生物及旗下公司莆田圣泰的GSP证书相继被吊销。实杰生物于2016年5月主动摘牌新三板。事件发生后，沃森生物自2016年3月22日起暂停在股票市场上交易。此外，国务院修订了流通条例，新条例于2016年4月23日发布，意味着第二类疫苗流通无须疫苗批发商，只能通过省级疾控中心集中向生产厂商采集，单链流向接种单位，传统的疫苗批发企业也只充当配送的角色，而且配送要求更加严格，投入和维护的需求也更大。虽然"山东疫苗案"是在2016年被曝出的，但是对沃森生物的影响可追溯到2015年，其业绩受到了重大影响，见表8-1。

表8-1　　　　　　　　　　沃森生物2015年年报节选　　　　　　　　　金额单位：亿元

| 项目 | 2015年 | 2014年 | 较上年变动 |
|---|---|---|---|
| 营业收入 | 10.06 | 7.19 | 39.92% |
| 归母净利润 | -8.41 | 1.43 | -686.30% |
| 归母扣非净利润 | -4.13 | -4.44 | 6.80% |
| 非经常性损益 | -4.27 | 5.87 | -172.82% |

| 项目 | 2015年 | 2014年 | 较上年变动 |
| --- | --- | --- | --- |
| 商誉减值损失 | 4.81 | 0 | — |
| 无形资产减值损失 | 0.28 | 0 | — |
| 经营活动产生的现金流量净额 | -0.69 | -0.66 | -5.28% |

资料来源：作者根据沃森生物2015年年报整理。

2015年，沃森生物的归母净利润急剧下降，由盈转亏，亏损超过8.4亿元。沃森生物2015年的非经常性损益为负值，较上年减少10.14亿元，这是因为受"山东疫苗案"的影响，沃森生物对合并报表中的实杰生物计提了商誉减值准备和无形资产减值准备，两项减值损失合计约5.10亿元，这是沃森生物上市后的首次亏损。此外，在其年报审计中，"山东疫苗案"使得注册会计师认为实杰生物的持续经营能力存在重大疑虑，因此无法确认对实杰生物计提的减值准备数据的合理性，故而对沃森生物2015年的财务报表出示了保留意见，这也是沃森生物自上市以来的第一份非无保留意见审计报告。

沃森生物2016年的业绩继续受到"山东疫苗案"的影响，见表8-2、表8-3。

表8-2　　　　　　　　　　　**沃森生物2016年季度归母净利润**　　　　　　　　单位：亿元

| 时间 | 归母净利润 |
| --- | --- |
| 季度一 | -0.42 |
| 季度二 | -1.20 |
| 季度三 | -0.72 |
| 季度四 | 3.04 |
| 合计 | 0.70 |

资料来源：作者根据沃森生物2016年年报整理。

表8-3　　　　　　　　　　　　**沃森生物2016年年报节选**　　　　　　　金额单位：亿元

| 项目 | 2016年 | 2015年 | 较上年变动 |
| --- | --- | --- | --- |
| 营业收入 | 5.91 | 10.06 | -41.25% |
| 疫苗代理营业收入 | 1.37 | 5.79 | -76.34% |
| 疫苗代理营业收入占营业收入比重 | 23.18% | 57.55% | -59.72% |

资料来源：作者根据沃森生物2016年年报整理。

为了不拖累沃森生物，2016年9月，董事长李云春和高管出手接盘实杰生物，沃森生物高管持股平台深圳德润天清投资管理合伙企业和李云春以合计6.97亿元的价格分别购买实杰生物45%和40%的股权，其中，李云春的支付对价为3.28亿元。从表8-2可知，沃森生物前三个季度的归母净利润均为负值，到第四季度公司董事长及高管出手接盘实杰生物才转为正值，这说明2016年沃森生物的盈利质量不高。再者，沃森生物的营业收入有了较大的变化，由表8-3可知，2015年其疫苗代理收入占营业收入的比重达到一半以上，而实杰生物的剥离使得沃森生物2016年的营业收入较2015年骤降41.25%。其中，疫苗代理带来的营业收入在2016年较2015年减少了76.34%，疫苗代理收入的占比下降了59.72%。

（二）沃森生物业绩承诺赔款压力大

根据上文的介绍分析可知，沃森生物卷入"山东疫苗案"使得其上市之后第一次出现亏损，亏损金额高达8.40亿元。经过2016年的一系列挽救措施后，其业绩有所好转，盈利达到7 045.87万元。但2017年，沃森生物又亏损了5.37亿元，较2016年断崖式地下滑了862.34%，主要原因是2017年河北大安未完成对赌采浆量，所以计提预计对赌赔付金额4.3亿元。

沃森生物进入血液制品产业就是看中其强大的"造血能力"。血液制品行业的优势是资源性垄断，自2001年起，我国已不再新批血液制品生产企业，国家卫生健康委员会2012年年初提出我国"十二五"期间"血浆倍增"计划。并且，血液制品产业毛利达到60%，其生产的品种越多，综合毛利率越高，但是前期血浆站的筹备成本也很高。

沃森生物在2012年、2013年连续收购了河北大安的股权后合计拥有河北大安90%的股权。然而，沃森生物因资金需求于2014年开始出售河北大安。2014年10月，沃森生物将其持有的河北大安46%的股权出售给杜江涛，并做了后续血浆采集规模承诺，由于河北大安还在建设采浆站，采浆站的建设周期为3~5年，故而业绩承诺的期限为2017—2019年。沃森生物出售河北大安46%股权的业绩承诺见表8-4。若河北大安2017年、2018年和2019年的年血浆采集规模低于所承诺的规模，则沃森生物将以1元的价格向杜江涛转让一定比例的股权作为补偿。

表8-4　　　　　　　　　　沃森生物出售河北大安46%股权的业绩承诺　　　　　　　　　　单位：吨

| | 2017年 | 2018年 | 2019年 |
|---|---|---|---|
| 目标血浆采集规模 | ≥150吨 | ≥200吨 | ≥250吨 |
| 承诺完成规模 | ≥142.5吨 | ≥190吨 | ≥237.5吨 |
| 未完成承诺股权赔偿比例 | E1=150吨÷2017年实际年血浆采集规模×46%-46% | E2=MAX（0，200吨÷2018年实际年血浆采集规模×46%-46%-E1） | E3=MAX（0，250吨÷2019年实际年血浆采集规模×46%-46%-E1-E2） |

资料来源：云南沃森生物技术股份有限公司. 关于转让大安制药股权的公告［EB/OL］.［2025-04-21］. https://q.stock.sohu.com/cn, gg, 300142, 1898431912.shtml.

2017年是沃森生物业绩承诺的第一年，博晖创新在其2017年10月20日披露的2017年第三季度报表中提到："根据截至报告期子公司河北大安实际采浆状况，预计本年度采浆量达到承诺量的可能性较低，存在发生以河北大安股权进行赔付的可能。"到2018年1月2日，沃森生物收到杜江涛的正式的告知函，获悉河北大安2017年实际完成采浆量为91.1吨，未达全年142.5吨的约定量。由此，沃森生物公司依据2017年河北大安血浆采集量，结合河北大安提供的2018年度血浆采集量计划，以及以前年度实际完成情况及各血站预计可实现情况进行谨慎预判，预计河北大安2018年度的血浆采集量约109吨，基于谨慎性原则预估2017年、2018年赔付金额共计431 437 017.72元。

| 表8-5 | 沃森生物2017年年报主要财务指标 | | 金额单位：亿元 |
|---|---|---|---|
| 项目 | 2017年 | 2016年 | 较上年变动 |
| 营业收入 | 6.68 | 5.91 | 13.03% |
| 归母净利润 | −5.37 | 0.70 | −867.14% |
| 扣非净利润 | −2.09 | −1.46 | −43.15% |
| 经营活动产生的现金流量净额 | −0.57 | −0.90 | −36.67% |

资料来源：作者根据沃森生物2017年年报整理。

从表8-5可以看出，沃森生物2017年的归母净利润较2016年减少了867.14%，其中，非经常性损益达到−3.28亿元。业绩承诺赔偿是沃森生物2017年亏损的主要原因。在前文中也有提到，沃森生物预计2018年也无法完成目标采浆量，那么，公司至少连续两年需要进行赔付。在沃森生物持续经营需要资金、代理销售业务被彻底摧毁、经营活动产生的现金流量净额连年为负的情况下，业绩承诺赔偿无疑让公司雪上加霜。

综上所述，沃森生物的"大生物"战略布局中的销售平台和血液制品业务全军覆没，公司失去"输血通道"，亏损严重，还要支付业绩承诺赔款。

### 三、实施归核化战略，剥离嘉和生物

#### （一）嘉和生物基本信息

嘉和生物药业有限公司（以下简称嘉和生物）成立于2007年12月，注册资本为32 152.9097万元人民币，是一家创新驱动型生物制药公司，主要致力于治疗性单克隆抗体以及Fc-融合蛋白药物的研发与产业化。如图8-5所示，2017年嘉和生物的最大股东为沃森生物。

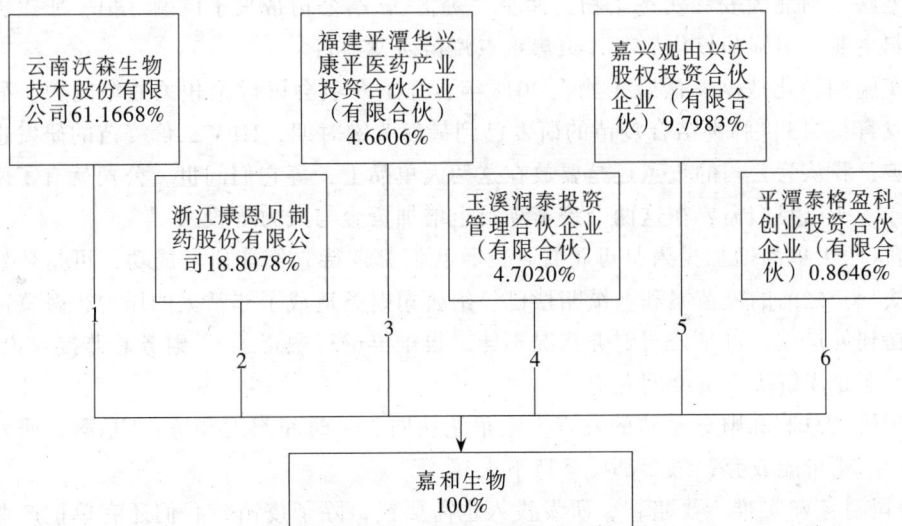

图8-5  2017年嘉和生物股权结构

2017年，嘉和生物处于亏损状态，净利润约为−0.54亿元，营业收入为0.36亿元，见表8-6。其财务报表的附注提到：嘉和生物并无研发上市的产品，其营业收入全部来源于

为客户提供研发和制造的服务收入。此外，嘉和生物的营业成本和管理费用也很高，特别是管理费用，达到0.65亿元，其中占比最大的是研发费用，占比达到84.62%。

表8-6　　　　　　　　　　　嘉和生物2017年财务报表主要内容　　　　　　金额单位：万元

| 项目 | 2017年 |
| --- | --- |
| 营业收入 | 3 603.25 |
| 营业成本 | 2 134.29 |
| 管理费用 | 6 480.621 |
| 净利润 | −5 427.10 |
| 经营活动产生的现金流量净额 | −11 846.88 |
| 投资活动产生的现金流量净额 | −5 766.94 |
| 筹资活动产生的现金流量净额 | 3 848.95 |
| 项目 | 2017年12月31日 |
| 资产 | 61 018.76 |
| 负债 | 14 904.43 |
| 所有者权益 | 46 114.33 |
| 资产负债率 | 24.43% |

资料来源：作者根据嘉和生物2017年财务报告编制。

（二）资产剥离助力战略实施

沃森生物从上市至2017年的发展历程是跌宕起伏的，上市给公司带来了大量的发展资金，公司也利用募集资金铺开了"大生物"的产业布局，以期实现多元化发展，但是在前进路上踩了河北大安和实杰生物这两个"爆雷"，给公司带来了巨额亏损，所以，公司决定回归主业，实施归核化战略，聚焦重点疫苗研发项目。

为实施归核化战略，沃森生物在2018年召开了专项会议讨论相关战略问题。研发总监首先发言："13价肺炎结合疫苗的研发已到最后关键时期，HPV二价疫苗的研发也有了重大突破，我认为公司的重点还是要放在这两大单品上，等它们问世，公司就有了两个现金牛业务，所以我们需要在这两个疫苗项目上增加资金与人力等投入。"

"向这两大单品增加投入是毋庸置疑的，我们都期待它们能研发成功，可是巧妇难为无米之炊呀。之前的疫苗案和业绩赔偿已经给公司财务造成了非常大的压力，融资部门的同事现在到处借款，可是公司财务状况不佳，很难再进行融资了，"财务总监接着说，"我觉得我们还是先解决下资金问题吧。"

对于研发总监和财务总监的发言大家很是认同，一时间都附和道："是啊，研发了这么久的产品不可能放弃，怎么都要坚持下去！"

"公司财务确实难，要赔款，研发投入也需要钱，除了疫苗，我们还有单抗产业，这部分也是一直亏损，现在哪有那么多的资金和精力呀。"

"不如，我们剥离嘉和生物吧。"董事长李云春这时说话，顿时一片寂静，其他人都不敢发言。"现在公司缺钱且精力不足，要实现归核化战略，那就剥离嘉和生物，收回资金，也不用再继续投入，我们的资金和精力都投入疫苗研发。"李云春继续说道。

"我觉得可以。"嘉和生物总裁周新华打破了寂静，"今年4月港交所公布了《新兴及创新产业公司上市制度》，允许还未有收益或盈利的生物科技公司在香港主板上市，嘉和生物若能在香港上市，可以根本性地解决自身资金难题，也能激励自身的核心团队。在香港上市的方式分为H股上市和红筹模式，前者需要在我国境内注册，并同时满足中国证监会和香港联合证券交易所的各项审批标准；后者需要企业注册地为境外。嘉和生物现在的综合实力并不十分雄厚，且正在研发产品，没有已上市的产品，正处于成长期，更适合红筹模式上市，这就需要沃森生物出售股权，嘉和生物引进境外投资方。我觉得这是一举两得的事情，对沃森生物和嘉和生物都有利。"红筹模式简单股权结构如图8-6所示。

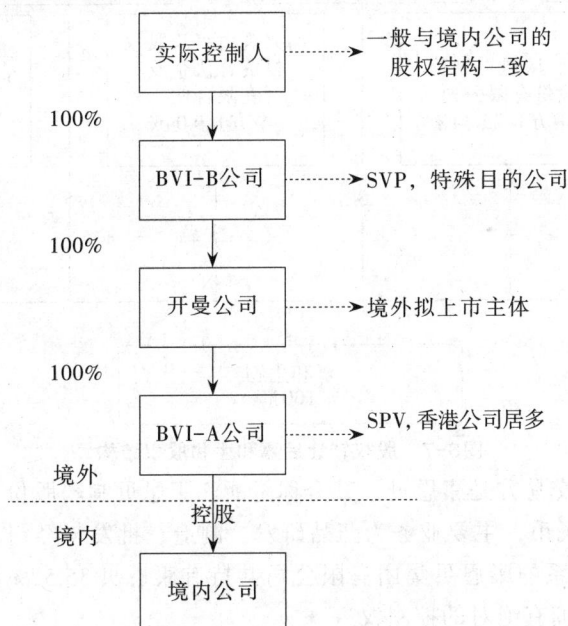

图8-6 红筹模式简单股权结构

听了董事长李云春和嘉和生物总裁周新华的发言，大家纷纷表示赞同，剥离嘉和生物，收回资金，缓解融资约束，公司也能继续在疫苗产业深耕，一举多得，与嘉和生物实现和平共赢，所以沃森生物决定于2018年剥离嘉和生物。

（三）资产剥离方案公布

2018年6月21日，沃森生物发布公告称，公司拟在控股子公司嘉和生物获得增资3.7亿元后，向嘉和生物股东康恩贝转让嘉和生物8.6455%的股权，增资方为嘉和生物股东嘉兴观由兴沃股权投资合伙企业（以下简称观由兴沃）和平潭泰格盈科创业投资合伙企业（以下简称泰格盈科）。经双方协商，嘉和生物投资前的最终估值为34.7亿元人民币，与康恩贝之间的股权转让交易作价人民币3亿元。本次嘉和生物股权转让不构成关联交易。

2018年6月27日，沃森生物发布公告称，公司拟转让嘉和生物股权份额为注册资本约1.85亿元人民币所对应的股权，转让交易方为HH CT Holdings Limited（以下简称"HH CT"）。同时，HH CT需向嘉和生物增资2.9亿元。股权转让价款为等值于人民币1 311 660 000元的美元。本次嘉和生物股权转让及增资不构成关联交易。此外，公告中还提到，HH CT未来将购买嘉和生物现股东华兴康平和玉溪润泰所持有的股权。由此，HH CT 将控制嘉和生物，拥有嘉和生物 50.04% 的股权，嘉和生物从纯中资企业变成中外合资企业。本次交易后，沃森生物不再控制嘉和生物，但仍持有 13.59% 的股权。作为嘉和生物的股东，沃森生物仍将充分发挥自身在生物技术领域研发以及产业化方面的优势，支持嘉和生物的发展，为投资人创造价值。股权转让后嘉和生物的股权结构如图 8-7 所示。

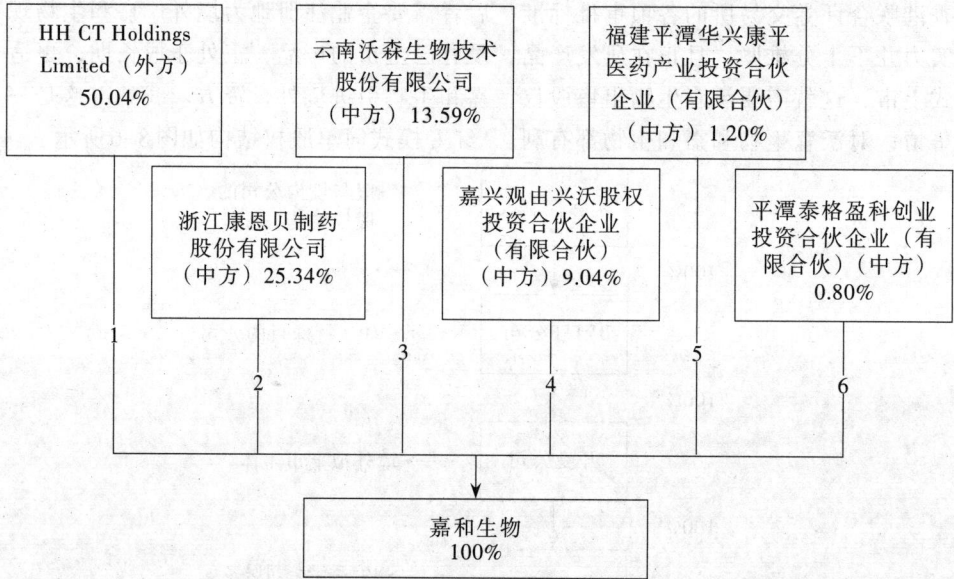

图 8-7　股权转让后嘉和生物股权结构

第一个资产剥离交易方是康恩贝，其全称是浙江康恩贝制药股份有限公司，注册资本为 266 732.02 万元人民币，主要业务为药品研发、制造、批发与经销。康恩贝董事长胡季强与有一致行动人关系的康恩贝集团有限公司共持有康恩贝 35.52% 的股权。如图 8-8 所示，胡季强对康恩贝拥有绝对的控制权。

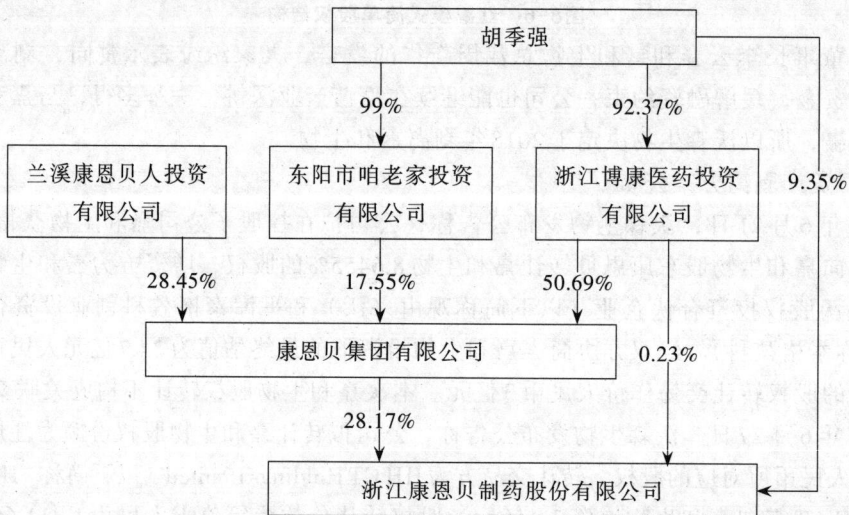

图 8-8　康恩贝与其实际控制人之间的关系图

资产剥离交易方 HH CT 为嘉和生物收购项目所使用的在中国香港注册的特殊目的公司，目前尚未开展业务经营。HH CT 及其向上穿透的各级企业均注册于开曼群岛，经营范围均为投资控股，唯一董事和授权代表均为 Li Yung Kong，投资方资金最终来源于高瓴资本管理的境外美元私募股权投资基金，如图 8-9 所示。

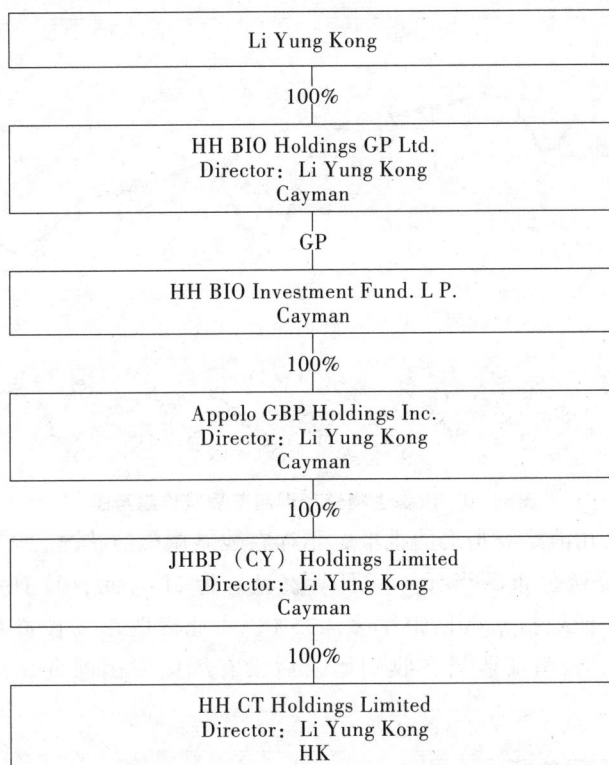

图8-9　HH CT 及其向上穿透的各级企业

## 四、监管关注，积极回应

然而，沃森生物进行资产剥离后，其股价持续低迷，如图 8-10 所示。在 2018 年 7 月 4 日，沃森生物收到中国证券监督管理委员会云南证监局下发的《云南证监局关于沃森生物的问询函》（云证监函〔2018〕213 号），要求沃森生物披露前期收购嘉和生物的相关事项、嘉和生物的业绩及其对沃森生物的影响、沃森生物转让嘉和生物的目的和后续安排、是否存在战略调整或重大风险、与交易方之间的关系等问题。

2018 年 7 月 11 日，沃森生物披露了对云南证监局问询函的回复：公司前期收购嘉和生物是在公司"大生物"战略指导下积极探索生物医药细分多领域发展的重要举措。收购嘉和生物后，公司及嘉和生物共同致力于单抗药物的临床研究以及产业化建设工作。嘉和生物无产品生产及销售，需要大量投入，一直处于亏损状态，对沃森生物未来的经营业绩和现金流提出了较大挑战。为实现归核化战略、缓解融资约束、推动嘉和生物赴港上市，沃森生物决定将嘉和生物剥离。本次股权转让后，公司将在归核化战略的指导下进一步聚焦疫苗产业的发展。本次交易的交易方与公司的董监高并不存在关联关系，

单位：元

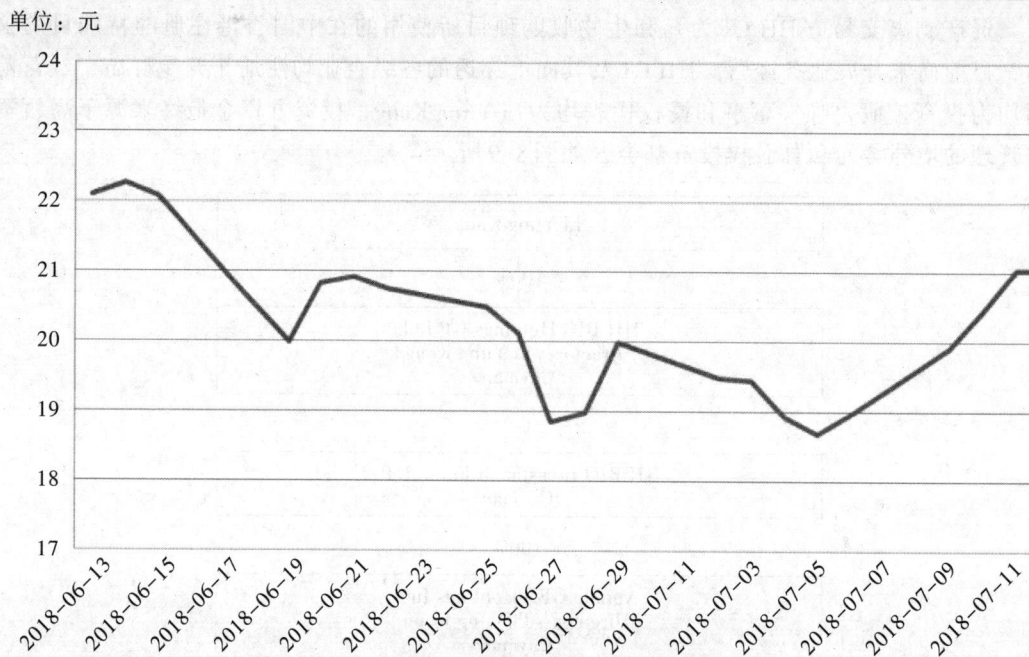

图8-10 沃森生物资产剥离前后股价趋势图

转让决议也经过了公司战略委员会的批准，不存在战略调整的状况。

在沃森生物回复函公布的当天，其股票收盘价为21.04元，较前一天的收盘价上涨了2.99%，较当日深证综指指数回报率多4.95%，由此表明市场投资者对沃森生物的回复表示认可。同样，云南证监局在收到回复后没有继续发函问询，沃森生物也未受到处罚。

## 五、重压之下，砥砺前行

沃森生物在各方的密切关注下进行了资产剥离，在2018年6月21日发布第一次股权转让公告，在2018年年底收回大量现金，历时6个月左右。沃森生物剥离嘉和生物的进程如图8-11所示。

沃森生物进行资产剥离后，利用现有资源以及资产剥离的收益在核心疫苗产业继续深耕。

公司的研发是实现业绩的基石，研发出强有力的疫苗产品是立足市场的保障。沃森生物进行资产剥离后将公司资源集中投向13价肺炎结合疫苗和HPV疫苗的研发，加速进程，以早日上市。此外，2020年，突如其来的新冠疫情打破了全球社会的正常生活秩序，越来越多的医药研发企业加入抗击疫情的阻击战中，着力研发可预防新冠病毒感染的疫苗以及用于治疗的特效药。沃森生物便是阻击战队中的一员。公司的研发投入自2016年起达到3亿元左右的规模，而且研发投入占营业收入的比例明显上升，达到了50%左右，见表8-7。此外，沃森生物2019年研发投入及比例下降主要是因为嘉和生物剥离出表且其营业收入较上年同期增加。2020年，公司研发的13价肺炎结合疫苗成功上市，使公司收入大幅上涨。2021年，沃森生物的研发投入总额飞跃式增长，较上年同期增加138.68%，研发

| 2018年<br>6月21日 | 公告 | 《关于签署嘉和生物药业有限公司股权转让协议的议案》 |
|---|---|---|
| 2018年<br>6月27日 | 公告 | 嘉和生物资产评估报告、审计报告及《关于签署嘉和生物药业有限公司股权转让及增资协议的议案》 |
| 2018年<br>7月6日 | 公告 | 收到《云南证监局关于沃森生物的问询函》（云证监函〔2018〕213号） |
| 2018年<br>7月11日 | 公告 | 回复《云南证监局关于沃森生物的问询函》 |
| 2018年<br>7月17日 | 公告 | 《2018年第一次临时股东大会决议》，审议通过了《关于签署嘉和生物药业有限公司股权转让及增资协议的议案》 |
| 2018年<br>9月18日 | 公告 | 收到康恩贝支付的转让款1.5亿元 |
| 2018年<br>12月15日 | 公告 | 收到HH CT支付的转让款等值于人民币852 579 000元的美元，剩余人民币459 081 000元暂时未收到 |

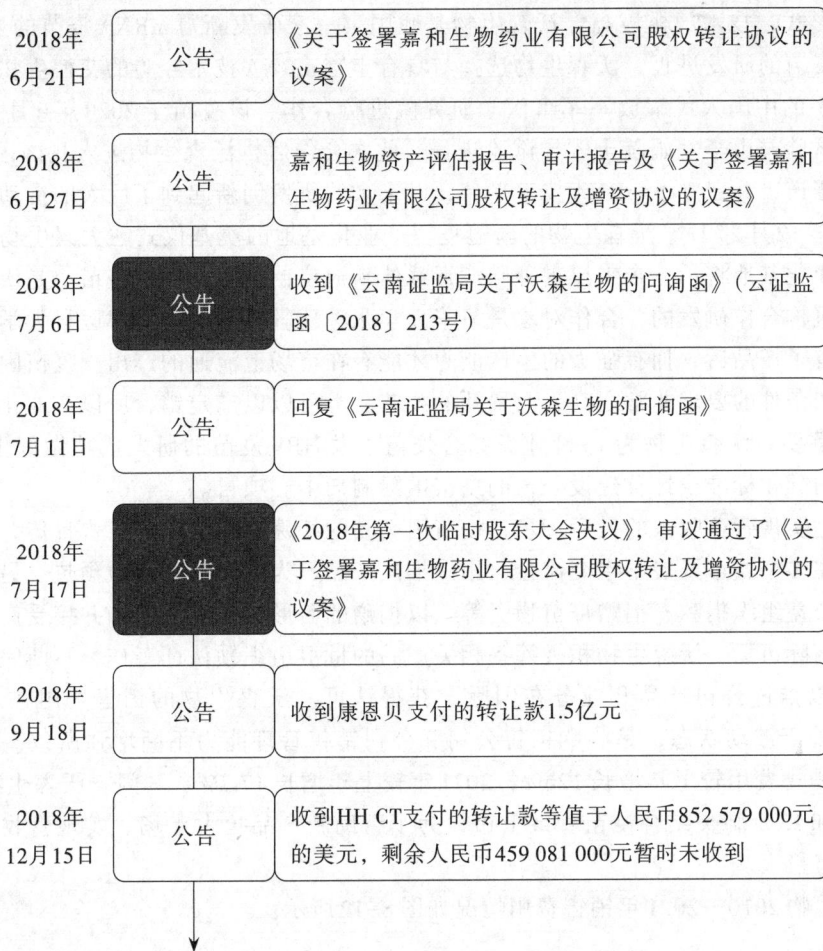

**图8-11 沃森生物剥离嘉和生物相关事件进程图**

投入总额占营业收入的比重较上年同期增加11.02%。可见，公司加大了对正在研发产品的投入，以推进其研发进程。

表8-7　　　　　　　　　沃森生物2016—2021年研发投入情况　　　　　　　金额单位：亿元

| 时间 | 研发投入 | 营业收入 | 研发投入占营业收入比例 |
|---|---|---|---|
| 2016年 | 3.11 | 5.91 | 52.62% |
| 2017年 | 3.33 | 6.68 | 49.85% |
| 2018年 | 3.80 | 8.79 | 43.23% |
| 2019年 | 2.58 | 11.21 | 23.02% |
| 2020年 | 3.16 | 29.39 | 10.75% |
| 2021年 | 7.54 | 34.63 | 21.77% |

资料来源：作者根据沃森生物2016—2021年年报整理。

其中，沃森生物的新冠疫苗研发主要走mRNA疫苗赛道，mRNA疫苗技术是近年来新兴的疫苗形式，技术门槛极高，沃森生物是我国第一家研发新冠mRNA疫苗的上市企业。为推动该疫苗的研发进程，沃森生物选择与具有丰富mRNA技术经验的艾博生物以及有超高科研水平的中国人民解放军军事医学研究院进行合作，该疫苗于2020年6月26日开始Ⅰ期临床试验，由李兰娟院士领导试验进程。此次合作后，沃森生物进入我国国产mRNA新冠疫苗赛道，并建立了mRNA技术平台，对未来的研发创新起到了巨大的推动作用。

2020年12月27日，沃森生物的新冠疫苗产业化基地的奠基仪式在大兴生物产业园举行，该产业化基地将承担未来黑猩猩腺病毒载体新冠疫苗的生产。该疫苗也是沃森生物与高校科研机构合作研发的，合作对象是清华大学张林琦教授团队和天津医科大学周东明教授团队。有了产品后，拥有强大的生产能力才能有在市场上流通的产出。疫苗因为其特殊性，对生产条件的要求非常之高，而稀缺的疫苗品类可以以产定销，所以产业化对疫苗企业也十分重要。沃森生物为13价肺炎结合疫苗以及HPV疫苗的研发成功做好生产准备，积极按照国际化标准设计及建设公司的疫苗国际制剂中心项目。

销售是实现营业收入的最后一步，疫苗因产品的特殊性无法进行广告宣传，所以沃森生物每年在多个城市开展学术交流会，用以推广产品，为新产品上市做预热。另外，公司还积极向公益组织捐款、捐赠疫苗物资等，以捐赠的名形式让大众熟知并接受产品。为进一步打开国际市场，沃森生物积极筹备相关产品的世卫组织预认证工作，不断完善国际注册体系，以推进公司产品和业务在国际上获得认可。沃森生物的销售费用在2010年至2015年间处于波动状态，是收购销售公司和公司销售管理能力不断增强所致。沃森生物2020年的销售费用较上年增长126%，2021年较上年增长17.7%。其间，沃森生物的23价肺炎疫苗和13价肺炎结合疫苗相继上市，为了帮助新产品抢占市场、实现营收，公司不断增加销售投入。

沃森生物2010—2021年销售费用情况如图8-12所示。

单位：亿元

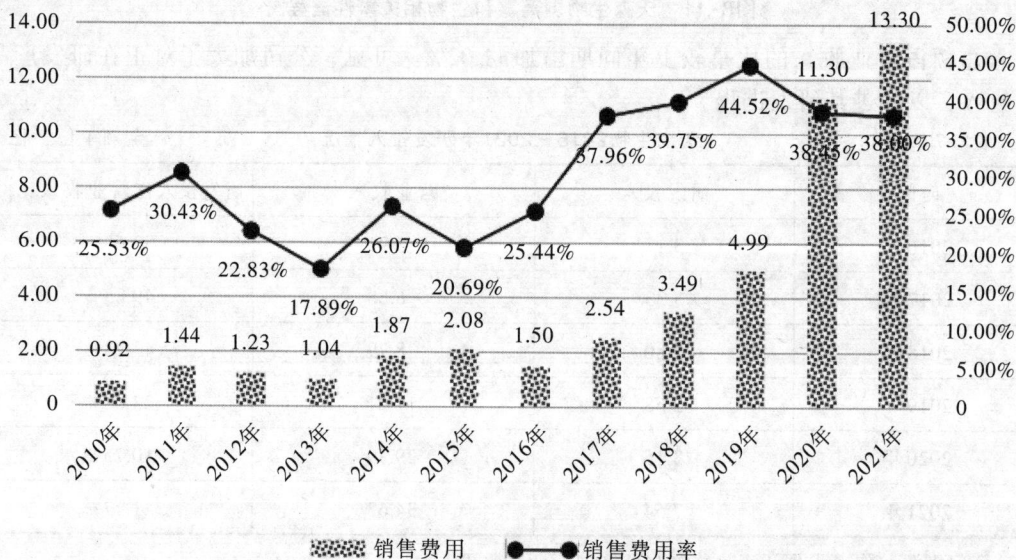

图8-12 沃森生物2010—2021年销售费用情况

2019年6月24日，沃森生物启动了"变革与管理创新"项目，旨在全面提升公司的治理水平、组织能力与管理效能，全面激发组织活力与团队干劲，推进公司战略目标落地。为此，公司聘请了深圳传世智慧科技有限公司CEO范厚华担任此项目的负责人，以帮助沃森生物的管理团队提高实力。

此外，在2020年，沃森生物基于其人才培养平台"沃森学院"推出了"沃森生物战略人才工程2020年四大项目"，该项目为公司的高、中、基层员工进一步制定专门的培养课程，积极培养管理人员的管理能力以及执行层面员工的落实能力，以提升团队的整体实力。

## 六、尾声

2021年，在沃森生物高层业绩会议上，董事长李云春作为公司高层代表激动发言："回望2018年，在业绩不佳的情况下，我们坚持将嘉和生物顺利剥离，不断加大对疫苗主业的投入，现在13价肺炎结合疫苗已经上市，二价HPV疫苗也将研发成功，我们勇于承担社会责任，播种健康，创造美好，致力于成为中国疫苗行业的骄傲、世界疫苗行业的先锋！"

## 七、启发思考题

1.分析沃森生物资产剥离的动因。

2.沃森生物应如何选择资产剥离方案？

3.沃森生物资产剥离后如何进行资源优化配置？

4.沃森生物资产剥离后的财务绩效如何？

5.沃森生物的资产剥离对企业管理有何启示？

【政策思考】　　　归核化战略与高质量发展，公司治理与利益相关者保护

沃森生物通过资产剥离，聚焦核心主业，实现了从多元化到归核化的战略调整。这一转变不仅有助于企业集中资源攻克核心技术、提升核心竞争力，也符合国家对生物制药产业高质量发展的要求。

沃森生物在资产剥离过程中，面临来自监管部门和市场的关注，最终通过透明的信息披露和合理的战略规划，获得了市场的认可。这体现了公司治理中利益相关者保护的重要性。党的二十大报告提出要完善中国特色现代企业制度，这要求企业在决策中充分考虑中小股东和其他利益相关者的权益。

企业应将高质量发展作为核心战略，避免盲目扩张，聚焦主业，提升核心竞争力，同时完善公司的治理结构，建立健全中小股东保护机制，确保决策过程的透明性和公正性。

# 案例使用说明

## 一、教学目标

1.本案例主要适用于"财务管理""资产重组""资本运营"等课程的教学。

2.本案例描述了沃森生物在2016年卷入"山东疫苗案",在2017年未完成对赌业绩需进行赔偿,业绩遭受重创,因此决定实施归核化战略,在核心疫苗产业不断深耕。为了顺利实施归核化战略,2018年沃森生物剥离没有盈利的非核心资产——嘉和生物,以缓解融资约束、回归疫苗主业。通过分析本案例,可以达到以下教学目的:

(1)通过分析沃森生物进行资产剥离的动因,让学生理解资产剥离的定义以及企业管理者如何作出资产剥离的决策;

(2)通过分析资产剥离的方案,让学生掌握资产剥离方案的特点;

(3)通过分析资产剥离后的资源优化配置举措,让学生理解资源优化配置的作用;

(4)通过分析资产剥离的财务绩效,让学生学会使用杜邦分析法来评价资产剥离财务绩效。

## 二、思考题与分析要点

教师可以根据自己的教学目标(目的)灵活使用本案例。这里提出的分析思路仅供参考,如图8-13所示。

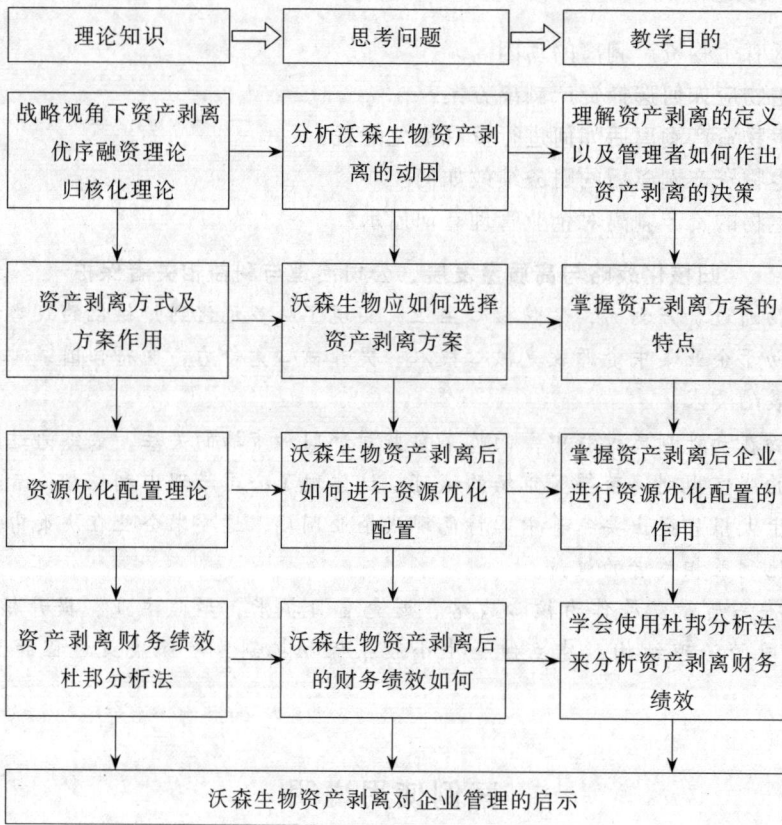

图8-13 分析思路示意图

## 三、理论依据及分析

1.分析沃森生物资产剥离的动因。

（1）理论依据

①战略视角下的资产剥离

资产剥离是一种资本运营方式，此方式与并购相对，并购是公司进行外延扩张，而资产剥离是公司进行调整收缩（王正斌和洪安玲，2004）。从资产重组的角度看，一方面，资产剥离是企业管理层对其能力审视后，有目的地将其管理能力之外的资产剥离出企业，以提高管理效率；另一方面，资产剥离是经历了大规模扩张后回归核心主业的收缩方式（严复海和李焕生，2014）。

回归核心主业其实是企业的战略调整行为。企业的总体战略分为三个类型，分别是发展战略、稳定战略和收缩战略。企业在发展时期，会经历多元化的发展，但当多元化发展出现负协同效应时，会进行调整，选择聚集发展，回归核心主业的资产剥离则是聚集发展的实现路径，企业可以通过资产剥离聚焦核心主业，获得进一步发展所需的资金（Lang et al.，1995；毛蕴诗和舒强，2003）。

基于企业战略，可以将资产剥离分为两种类型，一个是战术型资产剥离，另一个是战略性资产剥离，两者之间的本质差别就是其是否符合企业的战略。战术型资产剥离是指企业不基于战略实施的资产剥离，可能是企业处于亏损时管理层未完成业绩而作出的决策，也可能是企业快要退市时为"保壳"而未考虑企业未来的"杀鸡取卵"行为。战略性资产剥离是指企业基于战略实施的资产剥离。当企业实施归核化战略时，应合理选择给企业带来亏损或是非核心主业的资产，将其剥离出企业。战略性资产剥离是基于企业的长期发展考虑的，更注重剥离后的资产整合以实现长期效应。

②优序融资理论

优序融资理论诞生于1984年，创始人是 Myers 和 Majluf。该理论的核心观点是：企业进行融资时存在着偏好顺序，顺序具体为"内部融资>负债融资>权益融资"（Myers 和 Majluf，1984）。但是，当企业的业绩表现不佳，存在融资约束时，按融资偏好顺序无法进行融资，企业就会选择进行资产剥离。资产成功剥离对企业来说是利好，能有效缓解企业的融资约束。企业可以通过合理的方式推动资产剥离的顺利进行（Lang et al.，1995；彭金媛等，2018）。

研究发现，优序融资理论的融资顺序可应用于我国创业板上市公司（汪军，2019），也适用于生物医药行业的上市公司（翁姿，2012）。这类创新型企业的研发对资金的需求是很大的，但是因为收益回收期长、风险大等原因，它们更容易受到融资约束（郝宇航，2011；陈晶璞等，2017）。生物医药行业的上市公司的留存收益有限，可能因为上述特性而难以通过负债和权益进行融资。这时，企业会选择进行资产剥离来融资，资产剥离能改善企业的负债情况，减少一定的投入，带来资金流入，开源节流，满足企业的融资需求。

③归核化理论

该理论认为，当企业的多元化给其带来了负协同效应时，企业会从多元化转向归核化，更专注对核心资产的运营，企业发展的关注点也从多元扩张转向核心竞争力的培养，由此立足市场，实现企业价值的提高（Markides，1990；宋旭琴等，2007）。

归核化分为两类，即"扩张归核"和"收缩归核"（Zuckerman et al.，2000）。前者对核心资产项目进行扩张投资，企业的经营业务范围基本不变，但会使企业的经营规模扩大，其实行方式有兼并收购等；后者是减少企业的非核心资产，进而突出核心主业，这会使企业的经营业务范围及经营规模缩小。

资产剥离是"收缩归核"的实行方式。企业进行归核化资产剥离可以提高其市场价值，且提升效果较非归核化资产剥离更好（付彦等，2015）。归核化资产剥离也有利于提高企业的财务绩效（侯莉颖等，2012）。所以，企业实行归核化资产剥离，要根据自身实力确定核心主业，将非核心主业或是带来负效应的业务剥离出去，着力提高企业的核心竞争力，依靠核心主业给企业带来盈利并实现持续发展。

（2）案例分析

①解决公司融资难题

由案例正文可知沃森生物的业绩在2015—2017年遭受了重击，下面先分析沃森生物的融资情况。由表8-8可知，2010—2017年沃森生物筹集资金的来源有吸收投资、取得借款、收到其他与筹资活动有关的现金。值得关注的是，这几年公司负债的现金流入与支出规模是相当的，2013年偿还债务支出暴增，较上年增长了280.87%，而后每年都有10亿元左右的债务偿还支出，可见公司借款中短期借款占有一定的比例，也有"借新还旧"的情况，所以公司每年都有一定的债务偿还压力。

表8-8　　　　　　　　　　沃森生物2010—2017年筹资获取现金情况　　　　　　　　单位：亿元

| 年份 | 吸收投资收到的现金 | 发行债券收到的现金 | 取得借款收到的现金 | 收到其他与筹资活动有关的现金 | 偿还债务支付的现金 | 分配股利、利润或偿付利息支付的现金 | 支付其他与筹资活动有关的现金 | 筹资活动现金流量 |
|---|---|---|---|---|---|---|---|---|
| 2010 | 22.28 | 0 | 1.40 | 0 | 0.26 | 0.05 | 0.04 | 23.33 |
| 2011 | 0 | 0 | 0 | 0 | 1.79 | 0.49 | 0.01 | −2.29 |
| 2012 | 0.48 | 0 | 6.10 | 0 | 1.83 | 0.59 | 0.002 | 4.16 |
| 2013 | 0 | 0 | 22.01 | 0 | 6.97 | 0.98 | 0.48 | 13.58 |
| 2014 | 0 | 0 | 10.86 | 0.43 | 12.16 | 1.74 | 0.67 | −3.28 |
| 2015 | 7.00 | 0 | 10.10 | 5.38 | 10.86 | 1.55 | 0.79 | 9.28 |
| 2016 | 7.82 | 0 | 1.80 | 13.35 | 13.65 | 1.26 | 4.04 | 4.02 |
| 2017 | 10.00 | 0 | 2.50 | 2.49 | 8.10 | 0.34 | 7.97 | −1.42 |
| 合计 | 47.58 | 0 | 54.77 | 21.65 | 55.62 | 7.00 | 13.332 | 47.38 |

资料来源：作者根据沃森生物2010—2017年年报整理。

借款增加，相应地，借款成本也会增加，每年的利息支出也会给沃森生物带来不小的压力。沃森生物财务费用中的利息支出逐年增加，却没有高质量的源源不断的经营活动现金流入，每年债务的固定利息支出成为公司很大的负担，容易造成公司入不敷出的尴尬局面。

沃森生物2010—2017年利息支出见表8-9。

表8-9　　　　　　　　　　沃森生物2010—2017年利息支出　　　　　　　单位：元

| 年份 | 财务费用——利息支出 |
|------|--------------------|
| 2010 | 4 821 452.87 |
| 2011 | 3 156 675.48 |
| 2012 | 9 965 084.00 |
| 2013 | 70 178 025.78 |
| 2014 | 170 619 598.34 |
| 2015 | 153 048 718.75 |
| 2016 | 137 103 365.28 |
| 2017 | 115 588 450.87 |

资料来源：作者根据沃森生物2010—2017年年报整理。

沃森生物的资产负债率自2012年起猛增，2013年后一直处于高负债状态，2011年的流动比率、速动比率、现金比率与2012年相比断崖式下跌，往后几年都处于很低的水平，这表明沃森生物的短期偿还能力不佳。另外，公司经营活动造血能力不足，尚不能覆盖债务融资成本，更不能覆盖负债，且公司每年需要偿还债务，所以如若再新增债务，会增加其财务风险。

沃森生物2010—2017年的偿债能力见表8-10。

表8-10　　　　　　　　　　沃森生物2010—2017年偿债能力

| 指标 | 2010年 | 2011年 | 2012年 | 2013年 | 2014年 | 2015年 | 2016年 | 2017年 |
|------|--------|--------|--------|--------|--------|--------|--------|--------|
| 流动比率 | 7.87 | 9.30 | 2.34 | 1.43 | 1.57 | 1.08 | 1.53 | 1.52 |
| 速动比率 | 7.76 | 9.06 | 2.15 | 1.24 | 1.46 | 1.02 | 1.45 | 1.38 |
| 现金比率 | 7.07 | 7.42 | 1.40 | 0.65 | 0.41 | 0.45 | 0.71 | 0.81 |
| 资产负债率 | 14.58% | 9.76% | 28.78% | 52.11% | 46.18% | 51.68% | 44.28% | 39.46% |
| 经营活动产生的现金流量净额／负债合计 | 19.91% | 25.23% | 9.96% | −5.44% | −2.22% | −2.32% | −2.98% | −2.23% |

资料来源：作者根据沃森生物2010—2017年年报整理。

相应地，因为沃森生物的偿债能力不佳、盈利周期长，处于亏损状态，也很少有银行和金融机构愿意贷款给它。特别是在2015年去杠杆的背景下，我国施行信贷紧缩政策，公司要减负债、降杠杆，亏损公司更难进行债务融资。因此，沃森生物2016年、2017年的借款融资减少了许多。

此外，沃森生物是创业板上市公司，根据2014年版《创业板上市公司证券发行管理暂行办法》，发行证券对企业的盈利状况有基本要求，须连续2年盈利，计算原则为归母净利润和归母扣非净利润孰低。然而，沃森生物2015—2017年这三年均未盈利，没有达到发行证券的条件，见表8-11。

表8-11                  沃森生物2015—2017年净利润            单位：亿元

| 项目 | 2015年 | 2016年 | 2017年 |
|---|---|---|---|
| 归母净利润 | -8.41 | 0.70 | -5.37 |
| 归母扣非净利润 | -4.13 | -1.46 | -2.09 |

资料来源：作者根据沃森生物2015—2017年年报整理。

综上所述，沃森生物需要弥补亏损及承担业绩承诺赔偿，融资需求很大。但是，公司正处于去杠杆时期，财务状况不佳，现有的偿债压力大，不适合再进行债务融资。此外，公司因业绩原因也无法在资本市场融资。在此困境下，沃森生物想通过资产剥离来获得资金也在情理之中。

②实现归核化战略

沃森生物是在经历了多元化扩张发展、搭建"疫苗+单抗+血液制品+销售渠道"的"大生物"平台失利后，在2018年选择实行归核化战略。根据前文的理论分析可知，此次资产剥离是"收缩归核"的实行方式。当企业实行归核化战略时，进行的资产剥离就很可能是战略型资产剥离。由此，企业会基于长期发展的考虑，谨慎选择给其带来亏损或是非核心主业的资产，确定其核心主业，更注重剥离后的资产整合以实现长期业绩的增长。那么，沃森生物剥离嘉和生物是否是归核化资产剥离呢？换言之，沃森生物确定的核心主业是什么？嘉和生物是其核心主业吗？

首先来看沃森生物的营业收入情况。如图8-14所示，2017年沃森生物的营业收入组成占比最大的是自主疫苗业务，占比77.02%。再从营业收入分行业的毛利率来看，排名在前的自主疫苗业务的毛利率为80.77%，药品代理行业的毛利率为10.10%，可见自主疫苗业务对沃森生物的重要程度。值得关注的是，沃森生物在2017年并没有自主药物业务带来的收入，也就是说，嘉和生物并没有给沃森生物带来营收流入。

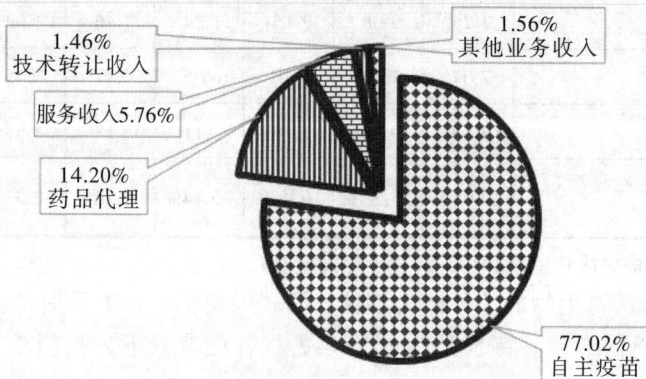

图8-14   沃森生物2017年分行业收入情况

再来看看沃森生物资产剥离前的投资状况。从现金流来看，自上市以来，沃森生物的经营活动对其现金流的增加贡献比较少。沃森生物一直在投资，除了2016年因转让山东实杰等公司而有了投资现金流入，其余年份都在投资活动中投入数以亿计的资金。不过，对沃森生物的现金流增加贡献最大的是其筹资活动，公司主要靠筹集来的资金支撑经营活动和投资活动。沃森生物2010—2017年现金流情况见表8-12。

表8-12　　　　　　　　　　沃森生物2010—2017年现金流情况　　　　　　　　单位：亿元

| 年份 | 经营活动产生的现金流量净额 | 投资活动产生的现金流量净额 | 筹资活动产生的现金流量净额 | 现金及现金等价物净增加额 |
|---|---|---|---|---|
| 2010年 | 8.67 | -1.65 | 23.39 | 22.60 |
| 2011年 | 9.20 | -2.09 | -2.29 | -3.46 |
| 2012年 | 7.84 | -10.66 | 4.16 | -5.71 |
| 2013年 | -12.17 | -14.29 | 13.58 | -1.93 |
| 2014年 | -6.59 | -2.50 | -3.29 | -6.46 |
| 2015年 | -6.94 | -4.51 | 9.29 | 4.08 |
| 2016年 | -8.99 | 1.11 | 4.01 | 4.22 |
| 2017年 | -5.70 | -0.14 | -1.42 | -2.14 |

资料来源：作者根据沃森生物2010—2017年年报整理。

对于沃森生物来说，多元化发展的资金需求也是不容小觑的，研发投入年年攀升。2014年，沃森生物研发的13价肺炎结合疫苗到了与时间赛跑的关键时期，公司决定Ⅰ期临床试验和Ⅲ期临床试验同时做，所以当年的研发投入有了飞跃式的增长，较2013年增长了227.54%，而后期的研发投入也是在此基础上不断增加。

沃森生物2010—2017年研发投入情况见表8-13。

表8-13　　　　　　　　　　沃森生物2010—2017年研发投入情况　　　　　　　　单位：元

| 年份 | 研发投入 | 研发投入占营业收入比例 |
|---|---|---|
| 2010 | 20 219 218.77 | 5.94% |
| 2011 | 41 234 204.01 | 8.7% |
| 2012 | 66 410 429.71 | 12.35% |
| 2013 | 69 107 794.12 | 11.85% |
| 2014 | 226 344 376.81 | 31.48% |
| 2015 | 267 633 087.13 | 26.60% |
| 2016 | 310 949 356.81 | 52.61% |
| 2017 | 333 235 028.54 | 49.87% |

资料来源：作者根据沃森生物2010—2017年年报整理。

其中，嘉和生物的单克隆抗体药物研发投入需求也是逐年增加，2014年至2018年3月的研发投入共计4.81亿元，平均增速约为31.73%，且占公司当年整体研发投入的比例也逐年上升，在2017年占比达到49%。

嘉和生物单克隆抗体药物项目研发投入情况见表8-14。

表8-14　　　　　　　　　嘉和生物单克隆抗体药物项目研发投入情况　　　　金额单位：万元

| 时间 | 注射用重组抗HER2人源化单克隆抗体 | 重组抗血管内皮生长因子人源化单克隆抗体注射液 | 注射用重组抗PD-1单克隆抗体 | 注射用重组TNF-alpha人鼠嵌合单克隆抗体 | 其他项目 | 合计 | 占公司当年研发投入比例 |
|---|---|---|---|---|---|---|---|
| 2014年 | 1 972.05 | 1 155.24 | 2.56 | 393.91 | 3 638.54 | 7 162.30 | 31.64% |
| 2015年 | 2 408.38 | 103.10 | 1 616.15 | 775.69 | 4 674.61 | 9 577.93 | 35.79% |
| 2016年 | 3 390.16 | 978.35 | 1 419.05 | 1 318.92 | 5 247.75 | 12 354.23 | 39.73% |
| 2017年 | 3 606.67 | 3 674.84 | 1 941.02 | 3 187.90 | 3 918.84 | 16 329.27 | 49.00% |
| 2018年1—3月 | 911.67 | 624.34 | 605.30 | 315.71 | 245.34 | 2 702.36 | — |
| 合计 | 12 288.93 | 6 535.87 | 5 584.08 | 5 992.13 | 17 725.08 | 48 126.09 | |

资料来源：作者根据沃森生物对云证监函〔2018〕213号的回复整理。

沃森生物对单抗药物产业化也提供了大力支持，2015年至2018年3月合计投入1.7亿元。由此可见，若要继续支持嘉和生物的研发推进，会对沃森生物未来的经营业绩和现金流提出较大的挑战。

嘉和生物单抗产业化投入金额见表8-15。

表8-15　　　　　　　　　嘉和生物单抗产业化投入金额——在建工程　　　　单位：万元

| 时间 | 治疗性单克隆抗体车间产业化投资金额 |
|---|---|
| 2015年 | 10 085.68 |
| 2016年 | 5 021.37 |
| 2017年 | 1 259.61 |
| 2018年1—3月 | 808.29 |
| 合计 | 17 174.95 |

资料来源：作者根据沃森生物对云证监函〔2018〕213号的回复整理。

再从正在研发的主要产品来看，沃森生物的23价肺炎疫苗在2017年年报披露时已经获批上市（进度100%）。下一个进展最快的产品就是13价肺炎结合疫苗，至年报披露日，沃森生物已经向药监局申请生产批件（进度75%）。二价HPV疫苗和单抗药物紧随其后，均处于三期临床研究阶段（进度62.5%）。此外，九价HPV疫苗在年报披露日前的2018年1月获得临床试验批件（进度25%）。总的来说，疫苗产品的研发进度要快于单抗药物，如图8-15所示。

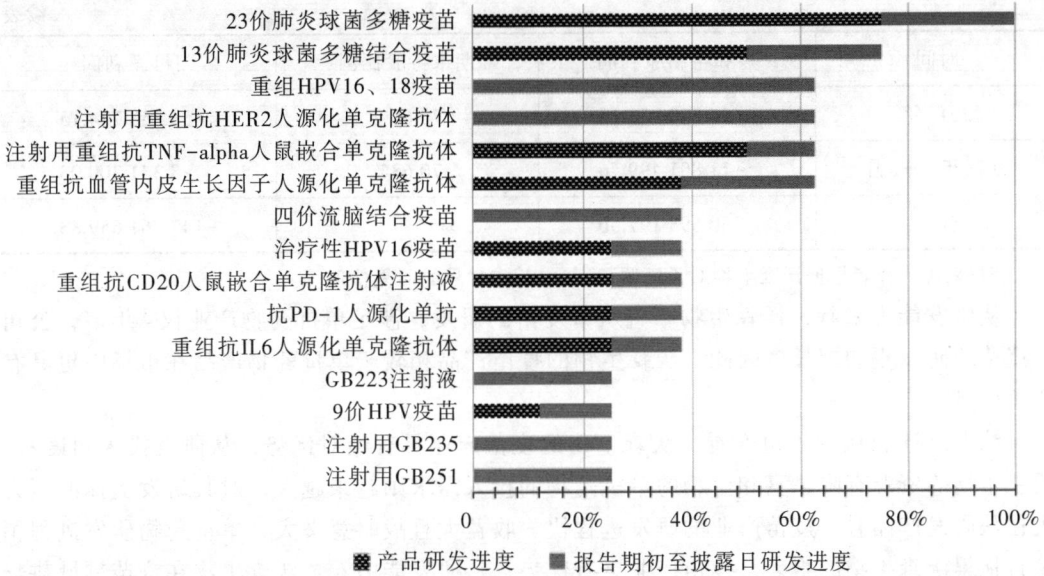

图8-15　沃森生物2017年主要产品研发情况

　　沃森生物研发的13价肺炎结合疫苗已耗时12年，研发成功后将打破辉瑞的垄断，使其成为全球第二家该疫苗的生产厂商。按年销售金额统计，全球超过10亿美元的重磅疫苗产品仅有4个，其中13价肺炎结合疫苗排名第一，是全球销售额前十的药品中唯一的疫苗产品，辉瑞公司独家提供全球所需的13价肺炎结合疫苗，2017年销售额达到56.01亿美元。沃森生物十分看重这款疫苗的研发，2014年13价肺炎结合疫苗即将进入三期临床试验阶段，为加快研发速度、避免被弯道超，时任沃森生物副总裁的黄镇主张13价肺炎结合疫苗的一期和三期临床试验同时做，可见沃森生物研发13价肺炎结合疫苗的毅力与决心。

　　HPV疫苗也是全球4大疫苗产品之一，销售额在全球疫苗产品中排名第二。在现代社会，宫颈癌是威胁女性生命健康的一大杀手，而注射HPV疫苗则是预防宫颈癌的有效方式，很多国家逐渐开始重视女性宫颈癌的预防措施，将要或已经开展适龄女性免费接种HPV疫苗的工作。2016年，GSK的二价HPV疫苗进入中国市场，由此，我国人民对HPV疫苗的了解进一步加深，国内对HPV疫苗的需求也急剧增加。

　　再来看嘉和生物，从2014年到2018年3月，其一直处于亏损状态，累计亏损高达到26.07亿元，对沃森生物财务报表的影响是-14.78亿元，实际上一直在拖累沃森生物的财务报表，且截至2018年嘉和生物没有成功研发出任何产品。

　　嘉和生物对沃森生物经营业绩的影响见表8-16。

表8-16　　　　　　　　　　　嘉和生物对沃森生物经营业绩的影响　　　　　　　　　　单位：元

| 时间 | 嘉和生物净利润 | 期末持股比例 | 归母净利润 |
|------|------|------|------|
| 2014年 | -54 434 514.72 | 50.61% | -27 551 485.28 |
| 2015年 | -70 504 360.07 | 41.00% | -36 611 838.59 |
| 2016年 | -69 686 849.39 | 70.68% | -36 898 311.78 |

| 时间 | 嘉和生物净利润 | 期末持股比例 | 归母净利润 |
|---|---|---|---|
| 2017年 | -54 270 973.62 | 70.68% | -38 358 724.15 |
| 2018年1—3月 | -11 801 499.76 | 70.68% | -8 341 300.03 |
| 合计 | -260 698 197.56 | | -147 761 659.83 |

资料来源：作者根据沃森生物对云证监函〔2018〕213号的回复整理。

从研发能力来看，沃森生物一直从事疫苗的研发，涉足单抗药物产业仅4年多，公司对疫苗的研发更加擅长。因此，沃森生物的疫苗产品相较于单抗药物产品在市场中更具有竞争优势。

综上所述，从营收角度看，沃森生物的疫苗产业具有绝对优势；从研发投入角度看，沃森生物的资源有限，嘉和生物的单抗药物的投入需求则越来越大，对其研发支撑的压力大；从研发产品看，疫苗产业的研发进程快、收益大且战略意义大，单抗药物研发进程稍慢且拖累沃森生物的报表，疫苗产业更有优势；从研发能力看，沃森生物在疫苗领域耕耘已久，经验丰富，相较于单抗药物更具优势。所以，沃森生物的核心主业是疫苗产业，剥离嘉和生物是归核化资产剥离，剥离后公司精力及资源可集中于疫苗产业，强化其竞争力，以实现绩效增长。

所以，沃森生物的资产剥离是基于战略视角的调整行为，是企业在战略大方向不变的情况下逐渐实现战略目标的自我调整行为

2.沃森生物应如何选择资产剥离方案？

（1）理论依据

资产剥离主要有四种方式，分别是资产出售、分拆上市、企业分立以及资产置换，各方式的特征见表8-17。

表8-17　　　　　　　　　　　资产剥离方式特征比较

| 资产剥离方式 | 现金流 | 是否产生新实体 | 是否继续控制 |
|---|---|---|---|
| 资产出售 | 获得现金流 | 不产生 | 不再控制 |
| 分拆上市 | 可能获得现金流 | 产生 | 可以控制 |
| 企业分立 | 很难获得现金流 | 产生 | 不再控制 |
| 资产置换 | 可能获得现金流 | 不产生 | 不再控制或控制能力弱 |

资产出售是将公司的资产，如下属控股子公司、业务部门、固定资产等转让给购买方的资产剥离方式，出售后出售方不再控制标的资产。这种资产剥离方式能给出售方带来现金流入，而且出售后并不代表资产与出售方一定没有关联，如果只是出售标的公司的部分股权，出售后还持有标的公司的少量股权，则出售方与标的公司仍有关联。

分拆上市是将公司的某个业务或者是某个部分分离出来，成为一个新的实体，并让新实体上市的资产剥离方式。这类方式可以通过为新实体发行证券而给母公司带来现金流入。同样，母公司拥有新成立的实体的控股权。

　　企业分立是按照法律法规的要求，将一个公司分立，分立后可能得到两个或者两个以上的公司实体，它们都是独立的法人实体。分立之后，原公司可以存续，也可以不再存续，原公司的股东按照在原公司所拥有的股权拥有分立后各公司的股权，并按分立协议共同承担原公司的债权与债务（胡艳和周宏斌，2008）。这种资产剥离方式一般不会产生现金流，且剥离方案复杂，一般甚少使用。

　　资产置换是交易双方将其拥有的资产等价互换，主要涉及设备等实物资产，由第三方机构对资产进行评估定价。这种方式有可能给公司带来现金流入，当交易方置换资产评估定价不及我方置换资产时，交易方可能会用非实物资产补充支付。不过，进行资产置换需要同时满足交易双方的需求，剥离方案实施的时间较长。

　　资产剥离给企业带来的收益只有通过合适的资产剥离方案才能实现。不同的资产剥离方式有不同的特征，适用于不同的资产剥离背景。

　　（2）案例分析

　　沃森生物应根据以下步骤选择资产剥离方案：

　　①资产剥离标的选择分析

　　首先，资产剥离能给企业带来现金流入是因为剥离的标的资产具有较高的价值，能在市场中出售并获得收益。那么，嘉和生物是否具有价值呢？

　　嘉和生物是一家研发单克隆抗体药物的公司，以单抗药物为代表的生物技术药是当今世界最具有发展前景的医药产业之一。单抗药物主要应用于治疗恶性肿瘤、自身免疫缺陷、心脑血管疾病等，具有很高的医学价值和商业价值，对人类的生命健康有着重要意义。由图8-16可知，2017年全球的前十大畅销药品中有5个是单抗药物，其中排名第一的是单抗药物修美乐，其销售额是第二名的2.25倍。全球单抗药物的市场规模也在不断扩大，有着良好的市场前景，如图8-17所示。

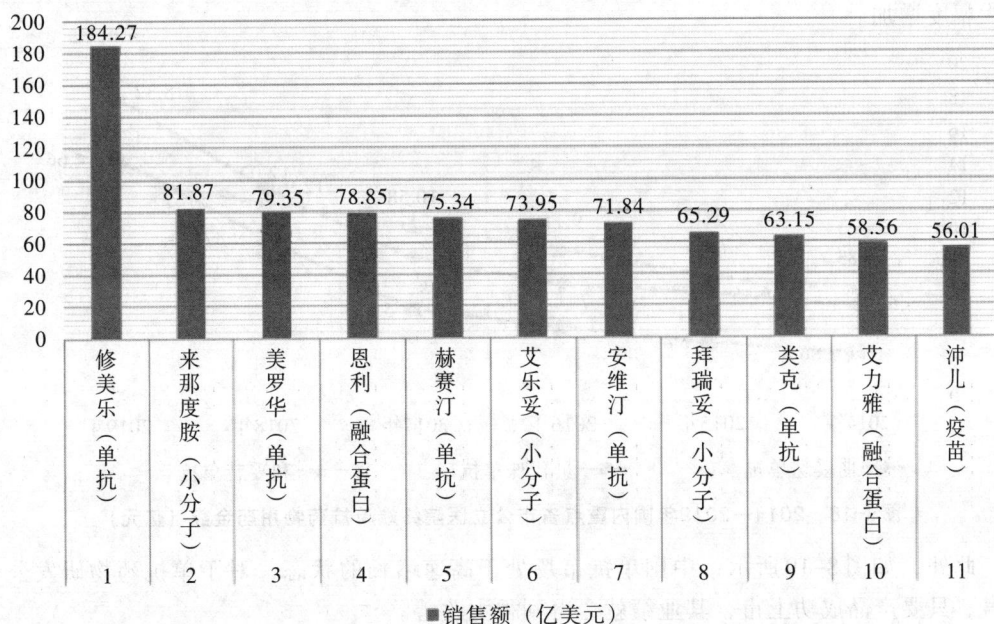

图8-16　2017年全球畅销药品排行榜

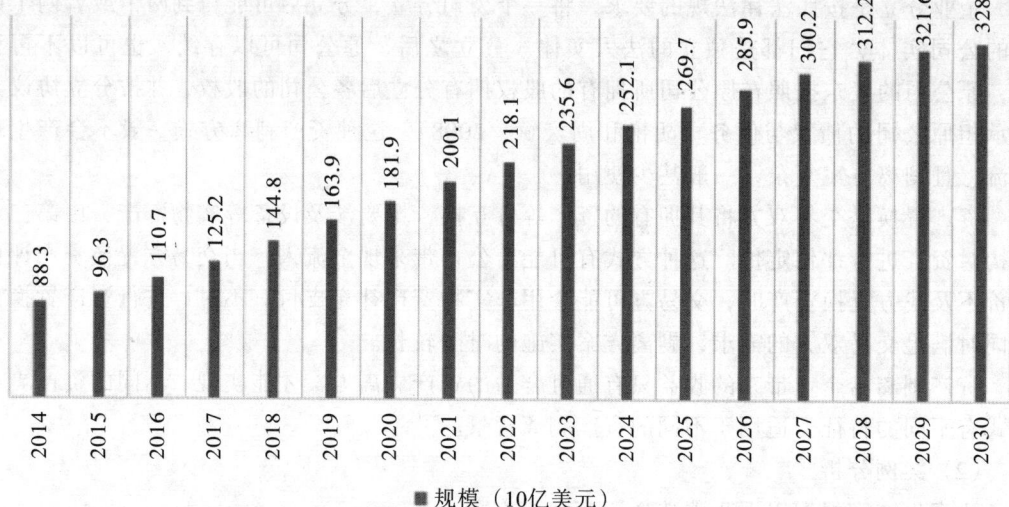

图8-17　2014—2017年全球单抗市场规模历史及后续预测

在中国，2009年之前单抗药物未进入医保目录，需要患者自费，能负担高额药费的患者不在多数。2009年后也仅有5种单抗药物产品相继进入医保目录，覆盖地区仅几个省市，覆盖范围小。

在2017年，重组人Ⅱ型肿瘤坏死因子受体-抗体融合蛋白入选我国医保目录，利妥昔单抗、曲妥珠单抗、贝伐珠单抗、雷珠单抗则是通过国家药价谈判的方式进入我国医保目录。这些药品进入医保目录后，一部分可以享受医保报销，另一部分售价大幅下降，如此就有更多的患者消费得起。

如图8-18所示，2018年我国单抗药物TOP3品种在国内重点省市公立医院终端用药金额大幅度增加。

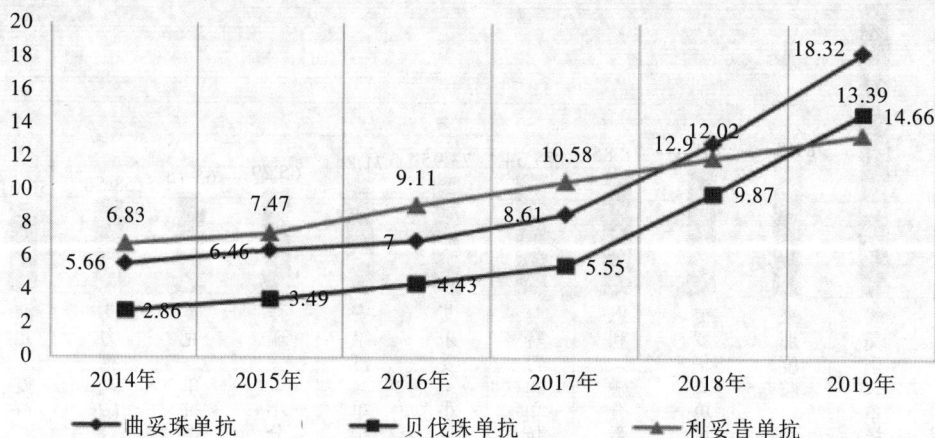

图8-18　2014—2019年国内重点省市公立医院终端单抗药物用药金额（亿元）

此外，如图8-19所示，中国单抗市场处于高速增长的状态，对于单抗药物研发公司而言，只要产品成功上市，其业绩就会得到很大改善。

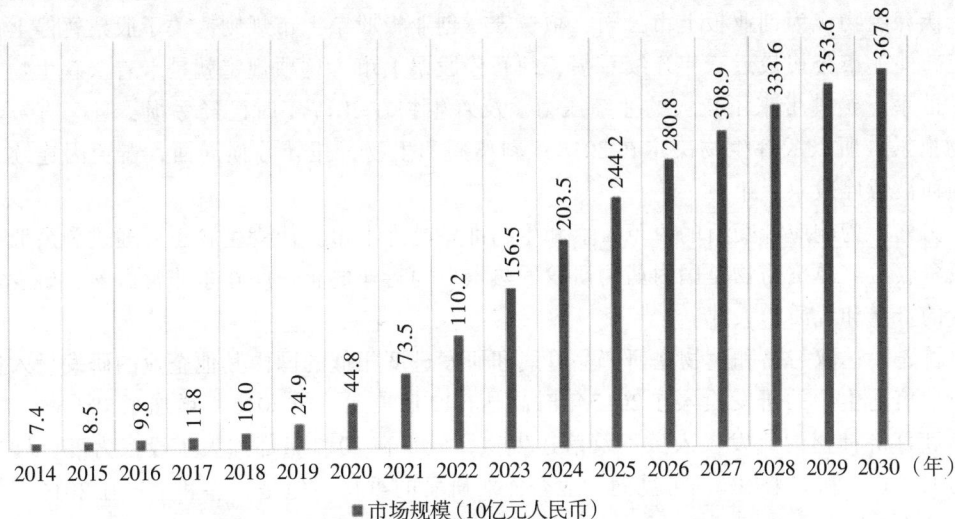

图8-19 2014—2017年中国单抗市场规模历史与后续预测

嘉和生物的研发产品非常具有前景，一旦单抗药物研发成功，就会有广阔的市场。所以，嘉和生物是一家价值较高、易出售、值得投资的企业，沃森生物也并没有全部出售其拥有的嘉和生物股权，通过其全资子公司沃嘉生物仍间接持有嘉和生物13.59%的股权。

此外，2018年4月中旬，港交所允许没有收入和盈利的生物科技公司到港上市，嘉和生物正符合要求，是其融资的大好机会，嘉和生物的相关方也有此意。对于想要涉足单抗药物产业且有资金实力的企业来说，可以赴港上市是值得投资的理由，而且沃森生物可以通过其所持股权获得投资收益。

综上所述，嘉和生物的研发产品具有广阔的市场，同时能赴港上市获得融资，降低了大股东的后续投入压力。所以，嘉和生物具有较高的价值，剥离嘉和生物能为沃森生物带来较好的收益。

②资产剥离时机选择分析

沃森生物进行资产剥离时业绩表现不佳。沃森生物在2010—2014年间是连续盈利状态；在2015年出现上市以来首次亏损，亏损额达到8.41亿元，较2014年减少了688.11%；之后的2年净利润情况也十分不稳定，2016年艰难扭转亏损局面，但到了2017年又出现巨额亏损。此外，从归母扣非净利润来看，2014年沃森生物的盈利情况就十分不佳，往后几年的扣非净利润均为负值，可见沃森生物在这几年经营惨淡、入不敷出。

沃森生物2010—2017年净利润见表8-18。

表8-18　　　　　　　　　　　沃森生物2010—2017年净利润　　　　　　　　　　单位：亿元

| 项目 | 2010年 | 2011年 | 2012年 | 2013年 | 2014年 | 2015年 | 2016年 | 2017年 |
|---|---|---|---|---|---|---|---|---|
| 归母净利润 | 1.54 | 2.08 | 2.33 | 0.48 | 1.43 | −8.41 | 0.7 | −5.37 |
| 归母扣非净利润 | 1.46 | 1.66 | 1.92 | 0.67 | −4.44 | −4.13 | −1.46 | −2.09 |

资料来源：作者根据沃森生物2010—2017年年报整理。

沃森生物作为创业板上市公司，须遵守《创业板股票上市规则》关于股票暂停上市的规定，即上市公司最近三年连续亏损，须暂停股票上市。这项规定就是卡着沃森生物"脖子"的手，给其带来了较大的业绩压力。沃森生物在2017年时已经亏损，且一直被嘉和生物拖累，所以沃森生物决定在2018年剥离嘉和生物，扭转亏损局面，避免因连续三年亏损而被暂停股票上市。

另外，为响应港交所的改革，嘉和生物准备赴港上市，沃森生物也可通过剩余股权获得投资收益。单抗药物是国内药物研发的热点，同行业的企业间竞争非常激烈，研发需要大量的资金和优质的人才。

首先，选取与嘉和生物在研产品管线和研发进度相似的国内其他企业的研发投入进行分析。信达生物的研发投入在2017年时高达6.12亿美元，较2016年增加了58.96%，君实生物和百济神州的研发投入虽不及信达生物，但是在2017年都加大了投入力度，增速分别为122.03%和174.49%，可见同行业企业对研发的重视。但是，嘉和生物在2016年的研发投入为1.24亿元人民币，在2017年的研发投入为1.63亿元人民币，增长速度为31.45%，其研发投入量和研发投入的增长速度均不及同行业企业。嘉和生物自身没有收入支持研发投入，母公司沃森生物也资金紧张，无法加大投资，所以嘉和生物需要赴港上市获得新的融资以支持其研发投入。

嘉和生物同行业企业2016—2017年研发投入见表8-19。

表8-19 嘉和生物同行业企业2016—2017年研发投入 单位：亿美元

| 企业 | 2016年 | 2017年 | 较上年变动 |
| --- | --- | --- | --- |
| 君实生物 | 1.18 | 2.62 | 122.03% |
| 百济神州 | 0.98 | 2.69 | 174.49% |
| 信达生物 | 3.85 | 6.12 | 58.96% |

资料来源：作者根据沃森生物对云证监函〔2018〕213号的回复整理。

其次，从研发人才的角度进行分析，2018年沃森生物的董秘张荔公开表示："A股规定'同股同权'，这很难对嘉和生物核心团队进行有效激励，嘉和生物赴港上市后可以设置双重股权结构——'同股不同权'，有利于对嘉和生物核心团队进行有效激励。"可见，嘉和生物赴港上市能留住或招揽更多的技术人才，保证技术团队的长期投入。

再次，同行业企业信达生物预备在2018年6月底正式向港交所提交上市申请，君实生物和百济神州也准备赴港上市，同行业的企业都在寻求新的融资渠道，嘉和生物在同行压力下也要积极赴港上市，而且对于沃森生物而言，嘉和生物在港上市后其可利用剩余股权进一步获得公允价值变动收益。

所以，沃森生物借此改革春风剥离嘉和生物，助力嘉和生物早日到港上市，有利于嘉和生物的长期发展，沃森生物也能缓解退市业绩压力并早日获得嘉和生物的投资收益。

③资产剥离方式选择分析

沃森生物进行资产剥离是想获得资金流入收益、缓解融资约束，其选择的资产剥离方式应给其带来现金收益。

首先，沃森生物资金紧张，公司急需现金流入以维持经营，所以最先排除的就是企业分立。而且，企业分立只适合盈利的公司，嘉和生物始终没有盈利，分立后仍会拖累沃森生物的报表业绩。

其次，资产置换并不是以获得现金流入为主要目的的资产剥离方式，企业进行资产置换是想用自己不需要的资产置换自己需要的资产，且资产多为实物资产，需要一定的周期才能给公司带来现金流入，寻找满足需求的交易方也十分不易，所以资产置换不满足沃森生物急切的融资需求。

再次，分拆上市可以通过子公司上市来拓展融资渠道，进而获得融资再输入给母公司，并通过对子公司的控制获得投资收益，看似满足了沃森生物的资产剥离目标。但是，沃森生物并不满足当时证监会《关于规范境内上市公司所属企业到境外上市有关问题的通知》的条件，其中第一条就是"上市公司在最近三年连续盈利"，所以，沃森生物无法独立分拆嘉和生物，故而最终选择资产出售，失去对嘉和生物的控制权而助力其在香港上市。

综上所述，沃森生物选择的是资产出售。嘉和生物并不是没有价值，只是其正处于研发成长阶段，投入大，对负担沉重的沃森生物来说是一个包袱，但其单抗药物的研发进度处于国内第一赛道，对有实力的公司来说是值得投入的优质资产，所以凭借嘉和生物的自身实力，无须很长时间就会找到买家。在出售时，嘉和生物估值34.7亿元，给沃森生物带来11.76亿元的投资收益。2018年沃森生物的现金流是12.67亿元，较2017年增加了691.77%，资产剥离成功给沃森生物带来了大量现金流入，而且当年沃森生物的净利润为10.46亿元，资产剥离成功使沃森生物扭亏为盈，缓解了业绩压力。

④资产剥离交易方选择分析

沃森生物的第一个交易方是康恩贝。康恩贝在2018年4月25日发布公告与嘉和生物原股东阳光人寿、阳光融汇和安胜投资签署协议，受让嘉和生物21.05%的股权，成为嘉和生物的股东，沃森生物转让嘉和生物时康恩贝作为股东拥有优先购买权。

康恩贝是一家经营情况良好的医药公司，康恩贝的收入是沃森生物收入的50至60倍的水平，净利润平稳增长，经营活动造血能力强，拥有充足的现金流，是一个拥有雄厚实力的投资方。此外，康恩贝的中长期发展战略中也提到公司要同时发展现代中药与植物药、特色化学药制剂和生物药，其中一条实现路径就是并购整合。可见，康恩贝是一家拥有资金实力且对单抗药物投资意愿强烈的企业。此外，选择康恩贝作为交易方就无须在公开市场寻找其他的投资者，康恩贝表达了其对嘉和生物看好的态度，转让活动会更加高效，且康恩贝的资金实力也能满足沃森生物的资金需求。

康恩贝2015—2017年年报主要指标见表8-20。

表8-20　　　　　　　　　　康恩贝2015—2017年年报主要指标　　　　　　　　单位：亿元

| 项目 | 2017年 | 2016年 | 2015年 |
|------|--------|--------|--------|
| 营业收入 | 52.94 | 60.20 | 53.02 |
| 归母净利润 | 7.11 | 4.41 | 4.40 |

| 项目 | 2017年 | 2016年 | 2015年 |
|------|--------|--------|--------|
| 归母扣非净利润 | 6.98 | 4.87 | 5.17 |
| 经营活动产生的现金流量净额 | 7.12 | 9.70 | 8.31 |

资料来源：作者根据康恩贝2015—2017年年报整理。

沃森生物的第二个交易方是HH CT。2019年，嘉和生物的境内股东如沃森生物、康恩贝等，将其所持有的嘉和生物的股权尽数转让给HH CT，这并不是放弃嘉和生物，而是通过设立BVI子公司间接持有嘉和生物的股权，嘉和生物因此成为纯外资企业。从此一系列操作可知，引入HH CT的目的是给嘉和生物带来资金雄厚的投资方，且这个投资方可以助力嘉和生物到港上市。

HH CT就是这个为搭建红筹模式股权结构引入的符合要求的境外投资方。其资金提供方高瓴资本成立于2005年，经过近20年的发展现已成为亚洲地区资产管理规模最大的私募基金之一，而投资圈也有"高瓴效应"一称，意为高瓴资本的眼光不错，看中的都是有实力的好公司。而且，高瓴资本的管理实力强，其参与投资后，公司一般市场表现良好，这也是市场对高瓴资本的认可。所以，高瓴资本选择嘉和生物就是对其价值和潜力的认可，且高瓴资本的实力可以带领嘉和生物顺利到港上市，并在上市后收获良好的市场表现。所以，HH CT是能给嘉和生物带来资金支持、助其到港上市并在未来继续良好发展的优质交易方。

3.沃森生物资产剥离后如何进行资源优化配置？

（1）理论依据

资源优化配置理论广泛应用于企业管理，企业的资源主要包括人力资源、资金、生产资料等。企业进行资源优化配置也是通过提高资源的使用效率最大限度地获得效益，实现企业可持续发展（Sirmon et al.，2007）。企业根据自身情况有选择地放弃一些资源匮乏且对企业有负面效益的资产，有目的性地将资源投向可能给企业带来更多收益的资产。资产剥离形成的财务绩效可以用资源优化配置理论解释。创新型企业具有强大的活力和发展能力，对其来说，资源优化配置是十分重要的（张诚等，2015）。

企业资源配置是在企业战略定位下，对资本资源和人力资源的配置。

①配置资本资源

配置资本资源是对企业的资本进行管理，包括筹资管理和投资管理。合理的筹资能给企业带来更多的运作资本，注入新鲜血液，带来更多的发展活力；而决策有效的投资能够给企业带来更多的资本收益，撬动更多的资源。

②配置人力资源

首先，企业要遵守"专业的人做专业的事"的原则，根据员工的专长为其安排合适的岗位。但是人力资本具有学习特征，企业的员工会为留在企业内、使自己具有竞争力而不断地学习，以适应不同的岗位。当企业出现新岗位又无法快速找到专业人员时，也能利用员工的学习能力来对其进行合理的岗位配置，以满足新岗位的需求（连赐佳，2019）。

（2）案例分析

沃森生物在资产剥离后进行资源优化配置可作用于其财务绩效。因为沃森生物的资产剥离是归核化资产剥离，资产剥离后其核心主业突出。根据资源优化配置理论，资产剥离后对核心主业进行合理的资本资源和人力资源配置可促进企业提高营运能力，实现利润的增长和可持续发展。对于沃森生物这类疫苗研发型企业而言，经营的重点是产品的研发及综合运营管理能力，所以沃森生物主要是在这两个层面进行资源优化配置。

①研发能力

研发出高效疫苗是沃森生物利润的核心来源，所以，公司要舍得在研发上投入资金。沃森生物在研发上的资源优化配置分为研发资本配置和研发人力配置。

A.资本配置

在研发资本配置上一方面要加大研发投入，另一方面是要选择好的研发项目。沃森生物在剥离嘉和生物后一直保持着剥离前的研发投入水平，并且在2021年实现投入大幅增长，较2020年增长138.68%。沃森生物的研发投入金额在资产剥离后并未落后于同行业企业。此外，从研发投入占营业收入的比例来看，沃森生物在其能力范围内已尽可能地对研发项目进行资本投入。2019年，沃森生物2.58亿元的研发投入占其营业收入的23.06%，在行业内名列前茅。2020年、2021年其研发投入不断增加但占比有所下降，这是因为其营业收入大幅度增加。在保持行业平均水平的研发投入下，研发投入占营业收入的比例越小意味着公司的研发效率越高。

沃森生物及可比企业2019—2021年研发投入情况见表8-21。

表8-21　　　　　沃森生物及可比企业2019—2021年研发投入情况　　　　　单位：亿元

| 指标 | 年份 | 沃森生物 | 智飞生物 | 康泰生物 |
|---|---|---|---|---|
| 研发投入 | 2019 | 2.58 | 2.59 | 2.15 |
| | 2020 | 3.16 | 4.81 | 2.73 |
| | 2021 | 7.54 | 8.14 | 7.38 |
| 研发投入占营业收入比例 | 2019 | 23.06% | 2.45% | 11.09% |
| | 2020 | 10.75% | 3.16% | 12.09% |
| | 2021 | 21.77% | 2.66% | 20.22% |

资料来源：作者根据国泰安数据库数据整理。

在研发项目上，沃森生物专注于疫苗研发，坚持研发全球热门的疫苗单品13价肺炎结合疫苗和HPV疫苗。如今，已成功上市的13价肺炎结合疫苗和二价HPV疫苗为沃森生物带来了显著的收入，正在研发中的九价HPV疫苗待成功上市后也会成为公司的爆品。

B.人力配置

在研发人力配置上，沃森生物积极与艾博生物、蓝鹊生物这类研发型企业，以及中国人民解放军军事医学研究院、李兰娟院士团队、清华大学张林琦教授团队、天津医科大学周东明教授团队这类高校科研机构合作。通过这些合作，沃森生物可以学习共享科研技术，有利于公司核心研发团队的建设，共同推动公司的研发创新。

②综合营运管理能力

综合营运管理能力中最关键的是疫苗的销售能力，这是实现收入形成利润的最后一步。与市场垄断方争夺市场是十分不易的，所以，公司同样需要在这方面加大投入。

A.资本配置

沃森生物及可比企业2019—2021年销售费用情况见表8-22。

表8-22　　　　　　　　沃森生物及可比企业2019—2021年销售费用情况　　　　　　单位：亿元

| 指标 | 年份 | 沃森生物 | 智飞生物 | 康泰生物 |
|------|------|---------|---------|---------|
| 销售费用 | 2019 | 4.99 | 10.96 | 7.85 |
| | 2020 | 11.30 | 11.98 | 8.78 |
| | 2021 | 13.30 | 18.35 | 5.78 |
| 销售费用率 | 2019 | 0.45 | 0.10 | 0.40 |
| | 2020 | 0.38 | 0.08 | 0.39 |
| | 2021 | 0.38 | 0.06 | 0.16 |

资料来源：作者根据国泰安数据库数据整理。

沃森生物资产剥离后加大了对销售费用的投入，而其销售费用率却不低。智飞生物的销售费用率低是因为其以代理产品为主，并且代理的是全球垄断性产品HPV疫苗，无须投入过多的销售费用，但代理费用是计入营业成本的，这也是其销售净利率和毛利率低的原因。沃森生物的销售费用率则一直保持在40%左右，主要是因为其重磅产品是打破辉瑞垄断地位的13价肺炎结合疫苗，其需要更多的销售投入争夺辉瑞已占有的市场份额，并开拓蓝海市场。由此可以看出，沃森生物在保持行业平均水平销售费用率的基础上，增加了对销售的投入，大力推广产品，进而增加营业收入，提高了财务绩效。

B.人力配置

沃森生物在人力资源配置上也作出了努力，具体举措就是为公司员工提供更多的学习平台以及激励。在整体层面上沃森生物优化了其人才培养平台，推出丰富的培训课程，满足不同层次员工的学习需求，以求全方位地提升员工的工作能力，推进公司各项工作的顺利进行。此外，针对公司高管公司沃森生物还增加了有针对性的管理课程，以提升管理团队的综合能力，激励员工从上至下进行学习。

4.沃森生物资产剥离后的财务绩效如何？

（1）理论依据

①财务绩效

资产剥离的长期绩效是基于财务分析法得到的资产剥离长期财务绩效，这来源于两个方面：一是资产剥离给企业带来的收益，包括直接的现金流入和被剥离的标的资产上市后释放价值而给企业带来的投资收益，这种收益直接影响企业的偿债能力和盈利能力；二是企业资产剥离后进行资源优化配置而产生的企业综合财务绩效改变，包括企业的偿债能力、盈利能力、营运能力和发展能力的提升。

②杜邦分析体系

杜邦分析体系是以净资产收益率（权益净利率）为核心的财务指标，根据财务指标的内在联系，系统、综合地分析企业的盈利水平，具有鲜明的层次结构，是典型的利用财务指标之间的关系对企业财务进行综合分析的方法。其基本思想是将企业净资产收益率逐级分解为多项财务比率的乘积，具体分为企业盈利能力、偿债能力及营运能力三个部分，通过对这些能力指标进行横向同行业对比以及纵向历史对比，分析比较企业的经营状况。

杜邦分析体系图如图8-20所示。

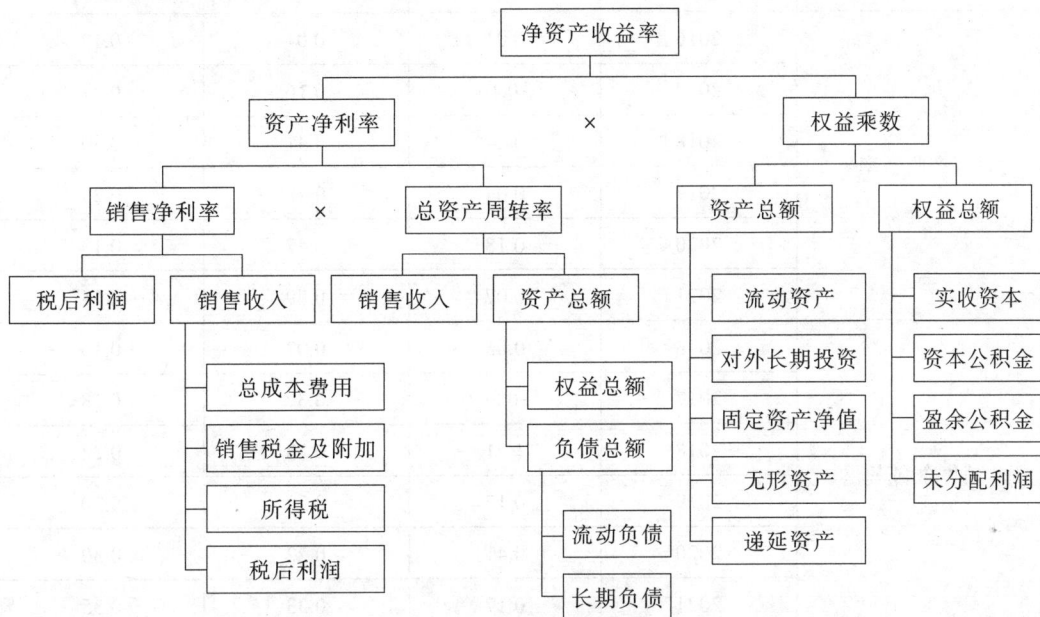

**图8-20 杜邦分析体系图**

（2）案例分析

资产剥离给企业带来的收益需要有合适的资产剥离方案才能实现。不同的资产剥离方式有不同的特征，适用于不同的资产剥离背景。当企业的资产剥离动因是满足融资需求时，需要考虑剥离时机能否及时缓解融资约束，剥离方式能否带来现金流入、标的资产是否具有市场价值容易剥离、交易方是否可以合作交易等，再选择合适的资产剥离方案帮助企业获得资金，进而使其偿债能力、盈利能力得到提升。

另外，资产剥离财务绩效的形成可以用前文提到的资源优化配置理论解释。创新型企业具有强大的活力和发展能力，对其来说，资源优化配置是十分重要的。企业根据战略目标合理有效地利用资产剥离收回的资金，投入研发成功率高、回报率高的核心主业项目，提高了研发投入的效率，同时缩小了管理层的管理范围，将管理层的精力进行了合理配置，进而提高了管理效率，企业的绩效也因此正向发展。

从前面的案例分析中我们可知，沃森生物资产剥离积极响应其归核化战略，选择了合适的资产剥离方案，并在资产剥离后进行了合理的资源优化配置。此后，沃森生物的财务绩效是否有了积极的变化呢？

下面，我们从杜邦分析体系和综合财务绩效（偿债能力、营运能力、盈利能力以及发展能力）的角度进行分析，以证明资产剥离给沃森生物带来的变化。

①杜邦分析法

利用杜邦分析法对沃森生物的综合财务能力进行分析，同时选择在境内上市的主要竞争企业智飞生物及康泰生物进行同行业对比分析。

沃森生物及可比公司2016—2021年杜邦分析体系主要指标见表8-23。

表8-23　　　　　沃森生物及可比公司2016—2021年杜邦分析体系主要指标

| 指标 | 年份 | 沃森生物 | 智飞生物 | 康泰生物 |
|---|---|---|---|---|
| 净资产收益率 | 2016 | 0.01 | 0.01 | 0.12 |
| | 2017 | -0.16 | 0.16 | 0.24 |
| | 2018 | 0.24 | 0.41 | 0.30 |
| | 2019 | 0.04 | 0.48 | 0.25 |
| | 2020 | 0.18 | 0.47 | 0.13 |
| | 2021 | 0.07 | 0.79 | 0.15 |
| 销售净利率 | 2016 | 0.05 | 0.07 | 0.16 |
| | 2017 | -0.84 | 0.32 | 0.18 |
| | 2018 | 1.21 | 0.28 | 0.22 |
| | 2019 | 0.17 | 0.22 | 0.30 |
| | 2020 | 0.41 | 0.22 | 0.30 |
| | 2021 | 0.17 | 0.33 | 0.35 |
| 总资产周转率 | 2016 | 0.09 | 0.17 | 0.38 |
| | 2017 | 0.11 | 0.39 | 0.61 |
| | 2018 | 0.13 | 0.96 | 0.73 |
| | 2019 | 0.16 | 1.19 | 0.53 |
| | 2020 | 0.35 | 1.16 | 0.33 |
| | 2021 | 0.30 | 1.09 | 0.31 |
| 权益乘数 | 2016 | 1.79 | 1.08 | 2.17 |
| | 2017 | 1.64 | 1.39 | 2.08 |
| | 2018 | 1.37 | 1.64 | 1.82 |
| | 2019 | 1.23 | 1.89 | 1.43 |
| | 2020 | 1.23 | 1.85 | 1.28 |
| | 2021 | 1.37 | 1.70 | 1.54 |

资料来源：作者根据国泰安数据库资料整理。

A.净资产收益率

由表8-23可知，沃森生物的净资产收益率在2016年至2017年间呈下降趋势，但2018年因资产剥离骤增2.5倍左右；而2019年没有了资产剥离的非经常性损益的影响，其净资产收益率明显下降，但也恢复到2016年的水平以上；2020年其净资产收益率实现了增长，同比增长速度为400%；但到了2021年，净资产收益又直线下降到了2019年的水平。与同行业其他企业相比，沃森生物在资产剥离后净资产收益率有所回升，在2020年奋起直追，但在行业中并不占据优势。从纵向和横向的对比来看，沃森生物的净资产收益率在资产剥离后还是有了好转。

接下来具体分析净资产收益率的分解指标。沃森生物的销售净利率和总资产周转率在2016年至2019年间与另外两家企业相比相差甚远，销售净利率在2018年猛增也是资产剥离产生的巨额非经常性损益所致，与其产品销售关系不大，所以沃森生物在行业内的经营一直处于低水平状态。但纵向来看，沃森生物的总资产周转率是在逐年递增的，在进行资产剥离后，增速大幅增长，2016—2018年的年增长率约为24%，而2018—2021年的年增长率约为61.33%，达到同行业平均水平。沃森生物的销售净利率在资产剥离后有了明显的增长，除去2018年资产剥离对利润的直接影响，2019年的销售净利率较2017年增长了约1.2倍，2020年同比增长了约1.4倍，成为行业第一，可见其经营状况有了改善。2021年其销售净利率有所回落，与其经营活动、投资活动的投入有关，我们通过后续指标深入分析。

B.权益乘数

沃森生物的权益乘数在2016—2020年一直呈下降趋势，至2021年稍有增长，2017年的降速约为8.38%，而资产剥离后的2018年的降速为16.46%，降速约为资产剥离前的2倍。在资产剥离前，沃森生物的权益乘数在行业内处于高位，但资产剥离后其权益乘数比同行业企业低，可见沃森生物的长期偿债压力逐渐降低，并在资产剥离后与同行业企业相比取得了优势。

综上所述，在资产剥离后，沃森生物的净资产收益率与自身的历史数据及同行业其他企业的数据相比有了明显的提升，说明其整体财务状况在资产剥离后有了明显好转。而且，分析其销售净利率、总资产周转率以及权益乘数可以发现，这种好转主要是其经营状况改善，而非财务杠杆引起的，是高质量的好转。再结合沃森生物的战略分析可知，2018年沃森生物致力于"聚焦核心"和"国际化"，公司保障资产剥离顺利进行并在资产剥离后进行了资源优化配置，由此说明这次资产剥离的实质是战略型资产剥离。

②偿债能力明显提升

如前文分析，沃森生物剥离嘉和生物时选择了合适的资产剥离方案，所以在2018年年底收回了大部分的转让款，包括康恩贝支付的1.5亿元和HH CT支付的等值人民币852 579 000.00元的美元，实现了10.03亿多元现金的流入，为沃森生物2018年的现金净增加作出了79.16%的贡献，也使得沃森生物的现金流较上年增长了691.77%。沃森生物顺利剥离嘉和生物直接提高了其偿债能力。HH CT在2018年未支付的剩余款项即等值459 081 000元人民币的美元也于2019年支付给沃森生物，到2019年，沃森生物剥离嘉和生物的所有转让款均已收回。

　　由表8-24可知，沃森生物2018年的货币资金达到了上市以来的最高值，较2017年增长了一半以上，这也是本次资产剥离转让款作出的贡献。此外，沃森生物的营运资金在2018年大幅上涨，并在后面几年内保持平稳上升的趋势，表明沃森生物的资金充足且有活力。

表8-24　　　　　　　　　　沃森生物2016—2021年货币资金情况　　　　　　　　　　单位：亿元

| 年份 | 营运资金 | 货币资金 |
| --- | --- | --- |
| 2016 | 10.51 | 14.23 |
| 2017 | 7.71 | 12.11 |
| 2018 | 26.03 | 24.84 |
| 2019 | 23.55 | 23.81 |
| 2020 | 33.58 | 19.62 |
| 2021 | 44.45 | 34.43 |

资料来源：作者根据沃森生物2016—2021年年报整理。

　　从前文的分析可知，从权益乘数来看，沃森生物资产剥离后的整个负债规模有了明显减少，偿债压力得到缓解，下面进一步分析其短期偿债能力的变化。由表8-25、图8-21可知，沃森生物的速动比率在资产剥离前呈下降趋势，但在资产剥离后年年增长，2018年的增速达到约84%，2019年、2020年两年间的平均增速为9%。这说明，与自身相比，沃森生物偿还流动负债的能力越来越强。与同行业的其他企业相比，沃森生物的速动比率处于中游水平，不像智飞生物大幅下降后未有起色，也不像康泰生物那样强势增长。但是沃森生物的现金比率自2017年起在同行业中一直处于前列，在2016—2019年一直处于上升态势。2017年沃森生物的现金比率增速约为14%，2018年实现资产剥离后其现金比率大涨，2017—2019年的现金比率年平均增长率约为83%，较资产剥离前的增速增长了约70个百分点。2020年、2021年其现金比率有所降低也是新产品13价肺炎结合疫苗的销售增加和应收账款增加所致。总的来说沃森生物的短期偿债能力在资产剥离后有了喜人的改变。

表8-25　　　　　　　　2016—2021年沃森生物及可比企业偿债能力情况

| 指标 | 年份 | 沃森生物 | 智飞生物 | 康泰生物 |
| --- | --- | --- | --- | --- |
| 速动比率 | 2016 | 1.45 | 10.28 | 1.07 |
| | 2017 | 1.38 | 1.55 | 1.38 |
| | 2018 | 2.54 | 1.12 | 3.03 |
| | 2019 | 2.88 | 1.12 | 4.68 |
| | 2020 | 3.02 | 1.19 | 10.15 |
| | 2021 | 2.10 | 1.46 | 2.40 |

| 指标 | 年份 | 沃森生物 | 智飞生物 | 康泰生物 |
|------|------|----------|----------|----------|
| 现金比率 | 2016 | 0.71 | 6.54 | 0.26 |
| | 2017 | 0.81 | 0.70 | 0.19 |
| | 2018 | 1.61 | 0.22 | 0.59 |
| | 2019 | 2.17 | 0.18 | 0.55 |
| | 2020 | 1.38 | 0.20 | 0.49 |
| | 2021 | 1.06 | 0.36 | 1.34 |

资料来源：作者根据国泰安数据库资料整理。

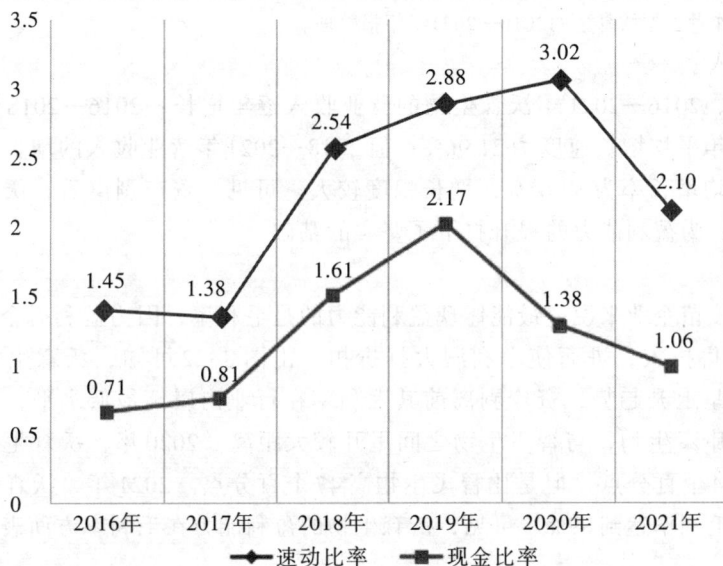

图8-21 2016—2021年沃森生物偿债能力情况

③盈利能力实现好转

沃森生物剥离嘉和生物后，销售净利率实现了明显好转，下面具体分析与该指标相关的净利润情况以及营业收入情况。

A.归母净利润

沃森生物2018年的归母净利润较2017年增长了近3倍，当年顺利剥离嘉和生物实现了11.75亿元的投资收益，是其2018年归母净利润的核心来源，可见资产剥离直接影响了沃森生物当年的盈利情况，使其成功扭亏为盈，缓解了其退市的业绩压力。但从归母净利润来看，沃森生物资产剥离后的利润波动较大，在2019年猛跌至1.42亿元，在2020年又恢复到2018年的水平，如此大幅度的变化是受非经常性损益的影响。2020年沃森生物实现了剥离嘉和生物并助其上市所带来的收益，确认了公允价值变动收益2.38亿元，沃森生物持有嘉和生物的股权终于开始获得收益。不过，2021年沃森生物对嘉和生物投资的公允价值发生了波动，确认公允价值变动损益约-2.28亿元，使得归母净利润进一步降低。剔除非经常性损益的影响进行分析，沃森生物的归母扣非净利润在资产剥离后有了大幅度的提升，研发费用也较上年有了大幅度的增长——2020年比2019年增长了4.84倍。2020年沃森生物的研发费用为1.8亿元，2021年提升至6.2亿元。由此可见，资产剥离后沃森生物明显实现了净利润增长。

2016—2021年沃森生物净利润见表8-26。

表8-26　　　　　　　　　　2016—2021年沃森生物净利润　　　　　　　　　单位：亿元

| 项目 | 2016年 | 2017年 | 2018年 | 2019年 | 2020年 | 2021年 |
|---|---|---|---|---|---|---|
| 归母净利润 | 0.7 | −5.37 | 10.46 | 1.42 | 10.03 | 4.27 |
| 归母扣非净利润 | −1.46 | −2.09 | 1.24 | 1.22 | 7.15 | 5.91 |
| 营业收入 | 5.91 | 6.68 | 8.79 | 11.21 | 29.39 | 34.62 |

资料来源：作者根据沃森生物2016—2021年年报整理。

B.营业收入

整体来看，2016—2021年沃森生物的营业收入逐年增长：2016—2018年营业收入增长较为平稳，年平均增长速度为21.96%；但2018—2021年营业收入的增长态势发生了明显变化，年平均增长率为82.85%，增长幅度较大。可见，资产剥离后，沃森生物的营业收入实现增长，为盈利能力的提升打下了坚实的基础。

C.毛利率

对于生物疫苗企业来说，最能体现盈利能力的是毛利率，因为盈利后企业需要大量的研发投入及销售投入，进而使净利润大打折扣。由图8-22可知，沃森生物的毛利率在2016—2021年呈上升趋势，资产剥离前其毛利率在行业内属于最低水平，但资产剥离后其毛利率直追康泰生物，与智飞生物之间甩开较大距离。2020年，沃森生物的毛利率只比康泰生物低4个百分点，但是比智飞生物高47个百分点。2021年，沃森生物成功超过同行业公司，毛利率达到89%。可见，沃森生物的盈利能力在毛利率方面表现尚可。

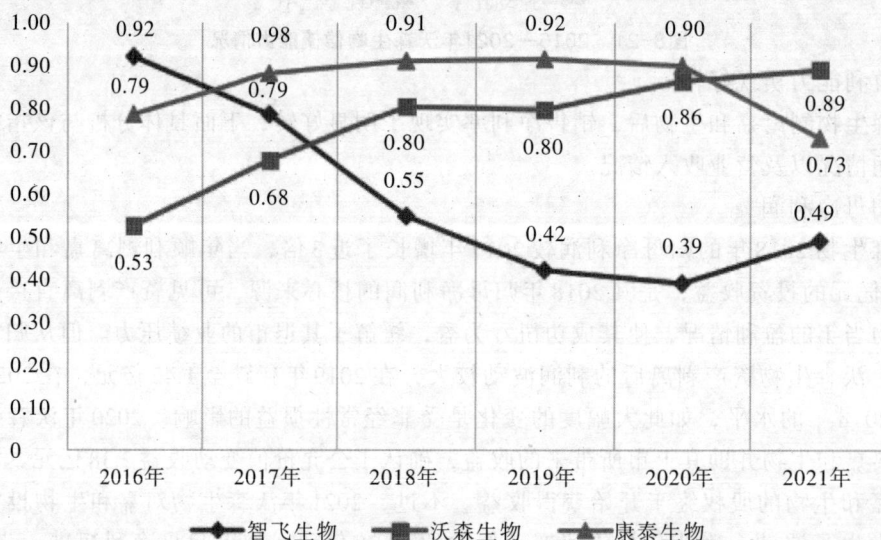

图8-22　2016—2021沃森生物及可比企业年毛利率情况

④营运能力逐渐恢复

沃森生物主营疫苗的研发和生产,其营运能力主要体现在疫苗的生产销售,所以选择存货周转率、应收账款周转率来分析其营运能力的变化。

2016—2021年沃森生物及可比公司的营运能力情况见表8-27。

表8-27　　　　　　2016—2021年沃森生物及可比公司营运能力情况

| 指标 | 年份 | 沃森生物 | 智飞生物 | 康泰生物 |
|---|---|---|---|---|
| 存货周转率 | 2016 | 1.87 | 0.33 | 0.94 |
| | 2017 | 1.18 | 0.79 | 0.85 |
| | 2018 | 0.77 | 1.96 | 0.95 |
| | 2019 | 0.83 | 2.87 | 0.77 |
| | 2020 | 1.00 | 3.15 | 0.68 |
| | 2021 | 0.58 | 2.90 | 1.32 |
| 应收账款周转率 | 2016 | 1.53 | 1.45 | 2.55 |
| | 2017 | 2.59 | 2.68 | 2.86 |
| | 2018 | 2.39 | 3.91 | 2.91 |
| | 2019 | 2.36 | 3.30 | 2.04 |
| | 2020 | 2.34 | 2.75 | 1.70 |
| | 2021 | 1.54 | 3.15 | 2.38 |

资料来源:作者根据国泰安数据库资料整理。

2016—2021年沃森生物营运能力情况如图8-23所示。

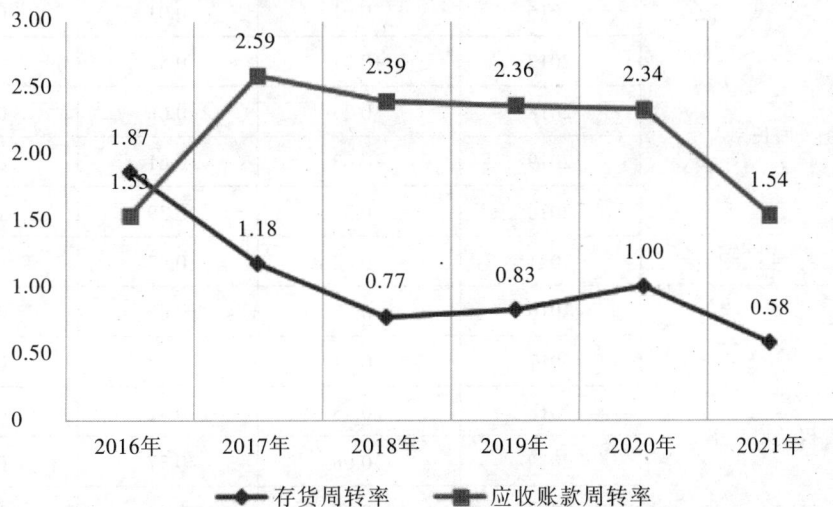

图8-23　2016—2021年沃森生物营运能力情况

从图8-23及表8-27可知,沃森生物的存货周转率在2016—2018年呈现快速下降的趋势,年平均降速为35.83%。2018年,沃森生物进行了资产剥离后,其存货周转率仍然下降的原因为公司根据对市场需求的测算提前备货，增加了存货量。不过，新产品的上市快速占领市场，使得沃森生物的营业收入大幅增加，存货的增速远不及营业收入的增速，因此2019年和2020年其存货周转率逐步上升。沃森生物的存货周转率在2016年、2017年的下降时期仍处于行业的最高水平，2018年跌至谷底后又能马上赶上来，超过康泰生物。因此，资产剥离后沃森生物的存货周转能力逐渐恢复。

沃森生物的应收账款周转率在比较期内是逐渐下降的，而同行业企业的该指标也呈下降趋势，这是因为其主营产品疫苗都是通过疾控中心进行集中采集，客户是政府机构，而政府机构具有财政特殊性，所以企业的应收账款周转率下降是一种常态，应收账款周转率下降也可能是企业为扩大销售作出的一定让步。沃森生物的应收账款周转率与同行业企业相比虽不是最差，但也一直未名列前茅，这是公司管理层应注意的地方。

⑤发展能力趋势向好

发展能力指标是衡量一个企业能否实现可持续发展的重要指标，这里选取总资产增长率、所有者权益增长率来分析沃森生物资产剥离后是否在市场中越来越有话语权、公司的整体规模是否在正向扩张、公司的股东权益是否在不断增加，以及公司整体是否处于可持续发展的状态。

如表8-28和图8-24所示，沃森生物发展能力指标的变化趋势一致，在2016—2021年波动较大。在2018年进行资产剥离前，沃森生物的发展能力指标呈下降趋势，而同行业企业的指标是上升的；在资产剥离后，沃森生物的指标回升，但在2019年又下降了，这主要是受河北大安的业绩承诺股权赔付的影响，不过此时整个行业的指标都呈下降趋势。2020年沃森生物重新出发，总资产增长率和净资产增长率增长，缩小了与智飞生物之间的差距。

表8-28　　　　　2016—2021年沃森生物与可比企业发展能力情况

| 指标 | 年份 | 沃森生物 | 智飞生物 | 康泰生物 |
|---|---|---|---|---|
| 总资产增长率 | 2016 | 0.01 | 0.01 | 0.20 |
| | 2017 | -0.07 | 0.52 | 0.38 |
| | 2018 | 0.23 | 0.66 | 0.51 |
| | 2019 | -0.03 | 0.61 | 0.18 |
| | 2020 | 0.37 | 0.39 | 1.42 |
| | 2021 | 0.42 | 0.97 | 0.48 |
| 所有者权益增长率 | 2016 | 0.17 | 0.02 | 0.14 |
| | 2017 | 0.01 | 0.17 | 0.46 |
| | 2018 | 0.48 | 0.42 | 0.71 |
| | 2019 | 0.08 | 0.37 | 0.50 |
| | 2020 | 0.39 | 0.44 | 1.71 |
| | 2021 | 0.27 | 1.14 | 0.23 |

资料来源：作者根据国泰安数据库资料整理。

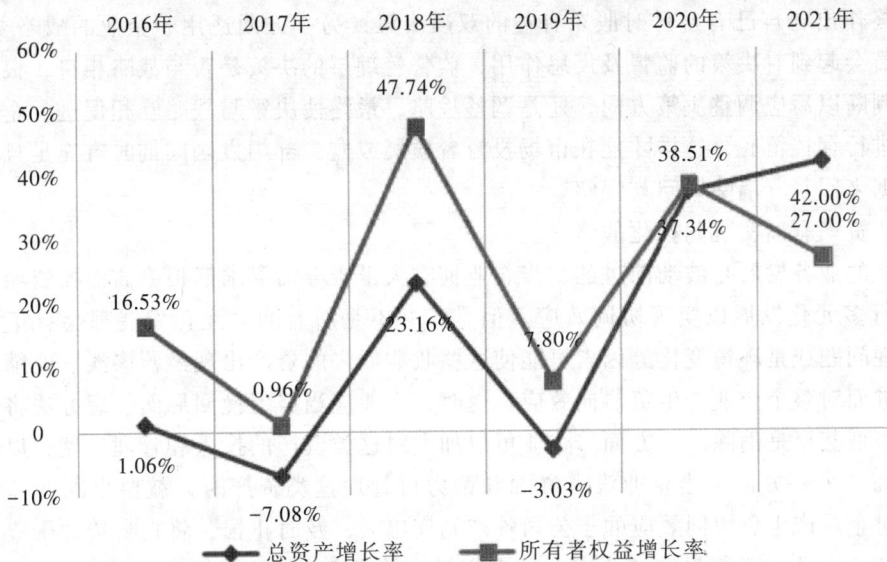

图8-24　2016—2021年沃森生物发展能力情况

综上所述，利用杜邦分析体系以及纵向与横向对比，我们发现沃森生物的整体财务能力有了明显好转，再深入对其营运能力、偿债能力、盈利能力和发展能力进行分析，可知其四项能力均有所提升。总的来说，资产剥离后沃森生物的长期财务绩效提升，公司发展良好。所以，沃森生物以战略为导向的资产剥离行为给企业带来了正面的经济后果，有利于其长期发展，属于支撑行为。

5.沃森生物的资产剥离对企业管理有何启示？

（1）企业决策行为应符合其战略

分析本案例可知，沃森生物的资产剥离其实是战略行为。不符合企业战略的战术型资产剥离主要是管理者的短期行为，追求的是暂时性收益，而不顾企业的后期发展，不顾股东尤其是中小股东的利益，会让企业的经营越来越差，而市场投资者根据企业的决策行为察觉到其短期意图时，会选择放弃股权，避免进一步的损失，企业的市值就会越来越低，超额收益率不断减少。相比之下，符合企业战略的战略型资产剥离注重的是企业未来的发展，是基于企业发展方向作出的决策，会在资产剥离后更专注核心业务，对企业资源进行动态的优化调整，以实现绩效增长，进而达到企业的战略目标。所以对于企业而言，其决策行为应当符合公司战略。

企业的战略是企业发展的导向，是根据企业内外部环境制定的动态目标。企业首先需要进行科学的战略管理，一方面要制定符合企业现状的战略，并对战略进行适应性的调整，有了合适且明确的战略目标，企业才拥有发展的目标和方向；另一方面要让企业全体人员充分学习和理解战略，尤其是与市场投资者沟通的董事会秘书、证券事务代表等人员要清晰地向市场投资者解释企业战略，让市场投资者正确理解企业战略，以实现双方的有效沟通，提升市场投资者对企业的支持度。其次，企业可以建立战略决策自查体系进行复核。这个自查体系一方面适用于企业管理层，企业的管理层应当基于职业道德对战略进行思考，分解战略内容，判断决策是否符合战略、是否可行、是否对企业的长期发展有益，最终作出与自己有益且对股东有益的双赢决策；另一方面适用于企业的战略委员会，战略委员会起到对决策的监督及反思作用，监督管理层的决策是否与战略相符，根据决策的结果判断以后应调整决策方向，还是调整战略，最终使决策与战略互相促进。企业应对自查表进行存档留底，这样才能在市场投资者质疑或监管部门发函问询时有充足且清晰的文档证据来回复、消除疑问与误解。

（2）资产剥离实现归核化战略

企业的业务发展是波动前进的，当企业拥有大量资金而寻求回报率高的投资项目时会选择进行多元化发展以实现协同效应。但是，并不是所有的多元化发展都会有正协同效应，管理问题或是环境变化等因素可能使这些收购回来的资产出现经营惨淡、业绩不佳的情况，进而对整个企业产生负协同效应。这时，企业应当努力挽回局面，想办法将负面影响降到最低甚至是消除。一方面，企业可以加大对这类资产的投入和管理力度，以扭转其经营局面；另一方面，当企业没有资源和精力再管理这类资产时，就要果断选择资产剥离，将对企业产生负协同效应的子公司资产剥离出去，及时止损，将自身资源聚集于最能把握的核心主业，不断提高核心主业的在市场中的竞争力，以提高企业在市场中的价值，实现可持续发展。

从前文分析可知，沃森生物上市后实施了多元化战略并不断并购，并购后进行了优化调整以实现协同效应。但是在调整期间，沃森生物卷入了"山东疫苗案"并背负了业绩承诺赔款，以至于无法加大甚至支撑多元化发展的投入，所以公司选择了另一种方式——于2017年起实施归核化战略。

沃森生物是一家以科技创新研发为主的企业，这类对资金和研发人员等资源的需求高，同时投资风险也很高。研发创新并不是一朝一夕能出成果的，需要长时间的耕耘，投资回收期很长，因此企业更需要专注于最有把握且最有可能研发成功的项目，回归疫苗主业，将有限的资源投入核心优质研发项目，推进研发进程，待研发成果上市后实现利润。资产剥离就是实现归核化战略的路径，像沃森生物这样的企业就应当在制定归核化战略后积极主动地实施资产剥离，提高自身的核心竞争力。

主动实施资产剥离以实现归核化战略需要企业经常审视自身，一方面是对资产进行评估，评估内容包括资产的风险、投资回报率、投资回报周期等，以确认哪些资产是能持续给企业带来收益的优质资产、哪些资产是企业的核心主业资产、企业的核心主业是否在市场中具有特殊地位、哪些资产是拖累企业经营的不良资产；另一方面是要对自己的经营能力进行评估，确认自身是否有能力管理现有资产、是否有能力继续发展核心主业、是否有能力拯救不良资产。当企业发现自身能力有限时，就要果断放弃不良资产而回归核心主业。

（3）量身定制资产剥离方案

企业进行资产剥离都有特定的目标，只有规划好实施资产剥离的方案才能达到预定的效果。在确定方案时，企业需要考虑剥离的标的资产、剥离的时机、剥离方式和剥离交易对象等因素。

沃森生物的资产剥离方案，在标的资产上选择嘉和生物是因为其具有商业价值，剥离后可以给沃森生物带来收益；在时机选择上成功缓解了其退市压力，并抓住了香港上市政策改革的机会；在资产剥离方式上明确了各个剥离方式的特点，选择了最合适的方式，获得了资金流入并保留了未来的收益权；在资产剥离交易对象上选择了实力雄厚的交易对象，顺利地完成了交易。由此，沃森生物初步完成了自身的资产剥离目标，获得了资金，为后续的发展打下了基础，这是要实施资产剥离的企业值得学习之处。

对于需实施资产剥离的企业而言，首先应正确认识进行资产剥离的第一层目标，是获得现金还是收获其他有利的资产等。然后，应根据目标设计资产剥离的方案。

在设计资产剥离方案时应注意以下方面：

①在剥离标的资产的选择方面，要思考剥离该资产能给企业带来什么，是额外的收益还是降低成本等。

②在资产剥离时机的选择方面，要根据内外部环境的变化抓住适当的时机，一方面让企业在变动的环境中得以生存，另一方面使企业可以享受政策的便利，所以企业要多关注内外部环境的变化以及相关政策的动向。

③在资产剥离方式的选择方面，企业要分清资产出售、资产置换、分拆上市及企业分立的不同特点，若是想获得资金流入可以选择资产出售，若是想获得有利的特殊资产可以选择资产置换，若是自身有实力且下属业务或子公司发展趋势好可选择分拆上市，若是股东间要进行权益经营分割则倾向于选择企业分立。

④在交易方的选择方面，选择合适的交易对象可以促进交易成功，并且有利于被剥离资产的未来发展，进而使交易双方实现双赢。所以在选择交易方时，要多考察交易方的资金实力，确保交易后期回款顺利；要多考察交易方的内部条件，包括交易方股东与管理层之间的目标是否一致、对此次交易的态度是否一致，以确保交易顺利进行；要多考察交易方的经营情况，特别是设置了业绩承诺的资产剥离交易，应确保剥离后剥离标的资产与交易方能很好地整合，发挥协同效应。

（4）注重企业资产剥离后的资产整合

像沃森生物这样的研发型企业，在研发投入大、风险大，且研发等待期收益小、整个社会经济下行的背景下，融资问题是除了研发能力外最约束企业发展的因素。当企业选择资产剥离后，更需要有效利用其原有资金和资产剥离后收回的资金，将其投入风险最小的研发项目。沃森生物在资产剥离后将资源投入其疫苗研发项目，并对各个疫苗项目进行动态评估及合理分配，对优质项目大力推进，对落后市场的项目则及时放弃，最后成功研制出重磅产品，在市场中占据不可撼动的地位。其在资产剥离后进行的资产整合也是值得其他企业学习的。

企业进行资产剥离和并购都属于资产重组，并购或资产剥离完成后，企业都需要进行资产整合以实现正协同效应。企业的资产整合其实就是企业对现有的资源进行优化配置，这有利于其长期财务绩效的改善。企业资产剥离后的资源优化配置不仅是对已有和收回的资金资源进行合理的重新配置，还包括对人力资源的优化配置，以及资产剥离后与剥离标的资产的供应商和客户的整合，如加强与上下游企业的沟通、合理调整采购方案及销售方案等。企业对资产剥离后的剩余资产应进行规划安排、评估分析，根据资产的收益率、回报周期、风险大小等指标进行加权评估和排序，将有限的资源合理地分配到剩余资产，将收益率提到最高水平，将风险程度降至最低水平。此外，企业还要建立项目定期评估监督机制，一方面用来评估投资效果和管理效果，另一方面据此灵活地再安排企业资源，使资源被有效利用，进而提高企业的业绩。

## 四、关键要点

（一）关键点

结合案例资料，分析沃森生物资产剥离的动因、方案选择、资产剥离后如何进行资源优化配置以及得到怎样的财务绩效，学习如何作出资产剥离的决策、如何进行资产剥离以实现好的财务绩效。

（二）关键知识点

1.资产剥离的本质。

2.资产剥离的方式。

3.资产剥离的方案。

4.资产剥离后的资源优化配置。

5.资产剥离的财务绩效。

（三）关键能力点

1.综合分析能力。

2.逻辑思考能力。

3.发现问题、解决问题的能力。

# 第四章 风险管理

## 案例9 遭遇做空巨头三连击，安踏集团何以化险为夷？[①]

### 【学习目标】

通过本案例的学习，您应该：①能够系统剖析做空危机的内在成因与传导机制，科学验证指控内容的真实性与逻辑合理性，评估企业应对策略的有效性并挖掘改进空间；②深入理解做空机制的双刃剑效应及其市场影响，把握海外上市企业面临的特殊风险与监管要求，建立信息披露制度与财务合规的关联认知；③提升跨平台中外舆情信息的立体化采集能力，运用财务工具与法律框架对事件进行交叉验证，通过案例解构提炼商业风险管理的核心启示。

### 【关键词】

中概股　做空　财务造假　信息披露

## 案例正文

### 一、引言

近年来，在美中概股被海外机构频频做空，港股市场也成为做空机构的重点"关注对象"。根据相关统计，2015年有7家港股上市公司被做空，2016年有8家港股上市公司成为做空机构的目标，而2017年多达12场的做空狙击让港股上市公司大伤元气。2018年，这些机构的做空行为似乎更加猖獗，共盯上15家港股上市公司。2019年一共有24家港股上市公司被相关做空机构列为目标并发布了做空报告，同比增长率高达60%，掀起频繁针对港股的做空潮。在此背景下，2018年6月，GMT公司通过指责安踏集团财务造假做空安踏集团；2019年5月，蓝鲸资本（Blue Orca Capital）又以公司治理、旗下子品牌业绩存在问题为由对安踏进行"口头沽空"；同年7月，浑水公司连续发布5篇做空报告，认为安踏集团存在隐瞒关联方交易、大股东掏空等行为。安踏集团在短短13个月内被多家做空机构连续做空。

---

① 本案例由湖南大学工商管理学院的蒲丹琳、伍莹、彭婷玥和曾璐撰写，作者拥有著作权中的署名权、修改权、改编权。本案例授权中国管理案例共享中心使用，中国管理案例共享中心享有复制权、修改权、发表权、发行权、信息网络传播权、改编权、汇编权和翻译权。由于企业的保密要求，本案例对有关名称、数据等进行了必要的掩饰性处理。本案例只供课堂讨论之用，并无意暗示或说明某种管理行为是否有效。

安踏品牌始创于1991年的福建晋江，并于2007年在港交所主板上市，是中国知名的体育用品公司。安踏集团主要从事体育用品的设计、开发、制造和营销，为中国大众提供专业的体育用品。尽管安踏集团在国人眼中盈利模式清晰、财务状况健康，但仍连续遭到多家做空机构的质疑，进而引发了大量投资者在短时间内抛售股票。到底是什么原因导致了多家做空机构连续多次做空安踏集团？安踏集团是否如做空机构所言有着严重的财务及其他方面的问题？安踏集团是如何应对连续多次发生的做空危机的？接连发生的做空危机事件对安踏集团造成了哪些方面的影响？又能给中国企业带来什么启示？本案例将展示多家做空机构连续多次做空安踏集团事件的来龙去脉，借以探讨以上问题。

## 二、安踏集团第一次被做空——GMT做空安踏

### （一）GMT发布做空报告

2018年6月12日，做空机构GMT Research（简称GMT）在其官方网站发布了一篇做空报告，文章标题为《CHINESE SPORT SWEAR——Fake or Fabulous?》，研究对象为中国的体育用品生产商。GMT统计发现，自2005年以来有9家中国体育用品公司涉及欺诈，并且这些公司全部来自福建省。除此之外，GMT认为安踏也有很多相同特征。因此，GMT认为安踏目前的估值太高，实际上每股只值10港元。GMT在做空报告中对安踏集团的利润提出疑问，认为安踏的产品价格只有国际知名龙头品牌的1/4，而其利润率却是国际知名龙头品牌的2倍多。例如，安踏FY17运动鞋的利润可以在所有同类产品中名列第三。尽管安踏在之前的信息披露中对此有所解释，但是GMT并不认为它具有说服力。这篇做空报告具体对比分析了五个财务指标。

### 1.非生产性资本规模过大

GMT做空报告认为，财务造假企业倾向于把虚增的利润隐藏于非生产性资产中。因为非生产性资产容易伪造，不易被查出来，所以能成为虚增利润的一个重要途径。纺织服装企业的非生产性资产平均占收入的39%，前20%的企业该比率能达到67%。如图9-1所示，国际知名的纺织服装企业中非生产性资产占收入最高的也仅为49%，而安踏的非生产性资产占收入的比重为81%，处于非常高的水平。

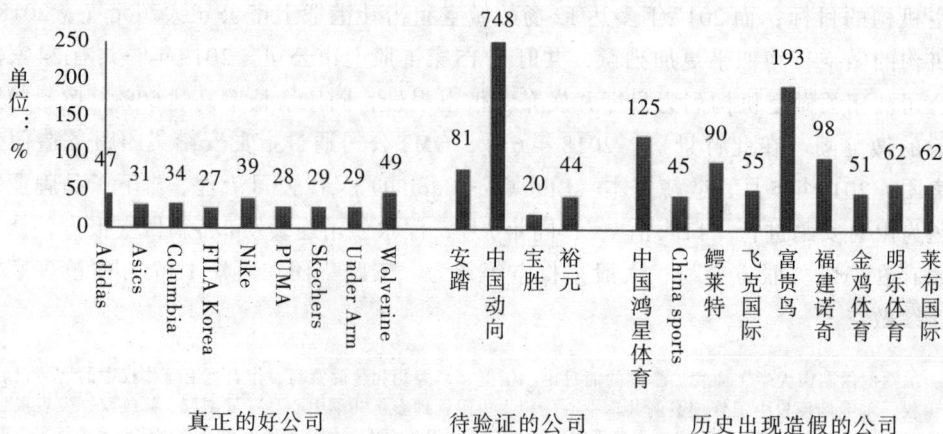

图9-1 纺织服装企业非生产性资产占收入比重对比

同时，该做空报告还认为，现金余额也常被用于隐藏企业虚增的利润。纺织服装行业的现金余额一般占收入的10%左右，前20%的企业占比超24%，而安踏的现金余额占收入的50%，与选取的历史出现过财务造假的样本公司接近。纺织服装企业现金占收入比重对比如图9-2所示。

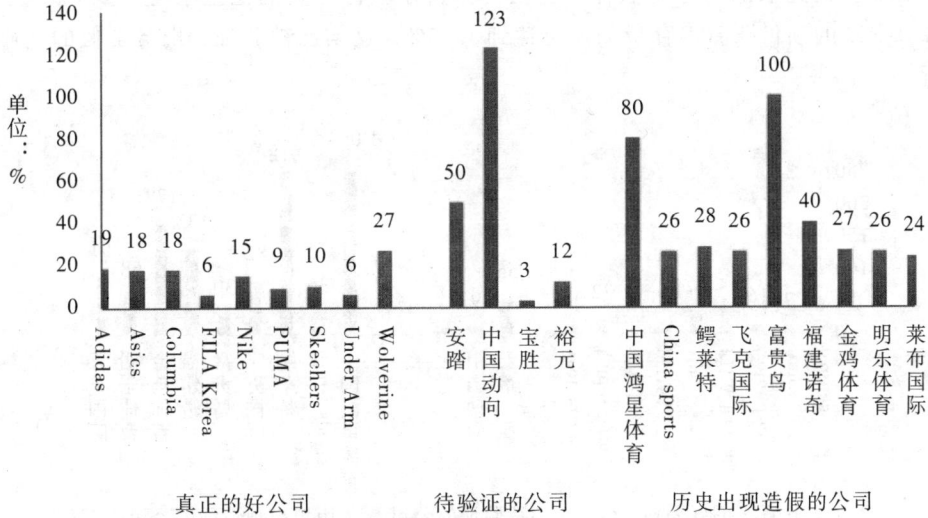

图9-2 纺织服装企业现金占收入比重对比

2.存货比例过低

纺织服装行业的存货占收入比重的均值为20%，其中国际知名龙头企业的存货占收入比重平均为19%，而占比最低的20%企业该比重也达到了13%。从选取的财务造假样本公司来看，它们的平均存货占收入比重仅为7%。同时，通过对13 000家企业进行分析可知，高经营溢利率与低库存并不存在相关性，因此高经营溢利率对低库存的解释也很难成立。如图9-3所示，安踏的存货占收入比重为13%~16%，其拥有较多的直营渠道，存货水平仍然较低，做空报告对安踏是否具备超强的存货管理能力来实现这么低的库存水平提出疑问。

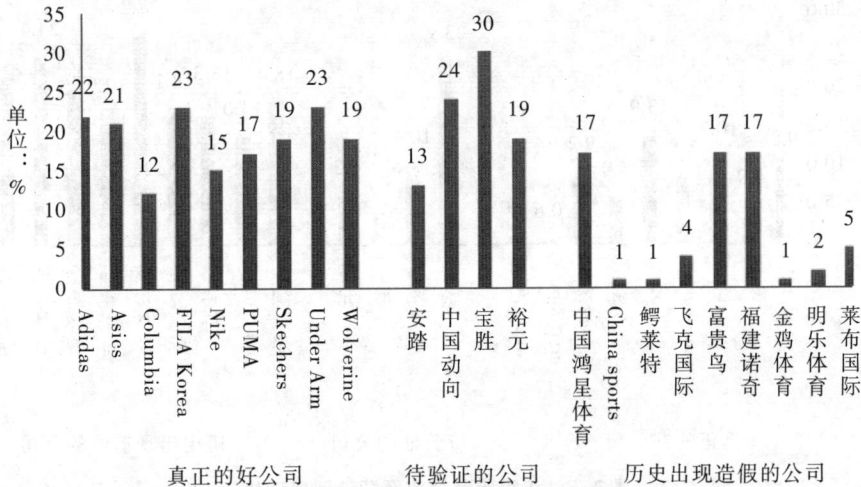

图9-3 纺织服装企业平均库存与销售之比对比

### 3.预付账款比例过高

做空报告认为，如果预付账款占存货的比重较高，则该公司存在隐藏利润的可能。预付账款作为一个较难查验的科目，常常被用来隐藏利润。纺织服装企业的预付账款占存货比重的行业平均值为4%，如图9-4所示。其中，国际龙头企业的预付账款占存货的比重平均为11%，而选取的财务造假样本公司的预付账款占存货的比重平均为277%，中位数为91%。安踏的预付账款占存货的比重达到了55%，这与已被验证为财务造假的企业的数值相近。

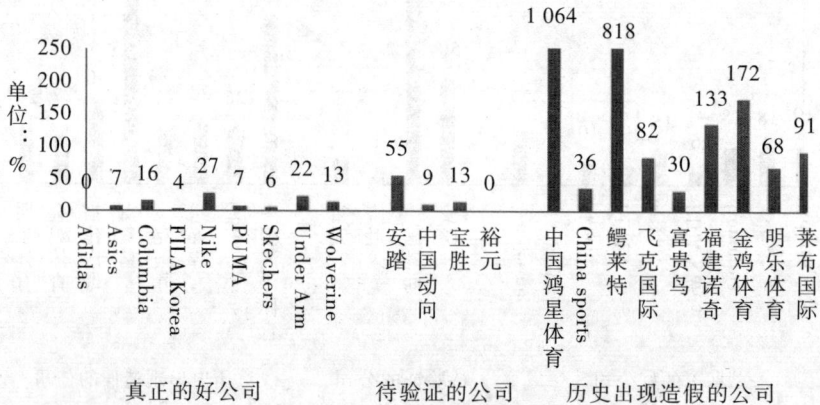

图9-4 纺织服装企业预付账款占存货比重对比

### 4.营业利润率过高

该做空报告认为，生产性资产是有形的，比较难以造假，因此财务造假公司在虚增收入的同时还需要虚增生产成本，但固定成本不变，这就会造成经营溢利率或者生产性资本回报率的提升，主要表现为经营溢利率高和生产性资产回报率高于同业。如图9-5所示，安踏的经营溢利率比较突出，达到了23.9%，而Nike的经营溢利率仅为13.9%，中国品牌的高经营溢利率相对来讲不是很合理。

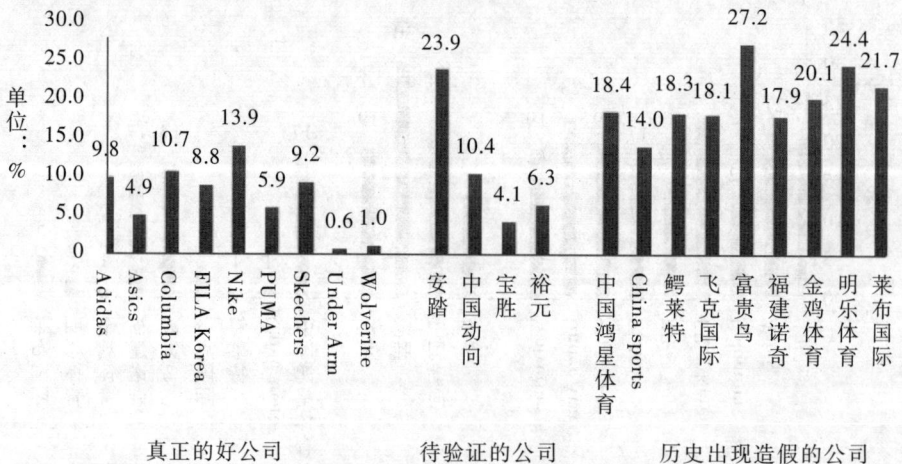

图9-5 纺织服装企业经营溢利率对比

5.现金流虚增

该做空报告认为，如果公司要虚增收入，通常需要大量的现金支撑。一般而言，多数企业并不会留有大量现金。GMT对16 000家样本企业进行研究发现，净现金流占收入的比重为0~2%，一般有大量现金结余的企业都有相应的收购计划。纺织服装企业净现金流占收入的比重均值为2%，前20%的企业可能超过6%，这与国际知名公司的数值相符。选取的财务造假样本公司的净现金流占收入的比重均值则高达47%，中位数为13%。如图9-6所示，安踏的净现金流占收入的比重为7%，其净现金流占收入的比重也比较高。

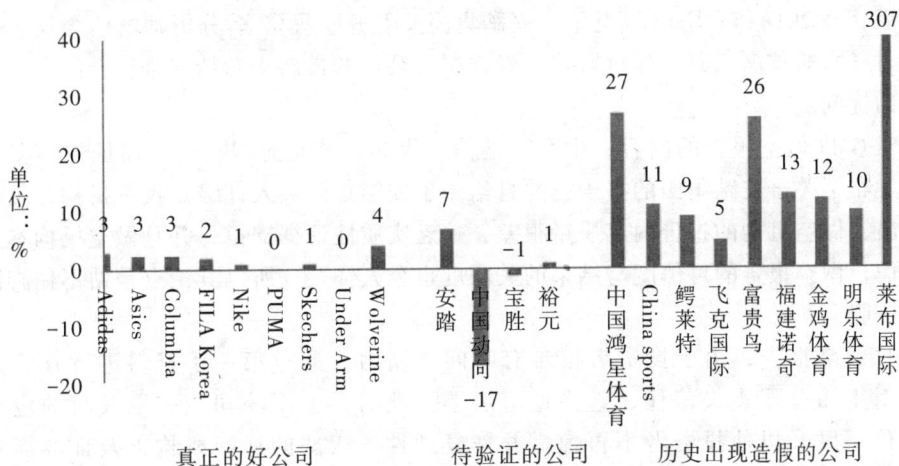

图9-6 纺织服装企业净现金流占收入比重对比

因此，在做空报告的最后，GMT认为安踏体育实际上每股只值10港元，建议卖出或者回避安踏体育的股票。综上，做空机构通过多种手段对安踏集团的信息披露进行调查、与同行业进行对比，夸大数据，紧抠细节，对投资者进行引导，对安踏集团发起强势做空。

（二）安踏集团应对做空机构GMT

1.发布澄清公告

2018年6月14日港股收盘后，安踏集团迅速根据做空报告作出了回应，在港交所发布了针对GMT Research的澄清公告——安踏集团董事会表示强烈否认，其中关于安踏财务表现的猜测并不准确，极具误导性。

首席财务官赖世贤对此次GMT做空事件及时回应称，自安踏上市以来，市场对安踏的研究已很透彻，但GMT报告中的几点理由显得很不专业，称这是对方没有深入理解安踏的一个体现，而相应指控不过是凭借猜测作出的判断而已。赖世贤表示，GMT做空事件的确会在市场上给公司带来部分影响，但安踏历年持续增长的业绩以及此番中期财报交出的亮眼成绩单就是对自身最好的证明。同时他补充解释对方所诟病的利润率问题：过去国际品牌在中国所处的是增长最快、最健康、利润率最高的市场，而总体利润率拉低则是因为地区及产品的不平衡所致，GMT只是将行业全球业务和中国业务进行简单的对比是不合理的，GMT发布的只是一个不专业的报告罢了。

历史研究表明，公司能否及时回应做空事件至关重要。第一，根据中国的相关法律法规，如果出现重大事件或媒体新闻可能会实质性或误导性地导致公司股价发生较大波动的情况，即使信息不属实，上市公司也应立即发布明确的澄清公告。因此，安踏集团积极迅速地发布澄清公告。第二，如果一家上市公司最初没有对做空者的质疑作出回应，那么很可能意味着该公司存在问题，所以才无法及时作出回应，而这将大大动摇投资者的信心。正是许多上市公司在面临做空时没有能及时与市场上的投资者进行沟通交流，才会被投资者误解，从而成功地被做空机构狙击，遭到市场的抛弃，最后默默退市。

2.召开投资者/分析师电话会议

随后，在2018年6月15日上午，安踏集团又召开了投资者/分析师电话会议，安踏体育首席财务官兼首席运营官赖世贤代表管理层对公司的最新运营情况进行介绍，并回答了分析师的提问。

针对GMT做空报告的内容，中金、瑞信、大和、德意志银行、里昂证券等多家投资机构都发布了关于安踏集团的报告，并且给予了安踏集团买入评级。投资机构在报告中也纷纷指出，做空机构的报告内容质量很差，缺乏实质性证据支撑，并且做空机构本身似乎并不自信，做空报告的可信度与结果的关联度也令人怀疑，所以其论点是站不住脚的，难以令人信服。

面对做空报告，由于投资者很难有时间与精力去通过第一手资料进行查验，所以通常会对上市公司丧失信任，选择抛售股票。此时，上市公司应采取及时的应对措施止住股价下跌，以使投资者不再惊慌并恢复理性。权威的评级机构以及证券商对于上市公司的信任和正面评价往往能够有效地提高投资者的信心。因此，安踏集团及时召开投资者/分析师电话会议，可以帮助市场的投资者真正了解到上市公司的真实经营情况。

（三）第一次做空危机应对后的结果

在GMT做空报告发出的第二天、第三天，即2018年6月14日及15日，安踏集团受到做空事件影响，股价分别跌去7.86%及4.76%，两日累计下跌12.24%。但在安踏集团及时发出澄清公告、召开投资者/分析师会议后的多个交易日，股价的变动趋势保持相对平稳，做空事件暂且告一段落。

## 三、安踏集团第二次被做空——蓝鲸资本（Blue Orca Capital）做空安踏

（一）蓝鲸资本发布做空报告

2019年5月30日，蓝鲸资本创始人在香港投资论坛上分享了一篇做空报告，主要内容是安踏集团的财务数据以及企业治理水平存在问题，主要质疑安踏旗下品牌FILA斐乐的中国零售收入严重不透明，以及公司资金充足却进行举债和股权融资，并认为安踏股价有34%的下跌空间，实际上只值32.93港元/股。

1.FILA在中国内地及港澳地区的收入被夸大

做空机构通常通过重新评估公司财务数据以验证其真实性。在做空报告中，Blue Orca对安踏披露的FILA收入提出疑问。由于安踏集团在其财务报告中并未披露旗下FILA品牌的具体业绩数据，只提及其战略性意义，对2020年安踏整体收入和FILA收入的增长速度

进行了预测,分别为15%~20%和30%,因此,Blue Orca公司称安踏旗下的FILA品牌收入不透明。随后,Blue Orca公司运用其推算逻辑对FILA在中国内地及港澳地区的零售收入进行了重新计算。Blue Orca公司以FILA韩国地区2018年的批发收入47亿元为依据,根据公式层层推导出FILA在中国内地及港澳地区的收入应该在51.16亿元左右,而安踏此前给出的数据为87亿元,比推算结果高出41%,由此其认定安踏夸大了FILA在中国内地及港澳地区的收入。

Blue Orca关于FILA在中国内地及港澳地区收入的推算过程如图9-7所示。

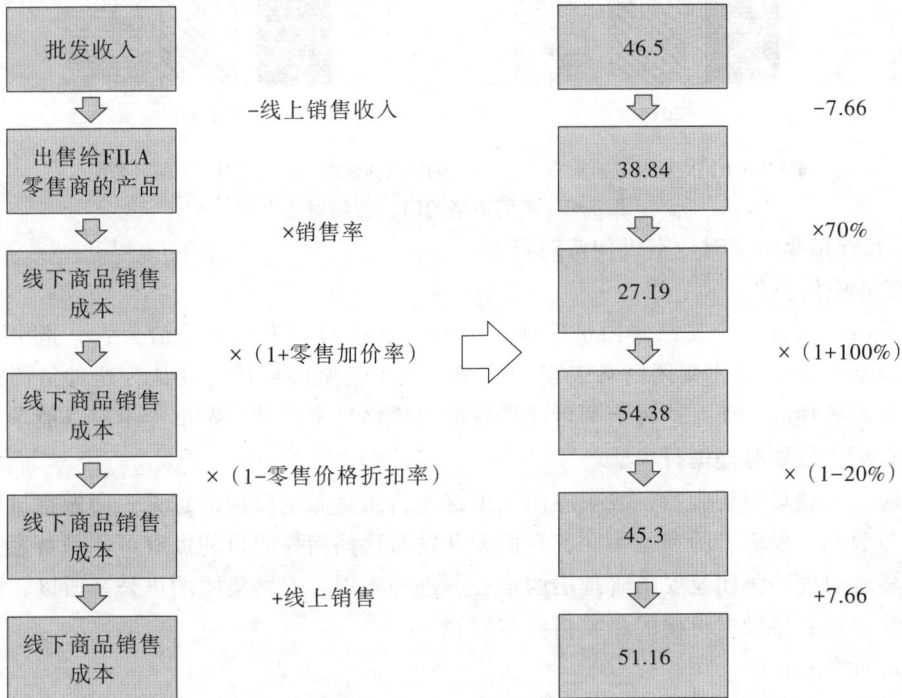

图9-7 Blue Orca 关于FILA中国收入的推算过程(单位:亿元)

2018年,安踏的收入约为241亿元,比2017年同期增长44.4%。但是根据Blue Orca的推算结果,安踏2018年的收益应与2017年相同。因此,Blue Orca认为安踏的股价应下跌34%,直至32.93港元/股。

2.FILA在中国内地及港澳地区的单店收入异常

除了重新估算FILA品牌的实际收入之外,Blue Orca公司在做空报告中还基于市场理由对安踏提出疑问。Blue Orca公司认为安踏旗下的FILA品牌在单店收入方面存在异常。中国FILA在中国内地及港澳地区的单店收入要远高于韩国和中国台湾地区的单店收入,2017年,FILA在中国内地及港澳地区的单店收入为510万元左右,超出韩国地区60%,超出中国台湾地区144%;而2018年FILA在中国内地及港澳地区的单店收入为630万元,超出韩国地区29%,超出中国台湾地区134%。Blue Orca认为三个地区的FILA单店收入差距太大。

FILA不同地区的详细业绩对比情况如图9-8所示。

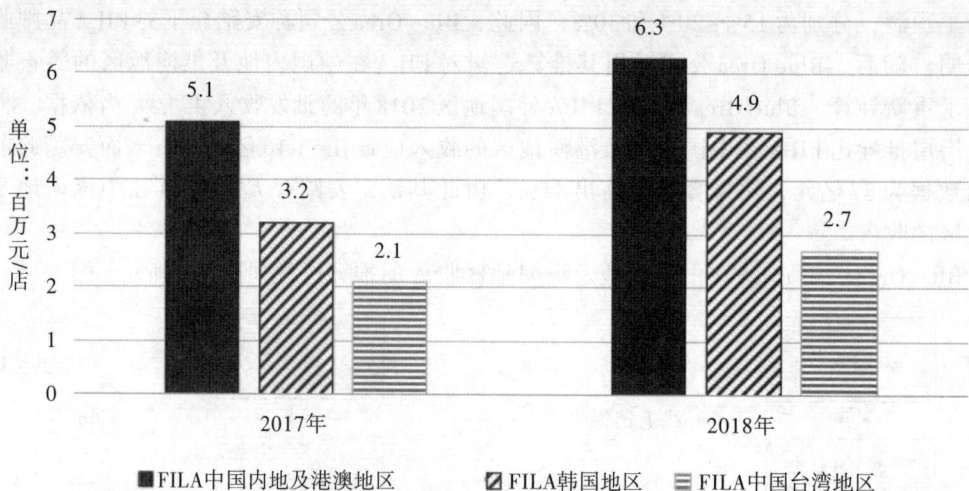

图9-8　不同市场的FILA业绩对比

（二）安踏集团应对做空机构蓝鲸资本

1.发布澄清公告

对于再次被做空，安踏集团迅速地于2019年5月31日发布了澄清公告，指出安踏已经关注到Blue Orca对本集团财务表现的猜测，董事会坚决否认，并认为这种猜测是不准确且具有误导性的，而且这种猜测可能导致股票价格异常波动，董事会希望其股东和潜在投资者在买卖股票时谨慎行事。

同时，安踏集团还表示，股东应该知道这些猜测是做空机构的意见，而做空机构的利益一般与股东、投资者的利益不同，它们公开发布这些指控的目的极有可能是蓄意打击股东及投资者对安踏集团及安踏管理层的信心，进一步损害安踏集团的声誉。所以，股东及投资者要谨慎看待做空机构的相关指控与质疑。

2.定向增发股票

定向增发是向有限数量的机构（或个人）投资者发行债券和股票等投资产品，发行价由参与的投资者的出价竞争决定，发行程序比公开发行更为灵活。通过定向增发股票，企业可以根据市场估值溢价来增加资产价值。同时，定向增发也成为新的并购方式，以推动公司发展。大股东和具有较强风险承受能力的大型投资者通过定向增发可以向上市公司注资，减少小股东的投资风险。由于参与的投资者有一定的锁定期，因此敢于提出定向增发计划并被广大投资者接受的上市公司将更好地成长。

面临做空时，如果公司因商业信息的保密性不便向外披露更多而仅仅使用"指控并不准确且带有误导性"来驳斥控方就显得不够有说服力，这时可以通过公司回购或者控股股东增持股票的行动来提升投资者的信心。

安踏集团在发布澄清公告的同时，迅速发布关联人士认购新股份的通知。安踏集团向认购人Lululemon创始人Dennis J.Wilson发行了1 584.2万股认购股份，约为增发后总股本的0.59%，认购价为每股49.11港元，较5月30日收市价46.95港元溢价约4.60%，总价值为7.78亿港元。

在安踏集团并购Amer的过程中，Dennis J.Wilson本希望获得更多Amer的股份，但最后因多种原因而无法实现。在与安踏集团进行长期合作与考察之后，Dennis J.Wilson决定投资安踏集团，以进一步加强双方的合作关系。因此，安踏通过定向增发的方式引入有实力的投资者并与其合作，使公司把握住投资的最佳时机，更体现了公司对未来发展的信心。这样不仅可以稳定股价，也给那些不看好安踏集团近些年快速扩张旗下品牌线、收购多家体育品牌公司行为的市场投资者注入一剂强心针。

（三）第二次做空危机应对后的结果

Blue Orca发布做空报告后，安踏股价出现短暂波动，当日股价跌幅为5.53%。但在第二天，即2019年5月31日，安踏集团及时发布盘前澄清公告后，股价高开逾1.8%，盘中涨幅一度至5.5%。截至2019年5月31日港股收盘，安踏股价为48.00港元，上涨2.24%。在之后的多个交易日，安踏股价表现平稳，并有小幅上升。

## 四、安踏集团第三次被做空

（一）浑水公司发布做空报告

2019年7月7日、9日、11日、15日以及21日，浑水公司在其官方网站上对安踏集团连续发布了五份做空报告，其主要内容如下：

1.分销商不独立

在第一份做空报告中，浑水指控安踏暗中控制其大部分一级经销商，操纵上市公司的财务报表，从而误导投资人。自从2007年进行IPO以来，安踏将其控制的经销商重组为独立的第三方，并从经销商身上抹去"安踏"字样。浑水经过调查发现，这些经销商的所有者都指向晋江韵动商务咨询有限公司，而该公司的实际控制人为彭清云，他就是安踏董事会主席的"代理所有人"，控制着安踏的一级分销商。安踏集团内部经常将这种安排称为"左手倒右手"，最终获益方为安踏集团。

浑水还发现，安踏的大客户"深圳跨域"也是安踏秘密控制的分销商之一。深圳跨域成立于2007年，由林爱辉和丁明钦各持股50%，是安踏近年来发展迅速的一级分销商，运营着大约200家门店。浑水从网络上发现了一篇之前的新闻报道，这篇报道证明了林爱辉是安踏的内部人士，曾经为安踏体育有限公司海南分公司的总经理。并且，浑水还在实地调研中发现，深圳区域的工作人员否认自己是安踏的代理商，宣称其是自营的，甚至承认是安踏的子公司，但是安踏集团却坚称其一级经销商是独立的第三方。因此，浑水认为安踏集团的分销商并不独立，实际上应该是关联方。

2.大股东掏空现象严重

浑水在选定做空目标公司后，会对与其相关的各种公开信息进行详细分析。这些材料通常包括招股说明书、年度报告、中期报告、临时公告、官方网站资料、媒体报告等。

浑水的第二份做空报告直接提到，安踏内部人士在2008年通过出售上市公司资产以谋取个人利益。当时，上海锋线运营着安踏的国际品牌代理零售业务，与Adidas、Reebok和Kappa等国际知名体育品牌都签订了分销协议。从业绩上看，上海锋线的业务成长情况良好，对公司的业绩贡献度由2007年上半年的2.4%增至下半年的6.0%。安踏还在2007年的年报中称，上海锋线的零售额超出预期，并预计这块业务会不断发展。

在浑水看来上海锋线明显是优质资产，但是上海锋线在2008年5月便被安踏集团以较低的价格出售给第三方机构江苏和盛。安踏集团卖掉这项资产只拿到600万元现金，剩下的1.81亿元被用于支付上海锋线的供应商欠款。

关于十多年前的资产处置，浑水认为，收购方江苏和盛只是一家壳公司，实际购买方是安踏的内部人士。江苏和盛收购上海锋线6个月后，又以2000万元的价格将其全部股份转让给了陈丁龙，并很快注销了公司。当时，陈丁龙是安踏关联方广州安大的主要股东，持股比例为35%。浑水也证实了陈丁龙还是安踏Kingkow品牌的负责人。上海锋线的法定代表人吴则清也是安踏分销商上海安驰的员工。资料显示，他目前仍在安踏工作。因此浑水认为，安踏集团的管理层欺骗外部投资者，并损害了外部投资者的利益，存在以低价将资产运出上市公司的嫌疑。

3.FILA门店数量不符

对公司的现场调查是证据收集的重要组成部分。浑水的调查一般非常详尽，并且持续很长时间。调查形式包括但不限于电话采访、面对面交流和实地调查，而实地调查的结果往往超出浑水的预期。因此，浑水更注重观察上市公司的经营环境、了解公司的实际经营状况。它将实际调查的结果与公司发布的信息进行比较，其中的矛盾之处就是上市公司受到攻击的弱点。

在第三份做空报告中，浑水质疑安踏FILA门店数量的准确性。由于安踏对于FILA品牌的披露极少，每年仅在业绩报告中披露FILA门店的数量——截至2018年，在中国内地及港澳地区开设了1652家FILA门店。但是，作为独立第三方的苏伟卿在北京也拥有46家FILA门店，同时他还是安踏的内部人士，控制着北京的主要分销商及另外两家分销商。安踏集团则否认有分销商的控制权，这显然与安踏拥有FILA所有门店的主张不符。

基于以上疑问，浑水称，国家市场监督管理总局的记录显示，2018年FILA Style（100%归安踏所有）在北京只有一家分公司，在整个河北省都没有分公司，然而在地图定位上却显示FILA在北京有42家门店，在河北有56家门店，就此推测安踏谎报了FILA门店的数量。更重要的是，浑水公司通过采访确认了所有的FILA门店均为安踏自有和直营。那么，安踏集团在宣称其拥有全部FILA门店的情况下，很有可能将其并未拥有的FILA门店的财务数据也进行了整合。所以，浑水认为安踏在FILA品牌方面报告了虚假的财务状况。

（二）安踏集团应对做空机构浑水公司

1.紧急停牌

临时停牌有效地防止了市场风险、维护了市场秩序、保护了中小投资者的利益，能够遏制内幕交易、ST股炒作以及上市新股短线炒作现象的发生。此外，如果股票出现价格异常波动或交易异常，证交所也有权使股票暂停交易。在2017年12月遇到做空行为之后，上市公司都开始采取临时停牌的措施以避免发生更大的损失，同时为发布澄清公告、反驳做空报告的质疑提供了时间，从而进一步保护了中小投资者的利益。

2.回应做空质疑点

面对第三次做空，安踏集团在2019年7月9日列举了7大条理由来回应浑水关于公司分销商的质疑。安踏对于分销商背景有严格的筛选标准，目前合作超过60个经销商，大部分为合作超过10年且关系稳定的分销商。

首先，安踏集团强调分销商的独立性，并从财务数据、人员和关系的三个层面上反驳了浑水的结论。在财务数据方面，公司与分销商之间不涉及管理费用分摊。在人员方面，分销商具有独立的财务和人力资源管理职能。在关联关系方面，做空报告中提到的所有公司的25家分销商都是独立于公司的第三方。从公司发展的历史来看，安踏早期依赖熟悉的人承担分销角色，确实有部分相关人士在分销商持股，但都按照上市规则正确处理。此外，由于公司的大多数分销商均是该地区内唯一销售公司产品的分销商，所以会存在公司与分销商在营销策略、市场管理等方面的定期沟通，但是分销商负责作出最终的业务决策，自负盈亏，风险自担。

同时，安踏集团并没有反驳在浑水的采访中采访者把分销商当作分公司的情况，的确有分销商使用安踏的管理工具（如电子邮件域名及通信地址等）、品牌名称、标志，以及安踏集团员工离任后又成为分销商的事实。为了促进业务发展，一些分销商会声称自己是安踏的子公司或分支机构，但它们在法律上不是子公司。为了支持分销商推广业务，分销商采用安踏的相关内容也是安踏集团所允许的。对于个别员工离职安踏集团后加入分销商，在行业内也较为普遍，因此信息并不存在前后矛盾之处。

3.发布澄清公告

面对浑水公司多份做空报告的连环攻击，安踏分别在2019年7月9日、7月11日、7月22日3天及时发布了5份澄清公告。经历过前两次做空后，安踏集团在这次长达半个多月的做空拉锯战中，发布澄清公告的速度有了进一步的提升。除了第一份澄清公告略有延迟之外，在浑水公司每次发布新的做空报告之后，安踏集团都紧随其后发布公告澄清质疑。

安踏发布澄清公告，称25名分销商均为独立第三方，拥有独立的管理层团队，作出独立的商业决定，并拥有独立的财务及人力资源管理功能，相互之间没有控制关系。随后，安踏体育于7月9日午间针对第二份做空报告再度发布澄清公告，强烈否认浑水报告的再次指控。

在2019年7月9日、7月11日、7月22日的4份澄清公告中，安踏集团再次表示，公司董事会已经关注到浑水公司的研究报告中关于安踏集团的过往企业交易、中国地区FILA品牌零售业务运营模式、安踏电商业务以及和安踏相关的供应商等方面的指控。对于这些指控，安踏强烈否认，认为其并不准确且极具误导性。与之前的澄清公告不同的是，安踏在公告的最后明确表明，保留起诉浑水公司和/或相关负责人的权利。

面对做空机构多次发布的不实消息，上市公司可以拿起法律的武器捍卫自身的权利，向做空机构发出警告函，要求其立即停止违法行为，在收到警告函的期限内更正或删除先前发布的针对上市公司的文章或声明的任何虚假部分，并且公开道歉。

4.及时发布业绩报告

发布业绩报告的目的是提高信息披露的及时性和公正性，同时保障投资者的知情权，满足投资者对于上市公司的信息需求，并且尽力将信息不对称现象造成的影响降至最低。另外，当财务数据差异很大时，上市公司需要对其进行解释，以便投资者可以清楚地了解公司业务状况的变化，并有效地抓住投资机会或者及时规避潜在风险。

2019年7月11日，安踏用一份2019年第二季度运营表现报告强势回击浑水。报告显示，安踏品牌的零售金额与去年同期相比取得10%~20%的中段增长，其他品牌取得55%~60%的升幅。这份业绩公告回应了浑水对于中国FILA零售业务的质疑。同时，投资者也对安踏集团的优秀业绩有较好的回馈。安踏股价自此基本保持平稳，且还有超越做空前股价之势。

2019年7月22日晚间，除针对第五份做空报告的澄清声明外，安踏继续发布了上半年的业绩预增公告，预计安踏集团2019年上半年营业利润的增长不少于50%，主要原因有：终端流水的快速增长使公司2019年一季度收入实现超过35%的增长，安踏、FILA的增长均好于预期；集团毛利率在零售业务贡献比例增加的过程中较同期有所增长；经营效率的提升使得公司费用率相对稳定；政府补贴带来业绩增长。良好的业绩表明安踏集团运营稳健，也给投资者继续传递利好信号，让市场吃了一颗定心丸，这是对做空事件的最有力的回击。

（三）第三次做空危机应对后的结果

在浑水发布第一次做空报告后，2019年7月8日安踏的股价下跌8.14%，市值蒸发109亿港元。2019年7月9日上午，安踏发布澄清公告并申请复牌，坚决否认浑水的相关指控，之后股价由跌转涨，一度涨逾2%。在随后的半个月里，面对浑水的多次做空，安踏的股价不但没有继续下跌，反而呈大幅上升趋势。

## 五、启发思考题

1.安踏集团为什么会遭到多家机构的做空？

2.做空报告中的质疑是否合理？为什么？

3.连续多次的做空事件对安踏集团造成了什么影响？

4.接连发生的做空危机事件给中国企业带来了什么启示？

【政策思考】 爱岗敬业、工匠精神教育

在当今复杂多变的经济环境中，企业面临着来自市场、竞争以及外部环境等多方面的挑战，其中，做空危机便是企业可能遭遇的重大风险之一。安踏集团遭遇做空巨头三连击的案例为我们提供了深刻的启示，也让我们从课程思政和党的二十大精神的角度，对企业的危机管理和社会责任有了更深入的思考。

党的二十大报告强调了高质量发展是全面建设社会主义现代化国家的首要任务，要求企业不仅要追求经济效益，更要注重社会效益和可持续发展。从这个角度来看，安踏集团在应对做空危机的过程中，展现了企业应有的社会责任感和危机管理能力。面对做空机构的攻击，安踏集团没有选择逃避，而是积极应对，通过及时发布澄清公告、召开投资者/分析师电话会议、定向增发股票等一系列措施，不仅稳定了股价，维护了投资者的利益，同时也保护了企业的声誉和市场地位。

安踏集团的案例告诉我们，企业在追求经济效益的同时，必须加强内部治理，提高信息披露的透明度，建立健全危机管理机制，以应对各种可能出现的风险和挑战。这不仅是企业自身发展的需要，更是企业对社会负责的表现。通过加强企业内部治理、提高信息披露质量，企业可以增强投资者的信心，促进市场的稳定和健康发展，为社会创造更多的价值。

# 案例使用说明

## 一、教学目标

1.本案例主要适用于MPAcc"财务管理理论与实务"课程，以及MBA"危机管理"等课程的教学。

2.本案例的教学目的是通过讨论与学习，使学生加深对做空机制、海外上市、公司危机管理、投资者关系管理等问题的理解。

## 二、思考题与分析要点

教师可以根据自己的教学目标来灵活使用本案例。本案例的分析思路仅供参考，如图9-9所示。

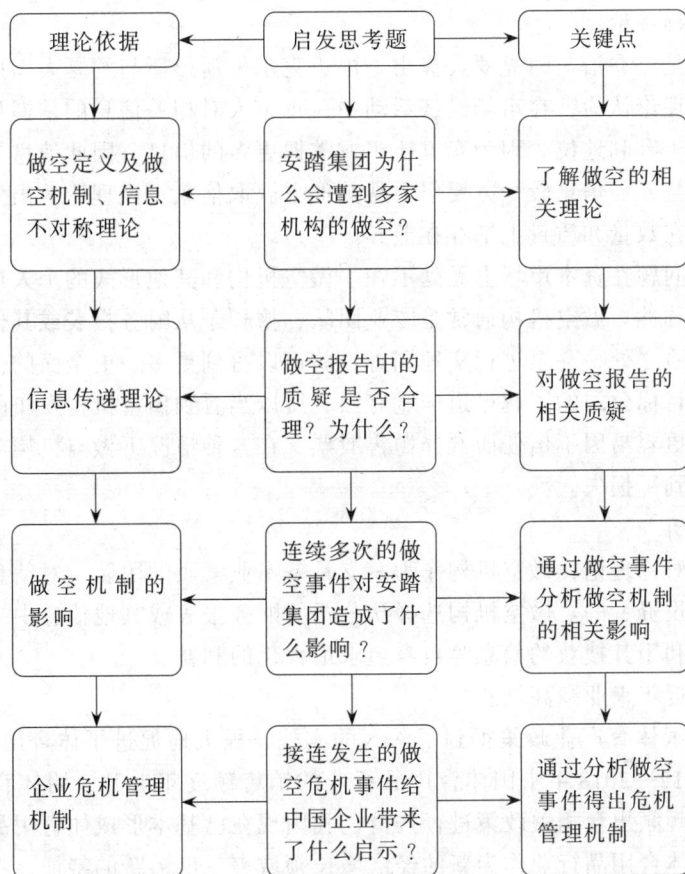

图9-9　案例分析思路图

## 三、理论依据与分析

1.安踏为什么会遭到多家机构的做空？

（1）理论依据

①做空及做空机制的含义

做空是指操作者预期股票期货市场有下降趋势，然后以市场价格出售筹码，并在股票期货下跌之后购买它们，从而获得中间差价。做空是做多的反向操作，理论上市场投资者先是借入卖出，然后回购归还。

做空的常见作用包括投机、融资和对冲。投机指的是预计目标公司的未来股价会下跌，然后以高价出售再以低价购进以获得差价利润。融资意味着做空债券市场，并在未来买回债券以归还债务，也可以视为一种借钱方式。对冲意味着投资者可以通过做空减少因资产价格下跌而带来的损失。

做空机制，是指投资者因对股市或某只股票看跌而采取的一系列操作方法以及相关制度的总和，可以保护自身的利益并借机获利。它是一种运作机制，并且与做多密切相关。

②信息不对称理论

信息不对称是由乔治·阿克罗夫提出，由迈克尔·斯彭斯与约瑟夫·斯蒂格利茨完善形成的理论。该理论认为，在市场经济活动中，每个人对相关信息的掌握程度不同，消息更灵通者通常处于有利地位。因为卖方比买方掌握更多的信息，因此消息灵通者可以通过传递信息从中受益，而信息较少方要努力从其他方获取信息。该理论的出发点是，市场参与者持有的信息在数量和质量上都存在差异。

信息不对称问题在资本市场上无处不在。做空机构和其他形式的个人或组织投资者之间具有信息不对称性。做空机构通常是专业团队，擅长于从财务报表或其他信息中寻找上市公司的自相矛盾之处，甚至进行实地调查、验证以得到更多、更全面的信息，寻找做空机会。投资者对目标公司的了解渠道毕竟有限，所以当看到做空机构发布的"揭露"问题的研究报告后，更容易因不信任而选择抛售股票，在这种情况下做空机构就会获利，但是投资者的利益遭到了损失。

（2）案例分析

根据信息不对称理论，做空机构作为一支具备专业素质的团队，对信息的搜寻和掌握程度是胜于各方投资者的。做空机构选择从公司的财务报表或其他信息中寻找上市公司的自相矛盾之处，利用其搜获的信息为自身追求最大化的利益。

①安踏集团近年来业绩高增长

近年来，我国体育产业政策得到了深入的实施，极大地促进了体育用品市场的发展。据有关统计，2012—2018年中国体育用品行业的销售额逐年上升，明体育用品行业整体复苏。由于国家频频出台相关政策进行扶持，我国现在已基本形成体育用品行业的全新发展平台期。我国体育用品行业作为新的经济增长领域表现出活跃的特征，在新的战略布局下展示了巨大发展潜力。

2012—2018年中国体育用品行业销售收入如图9-10所示。

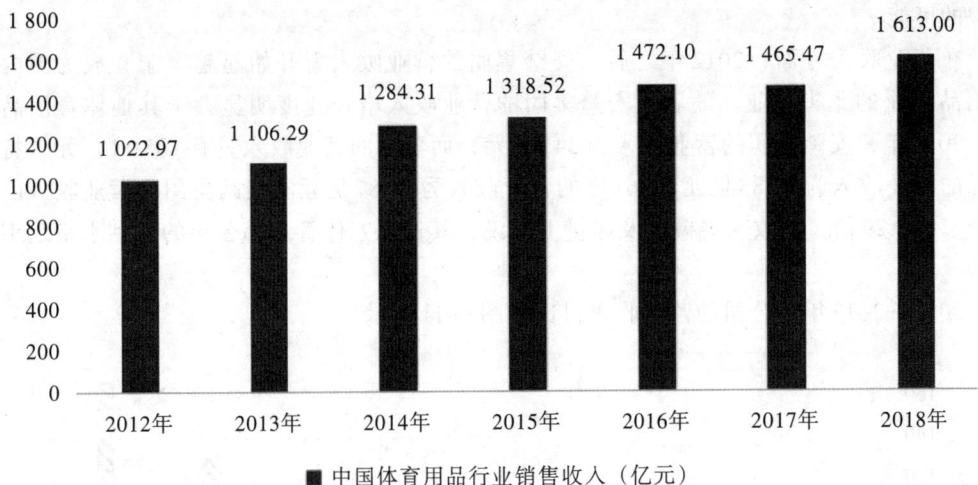

中国体育用品行业销售收入（亿元）

图9-10　2012—2018年中国体育用品行业销售收入

做空机构通常以利益为导向，在港股市场短短13个月内遭遇三家做空机构连续做空的上市公司没有几家，这也说明随着业务的发展壮大，安踏集团在国际市场上受到越来越多的关注。

在2019年全球最有价值的服饰品牌50强名单中，耐克、阿迪达斯分别位列第1名和第3名。安踏成为Top30中唯一的中国服饰品牌，排名第21位，比2018年的排名上升7位，超过了彪马和安德玛，其国际知名度可见一斑。2019年，安踏体育的市值已经突破1 387亿港元，较两年前增加了1倍。

总体来看，安踏在中国已经从一家单纯的运动用品制造企业成长为一家拥有31家关联机构的企业集团，可以说是中国白马股的典范。安踏集团的股价不断上涨，特别是在深港通、沪港通开通以后，内地资金涌入港股市场，也变相地再次推升了港股的价格。安踏集团的股价从2012年至2019年更是上涨了16倍，这种增长是做空机构们无法在北美及欧洲市场想象的，因此也自然吸引了投资机构和做空机构的强烈关注。

从港交所的数据来看，安踏体育一直是空头钟爱的股票之一，几乎每天都有卖空。这种被市场看好的股票一旦被成功做空，那么其产生的利益一定也是最大的，所以安踏体育才会成为做空机构热衷的做空对象。因为其股价已经很高，所以投资者对其未来的预期很好，如果此时被爆出有一点不符合预期的地方，其高估值就面临严重的偏差，而此时的高价位对于大多数筹码来说都是盈利的状态。盈利的筹码迅速地派发，很容易引起恐慌性的"践踏"，做空机构往往在标的股价的历史高位附近突然发出看空的研报，因为这个时候做空的"杀伤力"最大。

②做空机构认为安踏集团在财务方面存在异常

A.超常盈利水平

三家做空机构都认为安踏集团拥有超高的盈利水平。正像做空机构在做空报告中所言，安踏集团的业绩太好了，好得不像真的。除非这家公司处于行业领头或垄断地位，或者拥有先进的技术，否则一般只能拥有行业平均利润水平。做空机构对于安踏集团对超强盈利水平的解释并不满意，认为其理由不够充分，因此认定安踏集团的财务报告存在财务

241

造假的可能。

在营业收入方面，2012年之后，安踏集团的营业收入就开始超越李宁，成为国内体育用品行业的龙头企业。随后，安踏集团的营业收入增长速度明显大于其他体育用品公司。2018年，安踏集团的营业收入为241亿元，而李宁的营业收入只有105.11亿元，特步国际的营业收入为63.83亿元，361度的营业收入为51.87亿元。安踏集团的营业收入已经是李宁的2.29倍，从收入规模以及体量上来说，其他三家体育用品公司的盈利水平远不及安踏。

2010—2017年各公司的营业收入对比如图9-11所示。

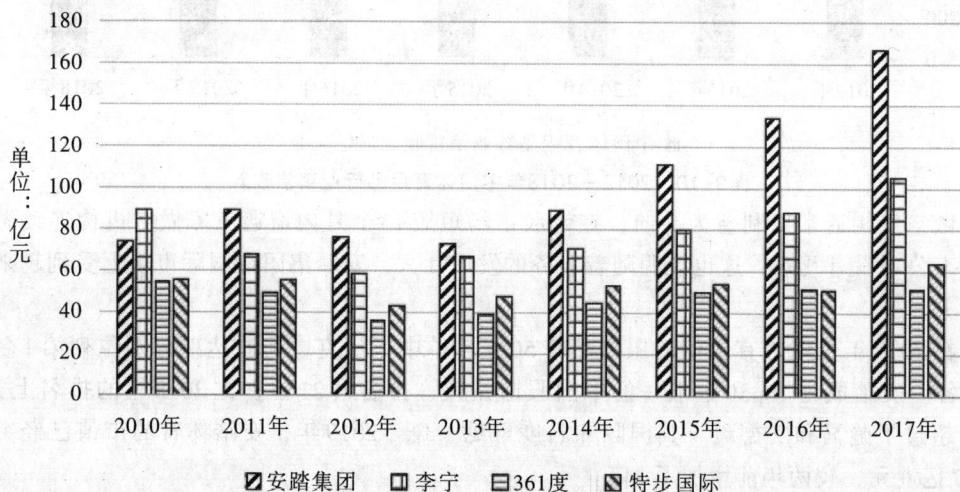

**图9-11 2010—2017年各公司的营业收入对比**

如图9-12所示，在净利率方面，安踏集团显然更有优势。2015年至2018年期间，安踏集团的净利率分别为18.32%、18.92%、17.57%以及16.58%，较为稳定。与此同时，李宁、361度、特步国际的净利率都处于相近水平，与安踏集团差了一大截。在市场占有率没有特别突出的情况下，安踏集团拥有这么亮眼的业绩水平，不得不让做空机构质疑。因此，做空机构盯上了"大而不倒、强者愈强"的安踏，而且一来就是三家。

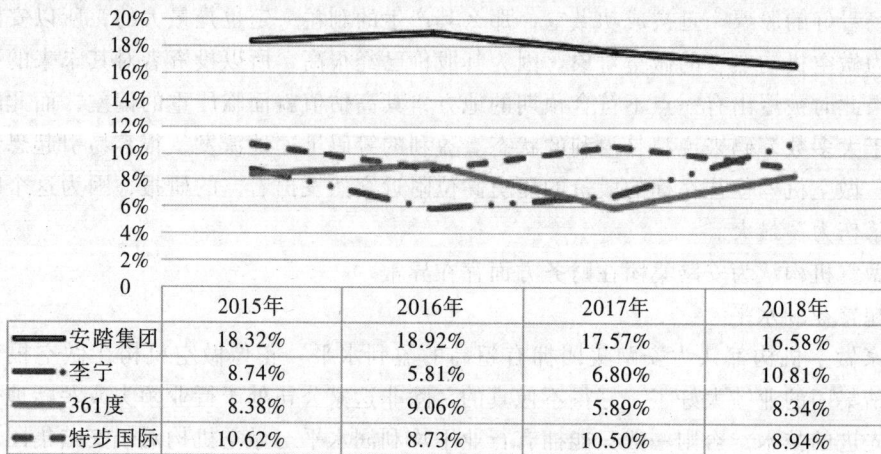

| | 2015年 | 2016年 | 2017年 | 2018年 |
|---|---|---|---|---|
| 安踏集团 | 18.32% | 18.92% | 17.57% | 16.58% |
| 李宁 | 8.74% | 5.81% | 6.80% | 10.81% |
| 361度 | 8.38% | 9.06% | 5.89% | 8.34% |
| 特步国际 | 10.62% | 8.73% | 10.50% | 8.94% |

**图9-12 2015—2018年各公司净利率**

B.短期大量筹资

安踏集团的货币资金占流动资产、资产总额的比率长期处于高位。2014—2018年，安踏集团货币资金占流动资产的比率平均为64.31%，货币资金占总资产的比率平均为51.97%。

2014—2018年安踏集团的货币资金见表9-1。

表9-1　　　　　　　　　2014—2018年安踏集团的货币资金　　　　　　　　　单位：亿元

| | 2014年 | 2015年 | 2016年 | 2017年 | 2018年 |
|---|---|---|---|---|---|
| 货币资金 | 62.44 | 67.33 | 75.17 | 95.54 | 117.54 |
| 流动资产 | 93.47 | 101.57 | 114.53 | 154.42 | 192.84 |
| 资产总额 | 113.84 | 125.02 | 142.24 | 190.74 | 243.74 |

资料来源：作者根据前瞻网资料整理。

2014—2018年安踏集团货币资金占流动资产、资产总额的比率如图9-13所示。

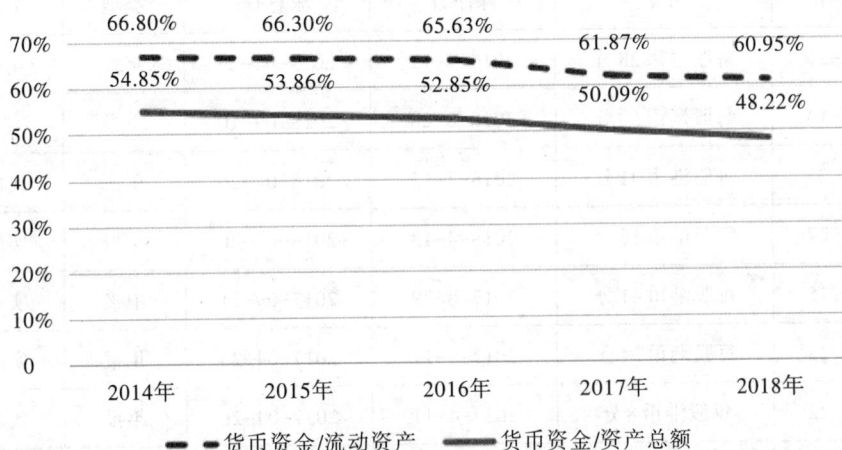

图9-13　2014—2018年安踏集团货币资金占流动资产、资产总额的比率

与此同时，安踏集团在2017年年初配售了1.75亿股股份，占已发行股份的6.99%，其中，配售价格为21.67港元/股，配售总额大概为37.92亿港元，相当于人民币33.94亿元。在2018年年底，安踏集团本身已经拥有超过100亿元的货币资金，还准备继续贷款35亿至40亿欧元，相当于人民币270亿至300亿元。做空机构对此情况产生了怀疑，质疑安踏集团的管理层为何已经手握大量的现金，却仍然在短期内进行多次筹资。

C.分红率异常下降

从安踏集团披露的现金流量表来看，在2015—2018年期间其净现金流大幅上涨，说明其现金流处于非常好的状态。2015—2018年安踏集团的现金流如图9-14所示。

但是从安踏的派息方案来看，安踏集团在其现金流明显稳健的情况下，让2018年的分红率由2017年的70.2%下跌至44.9%，这看上去并不符合常理。2015—2019年安踏的派息方案详见表9-2。

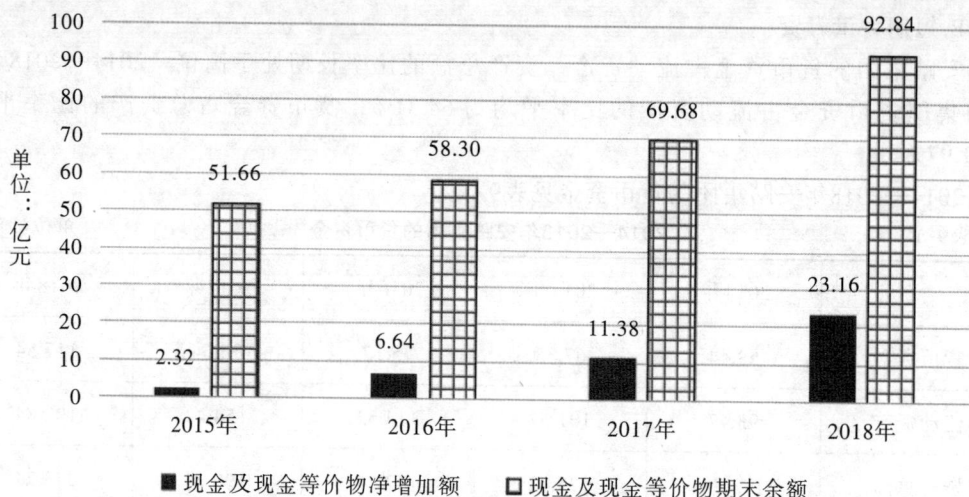

图9-14 2015—2018年安踏集团的现金流

表9-2
2015—2019年安踏派息方案

| 公告日期 | 方案 | 除净日 | 派息日 | 类型 | 进度 |
|---|---|---|---|---|---|
| 2019-02-26 | 每股港币28分 | 2019-4-12 | 2019-04-29 | 年报 | 实施完成 |
| 2018-08-14 | 每股港币50分 | 2018-8-28 | 2018-09-10 | 中报 | 实施完成 |
| 2018-02-27 | 每股港币41分 | 2018-4-13 | 2018-04-26 | 年报 | 实施完成 |
| 2018-02-27 | 每股港币16分 | 2018-4-13 | 2018-04-26 | 年报 | 实施完成 |
| 2017-08-15 | 每股港币41分 | 2017-8-29 | 2017-09-11 | 中报 | 实施完成 |
| 2017-02-22 | 每股港币34分 | 2017-4-11 | 2017-04-26 | 年报 | 实施完成 |
| 2017-02-22 | 每股港币8分 | 2017-4-11 | 2017-04-26 | 年报 | 实施完成 |
| 2016-08-29 | 每股港币34分 | 2016-9-12 | 2016-09-26 | 中报 | 实施完成 |
| 2016-02-23 | 每股港币30分 | 2016-4-11 | 2016-04-25 | 年报 | 实施完成 |
| 2016-02-23 | 每股港币8分 | 2016-4-11 | 2016-04-25 | 年报 | 实施完成 |
| 2015-08-05 | 每股港币30分 | 2015-8-19 | 2015-09-02 | 中报 | 实施完成 |

资料来源：作者根据新浪财经网站资料整理。

③高管独董变动频繁

在短短三年内，安踏集团的独立董事每一届都有人员变动。杨志达在2018年辞任风险管理委员会委员、审核委员会主席；吕鸿德在2019年辞任提名委员会委员、薪酬委员会主席；2018年，安踏集团的财务总监、公司秘书也从林战更换为谢建聪。安踏集团的高管及独立非执行董事的频繁人事变动让做空机构产生怀疑。

2017—2019年安踏集团独董变动情况见表9-3。

表9-3　　　　　　　2017—2019年安踏集团独董变动情况

| | 审核委员会 | 薪酬委员会 | 提名委员会 | 风险管理委员会 |
|---|---|---|---|---|
| 2019年 | 姚建华（主席） | 姚建华（主席） | 戴仲川（主席） | 姚建华（主席） |
| | 梅志明 | 戴仲川 | 姚建华 | 戴仲川 |
| | 戴仲川 | 丁世忠 | 赖世贤 | 赖世贤 |
| 2018年 | 姚建华（主席） | 吕鸿德（主席） | 吕鸿德（主席） | 姚建华（主席） |
| | 吕鸿德 | 戴仲川 | 姚建华 | 戴仲川 |
| | 戴仲川 | 丁世忠 | 赖世贤 | 赖世贤 |
| 2017年 | 杨志达（主席） | 吕鸿德（主席） | 吕鸿德（主席） | 杨志达（主席） |
| | 吕鸿德 | 戴仲川 | 杨志达 | 戴仲川 |
| | 戴仲川 | 丁世忠 | 赖世贤 | 赖世贤 |

资料来源：作者根据巨潮资讯网资料整理。

④ 安踏商业模式不清晰

在企业的初创期，家族企业的管理边界一直都很模糊。一般在家族企业中，实际控制人、主要经营管理人员，尤其是财务负责人等核心成员都是家族成员。在企业发展初期，建立在家族关系、血缘关系基础上的信任，会将核心成员的利益牢牢地捆绑在一起，这也加速了企业发展。但是当企业发展到一定阶段后，如没有科学的管理方式、健全的公司治理规则，家族式管理的弊端就很容易显现。

关联交易便是这种运营模式可能产生的问题之一。大量关联交易的存在可能导致公司虚构业绩或者被掏空，从而降低了业绩的稳定性和财务报告的可信度。当公司存在未公开的关联交易时，其背后可能存在重大问题。通过研究三次对安踏集团的做空报告，可以发现做空机构都对于安踏集团的运营模式提出了疑问。安踏集团也确实是因为其商业模式不够清晰、存在缺陷，才被做空机构抓住了漏洞，被质疑存在自营控制的关联交易，进而被多次做空。

体育用品生产商与经销商之间的关系一直是水与鱼的关系。生产商帮助经销商收购部分渠道资源的做法在传统企业销售中并不少见，比如，格力也曾经被曝通过经销商提升销售额的情况，这是一种市场的常规操作手法。不过，这种运营方式确实存在较大漏洞，外资对于这种运营模式并不理解，所以做空机构才会一直抓住这点不放，也使投资者更容易相信做空机构的言辞。

⑤信息披露不透明

信息披露制度是指上市公司要根据法律法规向公众报告财务状况、管理状况等信息的制度。市场投资者可以通过公开信息全面了解公司，以保护自身的利益，并且上市公司要接受公众的监督。然而，由于信息披露制度不完善以及上市公司缺乏披露意识等原因，当今的证券市场仍然存在许多问题。违反信息披露行为，不仅可能在某种程度上破坏市场信息的真实性、完整性，而且还会损害投资者的合法权益，给其带来一定的利益损失。上市公司应该进一步完善信息披露制度，更好地促进公司的发展，得到投资者的信任。

在安踏集团遭遇多次做空的经历中，三家做空机构都严重怀疑安踏集团旗下FILA品牌的财务报告存在欺诈，最根本的原因就是安踏集团对于FILA品牌的相关信息披露得太少，已经披露的具体数据仅涉及门店数量，更多的是战略方面的信息，有关业绩的披露非常模糊、不够透明。所以，GMT Research对安踏收购的FILA品牌及其在中国港澳地区的零售业务提出了疑问，主要问题在于2012—2017年FILA韩国获得的亚洲区授权费与Euromonitor上的销售规模不匹配，与安踏体育公布的FILA销售增速也不匹配。由于港股的财务报表披露要求较低，公司的原材料成本、营销具体费用并未在财务报表中体现，做空机构又无法实地调研，因此只能基于猜测得出结论。蓝鲸资本（Blue Orca Capital）的创办人也在投资论坛上公然质疑安踏集团旗下品牌FILA的支出不透明。虽然安踏集团的管理层一直透露2018年FILA对安踏的流水贡献超过100亿元，但其并没有披露FILA更多的详细支出数据。因此，Blue Orca公司认为FILA品牌的财务数据存在被夸大的可能。浑水公司也在其发布的第三份做空报告中直接称对安踏旗下FILA品牌门店的数量保持怀疑。

2.做空报告中的质疑是否合理？为什么？

（1）理论依据

信号传递理论认为，发送方和接收方在信息传递过程中位于信息的两端，信息接收方会受到信息传输的影响。在理想情况下，信息的传输是无障碍的，市场上的各方可以自由地交换信息。在资本市场上，投资者会收到上市公司披露的信息，对其进行消化和理解后提炼有用的信息。但是由于信息不对称等多方面因素的影响，实现理想状态是困难的，所以如何将信息披露的有效作用发挥到最大是当前需要解决的问题。

实际上，上市公司对外的信息披露，以及做空机构发布的调研报告都可视作一种信号。如果上市公司能够建立较好的信息披露意识，客观、全面地披露信息，就会向外界发出有利的信号，证明公司正处于稳健的生产经营状态中，财务和其他信息都不存在问题。在信息不对称的前提下，上市公司选择积极主动、客观及时地披露信息，就是向社会发送有利信号；而做空机构发布做空报告，则是向大众发送上市公司的不利信号。当不利信号突然出现时，投资者很容易对上市公司失去信任，所以上市公司要提高风险抵御能力，完善企业各方面的制度，进一步加强对做空的应对水平。

（2）案例分析

根据信息传递理论的观点，正是因为做空机构向市场发布安踏集团的财务状况、经营战略、内部管理、股权变动和信息披露等方面的负面信息，安踏的股价才会大幅降低，投资者利益受损。但也是因为信息传递理论的作用，只要对做空报告的质疑一一击破，安踏集团就能化险为夷。

① 对GMT公司做空报告质疑的分析

A.对非生产性资本规模过大的分析

GMT在做空报告中指出，与同行业的公司相比，安踏集团的非生产性资产规模大，其非生产性资产占收入的比重大约是国际知名龙头企业的200%，特别是现金余额占收入的比重远远超过纺织服装行业的平均水平，大约是国际龙头企业的2倍。

2017年，安踏集团的总资产约为190.74亿元。根据GMT的定义，公司的生产性资产包括固定资产和存货，故其中的生产性资产约为33.58亿元，占总资产的17.61%。剩余的非生产性资产主要是：占总资产36.53%的现金及现金等价物，约为69.68亿元；占总资产19.57%的应收账款及票据，约为37.33亿元。安踏集团的这两项非生产性资产共占总资产的56.10%，规模确实比较大，但也未达到做空报告中的超高比值。实际上，这两项非生产性资产占比较高是有合理的理由的。

2017年安踏集团的资产结构分析见表9-4。

表9-4　　　　　　　　　　2017年安踏集团的资产结构分析

| 资产项目 | 金额（亿元） | 比重 |
|---|---|---|
| 现金及现金等价物 | 69.68 | 36.53% |
| 银行存款 | 25.86 | 13.56% |
| 应收账款及票据 | 37.33 | 19.57% |
| 存货 | 21.55 | 11.30% |
| 物业、厂房及设备 | 12.03 | 6.31% |
| 预付款项、按金及其他应收款项（非流动） | 5.36 | 2.81% |
| 无形资产 | 7.05 | 3.70% |
| 递延税项资产 | 3.30 | 1.73% |
| 非流动资产其他项目 | 8.58 | 4.50% |
| 总资产合计 | 190.74 | 100.00% |

资料来源：作者根据新浪财经网站资料整理。

对安踏的货币资金进行横向分析。本文选取了国内四大体育用品公司进行对比，安踏的现金占流动资产的比率虽然比李宁、361度、特步国际稍高，但是四家公司2017年现金占流动资产的比率基本都在50%以上，可见四家公司的现金资产都十分充裕。至于公司持有现金占营业收入的比率，安踏与其他企业相比并不高，远远低于361度和特步国际。

2015—2017年各公司的货币资金分析见表9-5。

表9-5　　　　　　　　2015—2017年各公司的货币资金分析　　　　　　　金额单位：亿元

| | 年份 | 现金及现金等价物 | 流动资产 | 资产总额 | 营业收入 | 现金/流动资产 | 现金/总资产 | 现金/营业收入 |
|---|---|---|---|---|---|---|---|---|
| | 2015 | 65.31 | 101.57 | 125.02 | 111.26 | 64.30% | 52.24% | 58.70% |
| 安踏 | 2016 | 73.22 | 114.53 | 142.24 | 133.46 | 63.93% | 51.48% | 54.87% |
| | 2017 | 94.04 | 154.42 | 190.74 | 166.92 | 60.90% | 49.30% | 56.34% |

| | 年份 | 现金及现金等价物 | 流动资产 | 资产总额 | 营业收入 | 现金/流动资产 | 现金/总资产 | 现金/营业收入 |
|---|---|---|---|---|---|---|---|---|
| 李宁 | 2015 | 18.13 | 54.84 | 68.97 | 70.89 | 33.05% | 26.28% | 25.57% |
| | 2016 | 19.54 | 46.50 | 67.80 | 80.15 | 42.01% | 28.81% | 24.37% |
| | 2017 | 25.29 | 51.10 | 73.21 | 88.74 | 49.49% | 34.55% | 28.50% |
| 361度 | 2015 | 54.19 | 90.34 | 87.87 | 44.59 | 59.98% | 61.67% | 121.53% |
| | 2016 | 57.22 | 97.48 | 104.90 | 50.23 | 58.70% | 54.55% | 113.93% |
| | 2017 | 37.86 | 73.55 | 111.41 | 51.58 | 51.48% | 33.98% | 73.40% |
| 特步国际 | 2015 | 34.47 | 72.17 | 81.14 | 52.95 | 47.76% | 42.48% | 65.09% |
| | 2016 | 40.12 | 78.82 | 81.74 | 53.97 | 50.91% | 49.09% | 74.35% |
| | 2017 | 36.71 | 70.51 | 89.34 | 51.13 | 52.06% | 41.09% | 71.79% |

资料来源：作者根据前瞻眼网站资料整理。

2015—2017年各公司的现金占流动资产的比值如图9-15所示。

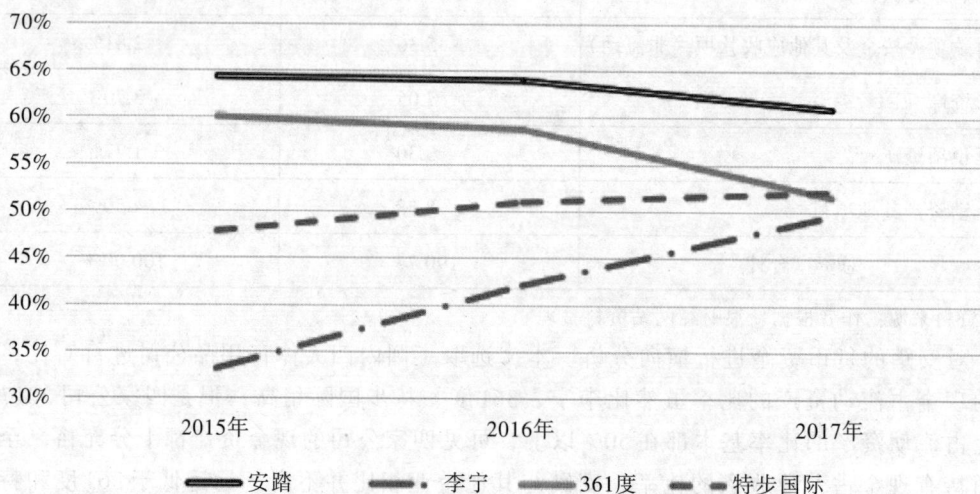

图9-15　2015—2017年各公司的现金占流动资产的比值

对安踏的货币资金进行纵向对比分析。在2011年至2018年期间，安踏的货币资金占比虽然略有起伏，但基本上变动幅度较小，从2011年成功转型后就处于稳定状态。安踏在发展过程中一直专注多品牌战略，在2009年收购"FILA"中国商标及"FILA"在中国港澳地区的零售业务后，成功培育了FILA品牌；又在2016年后逐渐加速多品牌布局，收购了Descente、Sprandi、Kingkow、KolonSport等品牌。由此可见，安踏正在努力做多品牌布局与尝试，想要形成从中端到高端、从专业到时尚全面覆盖的体育品牌矩阵。FILA品牌的成功收购，以及后续收购的Descente、Sprandi、Kingkow、KolonSport等品牌的不断发展和成长，都可以证实安踏集团多品牌战略的可行性。这也说明安踏一直拥有较充足的现金资源，流动性极佳。

2010—2018年安踏集团的货币资金分析见表9-6。

表9-6 2010—2018年安踏集团的货币资金分析 金额单位：亿元

| 时间 | 货币资金 | 营业收入 | 流动资产 | 资产总额 | 货币资金/营业收入 | 货币资金/流动资产 | 货币资金/资产总额 |
|------|---------|---------|---------|---------|---------|---------|---------|
| 2010年 | 43.01 | 74.08 | 57.45 | 70.54 | 58.05% | 74.86% | 60.97% |
| 2011年 | 44.43 | 89.05 | 67.70 | 81.94 | 49.89% | 65.63% | 54.22% |
| 2012年 | 52.12 | 76.23 | 81.02 | 100.36 | 68.38% | 64.33% | 51.94% |
| 2013年 | 50.55 | 72.81 | 81.87 | 101.18 | 69.42% | 61.74% | 49.96% |
| 2014年 | 62.44 | 89.23 | 93.47 | 113.84 | 69.98% | 66.80% | 54.85% |
| 2015年 | 67.33 | 111.26 | 101.57 | 125.02 | 60.52% | 66.30% | 53.86% |
| 2016年 | 75.17 | 133.46 | 114.53 | 142.24 | 56.32% | 65.63% | 52.85% |
| 2017年 | 95.54 | 166.92 | 154.42 | 190.74 | 57.24% | 61.87% | 50.09% |
| 2018年 | 117.54 | 241.00 | 192.84 | 243.74 | 48.77% | 60.95% | 48.22% |

资料来源：作者根据前瞻眼网站资料整理。

安踏集团的货币资金占比趋势如图9-16所示。

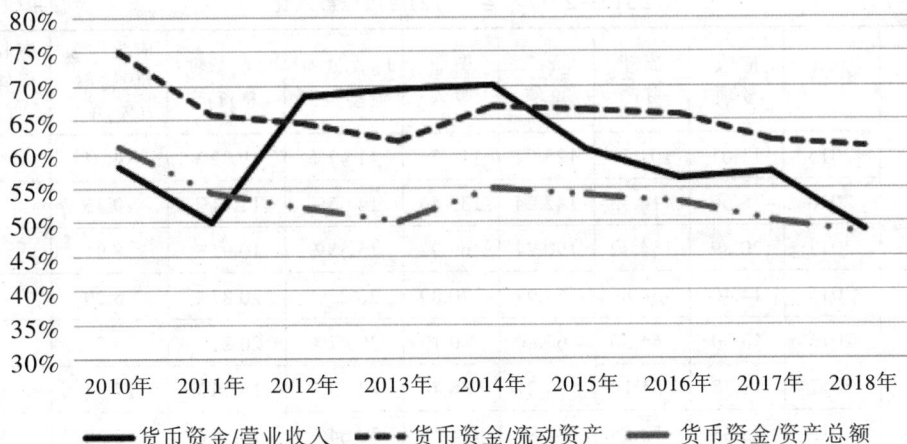

图9-16 2010—2018年安踏集团的货币资金占比趋势

对安踏的应收账款进行横向对比分析。2013—2017年Nike、阿迪达斯以及安踏三家公司的应收账款周转天数并没有较大差距，阿迪达斯、Nike的应收账款周转天数平均为42.4天、40.2天，整体呈下降趋势，而安踏应收账款周转天数略有起伏，平均为37.2天。2017年，阿迪达斯、Nike、安踏的应收账款周转天数分别为39天、36天、41天。从整体来看，安踏的应收账款周转健康，与Nike、阿迪达斯处于同一水平，如图9-17所示。

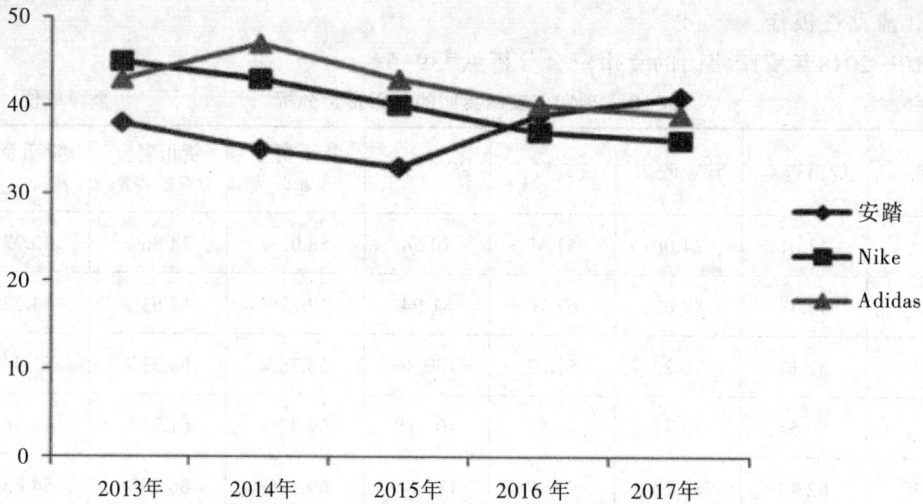

**图9-17 2013—2017年各公司应收账款周转天数**

在国内体育用品行业，安踏的应收账款金额与其他公司基本呈同等规模。进一步对安踏与其他公司的应收账款周转率与应收账款周转天数进行对比：2017年安踏的应收账款周转天数为41天，李宁为52天，而361度与特步国际分别为155、130天。虽然2015—2017年，安踏的应收账款周转天数有所上升，但仍然明显低于李宁、361度及特步国际，说明安踏对应收账款的管理和控制较强，应收账款回款速度快，占流动资产的比率低，流动资金有保障。

2015—2017年各公司的应收账款对比见表9-7。

表9-7　　　　　　　　　　　　2015—2017年各公司的应收账款对比　　　　　　　　　　金额单位：亿元

| | 年份 | 应收款项 | 流动资产 | 资产总额 | 营业收入 | 应收款项/流动资产 | 应收款项/总资产 | 应收款项周转率（次/年） | 应收账款周转天数（天） |
|---|---|---|---|---|---|---|---|---|---|
| 安踏 | 2015 | 11.65 | 101.5 | 125.02 | 111.26 | 11.47% | 9.32% | 14.04 | 26 |
| | 2016 | 16.66 | 114.53 | 142.24 | 133.46 | 14.55% | 11.71% | 9.36 | 39 |
| | 2017 | 20.89 | 154.42 | 190.74 | 166.92 | 13.53% | 10.95% | 8.9 | 41 |
| 李宁 | 2015 | 14.40 | 54.84 | 68.97 | 70.89 | 26.25% | 20.87% | 5.29 | 69 |
| | 2016 | 13.70 | 46.50 | 67.80 | 80.15 | 29.47% | 20.21% | 5.7 | 64 |
| | 2017 | 11.38 | 51.10 | 73.21 | 88.74 | 22.27% | 15.54% | 7.02 | 52 |
| 361度 | 2015 | 22.53 | 73.55 | 87.87 | 44.59 | 30.64% | 25.64% | 2.28 | 160 |
| | 2016 | 22.21 | 90.34 | 10.49 | 50.23 | 24.59% | 21.18% | 2.24 | 163 |
| | 2017 | 21.50 | 97.48 | 111.41 | 51.58 | 22.05% | 19.30% | 2.35 | 155 |
| 特步国际 | 2015 | 16.03 | 70.51 | 81.14 | 52.95 | 22.74% | 19.76% | 3.72 | 98 |
| | 2016 | 19.16 | 72.17 | 81.74 | 53.97 | 26.55% | 23.44% | 3.07 | 119 |
| | 2017 | 17.19 | 78.82 | 89.34 | 51.13 | 21.81% | 19.24% | 2.81 | 130 |

资料来源：作者根据前瞻眼网站资料整理。

对安踏的应收账款进行纵向对比分析。在2011—2017年期间，安踏的应收账款占流动资产、总资产的比率呈略有起伏的上升状态。安踏的应收账款周转天数平均为35天，从2015年开始有所增长，但至2017年与前期相比增长幅度不大。这也说明了在这8年中，安踏的应收账款整体维持在相对稳定的水平。

2011—2018年安踏集团的应收账款分析见表9-8。

表9-8        2011—2018年安踏集团的应收账款分析     金额单位：亿元

| 年份 | 应收账款 | 流动资产 | 资产总额 | 营业收入 | 应收账款/流动资产 | 应收账款/总资产 | 平均应收账款周转天数 | 平均应收账款周转率（次/年） |
|------|---------|---------|---------|---------|----------------|---------------|-------------------|----------------------|
| 2011 | 7.62 | 67.70 | 81.94 | 89.05 | 11.26% | 9.30% | 26 | 14.04 |
| 2012 | 6.66 | 81.02 | 100.36 | 76.23 | 8.22% | 6.64% | 34 | 10.67 |
| 2013 | 8.52 | 81.87 | 101.18 | 72.81 | 10.41% | 8.42% | 38 | 9.59 |
| 2014 | 8.76 | 93.47 | 113.84 | 89.27 | 9.37% | 7.69% | 35 | 10.33 |
| 2015 | 11.65 | 101.57 | 125.02 | 111.26 | 11.47% | 9.32% | 33 | 10.90 |
| 2016 | 16.66 | 114.53 | 142.24 | 133.46 | 14.55% | 11.71% | 39 | 9.43 |
| 2017 | 20.89 | 154.42 | 190.74 | 166.92 | 13.53% | 10.95% | 41 | 8.89 |
| 2018 | 25.05 | 192.84 | 243.74 | 241.00 | 12.99% | 10.28% | 19 | 19.24 |

资料来源：作者根据前瞻眼网资料整理。

结合横向对比分析与纵向对比分析，安踏的非生产性资产占总资产的比率是相对合理的，虽然安踏的货币资金占比要稍高于国内其他企业，但是应收账款周转水平与国际知名企业相近，且明显高于国内同行业水平。国内四大体育用品公司的非生产性资产占总资产的比率基本相当，说明目前国内体育用品行业的非生产性资产都处于比较充裕的状态。另外，多年来安踏的非生产性资产占比变化幅度较小，处于相对稳定的水平，也并未在2017年发生重大变化。

B.对存货比例过低的分析

在做空报告中，GMT指出安踏的直营渠道较多，但是存货相对于收入比例却过低。但实际上，服装品牌公司会有多种经营模式，如直营模式、代理模式、加盟模式等，而每一种运营模式特点也会使公司的存货周转速度产生巨大的差异。所以，GMT并没有考虑到各品牌服装公司在经营模式上的差异，就将公司的平均存货与销售收入之间的比值进行对比，其结果并不具说服力。

对安踏体育的存货进行横向对比分析。安踏体育的存货占流动资产、总资产的比率位于中间水平，高于361度、特步国际，低于李宁。安踏体育2017年的存货周转率为4.9，国内这四家公司的存货周转率基本处于同一水平，平均为4.69次/年。四家公司的存货周转天数则处于75天至82天之间，差距不明显。对于2017年的存货占收入比重，安踏体育、李宁、361度、特步国际的比值分别为12.91%、12.42%、15.78%、14.04%，四家公司的平均值为13.79%。可见，安踏体育的存货占收入之比也接近于国内同行业平均水平。2015—2017年各公司的存货对比见表9-9。

表9-9 　　　　　　　　　　　2015—2017年各公司的存货对比 　　　　　　　　　　金额单位：亿元

| | 年份 | 存货 | 流动资产 | 资产总额 | 营业收入 | 存货净额/流动资产 | 存货净额/总资产 | 存货周转率（次/年） | 存货周转天数（天） | 存货/营业收入 |
|---|---|---|---|---|---|---|---|---|---|---|
| 安踏体育 | 2015 | 10.16 | 101.57 | 125.02 | 111.26 | 10.00% | 8.13% | 6.31 | 58 | 9.13% |
| | 2016 | 12.95 | 114.53 | 142.24 | 133.46 | 11.31% | 9.10% | 5.96 | 61 | 9.70% |
| | 2017 | 21.55 | 154.42 | 190.74 | 166.92 | 13.96% | 11.30% | 4.9 | 75 | 12.91% |
| 李宁 | 2015 | 9.60 | 54.84 | 68.97 | 70.90 | 17.50% | 13.91% | 3.47 | 105 | 13.54% |
| | 2016 | 9.65 | 46.50 | 67.80 | 80.15 | 20.76% | 14.24% | 4.48 | 82 | 12.04% |
| | 2017 | 11.03 | 51.10 | 73.21 | 88.74 | 21.57% | 15.06% | 4.54 | 80 | 12.42% |
| 361度 | 2015 | 5.52 | 73.55 | 87.87 | 44.59 | 7.50% | 6.28% | 4.7 | 78 | 12.38% |
| | 2016 | 5.41 | 90.34 | 104.90 | 50.23 | 5.98% | 5.15% | 5.33 | 68 | 10.76% |
| | 2017 | 8.14 | 97.48 | 111.41 | 51.58 | 8.35% | 7.30% | 4.43 | 82 | 15.78% |
| 特步国际 | 2015 | 3.98 | 70.51 | 81.14 | 52.95 | 5.65% | 4.91% | 6.32 | 58 | 7.52% |
| | 2016 | 4.60 | 72.17 | 81.74 | 53.97 | 6.37% | 5.62% | 7.15 | 51 | 8.52% |
| | 2017 | 7.18 | 78.82 | 89.34 | 51.13 | 9.11% | 8.04% | 4.87 | 75 | 14.04% |

资料来源：作者根据前瞻眼资料整理。

对安踏的存货进行纵向对比分析。安踏的存货周转水平在2013—2016年一直处于比较稳定的状态，在2017年存货周转天数有较大幅度的增加，主要是由于FILA品牌的收入占比逐渐提升，从20%一度提升至将近30%，对存货周转天数产生了较大的影响。因为安踏集团旗下各个品牌的运营模式是不同的，安踏品牌主要采用分销批发模式，在此模式下存货的流转速度比较快，库存相对是比较少的；而FILA品牌以直营为主，存货周转天数相对更高。2017年，阿迪达斯和耐克的存货周转天数分别为128天和91天，不仅高于安踏，也明显高于国内体育用品行业的其他企业，主要也是因为它们的业务范围涉及全球，并且品牌直营模式占比高达70%左右，远远高于安踏集团。

2010—2018年安踏集团的存货分析见表9-10。

表9-10 　　　　　　　　　　　2010—2018年安踏集团的存货分析 　　　　　　　　　　金额单位：亿元

| 年份 | 存货 | 流动资产 | 资产总额 | 销售成本 | 存货净额/流动资产 | 存货净额/总资产 | 平均存货周转率 | 平均存货周转天数 |
|---|---|---|---|---|---|---|---|---|
| 2010 | 4.54 | 57.45 | 70.54 | 42.38 | 7.90% | 6.43% | 9.34 | 39 |
| 2011 | 6.18 | 67.70 | 81.94 | 51.42 | 9.13% | 7.54% | 9.59 | 38 |
| 2012 | 6.87 | 81.02 | 100.36 | 47.30 | 8.48% | 6.85% | 7.25 | 50 |

| 年份 | 存货 | 流动资产 | 资产总额 | 销售成本 | 存货净额/流动资产 | 存货净额/总资产 | 平均存货周转率 | 平均存货周转天数 |
|---|---|---|---|---|---|---|---|---|
| 2013 | 6.89 | 81.87 | 101.18 | 42.42 | 8.42% | 6.81% | 6.16 | 59 |
| 2014 | 8.67 | 93.47 | 113.84 | 48.96 | 9.28% | 7.62% | 6.29 | 58 |
| 2015 | 10.16 | 101.57 | 125.02 | 59.41 | 10.00% | 8.13% | 6.31 | 58 |
| 2016 | 12.95 | 114.53 | 142.24 | 68.87 | 11.31% | 9.10% | 5.96 | 61 |
| 2017 | 21.55 | 154.42 | 190.74 | 84.51 | 13.96% | 11.30% | 4.90 | 75 |
| 2018 | 28.92 | 192.84 | 243.74 | 114.13 | 15.00% | 11.87% | 4.52 | 81 |

资料来源：作者根据前瞻眼网资料整理。

2017年，受直营渠道比例提高的影响，安踏的存货周转天数呈现增长趋势，但基本上稳定在60天左右，与国内同行业的其他公司的水平接近。同时，根据安踏集团的信息披露，安踏品牌的库销比在4.2~4.3，FILA品牌的库销比为5~6，整体上看安踏集团的库销比处于正常、健康的状态。

并且，经过专家的测算，2017年安踏品牌实现零售额约200亿元，拥有终端库存约115亿元；FILA品牌实现终端零售额约50亿元，拥有终端库存约23亿元。由此估算出安踏的库存与销售之比还是较高的，没有做空报告中的数值那么低。

综上所述，如果不考虑运营模式的不同和渠道库存的占比，会使对比后的结论失之偏颇，使投资者产生误解。

C.对预付账款比率过高的分析

对安踏的预付账款进行横向分析。2017年，安踏的预付账款金额处于国内四大体育用品公司的平均水平，但2015—2017安踏的预付账款金额逐年下降，2017年的预付账款占存货的比率只有23.14%，远远低于国内同行业平均水平，也未达到做空报告中的高比值。

2015—2017年各公司的预付账款对比见表9-11、图9-18。

表9-11　　　　2015—2017年各公司的预付账款对比　　　　金额单位：亿元

| | 年份 | 预付款项 | 变动率 | 存货 | 流动资产 | 资产总额 | 预付账款/流动资产 | 预付账款/资产总额 | 预付账款/存货 |
|---|---|---|---|---|---|---|---|---|---|
| 安踏 | 2015 | 5.58 | 36.29% | 10.16 | 101.57 | 125.02 | 5.49% | 4.46% | 54.89% |
| | 2016 | 5.24 | −6.14% | 12.95 | 114.53 | 142.24 | 4.57% | 3.68% | 40.43% |
| | 2017 | 4.99 | −4.74% | 21.55 | 154.42 | 190.74 | 3.23% | 2.61% | 23.14% |
| 李宁 | 2015 | 3.09 | −18.43% | 9.60 | 54.84 | 68.97 | 5.64% | 4.49% | 32.24% |
| | 2016 | 3.60 | 16.41% | 9.65 | 46.50 | 67.80 | 7.74% | 5.31% | 37.31% |
| | 2017 | 3.40 | −5.64% | 11.03 | 51.10 | 73.21 | 6.65% | 4.64% | 30.83% |

|  | 年份 | 预付款项 | 变动率 | 存货 | 流动资产 | 资产总额 | 预付账款/流动资产 | 预付账款/资产总额 | 预付账款/存货 |
|---|---|---|---|---|---|---|---|---|---|
| 361度 | 2015 | 6.41 | −28.09% | 5.52 | 73.55 | 87.87 | 8.72% | 7.30% | 116.20% |
|  | 2016 | 6.68 | 4.11% | 5.41 | 90.34 | 104.90 | 7.39% | 6.37% | 123.52% |
|  | 2017 | 7.28 | 8.96% | 8.14 | 97.48 | 111.41 | 7.46% | 6.53% | 89.41% |
| 特步国际 | 2015 | 3.81 | −9.99% | 3.98 | 70.51 | 81.14 | 5.41% | 4.70% | 95.72% |
|  | 2016 | 4.08 | 6.93% | 4.60 | 72.17 | 81.74 | 5.65% | 4.99% | 88.73% |
|  | 2017 | 5.72 | 40.34% | 7.18 | 78.82 | 89.34 | 7.26% | 6.41% | 79.72% |

资料来源：作者根据前瞻眼网资料整理。

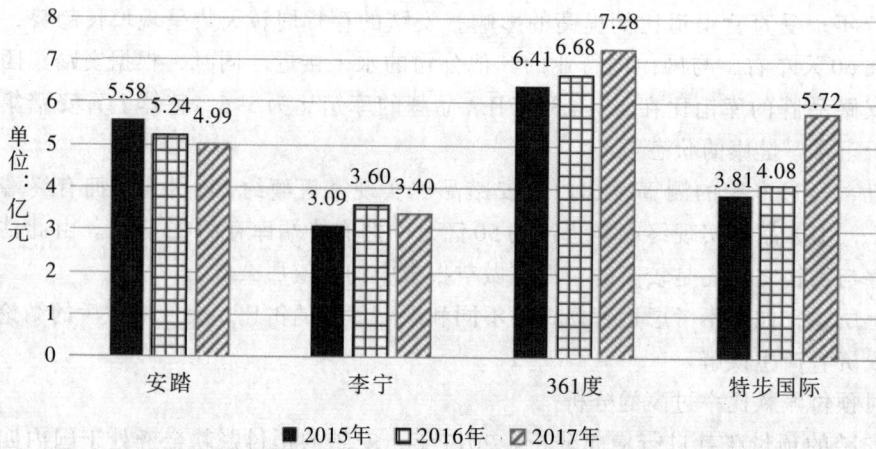

图9-18　2015—2017年各公司的预付账款对比

对安踏的预付账款进行纵向分析。安踏的预付账款占资产的比重在2011—2013年变动幅度较大。2003—2012年是行业增量阶段，2012—2016年是行业调整阶段，2013年安踏集团开始实行垂直整合供应链模式，从2014年开始其预付账款金额呈逐年下降的趋势，但变动幅度较小，基本稳定在4.22%左右。这也表明安踏集团的预付账款金额并不高。

2011—2018年安踏集团的预付账款分析见表9-12。

表9-12　　　　　　　　　2011—2018年安踏集团的预付账款分析　　　　　　　金额单位：万元

| 年份 | 预付供应商货款 | 变动额 | 变动率 | 流动资产 | 资产总额 | 预付账款/流动资产 | 预付账款/资产总额 |
|---|---|---|---|---|---|---|---|
| 2011 | 7.30 | — | — | 67.70 | 81.94 | 10.78% | 8.90% |
| 2012 | 4.74 | −2.56 | −35.04% | 81.02 | 100.36 | 5.85% | 4.72% |
| 2013 | 7.59 | 2.85 | 60.17% | 81.87 | 101.18 | 9.27% | 7.50% |
| 2014 | 4.09 | −3.50 | −46.10% | 93.47 | 113.84 | 4.38% | 3.60% |

| 年份 | 预付供应商货款 | 变动额 | 变动率 | 流动资产 | 资产总额 | 预付账款/流动资产 | 预付账款/资产总额 |
|------|------|------|------|------|------|------|------|
| 2015 | 5.58 | 1.49 | 36.29% | 101.57 | 125.02 | 5.49% | 4.46% |
| 2016 | 5.24 | −0.34 | −6.14% | 114.53 | 142.24 | 4.57% | 3.68% |
| 2017 | 4.99 | −0.25 | −4.74% | 154.42 | 190.74 | 3.23% | 2.61% |
| 2018 | 6.64 | 1.65 | 33.16% | 192.84 | 243.74 | 3.44% | 2.72% |

资料来源：作者根据前瞻眼网资料整理。

对安踏集团的做空报告认为，在通常情况下预付账款占存货的行业平均值为4%，国际龙头企业的平均预付账款占存货的比重约为11.33%。根据上文对存货的分析可知，安踏集团旗下品牌的运营模式不同，安踏主品牌以加盟模式为主，FILA品牌以直营模式为主。品牌运营模式不同带来的结果是，安踏集团本身的库存比较少，但是渠道库存比较多；而国外知名品牌的运营模式中直营模式占比较大，如耐克的直营占比高达70%，所以公司库存相对较多。

根据专家的测算，安踏品牌是将外包生产和内部生产结合，拥有一部分自有产能。所以，2017年安踏品牌实现的营业收入为115亿至120亿元，零售额为190亿至210亿元，备货成本为40亿至60亿元；而FILA品牌的产品以外包生产为主，2017年FILA品牌营业收入为40亿至50亿元，零售额为40亿至60亿元，所以FILA需要20亿至25亿元的备货成本。由表9-12可知，2017年安踏集团的预付供应商账款为4.99亿元，而整体上备货成本为60亿至85亿元，所以实际上预付账款占备货成本的6%至8%，与同行业的平均值4%、国际品牌的11.33%相比，安踏集团的预付账款占存货的比率其实是比较合理的，不存在过高的现象。

D.对营业利润率过高的分析

**毛利率分析**

做空机构往往会喜欢将利润较高的公司作为其做空对象，如果没有先进的技术、独特的专利以及行业领头或者垄断的地位等明显优势的加持，该公司一般只可能获得行业平均利润率。所以在做空报告中，GMT认为安踏可能存在虚增营业利润的问题。

要澄清安踏的营业利润率问题，首先要对比分析安踏和阿迪达斯的2017年年度报告。2017年，阿迪达斯的总收入达到212.18亿元，安踏的总收入为166.92亿元，两者相差45.26亿元。阿迪达斯、安踏的毛利率分别为50.45%、49.37%，由于安踏的毛利已经减去了研发费用，为了保证两者的可比性，故在安踏的毛利率中加回研发费用率2.9%，最终安踏的毛利率为52.27%，比阿迪达斯高出1.82个百分点。毛利率差异的产生原因主要是，阿迪达斯是制造产品全外包模式，而安踏的供应链管理分为自产和外包，以及原材料采购和布料采购，这说明安踏是具有自有产能的，因此会减少一部分产品的代工费用，使其毛利率稍微高于阿迪达斯。

2017年阿迪达斯及安踏体育的利润率分析见表9-13。

表9-13　　　　　　　　　　2017年阿迪达斯及安踏的利润率分析　　　　　　金额单位：亿元

| | 总收入 | 毛利 | 毛利率 | 营业利润 | 营业利润率 | 净利润 | 净利润率 |
|---|---|---|---|---|---|---|---|
| 阿迪达斯 | 212.18 | 107.04 | 50.45% | 20.39 | 9.61% | 10.98 | 5.17% |
| 安踏 | 166.92 | 82.41 | 49.37% | 39.89 | 23.90% | 30.88 | 18.50% |
| 差异 | 45.26 | 24.63 | 1.08% | −19.50 | −14.29% | −19.90 | −13.32% |

2010—2018年各公司的毛利率对比见表9-14。

表9-14　　　　　　　　　　2010—2018年各公司的毛利率对比

| 年份 | 安踏 | 李宁 | 361度 | 特步国际 |
|---|---|---|---|---|
| 2010 | 42.80% | 47.28% | 42.32% | 40.65% |
| 2011 | 42.25% | 46.08% | 42.43% | 40.75% |
| 2012 | 37.95% | 37.84% | 39.84% | 40.68% |
| 2013 | 41.74% | 44.54% | 39.55% | 40.24% |
| 2014 | 45.13% | 44.64% | 40.88% | 40.75% |
| 2015 | 46.61% | 45.03% | 40.89% | 42.24% |
| 2016 | 48.40% | 46.23% | 42.01% | 43.20% |
| 2017 | 49.37% | 47.06% | 41.80% | 43.89% |
| 2018 | 52.64% | 48.07% | 40.60% | 44.31% |

资料来源：作者根据前瞻眼网资料整理。

同时，进一步进行横向对比，国内四大体育用品公司的毛利率基本处于相近水平，在2013年至2018年期间，毛利率基本在40%以上，呈小幅上升趋势，如图9-19所示。作为国内体育用品的龙头企业，安踏的毛利率在国内市场没有明显优势。

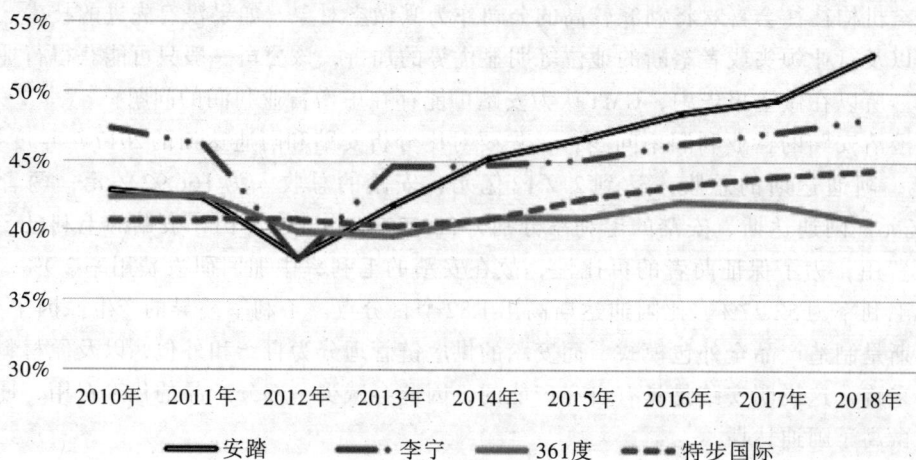

图9-19　2010—2018年各公司的毛利率对比

**费用率分析**

为了方便对阿迪达斯和安踏的各项费用进行直观对比分析，本文摘取了阿迪达斯和安踏2017年的各项费用、利润占收入的比重，见表9-15。

表9-15　　　　　2017年阿迪达斯及安踏的各项费用、利润占收入比重

| 项目 | 阿迪达斯 | 安踏 | 差异 |
|------|----------|------|------|
| 毛利率 | 50.40% | 52.27% | -1.87% |
| 研发费用率 | 0.90% | 2.90% | -2.00% |
| 营销费用率 | 13.60% | 10.60% | 3.00% |
| 开店费用率 | 2.80% | 14.90% | 12.10% |
| 销售费用率 | 11.10% | — | — |
| 物流费用率 | 5.20% | — | — |
| 总部管理费用率 | 8.30% | — | — |
| 运营收入占比 | 1.20% | 14.90% | 13.70% |
| 经营溢利率 | 9.61% | 23.90% | -14.29% |

资料来源：作者根据中信证券官网资料整理。

在营业利润率方面，安踏与阿迪达斯相差了14.29%，主要还是由于阿迪达斯的费用率比安踏高14.70%。阿迪达斯的研发费用率为0.9%，安踏比阿迪达斯高2个百分点，主要是因为阿迪达斯的总收入更多，公司的整体规模更大，即使研发费用投入高，但是其占总收入的比重相对较低。阿迪达斯和安踏的营销费用率分别为13.6%和10.6%，相差3个百分点，主要是因为阿迪达斯已经是成熟的覆盖全球市场的体育用品品牌，其营销推广费用相比之下会更高，而安踏的销售推广主要集中于大中华地区，营销推广费用相对较少。其他费用率主要包括开店费用率、销售费用率、物流费用率、总部管理费用率。阿迪达斯的其他费用率合计为28.60%，安踏的其他费用率合计为14.9%，阿迪达斯比安踏高出13.70个百分点。其原因是阿迪达斯致力于发展全球的业务，需要更强的总部管控能力、更全面的全球业务部门布局以及产品铺设等，从而造成了其他费用占收入之比比安踏高出很多。

通过以上对费用的具体分析可知，虽然安踏集团已经在2017年成为中国第一、全球第三大体育用品公司，但其主要业务市场仍是大中华地区，国际竞争力以及辐射能力仍远不及阿迪达斯，与国际知名品牌还存在较大差距。全球体育用品市场与中国体育用品市场的发展也不尽相同，应该结合公司的实际经营发展情况、业务规模大小、运营模式等多因素进行综合分析对比，才能正确判断公司的财务情况是否存在异常。

进一步对国内的体育用品公司的费用率进行对比分析，见表9-16。2015—2017年，安踏的经营溢利率的均值为24.5%，李宁、361度、特步国际的均值分别为4.02%、19.52%、16.19%。虽然安踏的销售费用占比处于中间水平，但管理费用占比处于较低水

平，控制较好，所以其经营溢利率的水平相比之下稍高。

表9-16 2015—2017年各公司的费用率对比

| 公司 | 年份 | 销售毛利率 | 销售费用/营业收入 | 管理费用/营业收入 | 经营溢利率 |
|------|------|-----------|-----------------|-----------------|-----------|
| 安踏 | 2015 | 46.61% | 19.88% | 4.53% | 24.24% |
| | 2016 | 48.40% | 21.21% | 5.13% | 24.00% |
| | 2017 | 49.37% | 22.82% | 5.40% | 23.90% |
| 李宁 | 2015 | 45.03% | 38.37% | 4.88% | 2.22% |
| | 2016 | 46.23% | 37.05% | 5.29% | 4.81% |
| | 2017 | 47.06% | 36.89% | 5.65% | 5.02% |
| 361度 | 2015 | 40.89% | 15.99% | 8.47% | 20.51% |
| | 2016 | 42.01% | 15.81% | 9.34% | 18.90% |
| | 2017 | 41.80% | 17.29% | 9.75% | 19.15% |
| 特步国际 | 2015 | 42.24% | 18.56% | 9.03% | 17.39% |
| | 2016 | 43.20% | 15.77% | 12.27% | 16.99% |
| | 2017 | 43.89% | 17.82% | 15.00% | 14.17% |

资料来源：作者根据前瞻眼网资料整理。

如图9-20所示，安踏集团的营业毛利率在2010—2018年呈上升趋势，但营业利润率以及营业净利率仍然保持稳定的水平，营业利润率均值为22.85%，营业净利率均值为18.96%。从费用率上来看，随着安踏集团的销售范围变广、零售业务增多，销售费用逐渐上升，但管理费用及财务费用占比变动幅度不大，基本维持在稳定水平。

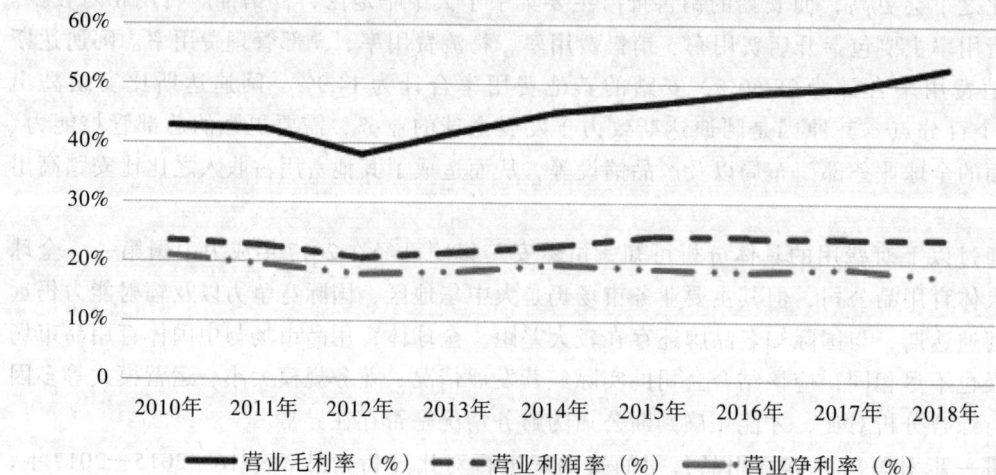

图9-20 2010—2018年安踏集团的利润率趋势

2010—2018年，安踏集团的三大费用分析见表9-17。

表9-17　　　　　　　　　2010—2018年安踏集团的三大费用分析　　　　　金额单位：亿元

| 年份 | 销售费用 | 管理费用 | 财务费用 | 营业收入 | 销售费用/营业收入 | 管理费用/营业收入 | 财务费用/营业收入 |
|------|---------|---------|---------|---------|----------------|----------------|----------------|
| 2010 | 11.87 | 2.91 | −1.06 | 74.08 | 16.02% | 3.92% | −1.43% |
| 2011 | 14.52 | 3.73 | −1.49 | 89.05 | 16.31% | 4.19% | −1.67% |
| 2012 | 10.38 | 4.20 | −1.66 | 76.23 | 13.61% | 5.52% | −2.18% |
| 2013 | 11.99 | 3.76 | −1.87 | 72.81 | 16.47% | 5.17% | −2.57% |
| 2014 | 16.97 | 3.97 | −2.24 | 89.23 | 19.02% | 4.45% | −2.51% |
| 2015 | 22.12 | 5.04 | −1.33 | 111.26 | 19.88% | 4.53% | −1.19% |
| 2016 | 28.31 | 6.85 | −1.08 | 133.46 | 21.21% | 5.13% | −0.81% |
| 2017 | 38.09 | 9.01 | −3.22 | 166.92 | 22.82% | 5.40% | −1.93% |
| 2018 | 65.25 | 12.23 | −0.68 | 241.00 | 27.07% | 5.07% | −0.28% |

资料来源：作者根据前瞻眼网资料整理。

2010—2018年安踏集团的费用率趋势如图9-21所示。

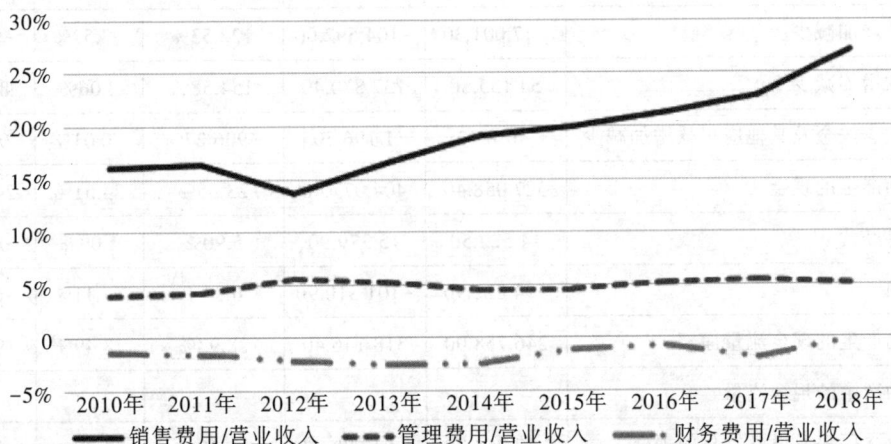

图9-21　2010—2018年安踏集团的费用率趋势

由此分析可以看出，在利润率问题方面，GMT只是将行业全球业务和中国业务进行了简单的对比，这样是不合理的。因为对于国际品牌来说，中国市场依然是全球增长最快、最健康、利润率最高的市场。根据阿迪达斯的披露，其2017年大中华区的销售增长率达到29%，创下了增幅新纪录，而总体利润率被拉低则是因为全球各地区及产品之间的不平衡所致。就中国市场而言，阿迪达斯大中华区的营业利润率为35.4%，耐克大中华区的营业利润率为35.6%，安踏是远远不及的。通过对比也可以发现，国内体育用品公司的毛利率也处于相近水平，所以做空报告对安踏集团利润率方面的质疑也是片面的。

E.对现金流虚增的分析

GMT在做空报告中认为安踏2017年的净现金流占收入比重高于纺织服装企业的平均水平，同时也高于国际龙头企业的水平，由此质疑安踏虚构大量的净现金流来支撑其收入。

与此同时，做空报告还认为一般有大量现金结余的企业都有相应的收购计划。对安踏的财务报告进行分析就可以充分解释其净现金流占收入的比重稍高于行业平均水平的合理性。

2016—2017年安踏各项现金流指标占收入比重分析见表9-18。

表9-18　　　　　　　　　　2016—2017年安踏各项现金流指标占收入比重分析　　　　　　金额单位：万元

| 报告期 | 现金流规模 | | 变动率 | 现金流量/收入 | |
|---|---|---|---|---|---|
| | 2016年 | 2017年 | | 2016年 | 2017年 |
| 经营活动产生的现金流量 | | | | | |
| 除税前利润 | 331 089.60 | 431 055.80 | 30.19% | 24.81% | 25.82% |
| 资产减值准备 | −586.80 | 3 368.40 | −674.03% | −0.04% | 0.20% |
| 折旧与摊销 | 22 600.60 | 25 027.70 | 10.74% | 1.69% | 1.50% |
| 出售物业、厂房及设备的亏损收益 | 266.60 | −1 854.10 | −795.46% | 0.02% | −0.11% |
| 利息支出 | 6 467.90 | 1 553.90 | −75.98% | 0.48% | 0.09% |
| 利息收入 | −11 904.50 | −17 013.20 | 42.91% | −0.89% | −1.02% |
| 存货的增加减少 | −27 881.10 | −72 536.00 | 160.16% | −2.09% | −4.35% |
| 应收账款增加减少 | −47 001.30 | −104 592.00 | 122.53% | −3.52% | −6.27% |
| 应付账款增加减少 | 54 155.80 | 137 870.40 | 154.58% | 4.06% | 8.26% |
| 预收账款、按金及其他应付款增加减少 | −148.40 | 1 196.50 | −906.27% | −0.01% | 0.07% |
| 经营活动产生的现金 | 327 058.40 | 404 077.40 | 23.55% | 24.51% | 24.21% |
| 已收利息经营 | 14 522.50 | 15 379.90 | 5.90% | 1.09% | 0.92% |
| 已付税项 | −94 822.90 | −101 310.90 | 6.84% | −7.11% | −6.07% |
| 经营活动产生的现金流量净额 | 246 758.00 | 318 146.40 | 28.93% | 18.49% | 19.06% |
| 投资活动产生的现金流量 | | | | | |
| 购买物业、厂房及设备支付的现金 | −57 264.70 | −54 688.00 | −4.50% | −4.29% | −3.28% |
| 出售物业、厂房及设备收到的现金 | 205.50 | — | | 0.02% | — |
| 购买无形资产及其他资产支付的现金 | −5 496.50 | −3 814.90 | −30.59% | −0.41% | −0.23% |
| 出售无形资产及其他资产收到的现金 | — | −9 036.10 | | — | −0.54% |
| 购买证券投资所支付的现金 | 5 494.30 | — | | 0.41% | 0.00% |
| 其他项目 | 5 607.00 | −90 312.60 | −1710.71% | 0.42% | −5.41% |
| 投资活动产生的现金流量净额 | −51 454.40 | −157 851.60 | 206.78% | −3.86% | −9.46% |
| 融资活动产生的现金流量 | | | | | |
| 新增借款 | 93 770.60 | 14 791.10 | −84.23% | 7.03% | 0.89% |

| 报告期 | 现金流规模 | | 变动率 | 现金流量/收入 | |
|---|---|---|---|---|---|
| | 2016年 | 2017年 | | 2016年 | 2017年 |
| 偿还借款 | -133 000.00 | -97 519.50 | -26.68% | -9.97% | -5.84% |
| 吸收投资所得 | 10 000.00 | — | | 0.75% | |
| 发行股份 | 1 503.70 | 343 499.50 | 22743.62% | 0.11% | 20.58% |
| 已付股息融资 | -157 181.10 | -197 576.40 | 25.70% | -11.78% | -11.84% |
| 已付利息融资 | -2 215.10 | -3 069.00 | 38.55% | -0.17% | -0.18% |
| 其他项目 | 47 299.00 | -60 368.40 | -227.63% | 3.54% | -3.62% |
| 融资活动产生的现金流量净额 | -139 822.90 | -242.70 | -99.83% | -10.48% | -0.01% |
| 现金及现金等价物净增加额 | 55 480.70 | 160 052.10 | 188.48% | 4.16% | 9.59% |
| 现金及现金等价物的期初余额 | 516 585.90 | 582 995.90 | 12.86% | 38.71% | 34.93% |
| 其他项目 | 10 929.30 | -46 289.10 | -523.53% | 0.82% | -2.77% |
| 现金及现金等价物的期末余额 | 582 995.90 | 696 758.90 | 19.51% | 43.68% | 41.74% |

资料来源：作者根据前瞻眼网资料整理。

**经营活动现金流量分析**

安踏集团的经营活动现金流量占收入的比重在2013年以后一直保持稳定，未产生较大的波动，2017年的经营活动现金流流入净额达到31.81亿元，经营活动现金流量净额占收入的比重从2016年的18.49%上升到2017年的19.06%。从公司年报对此的解释中可以了解到，安踏集团的现金生产能力以及盈利能力进一步增强。

2010—2018年安踏集团的现金流量变动趋势如图9-22所示。

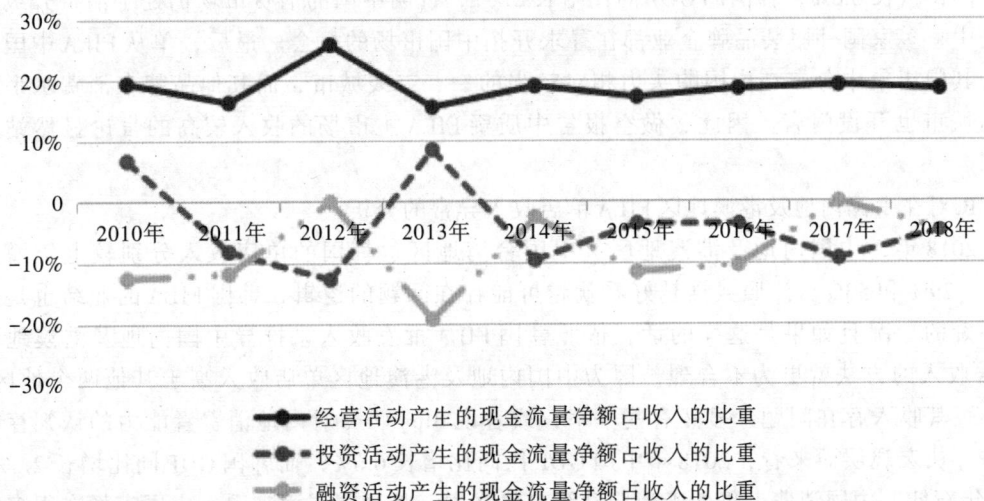

图9-22  2010—2018年安踏集团的现金流量变动趋势

**投资活动现金流量分析**

2017年安踏的投资活动现金流出净额为15.79亿元，流出净额进一步增加。其主要原因是安踏集团每年都有一定的资本性开支，如购买持有至到期债务证券款项等，并且在2017年储备了存款期限超过三个月的银行定期存款9.44亿元，目的是给多品牌战略奠定基础，为将来预期的海外国际品牌收购计划进行充分的资金准备。

**融资活动现金流量分析**

安踏2017年的融资活动现金流出净额为242.7万元，比2016年的流出净额减少了近14亿元。根据安踏的解释，除了分派的2016年及2017年的部分股息、偿还贷款等一定支出外，安踏同样在为开启2018年的全球化战略、收购AmerSports（亚玛芬体育）公司、进一步成为具有国际竞争力的多品牌公司做准备，在2017年年初时进行了配售及先旧后新认购股份事项，融资所得款项共33.94亿元。

通过表9-18可知，安踏集团2016年净现金流占收入的比重是4.98%，基本与国际龙头企业的比值接近。2017年，安踏集团的净现金流占收入的比重比2016年增长了1.84%，略高于同行业水平，其实是因为公司近一年的盈利能力有所增强，且为其2018年国际化战略和收购计划的实施进行前期资金储备。

综上所述，对于做空机构对安踏集团的财务方面的多次质疑，通过分析安踏集团披露的信息都可以得出合理的解释。只要公司的中期报告和年度报告都进行充分、真实、准确的披露，带给投资者最实在的回报，资本也能用非常理性的眼光来看待公司对整个社会的贡献。

② 对蓝鲸资本（Blue Orca Capital）做空报告质疑的分析

A.对FILA在中国内地及港澳地区收入夸大的分析

做空机构凭借FILA在韩国的批发收入数据来推导中国直营店的销售数据，难以让投资者信服。首先，不同地区的会计标准不同，比值也不同，折扣率与销售率都有较大的区别，直接进行推导的结果必然会有较大误差。其次，从宏观层面来看，2018年中国的GDP同比增长6.6%，韩国的GDP同比增长2.7%，说明中国的消费市场仍处于消费升级趋势之中，多家国外服装品牌企业都在寻求开拓中国市场的机会。最后，单从FILA中国来看，其门店集中分布在中国购买力相对较强的一、二线城市，而其他品牌在消费水平更低的城市也开设门店。因此，做空报告中质疑FILA主市场的收入较高的言论显然站不住脚。

B.对在中国内地及港澳地区FILA单店收入异常的分析

2018年，中国内地及港澳地区、中国台湾地区、韩国的单店收入分别较上年增长24%、29%和53%。按照数据越好看就越可能存在问题的逻辑，韩国FILA的业绩也是值得怀疑的。况且如果是这样的话，依照韩国FILA批发收入来推导中国内地及港澳地区FILA收入的方法就更为不合理。因为中国内地及港澳地区单店收入高于其他两个地区，就怀疑其收入存在问题，显然有些草率，或者说Blue Orca对内地消费者能力的认知存在偏差。从宏观层面来看，2018年中国GDP比同比增长6.6%，而韩国GDP同比增长2.7%，创6年新低，中国消费者仍处于消费升级趋势之中；从微观层面来看，中国市场在很多消费产品领域仍是众多国内外企业的增长点。总之，做空机构对中国内地及港澳地区FILA

单店收入异常的质疑是不合理的。

③对浑水机构做空报告质疑的分析

A.对分销商不独立的分析

在财务数据方面，安踏与其分销商之间并无任何管理费用的分摊。在人事方面，安踏分销商有独立的财务及人力资源管理功能。在关联关系方面，浑水报告中所提及的所有25家分销商均为独立于安踏或其关联方的第三方，且与这些关联方之间不存在任何关联。另外，由于安踏大部分的分销商均是该地区唯一销售公司产品的分销商，所以公司与分销商会在营销策略、市场管理等方面进行定期沟通，分销商负责作出最终的商业决策并自负盈亏，也就是说分销商风险自担。

B.对大股东掏空现象的分析

在做空报告中，浑水认为安踏集团内部人员通过贱卖上市公司资产以谋求私利。但是2007—2018年期间，安踏IPO募集了36.43亿港元，并且在2017年3月增发配股募集了37.92亿港元，在2019年5月募集了7.78亿港元；同时，安踏集团在2007—2018年期间派发了165.05亿港元股利，其中，55.42亿港元已经流向了市场中小投资者，109.63亿港元派发给了集团大股东。这样来看，安踏集团在11年间共募集74.35亿元，向市场派息55.42亿元，可见安踏集团没有向市场索取太多。因为两次增发配股都发生在近两年，所以2007—2016年期间，安踏集团从市场上融资了36.43亿港元，又向市场派息37.39亿港元，基本没有向市场"要钱"。

2007—2019年安踏配股和派发股利情况见表9-19至表9-21。

表9-19　　　　　　　　　　　　　安踏体育IPO资料

| 上市日期 | 2007-07-10 |
| --- | --- |
| 发行价格（元） | 4.66 |
| 发行方式 | 发售以供认购，发售以供配售 |
| 首发筹资总额（亿元） | 32.14 |
| 发售筹资总额（亿元） | 26.79 |
| 超额配售募资总额（亿元） | 4.11 |
| 主承销商 | 大和证券盛民博昌（香港）有限公司、摩根士丹利亚洲有限公司、中银国际亚洲有限公司 |
| 保荐人 | 摩根士丹利亚洲有限公司 |

资料来源：作者根据格隆汇官网资料整理。

表9-20　　　　　　　　　　　　　安踏体育增发配股

| 公告日期 | 发行方式 | 发行价格（元） | 募资金额（亿元） | 币种 | 发行数量（股） |
| --- | --- | --- | --- | --- | --- |
| 2019-05-30 | 配售 | 49.11 | 7.78 | HKD | 15 842 000 |
| 2017-03-21 | 配售 | 21.67 | 37.92 | HKD | 175 000 000 |

资料来源：作者根据格隆汇官网资料整理。

表9-21 2006—2018年安踏体育股利派发情况

| 报告期 | 报告期起始日 | 报告期截止日 | 净利润（亿元） | 现金分红总额（亿元） | 股利支付率 |
|---|---|---|---|---|---|
| 2018年 | 2018-1-1 | 2018-12-31 | 46.83 | 20.94 | 44.71% |
| 2017年 | 2017-1-1 | 2017-12-31 | 36.94 | 26.31 | 71.22% |
| 2016年 | 2016-1-1 | 2016-12-31 | 26.67 | 19.75 | 74.05% |
| 2015年 | 2015-1-1 | 2015-12-31 | 24.36 | 17.00 | 69.79% |
| 2014年 | 2014-1-1 | 2014-12-31 | 21.55 | 15.23 | 70.67% |
| 2013年 | 2013-1-1 | 2013-12-31 | 16.72 | 11.98 | 71.65% |
| 2012年 | 2012-1-1 | 2012-12-31 | 16.76 | 11.97 | 71.42% |
| 2011年 | 2011-1-1 | 2011-12-31 | 21.34 | 12.97 | 60.78% |
| 2010年 | 2010-1-1 | 2010-12-31 | 18.23 | 11.22 | 61.55% |
| 2009年 | 2009-1-1 | 2009-12-31 | 14.21 | 8.72 | 61.37% |
| 2008年 | 2008-1-1 | 2008-12-31 | 10.15 | 6.97 | 68.67% |
| 2007年 | 2007-1-1 | 2007-12-31 | 5.74 | 1.99 | 34.67% |
| 2006年 | 2006-1-1 | 2006-12-31 | 1.47 | — | — |

资料来源：作者根据格隆汇官网资料整理。

同时，相关资料显示，安踏集团在这些年只发生两次股票减持：其在2009年下半年发生第一次减持，减持3.25%，在2014年下半年发生第二次减持，减持2.72%，见表9-22至表9-25。此外，安踏的高管们在过去5年中都没有减持过股票，也没有大股东进行股票质押。因此可以看出，安踏集团并未通过减持股票而获利，因此做空机构的质疑并不准确，无法证明安踏集团大股东在故意损害中小股东的利益。

表9-22 2009年12月31日安踏集团股权结构

| 股东名称 | 直接持股数量 | 占已发行普通股比例（%） | 股东类型 |
|---|---|---|---|
| 安踏国际集团控股有限公司 | 1 431 900 000 | 57.46 | 持股5%以上股东 |
| 安达控股国际有限公司 | 167 700 000 | 6.73 | 持股5%以上股东 |
| 汇丰国际信托有限公司 | 120 697 000 | 4.84 | 机构投资者 |
| 丁世忠 | 6 446 000 | 0.26 | 实际控制人 |
| 丁世家 | 1 000 000 | 0.04 | 实际控制人 |
| 合计 | 1 727 743 000 | 69.33 | — |

资料来源：作者根据格隆汇官网资料整理。

表9-23 　　　　　　　　　2009年6月30日安踏集团股权结构

| 股东名称 | 直接持股数量 | 占已发行普通股比例（%） | 股东类型 |
|---|---|---|---|
| 安踏国际集团控股有限公司 | 1 498 500 000 | 60.17 | 持股5%以上股东 |
| 安达控股国际有限公司 | 175 500 000 | 7.05 | 持股5%以上股东 |
| 汇丰国际信托有限公司 | 126 000 000 | 5.06 | 机构投资者 |
| 丁世忠 | 6 446 000 | 0.26 | 实际控制人 |
| 丁世家 | 1 000 000 | 0.04 | 实际控制人 |
| 合计 | 1 807 446 000 | 72.58 | —— |

资料来源：作者根据格隆汇官网资料整理。

表9-24 　　　　　　　　　2014年6月30日安踏集团股权结构

| 股东名称 | 直接持股数量 | 占已发行普通股比例（%） | 股东类型 |
|---|---|---|---|
| 安踏国际集团控股有限公司 | 1 431 900 000 | 57.37 | 持股5%以上股东 |
| 安达控股国际有限公司 | 167 700 000 | 6.72 | 持股5%以上股东 |
| 汇丰国际信托有限公司 | 120 607 000 | 4.83 | 机构投资者 |
| Shine Well （Far East） Limited | 6 446 000 | 0.26 | 其他 |
| Talent Trend Investment Limited | 1 000 000 | 0.04 | 机构投资者 |
| 合计 | 1 727 653 000 | 69.22 | —— |

资料来源：作者根据格隆汇官网资料整理。

表9-25 　　　　　　　　　2014年12月31日安踏集团股权结构

| 股东名称 | 直接持股数量 | 占已发行普通股比例（%） | 股东类型 |
|---|---|---|---|
| 安踏国际集团控股有限公司 | 1 373 625 000 | 55.01 | 持股5%以上股东 |
| 安达控股国际有限公司 | 160 875 000 | 6.44 | 持股5%以上股东 |
| 安达投资资本有限公司 | 115 500 000 | 4.63 | 机构投资者 |
| Shine Well （Far East） Limited | 9 446 000 | 0.38 | 持股5%以上股东 |
| Talent Trend Investment Limited | 1 000 000 | 0.04 | 持股5%以上股东 |
| 合计 | 1 660 446 000 | 66.50 | —— |

资料来源：作者根据格隆汇官网资料整理。

C.对 FILA 门店数量不符的分析

在 2008 年年末，由于 FILA 亏损数额巨大，百丽决定将其出售给安踏。因历史遗留问题，安踏仍然保留大约 20%经营情况比较好的加盟商，包括北京、内蒙古、哈尔滨等地区的加盟商。安踏集团后来也在逐步和加盟商协商收回控股权，加盟商可以保留小股东权利。这一信息早已为市场所熟知，而做空机构在未事先研究的情况下就仓促提出指控，缺乏尽职调查。

3.连续多次的做空事件对安踏集团造成了什么影响？

（1）理论依据

在西方发达的资本市场，做空是一种普遍实施的、重要的市场交易机制。尽管理论和实证研究都表明，作为倒逼上市公司完善治理、揪出资本市场害虫的"啄木鸟"，做空机制具有稳定市场波动、提高市场流动性、完善价格发现的功能。但是，由于缺乏有效监管，它们有时也是损害投资者利益的"吸血鬼"。特别是恶意做空行为作为一种博弈对抗性极强的全新企业风险，不仅影响到企业的正常生产经营、扰乱了证券市场秩序，甚至演变为恶意操纵市场的行为。李开复（2012）、张维迎（2015）等知名人士都曾公开谴责并指出做空机构的恶劣影响。

（2）案例分析

①消极影响

A.短期内造成市值缩水

在遭遇做空的第一时间，大多数股票价格都会大幅下跌，因为尽管资本市场有做空的安排，但是做空行为并不普遍，投资者也通常不熟悉港股的做空机制，所以在面临做空时不能保持理智，从而给做空机构提供机会。另外，我们的投资机构、券商进行调研后，大多发布的是"看涨"研报，投资者也希望股价一直上涨，突然看到一篇做空报告揭露目标上市公司的"问题"，很容易产生"反差式"恐慌而选择急于抛售股票，使做空目标公司的股价在短期内大跌。对于常年被看好的白马股，一旦出现对其看空的研报，就更是如此。

在第一次遭遇 GMT 做空之前，安踏集团的股价正处于上升期，稳定在 46 港元左右，在做空当日（2018 年 6 月 13 日）最高价为 49.3 港元，而在做空报告发布的第二天、第三天，安踏集团受到做空事件影响，股价分别跌去 7.86%及 4.76%。在第二次被做空时，安踏集团被 Blue Orca"口头沽空"后，2019 年 5 月 30 日的股价暴跌超过 12%，但随后有所回升，截至当天收盘时的跌幅为 5.53%。这两次做空由于证据不太充分且片面，说服力较小，因此在后续并未给安踏集团造成较大影响。

在第三次遭遇做空时，浑水公司出具了详细的采访记录、调查资料以及比较符合逻辑的做空报告，导致安踏集团在 2019 年 7 月 8 日午间收盘报 51.25 港元/股，下跌 7.32%，市值蒸发超过一百亿港元。因此，安踏集团迫不得已申请了短暂停牌。

B.投资者利益严重受损

做空是强者的游戏，作为股票市场的弱势群体，如果没有法律和制度的保护，中小投资者参与这种危险游戏是极易受到伤害的。

做空对庄家来说固然也有很大的风险，但是暴利的诱惑是巨大的。在暴利诱惑和监管乏力的背景下，他们会不择手段，散布更多难辨真伪的虚假信息，更频繁地做庄、联手操纵价格等。做空机构通过做空报告引发市场的恐慌情绪，一旦恐慌情绪形成并且产生羊群效应，就可以在短时间内形成大幅度的股价下跌，从而让早就埋伏好的做空机构的空头仓位大发其财。所以，如果投资者被这种恐慌情绪所左右就会成为空头机构利用的对象，这一点必须引起投资者的注意。

特别是在法制尚不健全、规则尚有漏洞、信息极不对称的新兴市场，做空的负面影响如果不能引起足够重视并得到有效控制的话，其杀伤力足以摧毁整个市场并引发金融动荡，破坏稳定的局面，阻碍股票市场的健康发展。

C.公司声誉遭到损害

如果做空机构发布的做空报告不是真实揭发了上市公司的财务造假行为，那么这些与做空目标公司相关的事实性错误、误导性陈述及无根据的猜测一经发布，不仅会导致不寻常的股票价格波动，严重影响到做空目标公司股东及投资者的自身利益，还会对做空目标公司的声誉造成严重损害。

在经历多次做空后，安踏集团在澄清公告中明确表示做空机构的利益与公司股东的利益不同，投资者应该了解做空报告只是做空机构的意见。面对做空，市场投资者需要冷静思考，不能轻易相信做空报告中的信息，理性判断分析做空报告中的信息是否合理、证据是否确凿、理由是否符合逻辑。虽然从最终结果来看，多份做空报告对安踏集团并没有造成致命打击，但打扰了安踏集团的日常事务，并引发了公司投资者的信任危机，进一步损害了公司的声誉。

②积极影响

A.积累了应对做空的经验

在日益开放的市场上，美股和港股投资者经常会面对做空的相关消息，被做空机构盯上也不再是新鲜事。做空机构犹如盘旋在港股上市公司头顶的幽灵，时刻准备着出击，成为一把收割投资者的刀。

经历过多次做空之后，安踏应对做空的经验不断增加。在第一次应对做空时，安踏的澄清公告发布得还不够及时，没有在做空报告当天立刻进行回应，导致后续几天股价有小幅下跌，澄清后股价也只是保持稳定，没有进一步回升，说明市场投资者还没有完全打消疑虑、恢复对安踏集团的信任。

当后面再次遭遇做空时，安踏在做空报告发布后第一时间就进行回应和解释，并且及时发布其他方面的信息进行回击，证明自身业绩良好，及时增强市场投资者的信心，并在澄清公告中对集团股东以及潜在投资者给出提示，对做空机构发出警告。因此，安踏集团的股价在遭遇做空的第二天就有了明显回升，加上做空机构的攻击点都在收入、子品牌等相同的范畴，频繁发布的做空报告对安踏集团已经无法产生实质性影响。

B.促进公司组织结构优化

一方面，做空机构的确可以查证劣质企业，同时合理监督优秀的企业。另一方面，如果公司的业务运作没有问题，即使被做空也并非大问题，只要有真本事，市场最终还会根据业绩给出正向的回应。因此，中国体育品牌需要在公司治理结构以及其他方面进行优化，以从容应对不同方面的监督，这是包括安踏在内的中国本土公司进入国际舞台的所必须正视的问题。

经过第二次做空机构的攻击，安踏的股价虽然在短时间内迅速回升，并未产生较大影响，但做空机构依然指出了其内部管理不清晰的问题。在这4年多里，安踏从以自有品牌为主的中国运动鞋服公司，迅速扩张成面向全球市场的多品牌管理集团，相应的架构调整是往前迈进的必要一步。

面对大量需要管理的品牌，一个科学的机制是基础。只有当上层机制设计得当，各品牌才能高效运转。因此，在2019年上半年，安踏集团重新对整个业务组织进行梳理和打造，根据各个品牌所在的不同领域的属性，建立了三大事业群，将过去的单独品牌管理模式改为分类事业群管理模式，每一个事业群都设有独立的CEO，并具备相关的设计、品牌、营销等职能，而销售、采购、生产、电商都由集团成立独立部门来统筹。新架构清晰了各业务、各品牌的划分。架构调整显示了安踏集团应对市场的主动性，而且伴随着收购完成和13个月内三次被做空，安踏集团势必要经受资本市场更为严苛的考验。

安踏集团原组织结构图和新组织结构图如图9-23、图9-24所示

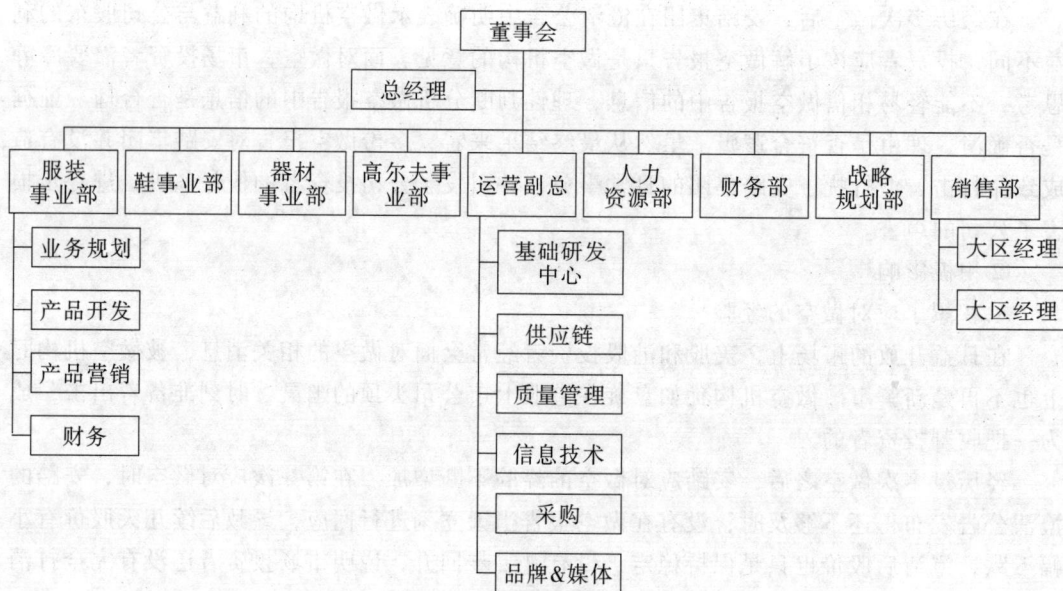

**图9-23　安踏集团原组织结构图**

C.增强公司财务信息透明度

做空机构质疑安踏集团的财务状况的原因之一就是其对业务子项目披露得不够充分。安踏集团在2019年之前从未公布过FILA品牌的财务信息，因此才会为做空机构提供对FILA品牌经营情况进行遐想、质疑的机会。

在几次做空中，GMT Research用单位产品均价低的理由以点带面地怀疑安踏的高营业利润率是具有误导性的，缺乏具体的数据支撑。由于不能在财务报告中找到原材料成本、营销具体费用这些数据，GMT Research又无实地调研结果，自然只能对此进行猜测；而Blue Orca机构也是基于FILA韩国的数据进行推算，从而产生对安踏FILA品牌经营情况的误解。

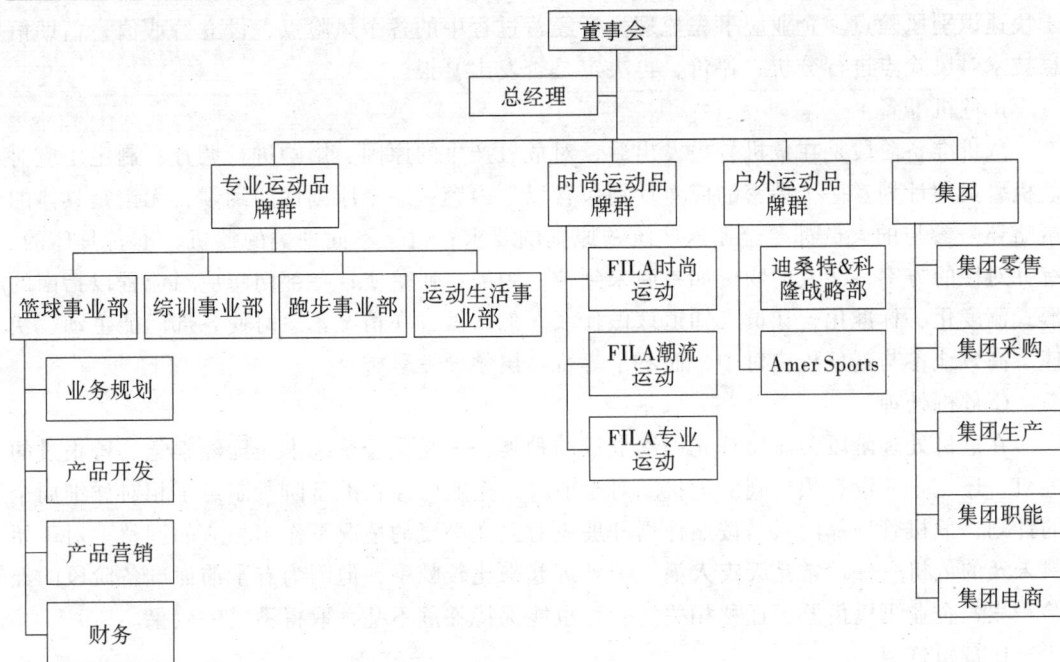

图9-24 安踏集团2019年新组织结构图

但如果安踏集团之后想要再次避免做空机构的突然袭击，就必须考虑做空报告中质疑的问题在公司的信息披露中是否表述不清、未让投资者充分理解等。安踏集团应该针对其问题，对信息披露进行调整，进一步地提升、完善公司的信息披露透明度，提高披露信息的质量。因此，在屡次遭遇做空机构做空后，安踏集团在2019年8月26日首次公开了FILA品牌的财务数据，接受市场的监督。这也标志着安踏集团在达到一定体量后，已经开始谋求解决财务数据不够透明的问题，这是其向现代化企业治理迈进的重要一步。

4.接连发生的做空危机事件给中国企业带来了什么启示？

（1）理论依据

①企业危机管理机制

基于危机的生命周期，业界提出了企业危机管理的定义：企业为预防在经营活动中会给组织带来消极影响的危机和在危机发生后减少损失、维护形象甚至化危机为转机而制定的一系列管理机制和采取的应对策略。最著名的危机管理模式是"PPRR"（Prevention、Preparation、Response、Recovery），它将危机管理分为四个阶段：危机防范、危机准备、危机处理、危机恢复。

A.危机防范

在危机防范阶段，首先需要提升企业整体的危机意识。这要求企业高层领导直接参与到危机管理中，因为高层领导的权威性和经验、能力会直接影响危机管理的效果，并且调配资金、人员、物资等危机管理所需的资源也依赖高层领导的权力。另外，预防危机需要全体员工的参与和支持。危机潜伏在经营的各项工作、流程中，只有将危机防范意识深入每个员工的思想，才能最大限度地减少危机发生的可能性。其次，建立危机警报系统有助于快速识别风险点。企业应事先梳理生产经营过程中的各个风险点，设立警戒值，借助信息技术对风险点进行分析、评价，再决定是否发出警报。

B.危机准备

危机准备阶段是在危机警报发出后，对危机产生的原因、影响进行调查，制定出应对危机警报的计划。一个周密的应对计划包含以下内容：一个原则性的纲领，无论是具体的策略还是参与的人员都要遵循这些统领原则的要求；对于不同种类的危机，准备具体的、有针对性的方案，涉及的物资如果尚未到位，则需尽快落实；各部门将应对流程以指南的形式制度化、标准化，让员工知道该做什么、怎么做，在情况紧急时使各部门能主动、快速、高效地参与到危机应对中，而不是等待高层领导发号施令。

C.危机处理

在危机处理阶段，需要首先识别危机的种类——是预警系统事先已经察觉、警报过的危机，还是企业没有预料到的危机。对于前者，企业已经在准备阶段制定了相对详细周全的计划，危机管理部门只需按照计划开展应对，在必要的情况下作出相应的调整。对于始料未及的危机——常常是天灾人祸——处理起来比较棘手，但因为有了前面准备阶段的经验积累，企业可以借鉴、迁移相关经验，也能保持临危不乱，取得不错的效果。

D.危机恢复

经历一次危机后，无论应对效果如何，企业或多或少地会受到损失。危机风波过后，企业需要着手恢复。首先，企业应尽快采取措施修复声誉，以获得今后发展的舆论支持。其次是借此机会再次对员工进行危机意识教育。经过这次实践后，原来那些抽象的危机管理理念会变得具体，过去意识薄弱的员工也能切实明白预防危机的重要性和必要性。另外，危机的爆发也说明了企业存在的问题，应针对暴露的问题作出相应的调整，如调整人员安排、组织架构、工作流程等。

②其他企业应急管理机制

除上述企业危机管理机制以外，企业还应该进一步寻求创新，基于危机处理协调对策实施联动应急处理机制，提高企业解决危机事件的能力。这一联动机制的思想核心在于，对企业应急管理部门进行严格分级，明确响应条件，组织各个部门启动应急处理程序，确保有效开展危机管理工作。例如，石油企业对危机事件应急管理联动机制进行了分级，根据危机事件的严重程度、可控性、影响范围分为Ⅰ级特大事故响应、Ⅱ级重大事故响应、Ⅲ级较大事故响应、Ⅳ级一般事故响应；同时配备了后勤保障机制与危机事件应急解除管理程序，确保企业在应急过程中万无一失。

（2）案例分析

上市公司要客观看待做空行为，做空行为可以在一定程度上威慑到那些存在问题的企业，但也会中伤无辜，而这些深陷做空危机的企业们如果想要重新获得市场的信任，就必须启动危机管理机制来应对做空危机，具体措施有：

①上市公司建立良好的公司治理体系达到防范危机的效果

一方面，上市公司应该从自身做起，完善企业的会计制度，提高财务人员的素质和专业能力，保证财务数据真实准确，提供高质量的财务报告，同时建立财务预警机制，及时发现公司财务是否存在异常现象，这样才不会给做空机构提供机会。另一方面，公司管理者应基于对公司经营者的激励和约束，在改进治理结构的基础上标准化内部董事会运作机制，完善董事会结构，提高独董的专业性和独立性。同时，要进一步清晰公司股东大会、董事会和监事会的职能界限，从而使公司的不同职位和部门以正确的形式监督权力的使用，使公司的商业模式更加清晰，使公司的运作健康、有序。

②上市公司要强化企业人才储备，为可能到来的危机做准备

上市公司应在投资、法务、财务、品牌等方面聘请专业的人才和团队进行管理。财务造假是在做空中最常被提及的问题之一，因此，财务人员的素质对上市公司尤为重要。同时，在被做空机构发布不实消息时，上市公司应该聘请专业的法务人才，拿起法律的武器积极主动回应做空，切实保护自身利益，维护公司的声誉。

③上市公司应提高应对做空的能力，使危机处理发挥最大效用

从安踏被多次做空的事件中可以看出，在第一时间有效、积极地采取反击措施是化解做空危机的有力手段。中国上市公司应该吸取以往做空事件的教训和经验，建立自我保护机制，在面临做空时采取有力的措施进行反击，如及时发布澄清公告回应质疑点，以及合理使用法律的武器维护自己的利益。

④建立反恶意做空联盟基金作为危机恢复的有力助手

可以由有关政府部门牵头、上市公司协同合作，成立反恶意做空联盟基金。该基金的核心团队应具有专业的基金管理经验、丰富的资本市场知识和强大的法律咨询能力，一旦公司陷入做空危机，基金可以迅速并有针对性地为上市公司提供资金或经验支持，从而帮助其顺利度过危机。同时，反恶意做空联盟基金也可以给资本市场的"嗜血大鳄"以警示，平时可以提醒上市公司查缺补漏，不仅能提高做空行为的成本，也能有效降低做空机构的做空成功率，从而维护市场的健康稳定。

## 四、关键要点

（一）关键点

做空危机产生的根本原因、做空报告指控的真伪判断、安踏集团应对措施的分析与总结。

（二）关键知识点

1. 做空机制。

2. 海外上市。

3. 危机管理。

4. 财务造假。

5. 信息披露制度。

（三）关键能力点

充分利用网络资源收集事件相关的中外资讯、综合利用财务和法律知识对整个事件展开客观分析、透过现象提炼案例的意义。

# 案例10 疯狂扩张，满"债"而归

## ——华夏幸福债务违约及自救之路①

### 【学习目标】

通过本案例的学习，您应该：①学会分析企业过度扩张的特征以及由此导致的财务后果；②能够理解债务危机的内涵并学会分析企业陷入债务危机的原因；③学会判断债务危机发生后的自救措施是否合理；④学会分析房地产企业如何防范债务危机。

### 【关键词】

过度扩张 债务危机 债务重组

## 案例正文

### 一、引言

房地产行业在推动我国经济发展的进程中起着举足轻重的作用，是我国国民经济组成的重要部分。然而，由于宏观环境、经济政策等多方面因素的影响，近年来爆雷的房地产企业越来越多，受债务危机侵扰的小型房企大多以破产形式退出房地产行业，不少大中型房企也陷入了债务违约的困境，其中就有具有"华南五虎之首"之称的富力地产、被视为房企标杆和地产一哥的恒大，以及千亿房企佳兆业、阳光城等。在爆雷企业不断出现的期间，作为中国百强房企之一的华夏幸福也没能躲过债务危机。

2021年2月1日晚，华夏幸福发布公告，首次正式披露最近面临的债务问题。公告表明，华夏幸福及其子公司发生了实质性债务逾期，逾期债务涉及的本息金额为52.55亿元，且公司当前仅能够动用8亿元的货币资金，然而这仅仅是债务危机的开始。后续华夏幸福的多只债券陆续到期，违约金额逐渐累积，据12月22日最近一期公告，华夏幸福及其子公司发生逾期的债务本息和已累计至1 078.05亿元。如今的华夏幸福可谓是负债累累，这个曾经多次跻身中国民企500强的房企是如何沦落至此的呢？其背后的原因还需细细探究。

### 二、公司前期发展情况

华夏幸福，全称为华夏幸福基业股份有限公司（以下简称华夏幸福），属于中国民营房地产企业，从事房地产开发与运营项目，主要业务模式为产业新城开发性PPP模式，经

---

① 本案例由湖南大学工商管理学院的蒲丹琳、郭桂芳撰写，作者拥有著作权中的署名权、修改权、改编权。本案例授权中国管理案例共享中心使用，中国管理案例共享中心享有复制权、修改权、发表权、发行权、信息网络传播权、改编权、汇编权和翻译权。由于企业的保密要求，本案例对有关名称、数据等进行了必要的掩饰性处理。本案例只供课堂讨论之用，并无意暗示或说明某种管理行为是否有效。

营产业新城及相关业务和商业地产及相关业务。自成立以来，公司坚持奉行"以产兴城、以城带产、产城融合、城乡一体"的发展理念，致力于融合产业与城市开发建设，构建宜居城市，打造国内领先的房地产投资与运营平台。

（一）初创期

1998年7月，华夏幸福的前身——华夏房地产开发有限公司成立，从此华夏幸福开始了其艰难的发展之旅。同年10月，公司投资建设的住宅区项目"华夏花园"开盘出售，拉开了华夏幸福房地产事业的序幕。刚开始涉足房地产事业的华夏幸福还只是一家坐落于河北廊坊的不起眼的小民营企业，在创始人王文学等人的带领下不断摸索前行。

在寻找企业发展壮大的办法之时，王文学找到了当时赫赫有名的独立策划人王志刚，王志刚根据当时的行业背景以及华夏房地产的发展形势，结合自身的专业判断，向王文学提出了园区开发这一新型房地产运营模式："第一，做园区开发和招商；第二，要求政府提供相应指标作为房地产的配套；第三，将地产与产业整合起来，做产业新城。"王文学听取了王志刚的建议，于是带领华夏幸福进军园区开发这一新领域。

（二）探索期

2001年是特殊的一年，这一年，北京成功申请到奥运会主办资格，为筹备这一盛大赛事，北京市政府提出"抓住奥运机遇，加快城市建设"这一政策性纲领，其中一项重要的筹备工作就是将坐落在北京四环以内的企业往四环外迁移，这对于环北京区域来说无疑是一次产业转移、发展地区经济的好机会，华夏幸福牢牢抓住了这次机遇，瞄准固安地区。随后，公司于2002年与固安县人民政府达成共识，设立了双方的合作项目公司，即三浦威特园区建设发展有限公司，双方权责分明、风险共担，以不同的角色与职责共同打造全新的固安工业园区。自此，华夏幸福踏上了产业新城事业的旅途。

2005年，华夏幸福与固安县人民政府正式签订PPP政企合作协议，形成全新的业务模式，开创了产业新城建设新局面。在公司与县政府的共同努力下，固安工业园区的开发建设取得了颇为良好的成效，并得到了河北省人民政府的高度认可，于2006年3月被批准为省级开发区。

（三）改革与上市

经过这一次在固安的成功尝试后，华夏幸福一发不可收拾地踏上了产业园区建设之路，随后在河北省的其他地区陆续进行固安模式的复制，分别开发建设了大厂、香河、怀来等几座产业新城，都取得了成功。2007年10月，公司通过房地产开发一级资质认证。同年12月，在完成股份制改革后，华夏幸福基业股份有限公司成立，这便是华夏幸福存续至今的实体组织形式。在不断地扩张规模后，华夏幸福的经营实力得到不少增长。

2011年，华夏幸福通过"借壳上市"的方式，成功登陆A股资本市场这一舞台，开启了腾飞之路。

## 三、高速扩张，荣誉与业绩双收

（一）拓展环上海，深耕环北京

自上市以后，华夏幸福坚定不移地采用打造产业新城、建设幸福城市这一发展战略，将打造产业新城的成功经验继续应用于后续的实践中，以更快的速度进行规模化扩张。自上市日起，公司进一步开发建设环北京区域，倾力完善各个产业综合体，不断巩固其在环北京区域内发展产业新城业务的领先地位，同时，将产业新城模式搬运至环上海区域进行大胆尝试，产业新城委托开发建设面积成倍增长。

2012年度，公司新纳入合并企业共16家，其中包括通过非同一控制合并方式新增的2家子公司，即北京丰科建房地产开发有限公司和廊坊市云天楼房地产开发有限公司，前者被纳入合并范围标志着华夏幸福首个在京项目的落地。在这期间，公司的产业新城模式走出河北，在无锡、镇江等环上海地区成功落地。同年12月，华夏幸福整体销售额达到了211亿元，首次实现销售额突破百亿元的目标。

2013年度，公司与河北省内三个地区的政府签订战略合作协议，它们分别是霸州、永清、香河这三个环北京区域；此外，还与浙江嘉善政府进行战略性合作，意味着公司环上海区域的业务得到进一步扩展。

截至2014年年底，华夏幸福的区域性扩张取得了一定成绩，业务模式已实现京津冀卡位，公司也在进一步研究创新性产业服务，充分利用不同地域的不同资源与服务优势，满足各开发区域的差异化需求，同时尝试开发长江经济带区域。

（二）搭建孵化器，模式全球化

在业务模式的区域拓展取得良好成效之时，华夏幸福并未满足于此，扩张的脚步没有停滞，公司还欲将产业新城模式进行国际化，而事实也未辜负华夏幸福的尝试和努力。

自2014年起，公司一方面着力于产业发展，与多家跨行业龙头企业开展合作，不断创新和完善公司的产业服务手段；另一方面与国内知名高校合作，加速形成"产学研"合作模式，并在硅谷以及国内一线城市打造创新孵化器，在进一步提升公司经营效率和效果的同时努力让自身的业务遍及海外。

2015年度，华夏幸福与印度尼西亚政府达成了合作，在当地设立合资公司，共同在万丹省的目标区域开发建设产业新城，完成了业务模式的首次出海。这一年，公司的总签约投资额突破500亿元。

2016年度，公司新增4个海外实施的产业新城合作项目，分布于印度、越南和埃及。公司通过购买股权以及新设合并的方式增加子公司130家，其中包括数十家境外经营实体。此后，华夏幸福与海外各地政府以及知名企业的合作更加密切广泛，其产业新城的业务模式也在国际上产生了不小的影响力。

（三）精耕都市圈，集聚产业群

1.战略转型，密集布局都市圈

产业新城业务模式走出国门后，华夏幸福在响应共建"一带一路"倡议不断拓展海外产业园项目的同时，继续致力于提升产业服务品质。自2017年起，受到系列房地产政策的影响，公司进行战略转型，发展方向从区域性产业新城建设转变为全国重点发展城市群的开发建设，其事业版图逐渐从区域扩展至国内核心都市群。2017年度，公司已涉足珠三角、长三角、成渝以及中原城市群体，持续开发产业新城和产业小镇，为各区域产业发展注入动力源泉，全年实现销售额1 521.43亿元。2017年8月，华夏幸福荣获怡安翰威特"2017中国最佳雇主——发展引擎奖"，这也意味着其发展能力和潜力得到了一定程度的认可。

2018年，华夏幸福在国内共计布局15个核心都市圈，取得18个环北京PPP项目。公司在精耕京津冀都市圈的基础上，密集布局以南京、杭州、合肥三座城市为核心的长三角都市圈，积极布局粤港澳三个具有强劲发展能力的核心都市圈，加速推进布局郑州、武汉和成都这三个具有高度发展潜力的核心都市圈，以及长沙、西安、贵阳和沈阳四个具有良好发展潜力的核心都市圈，事业版图形成"3+3+4"的发展格局。同年6月，华夏幸福上榜"福布斯全球企业2000强"，其品牌价值也在国内受到高度认可，于9月入选"2018年中国房地产公司品牌价值TOP10"。

2.平安入股，扩张脚步不停歇

2019年2月，中国平安对华夏幸福的两次股权购买顺利落下帷幕，中国平安成为华夏幸福的第二大股东，并对公司提出了为期三年的严苛的业绩对赌要求。在此背景下，公司的发展愿景发生改变，从"成为全球产业新城的引领者"转变为"成为中国领先的核心都市圈不动产投资开发及运营管理平台"。华夏幸福将商业地产新增为主要业务，向"轻资产"运营过渡，继续深耕都市圈，坚持并深化"三新"战略，在城市圈层和都市圈层重点开发建设产业新城相关项目，在核心圈层和城市圈层投资开发商业地产相关项目，致力于打造"3+3+N"都市圈发展格局，充分发挥自身的发展优势以及各地资源优势，实现企业在园区落地，聚焦新能源汽车、生物医药、文化创意等十余个产业领域，形成产业集群，满足各区域不同的发展需求，打造更多的宜居幸福城市。

为实现与中国平安的对赌业绩、拿到持续的资金支持，华夏幸福只能继续融入杠杆资金加速扩张，而加速扩张的表现之一就是拿地力度增大。2018年，由于市场环境的变化，华夏幸福的拿地力度大幅下降，而2019年得到中国平安的资金支持后，为达到业绩要求其又加大了拿地力度，加快了扩张速度，即使经历了新冠疫情的冲击，2020年其土地端投资不仅没有减少，还达到近五年最高。华夏幸福新获取的土地在2019年主要用于外埠产业新城的复制，在2020年主要用于商业地产开发。

华夏幸福2016—2020年拿地情况如图10-1所示。

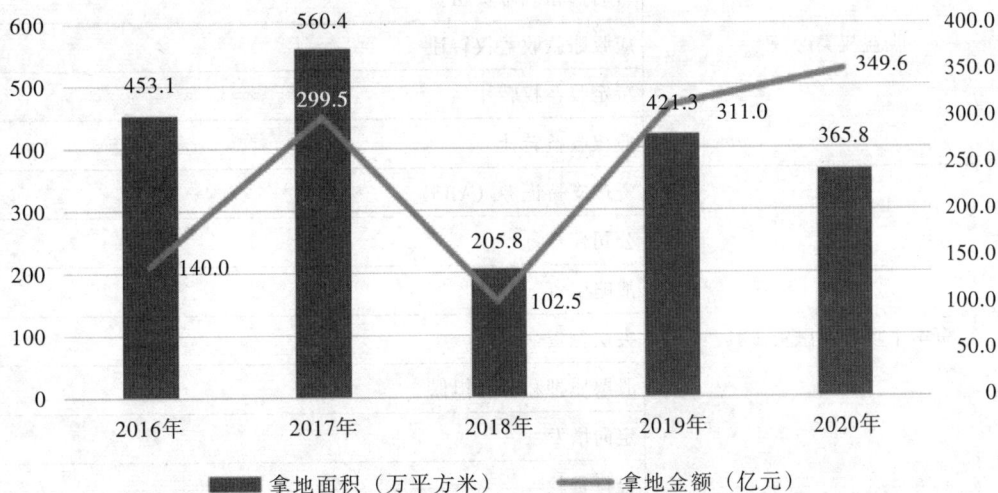

图10-1　华夏幸福2016—2020年拿地情况

### 四、危机显露，终是囊中羞涩

#### （一）花样融资，负债累累

对于房地产企业来说，要维持日常运营需要投入大量资金，仅凭借自有资金是远远不够的，因而背负大量债务已成为房地产企业的常态，作为房企龙头的华夏幸福也不例外。华夏幸福凭借稳健的经营水平和优越的业务模式得到了业界的高度认可，吸引了不少投资者，融资能力非常突出，与多家银行以及金融机构达成长久性战略合作协议，不仅被授予充足的信用额度，贷款的利息率也十分稳定。此外，其还通过发行公司债、超短期融资券、中期债券、海外债券及PPP资产证券化等20余种融资方式，获取经营、投资所需资金。

华夏幸福融资方式汇总见表10-1。

表10-1 华夏幸福融资方式汇总

| 分类 | 融资工具 |
|---|---|
| 常用流动资金融资工具 | 销售输血法 |
| | 银行承兑 |
| | 中期票据 |
| | 委托贷款 |
| | 关联方借款 |
| 债务重组 | 债务重组 |
| 信托融资 | 信托借款 |
| | 特殊信托计划 |
| | 夹层式资管计划 |
| 收益权类融资 | 债权转让 |
| | 售后回租式融资租赁 |
| | 应收账款收益权转让 |
| | 特定收益权转让 |
| | 股权收益转让 |
| 资本市场常用融资工具 | 资产支持证券（ABS） |
| | 公司债券 |
| | 战略引资 |
| | 夹层融资 |
| | 股票质押和对外担保 |
| | 定向增发 |
| | 银行贷款 |

资料来源：作者根据雪球网资料整理。

　　在融资渠道畅通的情形下，华夏幸福的融资规模逐年递增，如图10-2所示。2016年其融资总规模为709.14亿元，而到了2020年融资总额已经增长至近2 000亿元。此外，自2017年以来，公司平均融资成本便呈现上升趋势，公司为融通资金所需负担的利息越来越高（见表10-2），主要原因是银行贷款、债券等成本较低的融资工具所占比重减少，而资金成本相对较高的信托、资管等其他融资工具比重上升。

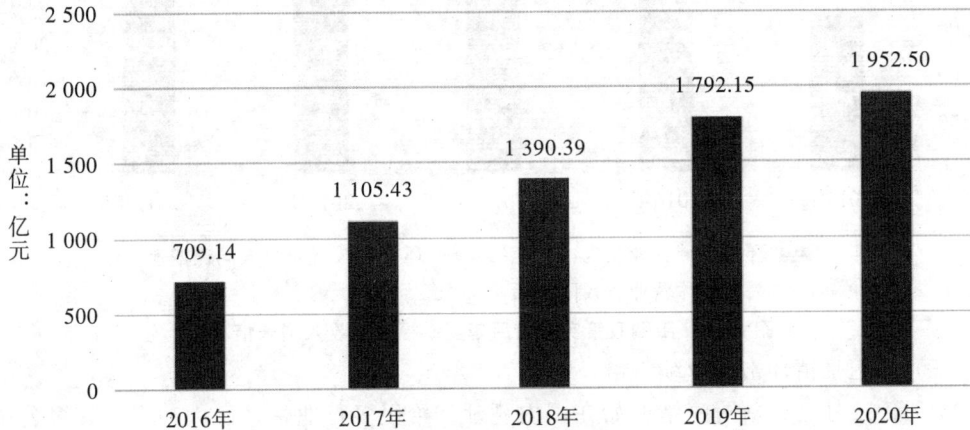

图10-2　华夏幸福2016—2020年融资情况

表10-2　　　　　　　　　　华夏幸福2017—2020年融资结构及成本

| 项目 | 2017年 | | 2018年 | | 2019年 | | 2020年 | |
|---|---|---|---|---|---|---|---|---|
| | 融资金额 | 融资成本 | 融资金额 | 融资成本 | 融资金额 | 融资成本 | 融资金额 | 融资成本 |
| 银行贷款 | 37.31% | 5.74% | 35.04% | 6.15% | 25.43% | 6.37% | 25.45% | 6.17% |
| 债券及债务融资工具 | 44.29% | 5.30% | 44.93% | 6.22% | 43.52% | 7.25% | 40.56% | 7.14% |
| 信托、资管等其他融资工具 | 18.40% | 7.73% | 20.03% | 7.41% | 31.05% | 10.02% | 33.99% | 10.20% |
| 总计 | 100% | 5.98% | 100% | 6.42% | 100% | 7.86% | 100% | 7.97% |

资料来源：作者根据华夏幸福2016—2020年年报整理。

（二）地产调控，营收不利

　　京津冀地区是华夏幸福事业版图的起点，也是其多年来重点经营的地区。公司在这片区域开展了许多房地产建设项目，凭借着区域发展潜力获利不少。北京地区房价高昂，许多购房者纷纷选择在环京地区落户购房，导致环京楼市火爆异常，环京地区房价也呈现飞速高涨的趋势。就拿河北燕郊来说，2015年当地房价每平方米价格才8 000元，而到了2016年就上涨到了30 000元，在一年的时间里房价翻了近四倍，房价涨幅远超北京通州地区。为遏制房价疯涨趋势，2017年，环京地区政府纷纷出台相关限购政策，给环京楼市"降温"。此后，房企在环京区域新建住宅的销售几乎停滞，许多外地客源无法成功入市，购房主力无法继续为房企带来营业收入，房价下滑，极大地抑制了华夏幸福营业收入的增长。由于华夏幸福的主要收入来源于环京区域的房产项目，限购政策也限制了公司整体营业收入的增长，如图10-3所示。

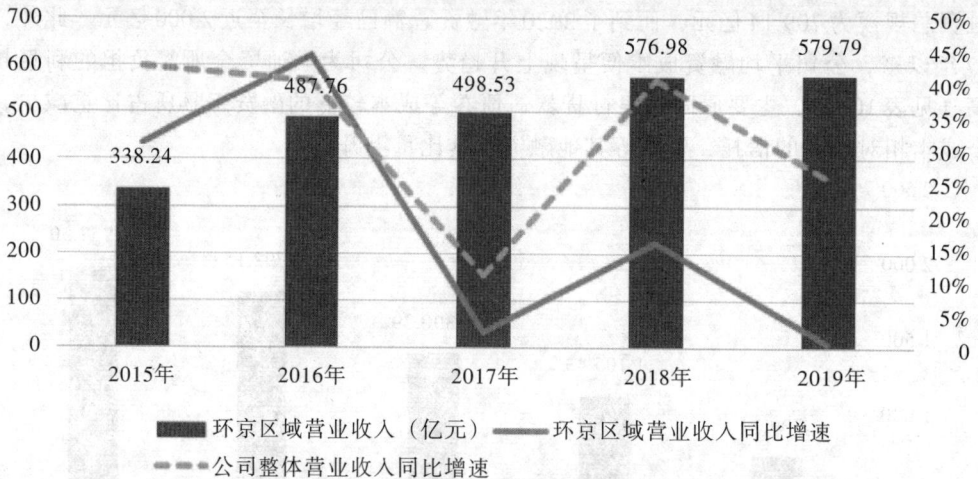

图10-3 限购政策实施前后华夏幸福营业收入增长情况

**（三）新冠疫情冲击，业绩下滑**

2019年12月底，新冠疫情开始在国内蔓延，给很多行业带来巨大冲击。许多公司承受不住现金流压力，最终没能存活下来。作为资金密集型行业，房地产行业遭受的冲击更甚。房地产企业大多通过举借大量债务来满足自身的融资需求，形成高杠杆经营模式，面临较高的财务风险。新冠疫情中许多房地产企业难以及时偿还到期债务，导致爆雷。作为房企巨头之一，华夏幸福遭受的冲击也不小。从华夏幸福的年报中可知，2019年公司的净利润为146.85亿元，2020年公司的净利润同比下降67.27%，降至48.06亿元，到了2021年第一季度，公司出现亏损，净利润降至-37.38亿元。

**（四）三道红线，精准打击**

2020年8月20日，为加强对重点房地产企业的资金监测和融资管理，中国人民银行与住房和城乡建设部共同出台了"三道红线"政策。所谓"三道红线"，指企业剔除预收款后的资产负债率大于70%、净负债率大于100%、现金短债比小于1倍这三项指标。根据相关监管政策的要求，截至2023年6月底，纳入试点企业范围的12家房地产企业的三项政策指标必须全部达标，而截至2023年年底，所有房地产企业的政策指标值均需达标。在达标前，所有房企都在融资方面会受到限制。对于三项指标均不达标的房企，被归为红色档，融资限制最为严格，不得再增加有息债务规模，即不得再通过举借有息债务进行融资；对于其中任意两项指标不达标的房企，被归为橙色档，限制有息债务年规模增速不高于5%；对于仅有一项指标不达标的房企，被归为黄色档，有息债务规模年增速的限制将放宽至10%；而对于三项指标都达标的房企，则归为绿色档，有息债务规模年增速限制在15%以内。

新规出台后，根据2019年公司年报，华夏幸福连同融创中国、中国恒大等多家房企被归为红档企业，面临着严格的融资限制，不得通过举债进行规模扩张，经营活动所需资金以及旧债的偿还都只能依赖销售回款，这无疑给公司施加了不小的压力。此后，各大房企严格遵守政策规定，谨慎把控投融资活动，通过多样手段进行降杠杆，努力回归绿档。根据2020年新的"三道红线"的踩线榜单，不少房企降档效果显著，然而华夏幸福降档尚未成功，仍然停留在红档，其中两项指标较2019年略有下降，然而现金短债比这一指标却更加偏离标准，说明公司面临很大的现金流压力，离回归绿档还有很长的路要走。

2019—2020年华夏幸福"三道红线"指标情况见表10-3。

表10-3　　　　　　　　2019—2020年华夏幸福"三道红线"指标情况

| 时间 | 剔除预收款后资产负债率 | 净负债率 | 现金短债比 | 踩线情况 |
|------|------------------------|----------|------------|----------|
| 2019年 | 77.8% | 185.3% | 0.68 | 红档 |
| 2020年 | 76.61% | 181.52% | 0.28 | 红档 |

资料来源：作者根据搜狐网资料整理。

（五）资金吃紧，引发违约

PPP模式在产业新城业务中的运用给华夏幸福带来了良好业绩，同时也加速了公司的扩张进程。2012年，华夏幸福的总资产仅为276亿元，而到了2020年，其总资产已增加至4 888亿元。在不到10年的时间里，其资产总额就增长了近17倍，可见扩张速度之快，而高速扩张带来的后果便是资金吃紧、大量融资。

从华夏幸福近些年的现金流量情况可以看出，公司主要现金净流量来自筹资活动，此外，在行业环境、经济环境、信用环境叠加新冠疫情的综合影响下，华夏幸福的现金流压力越来越重。自2017年起，公司经营活动所产生现金流量净额持续为负值，现金及现金等价物余额也呈持续减少的趋势，如图10-4所示。

单位：亿元

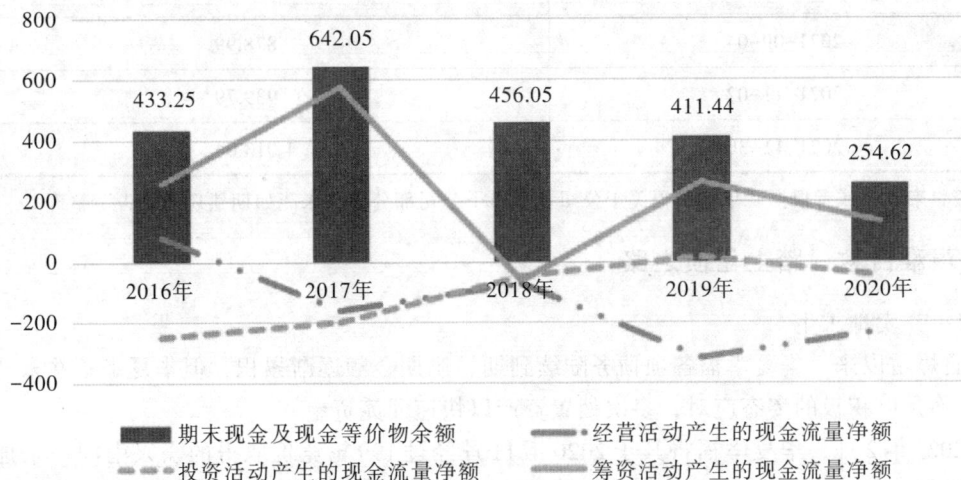

图10-4　2016—2020年华夏幸福现金流量状况

承受不住现金流压力的华夏幸福最终还是爆雷了。2021年2月1日晚，公司首次发布公告承认债务违约状况，披露其已构成实质性违约的债务本息和为52.55亿元，公告中称"自2020年第四季度至今，公司到期需偿还融资本息金额559亿元，剔除主要股东支持后的融资净现金流-371亿元，公司流动性出现阶段性紧张，导致出现部分债务未能如期偿还的情况"。此外，公司还在公告中透露其目前能够动用的货币资金金额仅为8亿元，远远不够偿还债务。之后，华夏幸福的多项债务也陆续到期，截至2021年12月1日，公司发生逾期的债务本息和累计为1 013.04亿元。

华夏幸福2021年2月至11月未能如期偿还的债务情况见表10-4。

表10-4　　　　　　华夏幸福2021年2月至11月未能如期偿还的债务情况

| 公告日期 | 未能如期偿还债务本息和累计数（亿元） |
|---|---|
| 2021-02-02 | 52.55 |
| 2021-02-27 | 110.54 |
| 2021-03-10 | 194.24 |
| 2021-03-24 | 323.84 |
| 2021-03-31 | 372.10 |
| 2021-04-17 | 420.63 |
| 2021-04-22 | 478.36 |
| 2021-05-13 | 572.20 |
| 2021-06-12 | 635.72 |
| 2021-06-23 | 669.90 |
| 2021-07-20 | 732.20 |
| 2021-07-31 | 815.66 |
| 2021-09-04 | 878.99 |
| 2021-11-02 | 939.79 |
| 2021-11-30 | 1 013.04 |

资料来源：作者根据"华夏幸福关于公司及下属子公司部分债务未能如期偿还的公告"整理。

## 五、艰难自救，踏上化债之路

### （一）卖地求生

自爆雷以来，华夏幸福各项债务陆续到期，逾期金额逐渐累积，但华夏幸福并未"躺平"，而是以积极的姿态应对，多次处置资产以快速回笼资金。

2021年2月，华夏幸福将其于2020年11月经过199轮竞价取得的嘉兴南湖一宗地块卖给融创，而后又将南京上秦淮的地块转卖给金茂和美的；2021年5月初，华夏幸福将位于武汉的新洲双柳地块转让给江西房企中奥地产；同年5月中旬，公司将武汉孔雀城航天府项目51%的股权转让给合作方宝业集团，回笼资金2.03亿元；在不久后的6月，华夏幸福全盘退出南方总部旗下的旧改项目，将其打包出售给深圳本土开发商鹏瑞，并清空了南方总部旗下所有的城市更新项目；7月下旬，公司又将有南京江宁"地王"之称的"孔雀城上元府"项目出售给万科，该项目是 2016 年由华夏幸福控股的马甲公司南京孔雀海房地产开发有限公司经过 55 轮竞价取得的，转让项目的同时马甲公司的控股权也一并转移；紧接着，公司又转让了 2015 年入股的北京丰台科技园 49% 的股权，项目计划总投资额达 92 亿元。

从嘉兴南湖到丰台科技园，华夏幸福所出售项目的金额越来越大，2021 下半年其出售的项目均需要较大投资力度且资金回流期较长，如若保留这些项目继续开发，则需要更多的资金支持。对当下的华夏幸福而言，卖掉项目无疑是更好的选择，不仅能缓解现金流压力，也能进一步优化公司的债务结构。

（二）债务重组稳步落地

华夏幸福的债务危机引起了政府以及投资者的极大关注。为化解公司的流动性风险，廊坊政府、中国平安、工商银行等牵头成立华夏幸福综合性风险小组、债权人委员会，帮助华夏幸福纾困。随后，华夏幸福配合相关机构展开尽调，在专班的指导下制定并完善化债方案。2021 年 10 月 8 日，公司首次披露了《华夏幸福债务重组计划》，主要内容包括债务清偿方案以及持续经营计划。公告显示，华夏幸福举借债务总计 2 192 亿元，拟将部分变现能力强的资产出售，预计回笼资金约 750 亿元，将其中 570 亿元现金用于偿还债务；拟通过转出项目公司股权和金融债务的方式减少债务金额约 500 亿元；拟对其中约 352 亿元的优先类金融债务进行展期或清偿；拟以持有型物业等约 220 亿元的资产设立的信托受益权份额抵偿部分债务；而剩余约 550 亿元的金融债务则由公司承接，展期、降息，在后续经营发展中积累资金，而后逐步清偿。

2021 年 12 月 10 日，《华夏幸福债务重组计划》获批通过，公司债务重组开始取得实质性进展。而后，公司积极与债权人进行沟通，根据公司年报，截至 2022 年 4 月 29 日，公司已签署金融债务重组协议累计约 1 061.87 亿元，已接近债务重组计划中披露的拟重组金额的 50%，相应地也获得债务利息减免额和罚息豁免额共计 94.01 亿元。根据债务重组计划，公司对"兑抵接"类债权人实施现金兑付，第一批现金兑付已于 2 月 22 日实施，金额约 5 亿元。目前，公司已启动第二批现金兑付安排，计划分批向"兑抵接"类债权人实施现金兑付金额共计 14.16 亿元。至此，债务重组计划实施以来的两次现金兑付金额累计近 20 亿元。此外，公司还积极寻找资金实力强、协同效应好的潜在投资者，着手资产出售事宜，解决债务的关键环节开始落地。目前，公司已完成丰台和国际业务部分地产项目公司股权，以及永清产业新城和广阳产业新城平台公司股权转让协议的签署，取得交易转让款合计 9.18 亿元。这一系列成果表明华夏幸福在为化解债务不断努力，债务重组计划正一步步落实。

（三）稳定优化业务经营

随着债务重组工作的逐步落地，公司的现金流动性问题得到一定程度的缓解，财务状况得到一定的改善，各方信心得到提振。受益于债务重组计划逐步落地，公司在省市政府的指导和支持下积极自救，坚定诚信经营理念，落实主体经营责任，秉承解决问题的明确目的与业务相关方持续展开交流与沟通，有序开展并优化业务经营。

危机爆发以来，华夏幸福采取以项目为单元的封闭式运作措施，即单个项目凭借自身资产可以实现再融资，从而保证项目按计划复工。2021 年度，公司积极推动住宅项目保质保量交付，完成54个项目、44 329套、494.7万平方米住宅的交付；积极开展有序经营，推动住宅项目复工复产，完成148个项目、2 154万平方米住宅的复工复产。

受限于产业新城业务相关投资缩减以及多方因素导致的企业投资意愿变化等原因，产业发展相关业务明显承压。在此情况下，公司与地方政府、入园企业等各相关方积极沟通，实现大部分产业新城有序运转，积极谋划推动产业发展，逐步开展轻资产招商。2021年，公司在各区域努力推动产业项目开工复工，全年实现新开工项目40个、复工项目498个；在产业新城建设方面，完成152个建设项目复工，涉及27个区域。

在推动项目复工的基础上，华夏幸福多措并举，努力提升管理水平，全面实现降费增效。公司一方面建立以项目为单元、投资管理为核心的经营体系，全面实行投资、预算一体化管理机制，推行项目精益化管理；另一方面精简组织、优化结构、瘦身增效，全力压降各项管理类费用支出。2021年度，公司人员规模降幅为51%（不含物业），并通过多措并举全面降费增效，2021年四季度公司管理费用已体现一部分压降成效，后续年度还将持续改善。2021年公司整体计入管理费用的职工薪酬为28.59亿元，同比下降13%，其中产业新城及相关业务的职工薪酬为24.33亿元，同比下降19%，进一步提升了组织效能和管理效率。公司还大力推动住宅项目销售，全力推进产业新城回款，公司经营及投资相关现金流已呈现向好趋势。华夏幸福2022年第一季度财报显示，公司净利润及净现金流均实现转正，一季度实现净利润27.75亿元，经营活动产生的现金流净额为3.12亿元。这对华夏幸福来说是一大利好消息，一系列自救措施似乎已见成效，艰难的化债之路出现了曙光。

## 六、暖风频吹，能否重现昔日辉煌？

受宏观经济环境、融资环境以及行业环境等多重因素的影响，2021年房地产市场遇冷，房地产企业债务违约事件不断蔓延。2022年一季度出现债务违约的房地产企业还有世茂集团、祥生控股、禹洲集团和上置集团。经济承压，房地产企业资金链总体仍较紧张，且暂未见好转趋势。在此背景下，稳定房地产行业环境势在必行。2022年3月以来，政策端开始频频吹来暖风。中央多部委陆续表态要稳定房地产市场，国务院金融稳定发展委员会强调防范化解房企债务风险，财政部明确暂缓房地产税改革试点。央行降准、降息幅度弱于预期，超百城的银行自主下调房贷利率。70省市政策松绑，南京、苏州等强二线城市跟进放松限购。随着中央政治局会议定调，后续将有更多的城市因城施策，促进行业良性循环。

政策端不断释放积极信号对于各大房企来说无疑是一大利好。在积极自救的背景下，华夏幸福在化债之路上稳步前行，债务重组取得一系列可喜的实质性成果。在房地产市场暖风频吹之际，华夏幸福的化债之路有望迎来更加重大的进展，企业经营将进一步企稳向好，曾经的百强房企能否再度崛起？我们拭目以待。

## 七、启发思考题

1.华夏幸福的产业新城是如何运营的？这一运营模式有何特点？

2.华夏幸福在扩张的过程中存在什么问题？产生了什么样的财务后果？

3.根据案例资料，分析华夏幸福发生债务危机的原因。

4.分析评价华夏幸福债务危机爆发后采取的系列自救措施，分别从公司、债权人、房地产行业等角度来看，这些自救措施有何积极意义？

5.通过对本案例的分析，你认为房地产企业应当如何防范债务危机？

# 八、附录

10-1 华夏幸福的产业新城模式及财务资料

**【政策思考】 防范化解重大风险与房地产行业的可持续发展**

党的二十大报告强调，要"坚持'房子是用来住的、不是用来炒的'定位，加快建立多主体供给、多渠道保障、租购并举的住房制度"，同时提出"防范化解重大风险"是实现经济高质量发展的重要保障。华夏幸福的债务危机案例为我们提供了一个从政策角度思考房地产行业可持续发展的契机。

房地产行业作为国民经济的重要支柱产业，其稳定发展对于经济的健康运行至关重要。然而，近年来房地产市场的过快扩张和高杠杆运营模式积累了一定的系统性风险。华夏幸福的案例警示我们，房地产企业过度依赖债务融资、盲目扩张，不仅会危及企业自身，还可能引发金融风险、影响社会稳定。因此，房地产企业必须深刻领会党的二十大精神，将"防范化解重大风险"贯穿于企业经营的全过程。

从政策层面来看，国家对房地产市场的调控政策——如限购、限贷、"三道红线"——的核心目的正是防范系统性金融风险、推动房地产行业的健康稳定发展。这些政策的实施虽然在短期内可能给部分房地产企业带来一定的资金压力，但从长远来看，有助于引导房地产企业回归理性发展，避免过度扩张和盲目投资，促进房地产市场实现供需平衡。

房地产企业应积极响应国家政策，主动调整经营策略：一方面，要强化风险意识，合理控制债务规模和融资成本，避免过度负债和资金链断裂的风险；另一方面，要注重产品与服务品质的提升，回归房地产的本质——满足人民对美好生活的向往，通过提供高品质的住房产品和服务，赢得市场和客户的认可。

同时，房地产企业还应加强与金融机构的合作，探索多元化的融资渠道，如资产证券化、REITs（不动产投资信托基金）等创新金融工具，以降低融资成本，提高资金使用效率。此外，企业之间可以通过合作开发、联合拿地等方式，共同分担投资风险，实现互利共赢。

在房地产行业转型发展的过程中，企业要始终坚持以人民为中心的发展思想，将社会效益与经济效益相结合。只有这样，房地产行业才能在新时代的征程中实现可持续发展，为经济社会的稳定和人民的幸福生活贡献力量。

总之，华夏幸福的债务危机案例提醒我们，房地产企业必须深刻认识到防范化解重大风险的重要性，积极践行党的二十大精神，以稳健的经营策略和高质量的产品服务推动房地产行业的健康发展，为实现中华民族伟大复兴的中国梦添砖加瓦。

# 案例使用说明

## 一、教学目标

1.本案例主要适用于"财务管理学""公司战略与风险管理"等课程的教学。

2.本案例基于华夏幸福陷入债务危机的真实事件，通过梳理华夏幸福的发展、扩张进程，引导学生透过现象看本质，分析其是如何一步一步陷入债务危机的。通过对案例进行深入分析，使学员了解并学会如何识别企业的债务危机，分析发生债务危机的原因，判断危机出现后企业采取的应对措施是否合理，引导学生思考解决债务危机的办法，分析在"三道红线"限制下房地产企业应如何避免和防范债务危机，提升学生结合实际分析问题、解决问题的能力。

## 二、思考题与分析要点

教师可以根据自己的教学目标灵活使用本案例。本案例分析思路如图10-5所示，仅供参考。

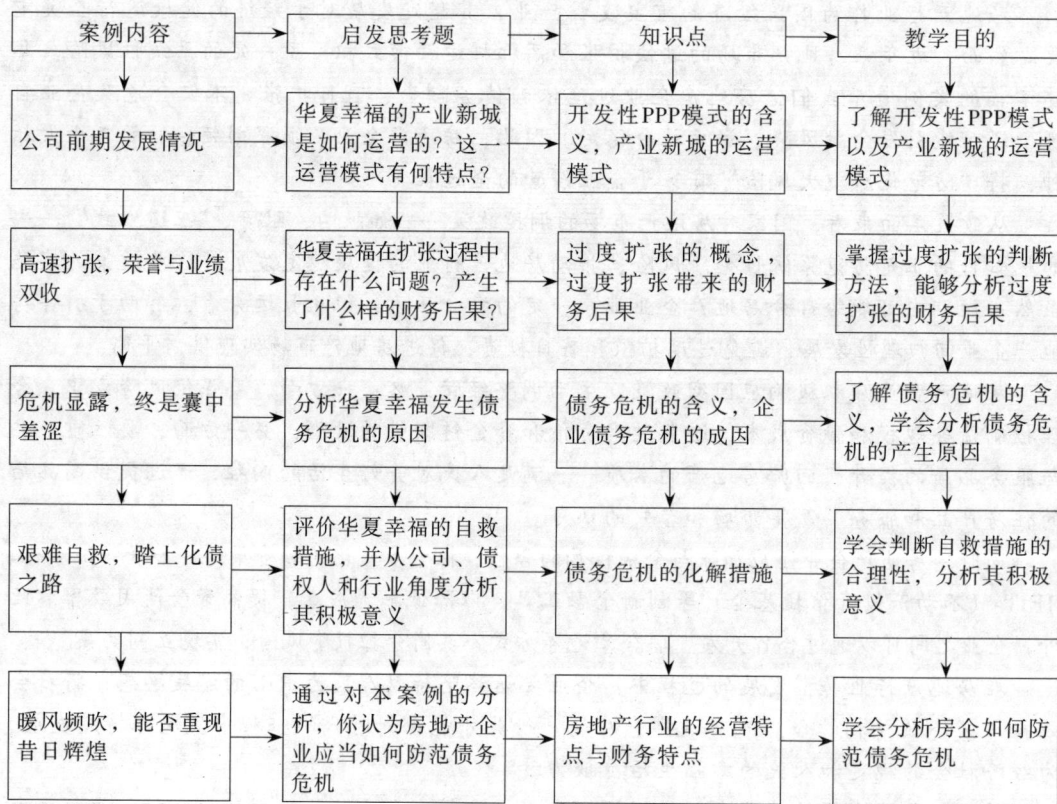

| 案例内容 | 启发思考题 | 知识点 | 教学目的 |
|---|---|---|---|
| 公司前期发展情况 | 华夏幸福的产业新城是如何运营的？这一运营模式有何特点？ | 开发性PPP模式的含义，产业新城的运营模式 | 了解开发性PPP模式以及产业新城的运营模式 |
| 高速扩张，荣誉与业绩双收 | 华夏幸福在扩张过程中存在什么问题？产生了什么样的财务后果？ | 过度扩张的概念，过度扩张带来的财务后果 | 掌握过度扩张的判断方法，能够分析过度扩张的财务后果 |
| 危机显露，终是囊中羞涩 | 分析华夏幸福发生债务危机的原因 | 债务危机的含义，企业债务危机的成因 | 了解债务危机的含义，学会分析债务危机的产生原因 |
| 艰难自救，踏上化债之路 | 评价华夏幸福的自救措施，并从公司、债权人和行业角度分析其积极意义 | 债务危机的化解措施 | 学会判断自救措施的合理性，分析其积极意义 |
| 暖风频吹，能否重现昔日辉煌 | 通过对本案例的分析，你认为房地产企业应当如何防范债务危机 | 房地产行业的经营特点与财务特点 | 学会分析房企如何防范债务危机 |

图10-5 分析思路

## 三、理论依据及分析

1.华夏幸福的产业新城是如何运营的？这一运营模式有何特点？

（1）理论依据

① 开发性PPP模式的含义

开发性PPP模式是指以实现区域可持续发展为目标，政府和社会资本建立长期合作关系，提供以产业开发为核心的基础设施和城市运营等综合开发服务，社会资本承担主要管理责任和显著风险，投资回报来自新增财政收入，并与绩效挂钩，实现激励相容（张绮，2020）。开发性PPP的核心内涵主要包括以下几个方面：

A.开发性PPP是可持续PPP

开发性PPP通过产业导入以及公共服务的完善，引进高端人才，带动就业。通过完善公共服务、产业导入带动人口定居，最终形成可持续发展。

B.开发性PPP是赋能性PPP

社会资本对园区、产业和企业进行组织管理、模式创新和生产提升的支持，能够进一步提高产业创新能力。

C.开发性PPP模式是自我造血PPP

社会资本通过对产业新城作出专业化的规划设计、运营以及迭代升级的引导，能够不断提升地区价值，同时自身也能不断地赚取相应的投资回报，实现自我造血。

第四，开发性PPP是共赢性PPP，是风险分担PPP。PPP项目的回报来自价值创造带来的新增市场收入和新增财政收入，政府和社会资本方风险共担，实现共赢。

② 产业新城的运营模式

产业新城是传统产业园区的发展与升级，它是为了促进地方产业发展而人为设计的一个规划区域，最终目的是促进区域经济发展和产业发展升级（焦永利和于洋，2018）。当前，产业新城已经成为许多县域经济发展的重要支撑，有着举足轻重的作用，它不仅有助于我国的新型城镇化建设，也有助于实现区域的可持续发展。

产业新城的运营模式可分为以下三类：

A.完全政府主导型模式

在这种模式下，产业新城的建设与运营完全由政府主导，缺乏专业的指导和规划，园区数量和规模快速上升，成本高，过度减免税收，透支政府财政，发展效率急剧下降。

B.企业独立开发模式

在这种模式下，政府仅提供行政方面的服务、管理和监督，不参与产业新城的投资与运营相关决策，产业新城交由专业的运营商企业开发，实现规划、投资、运营、管理一体化，成本低，效率高。

C.政企合作开发模式

在这种模式下，政府与企业合作开发产业新城，政府主要提供政策、资源的支持，保证税收收入及高效招商，企业则发挥其招商实力以及运营经验，将产业新城商业化，引入市场机制展开运营，成本低，效率高。

（2）案例分析

华夏幸福产业新城的运营模式如二维码 10-1 所示，地方政府与华夏幸福签订长期的排他性 PPP 协议，由地方政府授权设立管委会，华夏幸福投资设立一个平台公司并投入开发资金，负责区域产业新城的规划、土地整理、基础设施建设、园区综合服务与产业发展的服务，双方通过管委会与平台公司就产业新城项目进行共同决策。华夏幸福依据当地政府的产业政策要求，调整产业新城的产业发展方向，综合公司内外部资源，最大化地吸引产业内优质企业及上下游企业入驻，并提供全方位的运营管理服务，形成产业聚集的规模效应。华夏幸福可以就土地整理与基础设施建设向政府收取 110%~115% 的建设成本费；招商引资可收取 45% 的投资额作为产业发展服务费及其他咨询费用，之后可在长期物业持有环节收取服务费；园区配套住宅开发业务则通过一二级联动以相对更低廉的价格获得土地，随着园区开发的深入，基础设施的改善也会直接提升园区土地的价值。

由此可见，华夏幸福产业新城运营模式属于创新政企合作模式下的开发性 PPP 模式。华夏幸福产业新城运营模式具有以下特点：

① 政府与企业合作

在华夏幸福产业新城运营模式下，地方政府是主导者，负责审核产业新城的定位及规划、决策产业项目并监管建设的施工质量和运营的服务质量；华夏幸福是开发主体，负责对产业新城项目进行规划、建设与运营。公司与地方政府签订综合开发协议，既负责大量不具备投资收益能力的公益类基础设施和公共服务设施的建设，又承担具有一定经营性收益的准公共产品项目的建设运营。

② 区域综合性开发

华夏幸福的产业新城建设针对的是整个片区的开发建设，子项目类型多样，产业新城 PPP 项目包含了多个单体项目，合作区域面积广阔，投资数额较大，合作周期长。为了加强项目全生命周期内的产城融合和资源整合，一般采取整体打包和综合开发的模式实现区域的综合性开发，在区域内对城镇基础设施、土地、产业等多个产业价值链进行开发。

③ 经营风险较高

在项目的建设期间，华夏幸福需要支付大量的基础设施建设费用、房地产开发建设费用，其中，基础设施建设费用通常可以得到政府的全额补助，但房地产开发建设费用通常只能得到政府的部分补偿，剩下的由公司自行承担。虽然公司可以向政府收取产业发展服务费，但是政府采用分期支付方式补偿这部分费用，华夏幸福需要先行垫付在产业发展过程中的耗费。整个项目所需资金量大，公司需要筹集大量资金以维持项目的正常运营。此外，产业新城 PPP 项目运营期很长，华夏幸福在项目前期垫付的资金需要通过很长时间才能逐步回收，在承接新项目时又需要融入大量资金，因此会给公司带来较高的经营风险。

2.华夏幸福在扩张过程中存在什么问题？产生了什么样的财务后果？

（1）理论依据

①过度扩张的概念

科斯认为，企业规模的界限应该定在其运行范围扩展到企业内部组织附加的交易费用等于通过市场或在其他企业进行同样交易的费用的那一点上。由此可以推断出，企业的扩张并不是没有边界的、无限制的，而是存在一个限度。当企业的扩张速度超出其所能承受的限度时，就是过度扩张。过度扩张更为通俗的定义是：在企业发展壮大的过程中，由于扩张规模过大、发展速度过快等原因，企业发展所需耗费的资源超出企业现有资源的承受能力，在总资产或总负债规模上超出同行业的平均增长水平，出现资金紧缺、收益率下降、财务风险提高等现象，进而导致企业出现破产风险的扩张程度。

②过度扩张带来的财务后果

过度扩张产生的后果大致可分为两类。

第一种后果是对资产效率的影响，企业规模的过度扩张往往会使企业丧失初创时期的竞争优势，陷入机构臃肿、部门互相扯皮、文牍主义的陷阱，也会使企业背上沉重的债务、人员安置负担（李中建，2006）。在实践中，企业集团的经营容易出现"巨人症"，即内部沟通和资源利用效率低下，无法突破规模的限制进而实现企业集团的优势地位。

第二种后果是对财务风险的影响，业务扩张需要大量资金维持，一旦扩张速度过快，企业融资无法满足业务扩张的资金需求，将导致企业陷入财务危机（孟善飞，2019）。

（2）案例分析

①华夏幸福在扩张过程中存在什么问题？

从案例正文可知，华夏幸福自2011年上市以来便不断扩张，起初仅在环京区域进行产业新城开发建设和房地产开发，而后项目开始在环上海区域落地。2015年，产业新城模式完成首次出海，公司业务走向全球化。2017年起，受环京区域限购政策的影响，公司战略发生改变，事业版图由区域性开发转向国内各大都市圈的开发建设，投入大量资金用于建设有开发潜力的各大都市圈。2012—2017年，华夏幸福的总资产规模和总负债规模的年增长率都高于40%，扩张速度较快，而2013年两个增长率都达到最高水平，总资产规模增长率为71.5%，总负债规模增长率为67.8%，也就是说，这一年公司的扩张速度最快。其间，年平均总资产增长率和年平均总负债增长率也处于较高水平，分别为37.6%和36.8%。总的来说，华夏幸福的扩张进程是较快的。

华夏幸福2012—2020年总资产和总负债规模增长率情况见表10-5。

表10-5 华夏幸福2012—2020年总资产和总负债规模增长率情况

| 项目 | 2012年 | 2013年 | 2014年 | 2015年 | 2016年 | 2017年 | 2018年 | 2019年 | 2020年 |
|---|---|---|---|---|---|---|---|---|---|
| 总资产规模增长率（%） | 56.6% | 71.5% | 53.8% | 48.0% | 48.2% | 50.4% | 9.0% | 11.7% | 6.8% |
| 总负债规模增长率（%） | 62.2% | 67.8% | 50.6% | 48.1% | 48.2% | 43.9% | 16.5% | 8.2% | 3.4% |
| 年平均总资产增长率（%） | 37.6% | | | | | | | | |
| 年平均总负债增长率（%） | 36.8% | | | | | | | | |

资料来源：作者根据华夏幸福2015—2020年年报整理。

再来看华夏幸福总资产规模增长率和总负债规模增长率与同行业的对比情况（见表10-6）。2012—2017年间，公司的总资产规模增长率和总负债规模增长率均高于行业增长水平，且为行业水平的2倍以上，说明华夏幸福的扩张程度很高，2015年这两项指标更是行业增长水平的近4.5倍，是近些年公司扩张程度最高的一年。总的来说，华夏幸福的扩张程度过高。

表10-6    华夏幸福2012—2020年总资产、总负债情况与同行业对比

| 项目 | 2012年 | 2013年 | 2014年 | 2015年 | 2016年 | 2017年 | 2018年 | 2019年 | 2020年 |
|---|---|---|---|---|---|---|---|---|---|
| 华夏幸福总资产规模增长率 | 56.6% | 71.5% | 53.8% | 48.0% | 48.2% | 50.4% | 9.0% | 11.7% | 6.8% |
| 房地产行业总资产规模增长率 | 23.7% | 20.9% | 17.3% | 10.7% | 13.4% | 15.4% | 18.1% | 11.2% | 12.1% |
| 华夏幸福总负债规模增长率 | 62.2% | 67.8% | 50.6% | 48.1% | 48.2% | 43.9% | 16.5% | 8.2% | 3.4% |
| 房地产行业总负债规模增长率 | 23.4% | 22.2% | 18.8% | 11.6% | 14.2% | 16.7% | 18.0% | 13.0% | 12.5% |

资料来源：作者根据华夏幸福2015—2020年年报整理。

综合以上分析，无论就扩张速度还是扩张程度来说，华夏幸福都过于激进，存在过度扩张的问题。

②华夏幸福过度扩张带来什么财务后果？

由相关理论可知，过度扩张会对公司的资产效率和财务风险产生影响。如图10-6所示，2015—2017年，华夏幸福的总资产周转率持续下降，自2018年开始有所回升；而从表10-6可知，公司在2015—2017年间处于高速扩张阶段，2018年后扩张速度有所放缓，说明过度扩张使得公司的资产周转率降低。进一步来看，华夏幸福的总资产周转率基本比行业平均水平低，也验证了过度扩张使得资产周转率降低的观点。

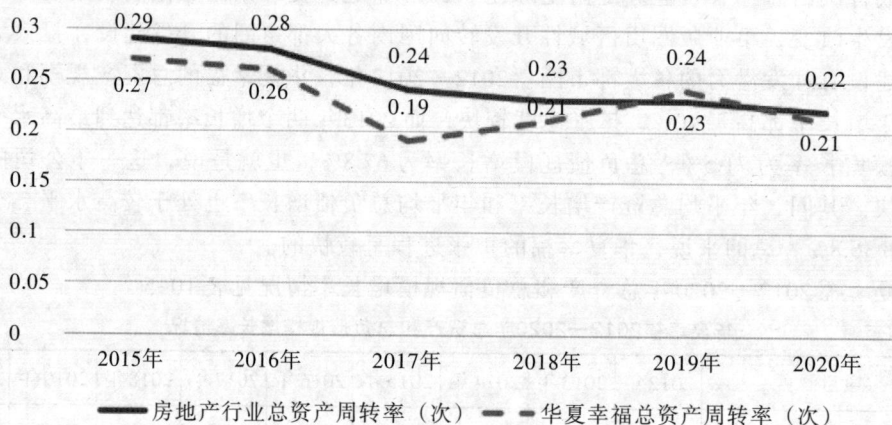

图10-6    华夏幸福2015—2020年总资产周转率与同行业对比

如图10-7所示，2015—2017年，华夏幸福的净利润持续增长，而资产回报率却呈现下降趋势，资产盈利能力下降；2018—2019年，公司扩张速度放缓，资产回报率却增加了，说明过度扩张使得新增资产对利润的贡献不足，从而降低了总体资产的盈利能力。综上可知，过度扩张大大降低了资产效率。

2015—2020年，华夏幸福的资产负债率水平较高，每年均保持在80%以上，高于所在行业的资产负债率水平，说明其有着较高的财务风险，这是因为公司存在过度扩张的问题，扩张所需资金大部分由债务融资形成，导致形成高负债、高杠杆的局面。从现金到期债务比来看，公司经营活动产生的现金流无法支撑到期债务的偿还，从2017年起，该指标值持续保持负值，现金流压力越来越大，危机开始显现，见表10-7。

图10-7　华夏幸福2015—2020年资产回报率情况

表10-7　华夏幸福2015—2020年资产负债率、现金到期债务比情况

| 项目 | 2015年 | 2016年 | 2017年 | 2018年 | 2019年 | 2020年 |
|---|---|---|---|---|---|---|
| 资产负债率 | 88.5% | 86.6% | 84.7% | 84.8% | 84.8% | 81.1% |
| 行业资产负债率 | 75.2% | 76.0% | 77.0% | 77.7% | 78.3% | 79.1% |
| 现金到期债务比 | 0.35 | 0.41 | -0.47 | -0.22 | -0.47 | -0.22 |

资料来源：作者根据同花顺金融数据终端资料整理。

综上所述，华夏幸福的过度扩张使得资产效率降低、财务风险增加。

3.根据案例资料，分析华夏幸福发生债务危机的原因。

（1）理论依据

①债务危机的含义

企业债务危机是指企业在资金借贷中存在大量负债，超过了自身的偿债能力，造成无力还债或必须延期还债的现象。具体来说，企业债务危机就是企业出现资不抵债，因无法偿还或支付银行借贷、民间借贷、员工工资、上游供应商货款等款项，而导致企业无法正常运营，甚至破产倒闭的危机问题。从宏观角度看，在经济下滑和实施紧缩性货币政策期间，企业债务危机更容易出现。从微观角度看，在企业正常运行的情况下，筹资活动、投资活动、经营活动流入的现金流应该大于这些活动流出的现金流。如果企业现金流入小于现金流出，在债务到期时出现无力偿还债务的情况，并由此引发一系列的连锁反应，便引发了债务危机。债务危机通常是内外部原因共同导致的结果，企业应从外部原因和内部原因两个方面分析危机的成因。

②企业债务危机的成因

企业债务危机的形成是内外部因素共同作用的结果（谭小锋和李源，2018）。

就外部因素来说，主要成因有以下几个方面：

A.国家宏观经济环境的影响

在上市公司的发展过程中，国家宏观经济状况直接影响企业的产品销售市场状况，从而影响企业的获利能力与最终的债务偿还能力。一般而言，宏观经济发展较好有利于企业的各项经营活动的开展，从而加速企业产品或服务的销售与资金回笼，提高企业对债务的偿还能力。反之，则企业的经营活动将步履维艰，企业的产品或服务不能及时转化为现金流，从而影响到企业的债务偿还能力。

B.国家宏观政策环境的影响

国家宏观政策环境直接影响企业的现金回流情况，进而影响企业的债务偿还能力。从宏观层面来讲，国家政策支持某个行业的发展，将给该行业带来巨大的"利好"，改善该行业的市场经营状况，甚至会发放政府补助从而改善企业的现金流与债务应对能力。反之，若政府政策不支持某些行业的发展，则可能导致行业的产品销售受阻、企业难以获得政府补贴或者税收优惠，从而影响到企业的现金回流并增加企业的债务压力。

C.社会重大突发事件的影响

社会重大突发事件作为一种不可测因素，往往会给一些特定行业的企业带来巨大的影响，使其发展受到严重影响。发生社会重大突发事件时，企业往往未作出完善的应对预案。对于经济体量较大的上市公司而言，社会重大突发事件所带来的影响尤其是短期影响巨大，使其往往在短期内无法承担巨大的损失以及随之而来的债务，从而导致债务危机。

导致上市公司出现债务危机的内部因素可以从以下方面概括：

A.激进扩张

激进扩张是一个快速扩张的过程，是在面对不确定性时优先考虑速度而非效率，从而追求快速增长的扩张方式。激进扩张确实能带来高收益，但也意味着高风险。一家企业要实现激进扩张，必须筹集超额资金，以防出现资金缺口，如若企业在扩张进程中经营管理不当，导致业绩不佳，则不能保证资金及时回流，从而发生债务危机。

B.财务杠杆负效应

借助财务杠杆进行运作能够帮助企业抓住机遇顺势发展。但是，财务杠杆的应用也可能带来负向效益，从而给企业的发展带来危机。财务杠杆负效应的出现主要由两个因素造成：一是企业过度负债，增加了债务偿还的风险，高额负债必须有高额的营收和净利润作为保障，一旦营收或净利润出现大幅下滑将无法及时偿还到期债务，最终引发债务危机；二是负债配比与偿还日期设置不合理，从而埋下债务危机的隐患。

C.风险管理机制不健全

企业面临的风险可概括为经营风险和财务风险。经营风险源于对被审计单位实现目标和战略产生不利影响的重大情况、事项、环境和行动，或不恰当的目标和战略；财务风险源于企业筹资产生的还本付息的负担。企业应当建立健全风险管理机制，识别、应对各种可能对企业生产经营造成重大影响的风险因素，避免遭受损害。

（2）案例分析

华夏幸福发生债务危机的原因可从外部和内部两个角度进行分析：

①外部成因

A.系列宏观调控政策出台

衣食住行是满足人们日常生活的必要条件，房地产行业作为提供住房的重要行业，在发展过程中颇受政策的影响。起初受益于系列利好政策，房地产行业逐渐发展壮大，房价一路高涨，为遏制此趋势、给行业"降温"，国家和地方政府又出台了系列调控政策。

对华夏幸福来说，其发展的转折点为2017年。自2017年北京"3·17房地产新政"出台后，环京楼市限购政策不断加码、愈加严格。例如，廊坊市2017年初发布了针对市区县的限购政策：非本地户籍居民家庭购房限购1套，且首付比例不得低于50%。同年6月，调控再次加码：非本地户籍居民限购1套的同时，须缴纳3年及以上的社保或者税款。环京限购政策出台后，极大地影响了华夏幸福的业绩。据中国指数研究院公布的排名，2017年华夏幸福年度销售额从去年榜单中的第8名跌至第9名。2017年，从各大房企的经营简报来看，销售额均出现了的大幅增长，如融创中国增幅达143%，碧桂园增幅为73.4%，万科增幅为45.3%，华夏幸福增幅则为26.44%，排名相对靠后。华夏幸福2017年的经营情况简报显示，其城市地产（主要是北京和廊坊）销售额为79.09亿元，同比下跌71.94%，北京及廊坊、固安等环京地区的销售面积也大幅下降。

2016—2017年华夏幸福的北京及环京地区销售面积对比如图10-8所示。

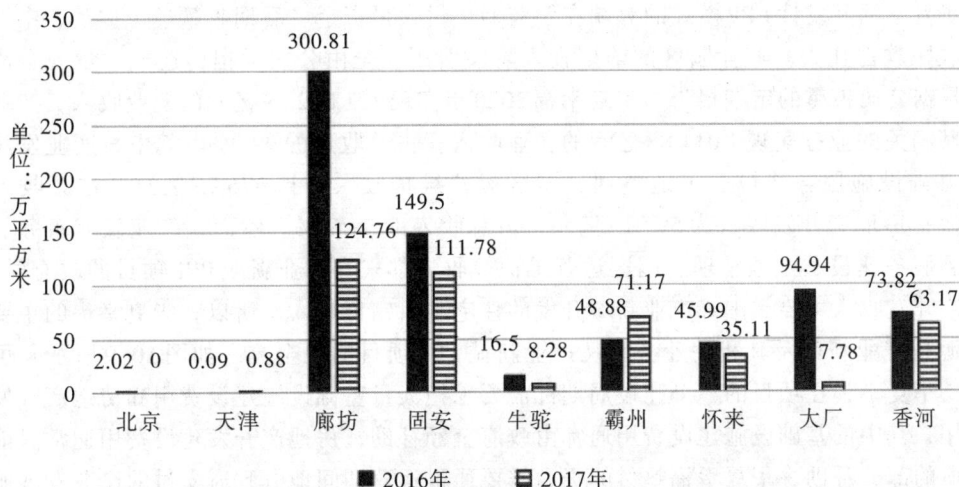

图10-8 2016—2017年华夏幸福的北京及环京地区销售面积对比

受环京调控政策的打击后，华夏幸福开始进行战略调整，融入大量资金开拓建设其他区域，事业版图转向都市圈。然而，到了2020年，"三道红线"再次精准打击到华夏幸福的七寸。华夏幸福的融资面和融资空间越来越受压，因此金融端对其模式的支持裂痕开始不断显现。由于业绩需要大量现金流的支撑，华夏幸福不得不采纳高成本融资。2020年下半年，在全球货币超发、各大房企融资成本创下历史新低的背景下，华夏幸福进行了两笔大型融资，融资成本却极高。2020年12月后，华夏幸福发行了一笔不超过15亿元人民币的永续债，年利率为8.5%，此后又发行了一笔3.4亿美元的私募债，年利率高达10.875%。相比之下，房企同行们近期的融资利率却连创新低，如阳光城拟发行2亿美元的票据用于再融资，年利率为5.3%；世茂集团发行8.72亿美元的10年期票据，年利率为3.45%；旭辉控股拟发行4.19亿美元的票据，年利率为4.375%；碧桂园拟合计发行12亿美元的票据，年利率为3.3%等。高成本融资给华夏幸福带来了不小的还本付息压力，加剧了其债务风险。

B.新冠疫情影响宏观经济环境

2020年上半年，新冠疫情的暴发为我国宏观经济的增长带来较大的负面影响。国内经济环境的低迷也进一步对国内房企造成消极影响。同时，全球就业市场都受到了影响，导致人们对未来的预期收入和工作产生谨慎乃至悲观的情绪，进而影响到消费。一旦出现这样的情况，购买房产这种大宗消费肯定会被消费者按下暂停键。2020年一季度，基于防疫的考虑，国家要求房地产企业延迟复工时间，多城市售楼处关闭，新房销售几乎停摆。停工意味着涉及房地产核心业务的建设、销售等不能进行，交付、结算等一系列流程推迟。复工时间的持续延迟对房企是一个大考验。房地产企业作为高杠杆行业，借款比较多，长期停摆，企业就没有现金流，资金薄弱的企业可能面临破产清算。就华夏幸福而言，2020年上半年公司实现销售额419.33亿元，较上年同期下降35.02%，实现归属于上市公司股东的净利润60.62亿元，较上年同期下降28.52%。

②内部成因

A.业务模式存在固有缺陷

华夏幸福开发性PPP模式的弊端在于前期垫付大量资金、后期收款过于被动、中期回款应收账款占比大。产业园区的前期投入阶段费用完全由公司承担，造成大量现金流流出。根据公司披露的定期报告，华夏幸福2020年实现了1 012.09亿元的营业收入，产业新城及其相关的业务实现1 011.08亿元的营业收入，占总收入的99.9%。其中，产业发展服务、基础设施服务建设、土地整理、园区运营维护收入合计376.95亿元，占总收入的37.24%；房地产开发收入为593.13亿元，占总收入的58.60%。然而，产业发展服务、基础设施服务建设、土地整理、园区运营维护等收入都来自产业新城PPP项目的政府付费，房地产开发收入主要是围绕产业新城开发的住宅项目销售收入。所以，华夏幸福的主要收入来源是产业新城及其相关业务。从产业新城PPP项目的现金流（如图10-9所示）可以看出，华夏幸福在项目的整个建设周期都需要承担大量基础设施建设费用和房地产开发建设费用，其中的基础设施建设费用通常由政府全额补助，房地产开发建设费用通常只能得到政府的部分补助，华夏幸福垫付的资金需要通过运营期间地方政府支付的产业发展服务费来补偿。但是整个运营周期的时间很长，并且产业发展服务费是在运营期内分期支付的，因此华夏幸福在项目前期垫付的资金需要通过很长时间才能逐步回收，后期收款比较被动，产业新城PPP项目严重占用了公司的大量资金。

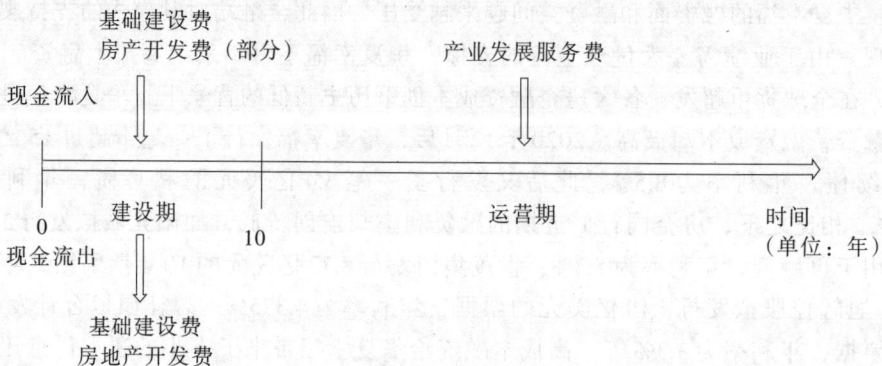

图10-9　华夏幸福产业新城PPP项目现金流

此外，从华夏幸福2015—2020年的盈利状况来看，虽然净利润持续为正数，且2020年以前呈现增长趋势，但是公司账面利润中的大部分未以现金形式流入，而是以应收账款、存货或合同资产增加的形式实现的。如图 10-10 所示，2017 年至 2020 年间，华夏幸福累计实现净利润 401 亿元，应收账款、存货和合同资产累计增长 2 165 亿元，经营活动现金流净流出 786 亿元。华夏幸福承接的产业新城项目数量过多，且项目盈利没有带来现金净流入，导致华夏幸福财务风险不断累积，这是其债券违约事件发生的主要原因。

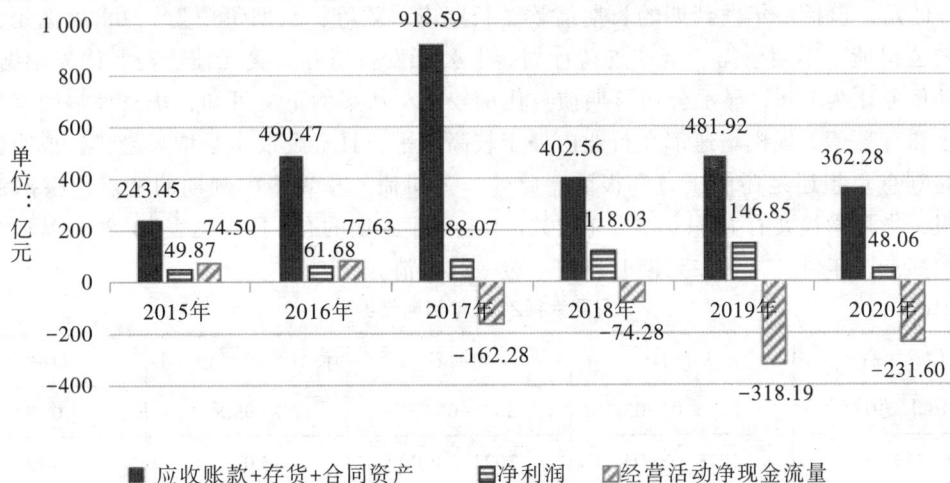

**图 10-10　华夏幸福 2015—2020 年财务信息**

B.扩张过于激进

从问题 2 的分析中可以看出，华夏幸福存在过度扩张的问题。自上市以来，华夏幸福的扩张脚步未曾停滞。2017 年 3 月以后，环京限购政策陆续出台，对公司形成巨大的打击，公司旗下知名项目孔雀城的销售一落千丈，进而影响到公司的现金周转。根据 2017 年财报，当年华夏幸福经营性现金流为 −162.28 亿元，同比上一年暴跌 309.04%，孔雀城销路受阻的局面初步暴露。在孔雀城无法顺利回款之际，华夏幸福试图通过异地扩张化解周期风险，于是继续加速扩张进程。2017 年，华夏幸福年报数据显示，其新增签署产业新城和产业小镇 PPP 项目协议 21 个，其中 20 个来自非京津冀区域，非京津冀区域项目新增签约投资额占公司整体新增签约投资额的 53%，非京津冀区域销售额占比从 2016 年的 7% 大幅提升至 23%。扩张中的华夏幸福的债务不断攀升，2015 年公司债务合计只有 1 429.93 亿元，扣除预收账款 672.55 亿元后实际债务为 757.38 亿元；而到了 2017 年就攀升至 3 048.46 亿元，扣除预收账款 1 324.76 亿元后为 1 723.7 亿元，两年间债务飙涨近千亿元；到了 2020 年第三季度末，公司扣除预收账款后总债务余额约为 2 900 亿元，已逼近 3 000 亿元大关。与此同时，公司应收账款和存货大量攀升，致债务压力剧增。大幅举债、周转率下降——华夏幸福的债务压力逐渐显现，开始寻求外部援助。在 2018 年和 2019 年，平安两度驰援华夏幸福，并签订了较为苛刻的业绩对赌协议，为达成业绩承诺，华夏幸福引入知名职业经理人吴向东，并试图扭转车头调整战略，开始布局核心城市、核心区域的高周转项目。比如，2019 年 9 月，公司曾斥资 116 亿元拿下武汉武昌滨江商务区地块。这宗地块为武汉当年的"地王"项目，华夏幸福在资金并不宽裕的情形下仍然豪掷百亿元。但好景不长，2020 年年初暴发的新冠疫情使得公司既定的经营计划几经中断。环京市场依然未见起色，加之重仓区域新冠疫情反复，华夏幸福的销售受挫，债务压力和现金流压力不断积累，资金链断裂风险越来越高。

C.过度负债且负债结构不合理

由华夏幸福2020年财报的数据可知，公司有息负债总额为1 925.66亿元。其中，短期借款为276.43亿元，包括抵押借款、质押借款、保证借款；一年内到期的非流动负债为540.45亿元，包括一年内到期的长期借款、长期应付款等；长期负债为1 108.78亿元，包括一般公司债、中期票据、资产支持计划、非公开发行债券、美元债、美元优先票据等。长短期债务比为1.36，显示公司长期债务比例较高。从案例正文可知，华夏幸福的有息债务水平和有息债务规模增速都在行业内处于较高水平，且资金成本呈增长趋势，说明公司无论是利息负担还是还债压力都很重。此外，公司债务呈现集中到期的特点，根据2020年年报，华夏幸福共有14只债券，在2021年上半年到期的有5只（见表10-8），其还本付息方式都是按年付息，并在到期时连同本金一起付清。

表10-8　　　　　　　　　　　　华夏幸福2021年到期债券

| 债券简称 | 发行日 | 到期日 | 债券余额（亿元） | 利率 |
|---|---|---|---|---|
| 16华夏02 | 2016-03-03 | 2021-03-03 | 19.9996 | 7.00% |
| 16华夏01 | 2016-03-04 | 2021-03-09 | 28.00 | 7.40% |
| 16华夏04 | 2016-03-24 | 2021-03-24 | 30.00 | 7.40% |
| 16华夏05 | 2016-04-12 | 2021-04-18 | 20.00 | 7.20% |
| 16华夏06 | 2016-05-10 | 2021-05-12 | 40.00 | 7.20% |
| 18华夏04 | 2018-09-10 | 2021-09-10 | 13.00 | 5.60% |

资料来源：作者根据华夏幸福2020年年报整理。

除了需要偿付债券之外，华夏幸福还有大量的银行贷款、信托贷款临近到期。如图10-11所示，2020年年末一年内到期的非流动负债需偿付的合计金额已经远远超过了公司的现金及现金等价物余额，最终引发了债务违约。可见，债务到期期限过于集中是引发公司债务爆雷的一个重要原因。

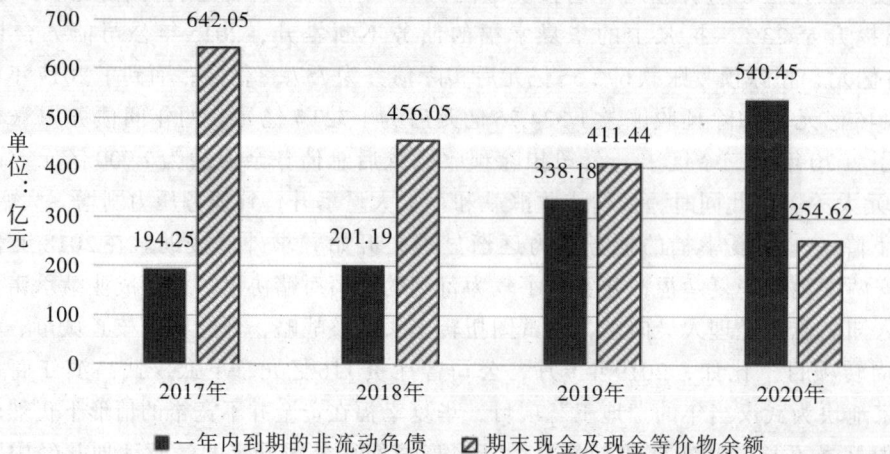

图10-11　华夏幸福2017—2020年一年内到期的非流动负债、现金与现金等价物余额

D.风险管控不到位

作为房地产企业，华夏幸福对于外部宏观环境的风险感知敏感度不足，在环京限购政策出台前，主要业务都集中在环京区域，收入也主要来源于环京区域，因而在调控政策正式出台后受到不小的影响。此外，华夏幸福常年过度扩张，进行大量的债务融资，风险逐渐累积，自2018年起其经营现金流持续为负水平，而公司又未能正确评估自身的财务风险，依然在扩张开发规模，将大量资金投入产业新城和商业地产业务。"三道红线"政策出台后直接限制了华夏幸福的融资活动，导致公司发生债券违约，债务危机爆发。

4.分析评价华夏幸福债务危机爆发后采取的系列自救措施，分别从公司、债权人、房地产行业等角度来看，这些自救措施有何积极意义？

（1）理论依据

上市公司化解债务危机的方式主要有以下三种：

A.资产重组

从产权的角度来看，资产重组就是以产权为纽带，对企业的各种生产要素和资产进行新的配置和组合，以提高资源要素的利用效率，实现资产最大限度增值的行为（饶庆林和黄小勇，2014）。对于出现债务危机的上市公司来说，将自己的部分资产或者是资产权利让渡给其他企业，而其他企业则通过支付一定的现金或者承担相关债务作为交换。

B.股权重组

股权重组是指股份制企业的股东（投资者）或股东持有的股份发生变更。它是企业重组的一种重要类型，是现实经济生活中最常发生的重组事项。股权重组在上市公司中频繁出现是因为上市公司股权的流动性较好，不论是流通股还是股权分置改革之前的非流通股，其价值有市场价格作为参照，易于进行评估，真实性易于论证，也易于为投资者接受（李心福，2007）。股权重组主要包括股权转让和增资扩股两种形式。股权转让是指企业的股东将其拥有的股权或股份，部分或全部转让给他人；增资扩股是指企业向社会发行股票、新股东投资入股或原股东增加投资扩大股权，从而增加企业的资本金。上市公司可以通过内部股东持股比例的变化来进行债务压力的分担，从而缓解债务危机。

C.债务重组

上市公司在债务危机应对中实施债务重组，核心是债权人按照其与债务人达成的协议或法院的裁决，与债务人达成的一种新债务偿还协议。在应对债务危机中，上市公司可以采用的债务重组方式主要包括以资产清偿债务、债务转为资本，以及修改其他债务条件（荣燕，2013）。

第一，以资产清偿债务，即债务人无法直接以现金支付债权人的欠款，从而以企业的资产来抵偿欠款，实现对债务危机的化解。在会计实务中，权益双方由于销售货款、原材料、劳务等形成的债务关系，由于债务人一方的经济活动陷入困境而引发的债务重组大多采用资产清偿的方式。在这种方式下，用于清偿债务的资产通常包括：现金及现金等价物的金融资产、非现金资产（包括原材料、产成品、设备等各种非现金资产）、有公允价值的无形资产、其他符合权益双方条件的资产等。

第二，债务转为资本，即将债权人的权益按照一定的比例或者是计算方法转化为企业的新增股本，从而消除企业的偿还负担。当债务人为股份有限公司时，债务人为了摆脱经济困境，往往会以自己公司的股本抵偿债务。这种方式将企业的债权人转化为股东，进一步加深原债权人与企业之间的利益关系。

第三，修改其他债务条件，即修改原签订的债务偿还条件（一般是降低要求），主要形式包括减少偿还金额（本金或利息）、延长还款期限等。

（2）案例分析

①分析评价华夏幸福债务危机爆发后采取的系列自救措施。

自爆雷后，华夏幸福积极采取措施进行自救，通过变卖资产、债务重组和优化业务经营等方式努力化解债务危机。

变卖资产属于资产重组的范畴，是最普遍的自救方式，能够快速回笼现金，将部分资产卖出还可以使企业将更多的资源投入剩余资产或其他投资回报率高的资产，提高资产质量，改善企业的经营管理效果。自2021年2月起，华夏幸福陆续转卖嘉兴南湖地块、南京上秦淮地块、武汉新洲双柳地块等，以及武汉孔雀城航天府等项目的部分股权，收回部分资金。这些项目大多价值比较高、所需投资额大、资金回流期长，若继续开发这些项目会进一步加大公司的现金流压力，将它们卖出不仅能够缓解现金流压力，还能推动存量资源盘活、有效保障公司的可持续经营及金融债务偿付、优化债务结构，无疑是更好的选择。

债务重组是帮助债务人走出财务困境的关键措施，能够避免企业破产。华夏幸福的债务重组方案灵活运用了出售资产回笼资金、资产与债务重组剥离债务、现金兑付等多样手段与措施。从重组的内容看，华夏幸福先通过变卖资产偿还绝大部分债务，再通过自身的业务发展逐渐还清余下债务。这里的"业务发展"主要包括，经过资产及业务重组后，保留的孔雀城住宅业务、部分产业新城业务、物业管理业务及其他业务。这个方案一旦顺利实施，公司首期现金清偿率可达到30%~40%。从重组时间看，债权人委员会的设立和运作总体是成功的，有助于统一债权人的意见，防范各类追债事件的恶化，体现了华夏幸福较好的处置债务的能力。从解决债务的角度看，债务不会由单一企业接手，更可能是由包括河北本地国企在内的数家企业介入，进一步分解债务风险。2021年2月到9月，在不到一年的时间里，华夏幸福便出台了一整套债务重组方案，在当年12月得到了债权人的通过，并在通过之后的半年时间里成功签署金融债务重组协议累计约1 061.87亿元，已接近重组计划披露的拟重组金额的50%，如此快的效率显示了公司精细化管理和强大的组织性。

危机爆发以后，维持好企业经营已经成为重中之重，因为外部援助只是输血，"断臂"只能求得短暂的生存机会，更重要的是自身有造血的能力。在稳定、优化业务经营方面，华夏幸福采取以项目为单元的封闭式运作措施，避免有不同现金流状况的项目之间相互影响，也避免了项目资金被挪用或抽调，从而保证项目按计划复工，提高了项目运营水平。公司2021年年报显示，孔雀城住宅业务基本实现全面复工、有序交房，积极推动住宅项目销售回款。2021年度，公司积极推动住宅项目保质保量交付，完成54个项目、44 329套、494.7万平方米的住宅交付；积极开展有序经营，推动住宅项目复工复产，完成148个项目、2 154万平方米的复工复产。此外，公司还积极推进销售回款，多措并举，努力提升管理水平，实行全面降费增效，不仅能够缓解公司的现金流压力，还能进一步提高公司的管理效能和组织效率。2021年，公司整体计入管理费用的职工薪酬为28.59亿元，同比下降13%，其中，产业新城及相关业务的职工薪酬为24.33亿元，同比下降19%。得益于这一系列措施，公司经营及投资相关现金流已呈现向好趋势，2022年第一季度公司净利润及现金流回升就是一个有力证明。

整体来看，华夏幸福履行了"不逃废债"的承诺，按照市场化、法治化、公平公正、分类施策的原则，稳妥地化解了债务风险，有较强的前瞻性，善于化解复杂矛盾，节奏较快，效率很高。

②分别从公司、债权人、房地产行业等角度来看，这些自救措施有何积极意义？

从华夏幸福自身的角度看，这一系列自救措施充分考虑了公司资产负债等方面的实际情况，灵活运用了出售资产回笼资金、资产与债务重组剥离债务、现金兑付等多样手段与措施，在一定程度上减轻了公司的债务负担。在这期间，华夏幸福变卖部分资产，回笼一些现金进行兑付，减少了债务金额，优化了资产管理效能，提振了公司化解债务的信心；在债务重组过程中寻求法律支持，在一定程度上减轻了公司的经济负担，避免了因走破产清算程序而需承担的高额破产费用；优化、稳定业务经营系列措施进一步增强了华夏幸福的"造血"能力，为化解债务危机提质增速。

从华夏幸福的债权人的角度看，这一系列自救措施无疑加快了债权的回收。华夏幸福变卖资产获取部分现金促使债权人回收了一些债款，业务经营的恢复与优化提高了债权人最大额度回收债款的可能性。虽然债务重组会不可避免地给他们带来一部分损失，但是如果不进行债务重组，华夏幸福所欠债务可能因为长期无法清偿而成为坏账，这显然不符合债权人的利益。一般情况下，解决企业债务纠纷有债务重组以及通过法律手段申请债务人破产进而强制债务人还债两种方法。采用法律手段强制华夏幸福通过资产变现还债将很大程度上削减其生产经营能力和信誉度；而进行债务重组虽然要求债权企业作出相应的让步，但却能够避免华夏幸福进行破产清算，很大程度上增加了债权收回的可能性，从而最大限度地减少了债权人的损失。

从房地产行业的角度看，华夏幸福的自救措施在一定程度上具有标杆意义。华夏幸福的自救方案和思路对于当前流动性压力急剧升高的房地产企业乃至部分已爆雷的房地产企业来说，具有非常重要的借鉴与参考价值，为这些企业下一步的债务重组提升了信心，也为避免企业风险与行业风险的进一步扩大与蔓延创造了经验。华夏幸福的债务重组方案在目前的房地产企业违约处置中相对较优，对其他房地产企业存在借鉴意义。华夏幸福的一揽子重组计划保障了债权人之间的公平性，且相对公开透明。此次违约处置结合了现金清偿、债务展期、信托收益权抵债、出售资产等多种方式，多管齐下化解债务危机。就华夏幸福维持并优化业务运营的结果来看，其没有出现大规模的资产查封或项目中断，并保持了员工的工资照常发放，全面降本增效产生了一定的积极效应。目前遭遇流动性压力的房地产企业如果能够学习与借鉴华夏幸福的经验，采取果断措施自救并加强与债权人的充分沟通与磋商，摆脱自身困境还是很有希望的。房地产企业自身问题的解决，也会从整体上为化解行业风险做贡献，有利于行业和宏观经济的平稳运行，也给房地产行业的转型升级赢得了空间。"监管重视+河北省政府支持+债委会工作推动+债权人、重要股东的支持+华夏幸福的自身努力"，或许会成为当前房地产行业中爆雷企业化解债务的探索模式之一。

5.通过对本案例的分析，你认为房地产企业应当如何防范债务危机？

（1）理论依据

①房地产行业的经营特点

A.经营难度大

房地产行业相较于其他行业来说经营难度大。房地产行业的收益较高，但与之对应的是开发成本高，开发周期特别长。根据企业经营的经济规律，在整个产品周期内资金不可能只进不出，基于此，房地产经营者在经营的中后期就需要想方设法地保证产品价值的实现，只有这样才能保证资金的流动性，以较少的资金来撬动超过其投资规模的项目，从而降低建设项目周期长所带来的不确定性风险。

B.经营风险高

房地产行业体量大，占用的资金多，投资的收益回报率高。根据经济学观点，回报率与该行业的风险通常呈正相关。假如在较长的经营过程中无法确保所需资金的落实，就会使经营产生很高的不安全性。房地产行业是一个资金密集型行业，中国房地产行业在经营中使用的自有资金占总资金的比例较少，负债高，还款压力大。

C.政策性强

我国对于房地产行业的立法、政策比大多数行业严格得多。房地产行业是现今我国经济社会中的第二大产业，在社会经济运行和民众的就业、消费、生存、发展中发挥着巨大作用。基于此，国家为了稳定经济发展，同时保障大多数民众的生活质量，势必会通过政策性手段对该行业进行一定的干预以及合理的调控。另外，为了确保房地产行业的长期健康有序发展，政府通过对房地产行业的所有环节进行监管和审查来发挥财政作用。

②房地产行业的财务特点

A.高负债率

从我国房地产企业在初期实行的是宽入严管的政策，因此早期进入房地产市场的企业并不需要大量的资本金，大多数企业通过借贷来筹集本金，以负债的形式进入市场，自有资金占总资产的比重较低。在现阶段，我国已针对宽入的政策进行了调整，实施了资本金制度，但是仍有大部分企业是高负债经营。

B.融资难

房地产开发周期较长，产品具有不动产特性，资金密集，因此房地产企业不得不采取负债经营模式，导致负债率逐渐增长，从而难以保证债权人的债权，还会给房地产企业的融资带来不利因素。连锁筹资担保链的现象普遍存在于我国绝大多数经营规模较大的房地产企业中，如果其中一家企业的资金出现问题，将会引起链式反应，进而影响到整条链上的企业，给房地产企业的经营和发展带来不小的影响。

C.受利率变动影响大

房地产企业的财务成本会随着我国经济活动中利率的变动而发生变化，并且面临的利率风险在运营过程中是难以把控和预测的，利率的不确定性最终会表现在房地产企业的成本及预期收益更大的不确定性上。

（2）案例分析

①创新融资渠道

相对于传统的融资途径，创新融资渠道发展面临较大优势。企业可以通过在几个重点领域的突破，以点带面，不断增强自身的发展动力，形成自我突破、自我推动的良性循环。探索门槛较低、融资成本低、容易且便利的新型融资渠道，能够提高企业的融资效率，为企业带来持续的融资支持，解决企业的融资难题。

房地产企业本身就融资困难，加上融资新政的出台，更难再采用普通债务融资方式筹措资金。通过高杠杆融入资金开展经营活动已经行不通了，房地产企业需要寻求新的融资渠道，以更丰富的手段获得资金。房地产企可以关注资产证券化等创新型融资产品的搭建，加强与金融机构的合作，以更多元的方式应对融资问题，如供应链 ABS、REITs 等。此外，房地产企业还可以通过分拆旗下盈利能力较强的项目上市，以获得股权性融资，减轻企业的融资压力。

②调整发展节奏

企业的快速发展要有"度"，发展节奏并非越快越好。企业在扩张规模的过程中千万不可盲目，否则只能被"速度"所累。对于发展中的企业而言，盲目、没有效率的快节奏是没有任何意义的。企业要根据自身的资金和管理能力把握好发展节奏，不能违背企业发展的基本常识和规律、无视企业发展的基本准则。

房地产行业属于资金密集型行业，投资力度大，获得的回报也丰厚。该行业中的企业普遍发展节奏较快，尤其是民营企业，在融资新政出台之前，往往通过引入大量债务资金进行扩张经营，做大做强。然而在"三道红线"出台后，很多快速扩张的企业都相继遭受债务危机，归根结底还是没有把握好发展节奏，扩张过于激进。因此，房地产企业应当放缓发展节奏，减小拿地力度，在进行扩张时量力而行。

③聚焦产品与服务品质

产品或服务的品质是指产品或服务的内在素质和外在形态的综合，提高产品或服务的品质对于企业来说具有十分重要的意义。产品或服务的品质影响其价值和使用价值，是决定使用效能和价格的重要因素。对于企业来说，要想获取更大的市场份额和更多的利润，需要根据消费者的切身需求不断提升产品或服务的品质。

房地产行业经过十几年的高速增长，企业的财务杠杆和经营杠杆已经用到极致。房地产行业进入平稳发展阶段，且随着购房人群发生结构性变化，房地产市场逐渐过渡到买方市场，客户对于产品和服务的要求提高，住房回归产品本身的价值已经成为行业共识。未来房地产企业应该加强在产品和服务上的打造，创新产品与服务方式，提高产品与服务品质，以满足客户的多样化需求。

④创新销售渠道

销售渠道是企业最重要的资源之一，同时也是变数最大的资源。它是企业把产品或服务向消费者转移过程中所经过的路径。随着科技以及经济的发展，传统销售渠道在效率、成本以及可控性等方面的劣势日益突出，加上企业所处的不断变化的营销环境对企业的销售渠道产生了深刻的影响，客观上要求企业进行渠道创新，实现销售渠道的效率化、效益化和系统化。

在互联网信息技术的引领下，许多行业借助线上平台为产品打开销路，由于房地产行业的产品为不动产和相关服务，无法走普通电商道路进行产品和服务的销售，但并不意味着不能进行线上营销。打通线上营销渠道，通过自建线上售楼平台、入驻各类直播平台等方式加大线上营销，能够实现较好的引流效果。通过创新营销思路将线上引流与线下销售相结合，能够进一步促进销售，加快资金回流，帮助房企更好地应对"三道红线"的压力。

⑤加强合作开发

合作开发房地产是双方共同投资、共同承担风险的一种开发方式，通常的合作方式有两种：

第一种是纯粹的以物易物，即双方以各自拥有的土地使用权和房屋所有权相互交换（韦邦国，2015）。"三道红线"政策出台后，房地产企业的资金压力必然加大，但是对于房企来说，要想持续经营下去，必须有投资，对于优质地块更是不得不拿。传统的拿地方式风险过高，房企可以考虑联合拿地、共担风险，以更少的资金撬动更多的资源。而且，在热点城市合作竞标，可以避免因土地稀缺导致的房地产企间的激烈竞争，降低拿地成本。

第二种是项目公司合作模式，即合作双方通过成立独立法人实体共同开展房地产开发。在该模式下，一方通常提供土地使用权，另一方提供资金或开发资源，项目公司作为独立主体承担开发责任。合作方按出资比例共享收益并分担风险，且项目公司独立办理土地审批、融资、销售等手续，符合国家对房地产开发资质及土地使用权转让的合规要求。该模式的优势在于风险隔离、资源整合、政策合规及融资便利。相比第一种以物易物的直接交换，项目公司合作模式更适用于大型开发项目，尤其是在"三道红线"的政策下，房地产企业通过与项目公司合作能有效地分散资金压力、降低拿地风险，同时借助专业开发方提升项目的运营效率。

## 四、关键要点

（一）关键点

本案例的关键点是理解华夏幸福的产业新城模式，分析华夏幸福复制产业新城模式的扩张进程中的表现特征以及导致债务危机的内外部因素。

（二）关键知识点

1.过度扩张的概念。

2.债务危机的成因。

3.债务重组的方式。

4.房地产行业的经营特点及财务特点。

（三）关键能力点

1.理解企业过度扩张的特征以及由此导致的财务后果。

2.理解债务危机的内涵并学会分析企业陷入债务危机的原因。

3.学会判断债务危机发生后的自救措施是否合理。

4.学会分析房地产企业如何防范债务危机。

# 案例11　扬帆起航：湖南省建行的中青旅供应链快贷之旅①

## 【学习目标】

通过本案例的学习，您应该：①通过研究和分析建行为中青旅设计的融资方案，理解供应链金融的概念，尤其是旅游供应链金融的概念；②掌握供应链金融风险的概念，以及供应链金融风险的分类情况；③掌握供应链金融风险的管理流程，包括供应链金融风险的识别、评估与应对；④对供应链金融风险控制有更深的理解。

## 【关键词】

风险管理　供应链金融　商业银行　互联网

## 案例正文

### 一、引言

供应链金融的出现给中小企业融资难这个棘手的问题提供了新思路。随着供应链金融不断发挥积极作用以及国家政策的支持重视，供应链金融的发展蒸蒸日上。与此同时，"互联网+供应链金融"概念萌芽发展，为供应链上中小企业的融资问题带来了新的解决方案。在这种形势下，中国建设银行湖南省长沙天心支行（以下简称建设银行）也在时代潮流中坚定地迈出了探索的第一步，与湖南省中青旅国际旅行社有限公司（以下简称中青旅）成功"邂逅"，开启了一场互联网供应链金融快贷项目的合作之旅。

面对全新的旅程，作为"掌舵人"的中国建设银行究竟如何把控方向让合作双方顺利到达彼岸，实现真正的共赢？面对旅程中的未知，有哪些风险需要关注？"掌舵人"又该如何做好风险管控、运筹帷幄？为此中国建设银行开展了一系列准备工作……

### 二、顺应潮流，供应链金融起风帆

随着经济全球化，生产分工愈加细化，企业的生产经营模式从产供销一条龙逐渐演变成企业的供业链模式。供应链上的三大主体，即供应商、制造商和销售商的生产和盈利模式不同，对资金的需求也不相同，资金流出现了循环周期差异，很可能造成资金链断裂的情况，影响到整条供应链的正常运转。2006年6月，深圳发展银行（现名平安银行）首次提出了供应链金融，这个新的融资渠道解决了供应链资金需求问题，也给商业银行的中小

① 本案例由湖南大学工商管理学院的蒲丹琳、赵菁莹、夏尧、梁诗瑶撰写，作者拥有著作权中的署名权、修改权、改编权。本案例授权中国管理案例共享中心使用，中国管理案例共享中心享有复制权、修改权、发表权、发行权、信息网络传播权、改编权、汇编权和翻译权。由于企业的保密要求，本案例对有关名称、数据等进行了必要的掩饰性处理。本案例只供课堂讨论之用，并无意暗示或说明某种管理行为是否有效。

企业普惠金融提供了新的方向。

党中央对于普惠金融的发展十分关注，国务院在2016年对外推出了《推进普惠金融发展规划（2016—2020年）》。由于激烈的市场竞争，各大银行正面临转型的困境。所以，商业银行也在通过为中小企业提供金融服务来抢占市场份额，其中，供应链金融就是商业银行推出的针对中小企业融资的特色产品。

中国建设银行针对中小企业贷款和供应链金融特性，已发行网络供应链业务类信贷产品"e"贷款，这是专门服务电子商务客户的信贷产品。中国建设银行与核心公司连接，进行实时交互，实现业务流、物流、信息流、资本流等信息的交互，并将各方资源结合起来，为核心企业及其链条成员提供全流程在线互联网金融服务。

为进一步加大普惠金融个人贷款业务的推进力度，发挥金融服务实体经济的支持作用，提升电子渠道个人贷款对小微企业主、个体工商户等个体私营业主客户群体的金融服务水平，中国建设银行在快贷的基础上，按照互联网和大数据思维，创新研发了供应链快贷产品。通过与符合国家产业发展政策及中国建设银行风险偏好的优质大中型企业进行合作，定向拓展其上下游个体私营业主客户群体，借助其掌握供应链中订单流、现金流、信息流和物流的优势，有效把握上下游客户群体的风险评价、还款来源和资金流向，通过数据分析形成客户筛选和评价规则，对核心企业上下游客户群体提供小额短期自助贷款服务。

## 三、谋求共赢，快贷产品促合作

彼时，中青旅财务总监办公室内传来阵阵谈话声，中青旅财务总监在会议中说道："我们公司的终端门店在订购旅游产品后需要以自有资金支付，销售回款周期约为3个月，当前终端门店对于资金的需求较大，但多数终端门店的规模较小，无法在银行获取对公贷款，外部机构的融资成本又太高。若能通过此项目给予终端门店资金上的支持，可以解决我们的燃眉之急，将对我们整个供应链生态圈的资金良性循环起到重要作用。"

中国建设银行湖南省长沙天心支行的余经理一行人坐在会议室内，听完财务总监的发言后，余经理表示："现在供应链金融是大势所趋，我们建行新设计的这个产品也很适合中小企业，它与传统融资不同，我们不是针对单一企业进行追踪评估，而是以你们中青旅作为核心企业进行信用评估，利用互联网技术、大数据等手段，以发生的交易为前提，收集供应链中的交易数据，对数据进行分析，对整个供应链进行综合信用评级，据此进行融资，帮助企业解决融资困难的问题。我们的供应链快贷产品时间短，全程线上不落地，秒批秒贷，符合贵公司作为旅游业企业的贷款需求。"

"这也是我们天心支行的第一个旅游业供应链快贷项目，备受我们支行的重视，您看一下这是我们的最终的方案设置。"余经理示意一旁的小张起身将准备好的资料进行分发。

方案的具体内容如下：

1.中国建设银行湖南省长沙天心支行：向银企通提供数据接口及信息字段标准。根据中青旅公司提供给银企通平台并经加工整理后的数据进行分析和评价，为中青旅公司的下游终端客户定制并提供供应链快贷产品服务。

2.湖南省中青旅国际旅行社有限公司：向建设银行及银企通平台开放与供应链快贷业务相关的数据，用于支持建设银行据此对其下游客户进行的评价授信等。同时，在建设银行开立数据容差支持金账户（专户），每月按照贷款余额的5%缴纳数据容差支持金。

3.湖南省中青旅国际旅行社有限公司下游客户：在建设银行核定的额度范围内使用供应链快贷产品，用于支付与核心企业的供货订单。

4.银企通平台：提供信息服务，根据建设银行的需求建立供应链快贷银企合作平台，提供数据接口服务，将中青旅不同的数据接口和数据格式转化为统一标准供建设银行使用。平台封闭运营，面对中青旅下游客户提供供应链快贷的申请接口和客户引流服务，通过专线实时将客户申请贷款信息传递给建设银行。

此次合作贷款限额总计3 000万元，单户贷款限额设定为1万~100万元，合作期限为2年，以银企通平台为贷款申请入口，还款时可选择银企通平台或建设银行网银。

## 四、保驾护航，项目风控防忧患

午后的办公室内一片暖意，余经理陷入了沉思。

咚咚咚，一阵敲门声响起，小张拿着一沓资料看着沉思的余经理担心地询问道："经理，刚刚达成了供应链快贷项目合作，您为何看上去反而有些忧心忡忡？是有什么问题吗？"

余经理对小张说道："此次合作作为中国建设银行湖南省天心支行供应链快贷项目启航的第一步，虽值得庆祝，但贷款风险问题还不容忽视啊。"

小张疑惑地说道："经理，我们之前接触的贷款项目大大小小也有不少，根据以往的经验，开展的风险管控还算稳妥。"

余经理摇了摇头："这次有所不同，供应链金融不同于传统金融，虽有所借鉴，但切不可以惯性思维进行思考，这方面我们的经验还比较少，处于摸索阶段，后续工作不可掉以轻心啊。你们近期要尽快对该项目存在的风险进行识别评估，以便我们能有针对性地应对。"

"好的，我明白了。我们会尽快开展工作。"小张点头回复。

几日后，余经理拿着手上供应链快贷项目的风险评估报告仔细地阅读着。

针对中青旅供应链快贷项目的特征，余经理将其风险主要划分为以下三个：融资企业的资质、供应链上核心企业的资质以及供应链的贸易状况。

（一）融资企业的资质

在中青旅供应链快贷项目中，建设银行对融资企业直接授信，而融资企业的经营情况决定了其还款能力。融资企业的资信水平越高，信用风险越低。建设银行在放款前应做好充分的调查工作，从多个渠道获得有关融资企业的资料，并尽量正确、客观地评价融资企业的资质。目前，由于信息不透明，建设银行对供应链上融资企业的资质了解不足。

（二）核心企业的资质

建设银行的中青旅供应链金融建立在供应链核心企业的基础之上。与传统的银行授信将评价的重心放在财务状况考核和可供抵押的固定资产上不同，供应链金融将评价的重心放在供应链上核心企业的财务状况、行业地位和对供应链的管控能力上，以及需融资企业对供应链的贡献和与核心企业的合作状况上。如果采用传统的信用评估模型，对供应链企业的信用评价可能会降低，但是通过供应链金融项目，供应链企业可能获得更高的授信评价。

（三）供应链的贸易状况

建设银行在开展中青旅供应链金融项目时，应当对其供应链运营情况给予足够的重视。供应链的运营状况与宏观经济环境、消费水平密不可分。目前，旅游行业还没有出现任何的风险预警信号，然而当下旅游行业的结构性产能过剩压力持续增加，旅游行业已经基本进入了成熟期，发展前景并不明朗。供应链运营状况的好坏直接影响企业的收益，供应链运营状况越好，融资企业的还贷能力也就越强。供应链状态越稳定，越有利于降低融资企业的风险，越有利于降低银行的风险。

# 五、尾声

余经理明白，供应链快贷项目不是短跑，而是马拉松，作为中国建设银行湖南省长沙天心支行的首个旅游供应链快贷项目，比起起步时的爆发力，经久的风险管理耐力更为重要。项目初建，建设银行团队对待供应链快贷项目的风险管理经验尚且不足，对于如何有效地控制风险，仍在不断摸索，其对供应链快贷项目满怀希望的同时，也感到肩上背负着一份前行的重担。供应链快贷仍在乘风破浪，未来建设银行将在这条赛道上继续奔跑，为更多的企业提供金融扶持，虽然不知道前方道路上还会遇到什么问题，但相信未来可期。

# 六、启发思考题

1.本案例中建设银行的供应链快贷项目是什么？其是如何解决中青旅下游终端门店的融资问题的？

2.建设银行在中青旅供应链快贷项目中应如何构建指标进行风险评估？

3.建设银行应如何控制中青旅供应链快贷项目的风险？

4.结合案例和相关知识，谈谈中青旅供应链快贷项目给商业银行供应链金融发展带来哪些启示。

【政策思考】　　　普惠金融与社会责任：供应链金融的实践与启示

党的二十大报告强调了高质量发展和共同富裕的目标，指出要坚持以人民为中心的发展思想，推动经济实现质的有效提升和量的合理增长。普惠金融作为实现这一目标的重要手段，旨在通过为中小企业和弱势群体提供金融服务，促进经济的均衡发展和社会公平正义。湖南省建设银行的中青旅供应链快贷项目，正是普惠金融理念在实践中的生动体现。

普惠金融的核心在于"普惠"，即让金融服务覆盖更广泛的人群和企业，尤其是那些传统金融模式下难以获得支持的中小企业。建设银行通过供应链快贷产品，为中青旅下游的终端门店提供了快速、便捷的融资渠道，解决了这些企业在资金周转上的燃眉之急。

这不仅体现了金融机构对中小企业的支持，也彰显了其在推动普惠金融发展中的社会责任。

在课程思政的背景下，我们强调金融机构不仅要追求经济效益，更要注重社会效益。建设银行的供应链快贷项目，通过创新金融产品和服务模式支持旅游业这一高关联度的朝阳产业发展，带动了地区经济增长，创造了更多的就业机会。这与党的二十大报告提出的推动高质量发展、促进共同富裕的目标高度契合。金融机构在追求经济效益的同时，应积极履行社会责任，通过普惠金融支持实体经济的发展，为社会创造更多的价值。

同时，供应链金融的发展也离不开金融机构的专业能力和风险管理水平。建设银行在中青旅供应链快贷项目中，通过构建科学的风险评估体系和有效的风险控制措施，确保了项目的稳健运行。这体现了金融机构在推动普惠金融发展的过程中必须具备的专业素养和责任担当。金融机构应不断提升自身的风险管理能力，为中小企业提供更加精准、有效的金融服务，助力实体经济的高质量发展。

此外，供应链金融的实践也为我们提供了关于金融创新与社会责任的深刻启示。在当前的经济形势下，金融机构应积极响应国家政策，探索更多支持实体经济发展的新路径。通过供应链金融，金融机构可以更好地服务中小企业，促进产业链的稳定和升级，推动经济的高质量发展。这不仅是金融机构的责任，也是实现共同富裕目标的重要途径。

总之，中国建设银行的中青旅供应链快贷项目为我们展示了普惠金融在支持中小企业发展、推动经济高质量发展中的重要作用。在党的二十大精神的指引下，金融机构应进一步深化普惠金融理念，提升专业能力，创新金融产品和服务，积极履行社会责任，为实现共同富裕的目标贡献力量。

# 案例使用说明

## 一、教学目标

1.本案例适用于"高级财务管理理论与实务"课程的教学。

2.教学目标：

（1）理解供应链金融的概念，尤其是旅游供应链金融的概念；

（2）掌握供应链金融风险的概念，以及供应链金融风险的分类情况；

（3）掌握供应链金融风险的管理流程，包括供应链金融风险的识别、评估与应对。

（4）对供应链金融风险控制有更深的理解，提升实践应用能力。

## 二、思考题与分析要点

教师可以根据自己的教学目标来灵活使用本案例。本案例的分析思路如图11-1所示，仅供参考。

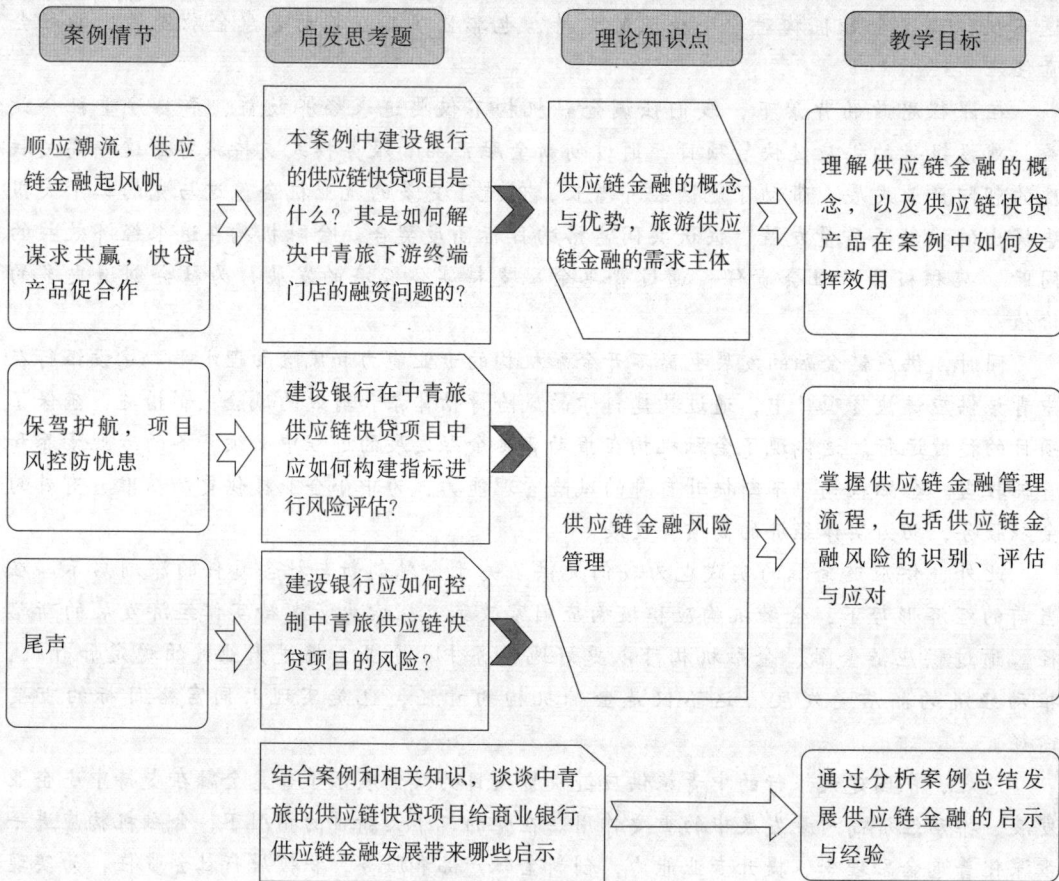

图11-1　分析思路图

## 三、理论依据及分析

1.本案例中建设银行的供应链快贷项目是什么？其是如何解决中青旅下游终端门店的融资问题的？

（1）理论依据

①供应链金融的概念

供应链金融是银行专门针对产业供应链设计的，以核心企业为基础来处理各种问题，并使供应链中各个企业相互配合、紧密联系在一起的金融服务。供应链金融以真实存在的贸易为背景，以核心企业为中心，将资金整合到供应链管理中，通过对信息流、资金流、物流进行有效控制，把一个企业的不可控风险转变为供应链企业整体的可控风险，通过立体获取各类信息，将风险控制在最低，从而提高链条上的企业在金融市场融得资金的可能性，进而促进链条上企业间的高效运转，实现资源的有效整合。

②供应链金融与传统金融的区别

对融资参与主体、融资条件、金融机构参与程度、信息披露、风险等方面进行对比分析可知，供应链金融相较于传统金融优势明显。两者的对比分析见表11-1。

表11-1　　　　　　　　　供应链金融与传统金融的分析对比

| 类目 | 传统金融 | 供应链金融 |
|------|----------|-----------|
| 授信主体 | 单一企业 | 单个或多个 |
| 授信条件 | 担保、动产抵押 | 动产、货权质押 |
| 融资渠道 | 银行 | 银行、其他非银 |
| 参与程度 | 跟踪融资企业 | 跟踪整个经营过程 |
| 融资的及时性 | 手续多、效率低 | 效率高、及时 |
| 达到的效果 | 解决单一企业融资问题 | 盘活整个供应链资产 |
| 信息披露 | 不充分 | 闭环，信息容易检测 |
| 风险对比 | 道德、信用风险高 | 企业间业务合作，信用风险低，核心企业承担道德风险 |

对融资企业来说，在传统融资方式下，融资企业的议价能力较弱，往往承担较高的融资成本，且在手续、时间上都备受压榨，资金的高效运转难以保证。但在供应链融资模式下，融资企业可以借助核心企业的实力提高话语权，利用供应链信用替代个体信用，也增进了与金融机构的良好关系。

对金融机构来说，传统的一对一融资方式的风险识别成本、人工成本和时间成本都相对较高，对风险的把控相对较差，融资也仅限于对应的融资企业。但在供应链融资模式下，金融机构利用整个供应链所在的行业环境以及融资企业所处生产线的地位对其进行综合授信，风险控制得到了有效的提升，同时金融机构得以迅速扩大业务量，真正实现双赢。

③旅游供应链金融的需求主体分析

旅游行业与其他行业的主要区别在于，整个旅游行业的上下游分布着众多轻资产公司，这些中小型企业均比较弱势。根据中国银行业监督管理委员会统计的相关数据，银行在发放贷款时主要的投放目标是具有优质资产的大中型企业，而小企业以及缺乏优质可抵押资产的企业较难得到银行业的资金支持。中小型企业和经销商普遍信用级别比较低，可以抵押担保的固定资产较少，在财务和经营管理方面不达标，传统的融资产品并不太适合旅游企业。

旅游行业的中小型企业面临的融资问题如下：

第一，中小型企业可以抵押担保的固定资产较少，实行家族式的管理体制，财务信息不透明，这些因素让银行对于其第一还款源存疑；在抵押行为中，有些企业无法及时给贷款机构提供财务报告，让很多贷款机构对于旅游业中小型企业望而却步。

第二，中小型旅游企业和企业主的征信报告不佳，再加上目前市场和政策的影响，经营风险也随之增加。

第三，旅游业具有明显的淡季和旺季，利润率整体不高，造成了财务报表的数据单一，不能达到传统金融方式对于报表指标的要求。

第四，旅游业资金需求急、用时短，而传统的融资渠道需要提供繁杂的资料，审批时间长，大多数为1年以上的长期贷款，满足不了旅游业贷款的需求。

第五，我国信用社担保机制还需要完善，目前能够为这些企业提供担保的机构数量并不多。

因此，为满足供应链上游的经济薄弱的中小型企业和下游的部分经销商的资金需求，要发展旅游供应链金融。

（2）案例分析

在本案例中，建设银行为进一步加大普惠金融个人贷款业务的推进力度，发挥金融服务实体经济的支持作用，提升建设银行电子渠道个人贷款对小微企业主、个体工商户等个体私营业主客户群体的金融服务水平，在快贷基础上按照互联网和大数据思维，结合供应链金融，创新研发了供应链快贷产品。供应链快贷是建设银行与符合国家产业发展政策及建设银行风险偏好的优质大中型企业（以下统称"核心企业"）进行合作，定向拓展其上下游个体私营业主客户群体（以下统称上下游客户），借助其掌握供应链中的订单流、现金流、信息流和物流的优势，有效把握上下游客户群体的风险评价、还款来源和资金流向，通过数据分析形成客户筛选和评价规则，为核心企业的上下游客户群体提供的小额短期自助贷款服务。供应链快贷产品审核时间短，全程线上不落地，秒批秒贷，能解决核心客户上下游客户的资金难题，使企业供应链更加稳定。

湖南省中青旅所处的旅游产业是一个高关联度的朝阳产业，它具有就业容量大、产业关联性强、资源消耗低、综合效益好等特点，一直以来是带动地区产业发展、拉动经济增长的核心动力。随着国民经济与国民收入的稳步增长，旅游业占GDP总量的比重日益提升，逐渐成为兼具投资与综合性的重要产业之一。因此，要加大对旅游产业的金融支撑力度，推动旅游产业的跨越式发展。

湖南省中青旅的终端门店订购旅游产品后需要以自有资金支付，销售回款周期约为3个月，因此终端门店对于资金的需求较大。但多数终端门店的规模较小，无法在银行获取对公贷款，外部机构的融资成本又太高，建设银行如能给予部分资金支持，将对门店的发展经营起到重要作用。湖南省中青旅利用现有合作企业长期在公司集中采购形成的数据，在征得客户同意的情况下与建设银行合作，为下游终端门店提供资金解决方案，以此吸引更多的加盟合作门店，推动旅游产业的发展，实现多方共赢。

建设银行的旅游业供应链快贷项目之前在湖南省还未试行，天心支行和湖南省中青旅合作，对内部门店进行筛选，确定优质门店，共享资金结算平台缴纳数据流量，积极探索在旅游业试点开展旅游供应链快贷项目。建设银行将湖南省中青旅作为核心企业，通过互联网渠道对其下游终端门店定向发放小额贷款，用于对湖南省中青旅供货订单的支付。

2.建设银行在中青旅供应链快贷项目中应如何构建指标进行风险评估？

（1）理论依据

需要旅游供应链金融产品的大部分是中小型企业，它们对于财务关系的处理并不全面，且不规范，和银行的融资要求有明显的差距。但是，它们可以利用自己的产业链来建立信誉，获取更多的商机，银行也会按照其规模提供贷款。这种方法有效地减少了对公司的风险评价，但缺点就是要进行二维评价。

对需要旅游供应链快贷产品的企业进行风险分析：

①交易产品资质：产品的变现能力、易损程度、替代率等都属于交易产品资质。从本质上讲，旅游产品是服务类产品，没有任何的商品实体，所以对商品价格变动、退货、投诉率等问题应予以重视。

②旅游行业的整体力量：因为旅游行业的利润较少，而且是轻资产行业，应根据企业的领导素养、管理水平、旅游资质、经营年限、核心资源等多项内在指标进行评估。

③核心企业综合实力：企业综合实力包括库存周转率、销售利润率、信用等级、产业位置。在供应链融资的各个环节，核心公司都占有重要地位，因此在评估时核心公司起到一定的反保证的功能。核心公司的资金状况、市场状况、资产状况等将直接关系到其业务的经营品质。

④供应链运转情况：供应链运转情况包括供应链利润增长率、年均交易频率、交易年限和供应链中的违约率。对于财务公司来说，衡量信用额度的一个关键因素就是财务状况，银行要综合考虑供应链的整体利益、衡量公司的盈利能力，从而拓展评价体系的范围，确保可以更加精准地判断风险，最终决定授信融资决策。

（2）案例分析

结合已有研究成果、中青旅供应链快贷项目的特点，以及相关业内专家的意见，建设银行对于中青旅供应链快贷项目的风险评价指标以及风险评价标准进行了制定与完善，见表11-2、表11-3。

表11-2　　　　　　　建设银行中青旅供应链快贷项目的风险评价指标与标准

| 项目 | 评价指标 | 评价标准 | 分值 |
|---|---|---|---|
| 融资企业资信风险（50%） | 年营业收入 | 通常认为企业纳税收入应在合理范围内越高越好，评估人员应结合行业现状及发展趋势，对纳税收入范围进行有效设置，即越接近最高值，分值越高，越偏离最高值，分值越低 | 20 |
| | 应收账款周转率 | 通常认为企业应收账款周转率应在合理范围内越高越好，评估人员应结合行业现状及发展趋势，对应收账款周转率范围进行有效设置，即越接近最高值，分值越高，越偏离最高值，分值越低 | 10 |
| | 销售利润率 | 通常认为企业销售利润率应在合理范围内越高越好，评估人员应结合行业现状及发展趋势，对销售利润率范围进行有效设置，即越接近最高值，分值越高，越偏离最高值，分值越低 | 10 |
| | 流动比率 | 通常认为企业流动比率一般在1.5~2.0之间比较好，评估人员应结合不同行业的现状及发展趋势，对流动比率的合理范围进行有效设置，即越接近合理范围，分值越高，越偏离合理范围，分值越低 | 10 |
| | 资产负债率 | 通常认为企业资产负债率一般在40%~60%之间比较好，评估人员应结合不同行业的现状及发展趋势，对资产负债率的合理范围进行有效设置，即越接近合理范围，分值越高，越偏离合理范围，分值越低 | 10 |
| | 销售收入增长率 | 通常认为企业销售收入增长率应在合理范围内越高越好，评估人员应结合行业现状及发展趋势，对销售收入增长率范围进行有效设置，即越接近最高值，分值越高，越偏离最高值，分值越低 | 10 |
| | 企业征信报告 | 评估人员应结合人民银行征信报告显示内容或相关机构出具的企业信用等级评价内容进行打分，分值越高说明企业信用越好 | 10 |

续表

| 项目 | 评价指标 | 评价标准 | 分值 |
|---|---|---|---|
| 融资企业资信风险（50%） | 实际控制人征信报告 | 评估人员应结合人民银行征信报告显示内容进行打分，分值越高说明实际控制人信用越好 | 10 |
| | 经营年限 | 通常认为企业经营年限应在合理范围内越长越好，即经营年限越长，分值越高 | 5 |
| | 员工人数 | 通常认为企业人员规模应在合理范围内越大越好，即企业人员规模越大，分值越高 | 5 |
| 核心企业资信风险（30%） | 信用等级 | 评估人员应结合人民银行征信报告显示内容或相关机构出具的企业信用等级评价内容进行打分，分值越高说明企业信用越好 | 30 |
| | 销售利润率 | 通常认为企业销售利润率应在合理范围内越高越好，评估人员应结合行业现状及发展趋势，对销售利润率范围进行有效设置，即越接近最高值，分值越高，越偏离最高值，分值越低 | 40 |
| | 流动比率 | 通常认为企业流动比率一般在1.5~2.0之间比较好，评估人员应结合不同行业现状及发展趋势，对流动比率的合理范围进行有效设置，即越接近合理范围，分值越高，越偏离合理范围，分值越低 | 30 |
| 供应链贸易风险（20%） | 产品投诉率 | 通常认为产品投诉率越低，产品质量越高，评估人员应结合不同行业产品及业务的特点，对产品投诉率范围进行有效设置，即越接近最低值，证明产品质量越高，分值也就越高，越偏离最低值，证明产品质量越低，分值越低 | 20 |
| | 订单退单率 | 通常认为订单退单率越低，产品质量越高，评估人员应结合不同行业产品及业务的特点，对订单退单率范围进行有效设置，即越接近最低值，证明产品质量越高，分值也就越高，越偏离最低值，证明产品质量越低，分值越低 | 20 |
| | 交易年限 | 通常认为供应链贸易企业之间的交易年数越长，企业之间的密切度越高，即交易年数越长，分值越高 | 20 |
| | 交易金额 | 通常认为供应链贸易企业之间的交易金额越多，企业之间的密切度越高，即交易金额越多，分值越高 | 20 |
| | 供应商综合评级 | 核心供应商对中小企业的综合评级越高，企业之间的密切度越高，即评级越高，分值越高 | 20 |

表11-3　　　　　　建设银行中青旅供应链快贷项目风险评价标准

| 分值 | 风险等级 |
|---|---|
| 85分以上 | 极低 |
| 76~84分 | 低 |
| 60~75分 | 中 |
| 45~59分 | 高 |
| 45分以下 | 极高 |

注：总分=融资企业资信风险×50%+核心企业资信风险×30%+供应链贸易风险×20%。

通过对建设银行中青旅供应链快贷项目的风险评估可知，湖南省中青旅作为建设银行供应链快贷产品的投融资主体，承担主要融资企业资信风险。湖南省中青旅自1985年创立以来，一直是湖南省旅游行业的龙头企业，在公司规模以及信用等级方面表现优异，但是受全球经济下行以及新冠疫情的影响，在营收方面指标表现较弱。通过实际调研以及相关人员的模拟评估，最后核心企业资信风险分值为80分。

当前参与供应链快贷项目的公司，在公司规模、营收以及信用等级几个指标层面得分稍低，通过实际调研以及相关人员的模拟评估，融资企业资信风险分值为70分。

供应链贸易风险，受项目成立时间以及新冠疫情等客观因素的影响，该项目在产品投诉率以及订单退单率几个指标上得分偏低，通过实际调研以及相关人员的模拟评估，供应链贸易风险分值为60分。

最终基于预设评分规则"总分=融资企业资信风险×50%+核心企业资信风险×30%+供应链贸易风险×20%"，得出中青旅供应链金融快贷项目风险的得分为71分，风险等级为中，因此建设银行需制定行之有效的风险控制措施，从而降低项目可能预见的风险。

3.建设银行应如何控制中青旅供应链快贷项目的风险？

（1）理论依据

对风险进行有效识别和评估后，就需要对风险进行控制。金融服务的核心是风险控制，首先应识别与评估风险，然后判断风险出现的可能性和带来的损失大小，再对其危害进行推断，从而采用合理的方法和措施加以解决，提升风险防控和不良资产处置的专业程度，全面增强资产管理能力，构建整体风控方案，减少潜在的资金和信用损失，为金融服务的顺利开展提供保障。

在风险处理之后还要进行风险评价，即通过比较、分析风险管理办法产生的结果与预期风险管理目标的契合程度，判断风险应对的科学性、有效性。当通过风险评价发现风险应对的不合理因素时，应立即纠正、反馈，降低再次发生同类风险的可能。

（2）案例分析

①融资企业资信的风险控制

在融资企业资信风险控制中，中青旅供应链快贷项目的关键之处在于加强对融资企业融资背景的调查和分析，确保贸易的真实有效，有效地降低融资企业的风险。根据之前的经验，银行的大部分不良贷款都是因为对企业贸易背景的审查不完善造成的。对于建设银行来说，要按照融资企业的风险评估结果选择有效的核查方式。在中青旅供应链快贷项目运行过程中，建设银行会面临不同程度的融资企业资信风险，给项目的收益带来一定的损失，所以对风险等级不同的企业，应使用不同的方式检查企业的贸易背景是否真实。

A.完善具体授信过程

目前，在中青旅供应链快贷项目中，是通过公司的业务部门完成授信。第一，可以适当地放宽权利，给予中青旅供应链快贷项目贸易融资部门发起授信的权利，再由风险管理部门负责审批，精简审核程序，确保授信流程更加高效。第二，通过结算和金融部门将授信的风险和客户的特殊需要告知风险管理部，以便银行及时掌握信贷的变动情况。第三，如果融资企业拥有强大的商业背景、稳定的商业关系、良好的信用档案，贷款时可适当放宽限制，按企业的实际情况进行调节。第四，对于具有高度信用风险的项目，可以采取双向的信息回馈机制，降低贷款限额，使项目能够更好地满足贸易业务的需要，并防范金融机构的经营风险。第五，优化综合授信框架内的管理流程，促进快贷项目的结算工作，增强风险管理部门对于风险的识别和控制。

B.加强对融资企业资信的信息管理

确保授信评级工作顺利进行的依据是企业对于信用记录的采集和保存。第一，可以通过组建客户信用记录数据库的方式管理企业信息，不断地完善客户信息档案，确保信息判定真实有效。第二，要在各大银行间创建一个共同的信贷档案数据库，并统一准则，保证业务流程的一致性。第三，收集各大银行的信用信息，并掌握企业的违约情况，对于初次往来企业，可通过审查其在其他银行的信誉档案减少信息不对称。第四，加速银行业的数字化进程，防止不真实的信息传播。据了解，建设银行的快贷产品能够根据大数据的特点，对湖南省中青旅集团及其下属企业进行即时信贷业务，以满足其采购需要，解决其融资贵、融资困难等问题。中青旅供应链快贷产品具有快速、使用方便等优点，能够有效地缓解企业经营主体分散、贷款额度小、贷款频次高的难题。故而，可建立并完善大数据模型，加快银行的数据化进程，以防范信息在传递过程中的缺失给企业和银行带来的风险。

C.加强对融资企业偿债能力的分析和管理

在中青旅供应链快贷项目中，约80%以上的贷款为中、短期业务，而在一个较长的时间内，公司的债务偿还能力是一个很大的制约因素。所以，建设银行应该把精力集中在公司的短期债务上，密切关注那些能够体现公司的短期债务状况的财务指标，在进行融资的过程中对项目进行风险评价，同时对项目的融资环境进行全面的分析，对金融市场的需求以及政府出台的新的金融产品政策都有一定的把握，从而更好地控制资金的短期风险和中期风险，有效地避免流动速率和比率过低而导致的资产负债率过高的情况发生。

②核心企业资信的风险控制

A.精准掌握核心企业准入要求

第一，要对核心企业的经营方式有一定的认识，对企业的控股股东、所在行业以及上下游客户关系等进行深入的研究，找出企业得以持续发展的内部动因。第二，要突出确认借款人的销售收益的真实性，提供多渠道进行核查，对存在虚假或不能确认销售收益的企业实行信贷额度管理。第三，从销售收入、现有贷款、外部贷款等方面，检验贷款的需求和目的是否属实，避免企业信贷额度过高或被侵占。第四，要加强对"无形企业"的总体风险控制，要对企业内部有无关联企业、有无其他经营业务等问题进行全面梳理，把关联企业作为一个整体来把握其销售收入和贷款承受能力，避免仅对单个企业进行风险分析所产生的偏差。

B.和供应链的核心企业签订明确的协议，尽量得到核心企业的支持

第一，信息共享。建设银行需要和核心企业共同分享信息，获取更多的其他企业的资料，以及有关融资企业的风险因素，为有关业务的开展提供帮助。第二，交易控制。核心企业将自身的销售、供货、物流等方面的数据以及旅游合格证的相关资料提供给建设银

行，帮助其完成旅游供应链金融的风险管理工作。第三，债权保证。如果融资企业不能在规定的时间内还款，核心企业作为担保方可以通过调剂销售等多种形式，确保建设银行债权的实现。

C.采取应收账款融资模式

中青旅采取的是以应收账款为主的供应链融资，其风险性要比以预付款为主的动态资产按揭小得多。在选定应收账款模式以后，位于供应链下游的企业通过将其所持的信用票据转让给银行获取企业的生产资本，由核心企业进行信用担保。

D.提高经营管理能力

第一，要随时掌握整个旅游产业链的动态，尤其要重视核心公司，了解其对上下游企业的管理情况，掌握供应链的长度和供应链上企业之间的联系。第二，大量收集商品信息，建立反馈机制。在选择质押物时要参考市场行情，确定科学的质押率。第三，银行应建立专业的融资运营团队。在中青旅供应链金融快贷业务的推行过程中，仅仅掌握传统融资知识和技能是远远不够的，还要有创新融资的相关知识和实际经验。

③供应链贸易的风险控制

A.加强对中青旅供应链金融快贷业务客户的授信管理工作

这一过程中，应构建合理的客户准入和退出制度。在客户准入环节进行准入管理，将客户划分为普通客户和优质客户。在信贷过程中始终秉持安全性、流动性、效益性原则，遵守"风险可控、区别对待、分类指导"的要求，根据法人实体开展信用评级以及客户的划分。

增强客户的授信管理工作可从以下四个方面入手：第一，加强客户授信原则审查，对客户的具体风险承受能力和信用能力展开评估，以此确保企业在市场当中可以应对风险；第二，对客户资料的审查更加深入详细，特别是对于客户的主营业务和股权结构应深入了解；第三，结合企业风险控制展开深入分析，明确企业内部责任，确保具体的风险预警跟踪工作顺利实施，增强企业的风险预警能力；第四，完善企业授信交易的审查工作，在明确交易项目的性质与要求一致之后，才能开展授信工作，从根源上杜绝客户授信管理风险。

B.对供应链上各个企业的实力进行综合考量，实施限额管理

在采取限额管理的过程中，建设银行可以借鉴集团客户的风险限额管理形式，对供应链上的企业进行管理。比如，在应收账款融资中，银行必须对债权企业和债务企业的关联进行考虑，将参与融资的所有企业看作整体，在了解参与企业的有效信息后进一步确定企业的融资额度。推行限额管理的最终目的是使企业保证产生的风险可以被预先设定的风险资本覆盖。在不能确保覆盖的情况下，需要选取多种方式来降低风险。

C.以高科技、信息共享为基础，防范供应链融资信用风险

目前，中青旅的供应链融资服务系统存在着一定的滞后，许多业务都是人工完成的，导致系统数据失真，而且缺乏先进的管理系统，无法实时地进行数据更新，从而引发了系统的各种风险。因此，建设银行必须加速与第三方业务的协同，重新构建网上银行业务的新模式。建设银行可以大力发展以手机为基础的互联网理财产品，以此为突破口，利用互联网技术、大数据、电子商务等手段，将以往的线下信贷业务流程转换为"企业

贷款线上申请—银行贷前调查—贷中审批—银企签约贷款—发放及偿还—贷后管理"全流程在线运作模式，改变以往依靠报表、按揭的贷款方式，通过电子系统和客户的大量业务资料对借方的信用情况进行判断，发放无抵押贷款，实现客户、资金、信息的线上封闭运作。

在信息共享方面，根据中青旅供应链快贷项目的特征，对信贷管理系统优化升级，增强信贷系统的作用。该系统不仅是信贷风险监控系统，而且具有信息公布平台的作用，可以帮助银行进行风险监控，为银行带来大量有价值的信息，进而减少信息不对称，保证银行和企业可以信息共享、互相监督，避免因为信息壁垒产生的不良影响。通过对中青旅供应链信息流进行管理，使项目风险大幅下降。

4.结合案例和相关知识，谈谈中青旅供应链快贷项目给商业银行供应链金融发展带来哪些启示。

（1）案例分析

中青旅供应链金融快贷项目是中国建设银行湖南省长沙天心支行的第一笔互联网供应链金融快贷业务，旨在进一步深化我国商业银行供应链金融发展模式的研究和实践，对发展我国的商业银行互联网金融模式起到积极作用，也给未来供应链金融的进一步完善带来一些启示。

①前端把关与流程管控

A.建立合理的供应链金融准入门槛

在供应链金融方面，加强对供应链企业，尤其是核心企业的资格审查。不仅如此，商业银行应根据行业的种类，制定完善严格的市场准入标准，对供应链企业的交易情况进行记录和管理，并对企业的盈利能力进行分析，确保融资企业和核心企业之间具有稳定良好的关系，从而有效规避供应链的财务风险。

B.强化供应链金融风险管理流程

商业银行应建立完善的标准化工作流程，将风险管理动作嵌入流程的各个环节中，并通过在客户引入、存量管理、逾期清收等不同管理环节收集的信息，向其他管理环节传递相关信息，通过各业务环节的协调作业形成风险管理的闭环。

为提高风险管理与规避能力，商业银行首先需在人员管理方面进行强化，通过设置岗位管理权限来避免管理人员发生舞弊行为，并定期进行人事岗位调整，使信贷经办人员能够长期保持严谨的工作态度及较高的工作素质。其次，要建立完善的审批机制，通过对每个项目进行多项审查，确保其合理性，并提高稽查力度，有效地遏制金融风险的发生。最后，要在完善制度管理的基础上，做好信息系统的建立与优化工作。

②分析排查与及时化解

A.提高银行系统风险识别的准确性

如今，我国商业银行业务系统建设普遍滞后，对风险识别缺少有效的制度支撑，因此必须加强对供应链业务体系的构建。

第一，注重对科技人才的培育。与一部分相对成熟的承担供应链金融业务的银行相比，很多普通商业银行的系统开发人员严重不足，它们主要把这部分业务外包给科技公司，未能组织起自己的技术队伍。因此，商业银行要加强技术人才的培训，增强自身的技术实力，减少对外的依赖。

第二，加大对供应链业务系统的建设。中国大部分的商业银行还没有形成供应链融资体系，对于客户信用风险评估和数据分析，大多依赖于传统的业务系统，而且每个系统之间没有明显的关联。供应链金融涉及的企业数量众多，而且业务较为复杂，系统支持的缺失、个人主观判断产生的偏差，无形中会造成操作风险上升。所以，商业银行应建立供应链整体财务风险管理模型，把供应链企业的财务信息看成一个有机的整体，对行业信息、客户信息、财务数据等进行分类和风险评价，再借助系统模型进一步确保风险识别更加精准。

B.建立"六位一体"智能风控体系

商业银行应基于旅游供应链企业的长尾市场、海量聚类的风险特征，建立"六位一体"的风险控制系统，保证在最短的时间内解决所有问题。

第一，数据获客控险。利用大数据技术，对内外信息进行全方位的综合集成，从多个角度对信用记录、经营状况、结算、流水、工商税务、法院等信息进行综合分析，构建全方位的公司形象。

第二，反欺诈风险控制。将税务、水、电等业务资料和银行的信用记录等业务资料相互核对，有效杜绝诈骗的发生。

第三，机控执行控险。通过对信用经营的关键行为和经营需求进行自动控制，实现行业控制、实际控制人认定、额度控制、自动审批等关键控制。

第四，专业处理风险。设立商业服务中心负责重要的工作，加强对客户的精益管理和风险控制的专业化管理。

第五，工具监测风险。全面利用可视化显示和触发器的弹出，对整个系统进行全面的、连续的监控与分析；利用大数据分析与系统建模，进行风险识别、筛选和处置；加强统一收费管理体系的运用，实现到期和超时的自动提醒。

第六，法律保障控险。落实电子契约公证，以流程电子公证、第三方集中存管等方式增强契约的法律效力，以形成对失信当事人依法收贷的高压态势，有效震慑失信当事人，培育诚实守信的文化氛围。

③模式创新与穿透管理

A.转变供应链金融风险管理思维与模式

转变管理思路，建立与供应链快贷的全流程线上操作、小额高频交易、数据自动化处理等互联网金融特点相适应的风险管理模式，由个案管控转向整体管控，由事后补偿转向事前把控，由主观判断转向数据驱动，由人工操作转向系统机控，由单一处置转向批量集中，加强对核心业务风险的前瞻性分析判断。

立足数字化管理思维，借助互联网基础数据，扩充数据获取渠道，加强分析验证，落实反欺诈管理，提升风险识别和阻断能力，践行"穿透管理"，为业务发展提供有力保障。充分利用法院、公安、政府网站等官方信息平台做好交叉验证和协同控险。

B.优化供应链金融风险管理组织体系

在组织方面，商业银行要将风险相关的部门均纳入管理体系，不仅包括直接承担风险管理的部门，也包括与风险和资产质量相关的销售、市场等业务部门，搭建包括业务部门、风控部门、合规部门、操作部门、贷后部门、风险管理委员会的多层级、全方位的风险管理组织。

第一，各业务部门作为供应链金融业务的第一个环节，对供应商的情况最为了解，对市场行情最为敏感，因此不仅仅承担业绩任务，同样承担着风险管理的责任。

第二，风险控制部门作为供应链金融的核心部门，其风险控制能力直接影响供应链金融的风险管理效果。风险控制部门需要建立一套完整的授信管理政策、风控评估模型、风险审批与授权制度，并定期回顾更新。

第三，合规部门需要对供应链金融涉及的政策、法律法规等进行把控，从合规层面规避供应链金融的法律风险。

第四，操作部门作为具体实施风险审批，以及操作放款、回款的部门，其操作的规范性、准确性、及时性尤为重要。一旦操作失误或延迟，导致不能及时、准确地回款，将造成资金的直接损失。做好操作管理工作、制定标准化作业流程是减少操作风险的有效手段。

第五，贷后部门需要定期关注客户的经营状况、与核心企业的合作情况，以防止供应商经营情况恶化进而出现信用风险。

第六，为了协调上述多个部门的管理工作，形成风险共担、沟通协调的运作机制，商业银行应建立风险管理委员会，统筹协调全面的风险管理工作，确保各项风控政策在部门间得到有效执行。

④系统机控与合规管理

A.形成集中化的供应链金融业务操作平台

在商业银行中，供应链金融操作平台有多项功能，包括订单、融资、验货后融资、应收账款融资以及预付款融资多个部分，这样可以在整个融资过程中确保贷款按时归还，并及时发放新贷款，同时融资企业可以获得利率调整的动态服务。简而言之，在交易过程中，融资企业可以实现多个阶段的融资，享受账务管理服务。由于交易是动态的，所以利率也可以变动。

B.大力推广互联网、大数据、物联网等新技术的应用

站在传统金融的角度，目前的商业模式正在遭受互联网等先进势力的冲击。商业银行无论是在平台建设、数据应用，还是技术应用等方面都需要进行不断的尝试和突破。

就物联网而言，应积极帮助中小企业降低融资成本，加快流通，开拓仓储物流。如今，信息更新速度加快，物流单位应加大在设备方面的投入，从而获得更多的企业信息，合理配置资源，减少信息不对称问题的出现，为金融业务提供更优质的服务。

在大数据应用方面，应建立一个以数据评估、风险监测和预警功能为基础的数据体系，利用金融产品的运营数据、资产信息、销售信息、信用信息的综合转换，将数据资产转变为"可靠资产"。

在建设网络平台的过程中，必须注重平台的兼容性和安全性，将程序底层软件对外开放，使合作伙伴与外部信息平台的连接更加顺畅，从而构建一个丰富的数据库，更好地对各方面的风险进行预警，真正做到高效控制风险。

C.强化内部控制以防范操作风险

完善商业银行业的内部风险管理制度的关键在于有效地减少业务经营的风险。基于此，供应链金融的所有操作环节都应该设置清晰明确的操作要求和流程，明确责任，如果出现操作损失，应寻找责任人进行追责。

首先，建立更加明确、详细的操作规范和标准。由于供应链金融的业务烦琐，因此在贷前调查的过程中，商业银行应该建立授信调查模板，降低由于个人的主观臆断对调查结果产生的影响。关注对操作要点的审核，将操作失误和人员的工资联系起来，明确奖惩机制，从本质上增强审核人员的风险意识。在贷后管理过程中，需要对资金支付、资金回收等过程的操作风险进行明确，规范具体的操作流程和步骤，一旦发生风险，可以迅速查找原因。

其次，合理分工，增强培训。由于供应链金融的发展时间较短，所以在商业银行中有关产品的知名度较低。针对这种情况，商业银行可以建立专门的管理机构，并设置专门的岗位。另外，应对有关人员开展供应链金融相关知识的培训。培训要涉及产品操作流程和相关法律内容，加强工作人员对供应链金融的认识和理解。

⑤责任到位与条线督导

商业银行应严格执行全面风险管理责任制度，履行风险管控各层级责任机制，保障各项政策制度、管理要求落地，落实信贷管理责任、岗位直接责任、尽职免责机制。

商业银行应条线合力共抓风险管控，强化重点领域管控，从行业、产品、企业等多维度监测分析，找准管控发力点，加强风险报告与督导等机制建设，建立联系人帮扶机制，推动重点领域的风险化解，做好管控工作的"督、察、报"，确保风险管控和化解处置工作落到实处，具体可以从以下几个方面入手：

A.设置贷后风险预警线

由于供应链金融涉及众多的参与者和操作环节，各节点之间企业与操作的风险可能会迅速蔓延。目前有部分商业银行设立了预警系统，但对供应链金融业务预警的准确性有待提高。商业银行应根据不同供应链的特点，对每个风险爆发点建立科学合理的预警值，运用定量指标进行风险预测，评估风险损失的程度，并设置相应的风险级别。

在预警指标选择上，可设置财务预警、经营预警、资信预警、担保预警、突发事件预警、供应链稳定性预警等指标。财务预警主要对比企业财务指标的同比、环比变化及账户资金变动等；经营预警可以考察企业水电费缴纳情况、员工工资发放情况、股东的稳定性等；资信预警可以关注法院诉讼信息、法定代表人是否有失信情况等；担保预警主要考察融资企业及核心企业是否有超出自身能力的过度担保现象；突发事件预警主要监测行业、企业、产品的负面消息，高管变动或死亡等信息；供应链稳定性预警重点关注上下游企业的交易流水是否出现大额变动以及与核心企业合作的企业数量是否变动较大。

B.制定完善的应急预案

评估结束后，商业银行需要制定完善的应急预案，根据风险等级制定完善的风险控制手段，将风险降低到可接受的范围，将损失降低到最小。供应链金融应急预案的制定应由构建组织体系和设计具体运作流程组成。在组织体系的构建上，商业银行应加强与物流企业之间的交流与合作，并对其进行监督，利用应急机制对供应链的核心企业、上下游企业、物流企业等进行约束和规范。在具体操作程序方面，商业银行要在发生突发情况时及时止损，包括采用日常盘点、监控开立账户销售资金运行等措施。

## 四、背景信息

11-1 供应链金融

## 五、关键要点

（一）关键点

理解供应链金融的概念，以及其运行的多种模式，尤其是旅游供应链金融的模式；掌握供应链金融风险的概念，以及供应链金融风险的分类情况；掌握供应链金融风险的控制流程，包括供应链金融风险的识别、评估与应对，进而对供应链金融的风险控制能有更深的理解，提升实践应用能力。

（二）关键知识点

1.旅游行业的特征。

2.旅游企业的融资特征。

3.供应链金融的概念。

4.旅游供应链金融的分类。

5.供应链金融风险的概念与分类。

6.供应链金融风险控制流程。

（三）关键能力点

通过对案例的分析与学习，使学员对供应链金融，尤其是旅游供应链金融能有更深的理解，进而提升实践应用能力、分析问题和解决问题的能力。

# 主要参考文献

[1] 艾大力，王斌．论大股东股权质押与上市公司财务：影响机理与市场反应 [J]．北京工商大学学报（社会科学版），2012，27（4）：72-76.

[2] 鲍长生．新常态视域下企业债务危机形成的机理、症结与治理研究 [J]．华东经济管理，2017，31（7）：37-41.

[3] 陈晶璞，苏冠初，李小青．融资约束条件下研发投入对财务绩效的影响——基于医药行业上市公司的经验证据 [J]．财会月刊，2017（24）：12-17.

[4] 陈丽霞．危机管理并非是危机之后的管理 [J]．经济师，2004（4）：157-158.

[5] 陈铃．关于我国内部控制规范建设的思考 [J]．会计研究，2001（8）：51-53.

[6] 程建平．民营企业债转股问题研究 [J]．财会通讯，2020（12）：9-13.

[7] 池昭梅，李慧芳．政治关联与企业海外并购绩效研究——以新都化工并购马来西亚嘉施利为例 [J]．会计之友，2019（21）：59-63.

[8] 池昭梅，乔桐．中国制造业海外并购绩效研究——以旗滨集团并购马来西亚旗滨公司为例 [J]．会计之友，2019（20）：67-72.

[9] 褚颖．财务风险与财务结构探析 [J]．财会通讯，2009（29）：146-147.

[10] 崔静．商誉的本质——协同效应 [C]．商誉会计研讨会论文集．北京：中国会计学会，2010：73-78.

[11] 邓路，孙春兴．市场时机、海外上市与中概股回归——基于分众传媒的案例研究 [J]．会计研究，2017（12）：59-65+97.

[12] 冯梅，郑紫夫．中国企业海外并购绩效影响因素的实证研究 [J]．宏观经济研究，2016（1）：93-100.

[13] 付彦，徐二明，彭诚．企业归核化战略的市场价值效应和启示——基于中国上市公司的实证分析 [J]．经济与管理研究，2015，36（6）：121-128.

[14] 傅传锐，饶晓燕，朱康．智力资本信息披露具有价值相关性吗 [J]．金融经济学研究，2019，34（3）：94-108+160.

[15] 高新阳．煤炭企业稳步推进市场化债转股策略研究 [J]．会计之友，2017（22）：6.

[16] 龚俊琼．我国上市公司大股东股权质押的动机及后果 [J]．当代经济，2015，380（20）：12-13.

[17] 顾露露，ROBERT R.中国企业海外并购失败了吗？[J]．经济研究，2011，46（7）：116-129.

[18] 关慧明，刘力钢．中国企业海外并购绩效评价——基于A股上市公司的海外并购案例 [J]．河南社会科学，2020，28（7）：44-52.

[19] 郭雨鑫，李玉菊，马明丽. 商誉本质及财税处理探析 [J]. 税务研究，2018 (3)：118-122.

[20] 韩进，张文星，章梦飞，等. 民营企业市场化债转股实施困境与绩效评价研究——以华友钴业为例 [J]. 商业会计，2022 (5)：61-65.

[21] 韩鹏，沈春亚. 研发投入、风险资本与IPO抑价——基于创业板IPO公司的实证研究 [J]. 管理评论，2017，29 (4)：12-24.

[22] 郝二辉. 高管团队背景特征、行为选择与财务困境 [D]. 成都：西南财经大学，2011.

[23] 郝宇航. 生物医药企业研发融资渠道研究 [J]. 湖北财经高等专科学校学报，2011，23 (1)：45-48.

[24] 何苏湘. 对企业危机管理的理论界定 [J]. 商业经济研究，1998 (5)：30-32.

[25] 何洋洋. 北大荒股份公司财务危机成因与对策研究 [J]. 财会通讯，2017 (14)：93-95.

[26] 侯莉颖，张崩，陈彪云. 归核化经营与绩效关系研究——基于上市地产公司的实证分析 [J]. 管理现代化，2012 (4)：94-95+24.

[27] 胡宏雁. 跨国并购动因研究综述 [J]. 经济研究导刊，2014 (14)：226-229.

[28] 胡慧娟，贾梦琪，胡怡欣. 审核问询下科创板IPO定价效率研究——基于研发信息披露的文本分析 [J]. 财会通讯，2023，914 (6)：70-74.

[29] 胡艳，周宏斌. 谈企业资产剥离方式的选择 [J]. 财会月刊，2008 (35)：43-45.

[30] 任磊. 关于可持续发展的区域水资源优化配置理论及运用分析 [J]. 科学技术创新，2018 (34)：108-109.

[31] 黄海燕. 公司营运能力分析 [J]. 科技经济导刊，2021，29 (3)：191-192.

[32] 焦跃华，袁天荣. 论战略成本管理的基本思想与方法 [J]. 会计研究，2001 (2)：40-43.

[33] 孔维文，郭敏. 企业股利分配的风险与防范 [J]. 西南金融，2006 (2)：49-50.

[34] 李秉祥. ST公司债务重组存在的问题与对策研究 [J]. 当代经济科学，2003 (3)：70-75+96.

[35] 李炳燃. 现金持有量、企业增长速度与财务危机 [J]. 新会计，2017 (1)：14-21.

[36] 李炳燃. 中国概念股私有化问题研究——基于巨人网络的案例分析 [J]. 新会计，2016 (6)：20-26.

[37] 李广子. 市场化债转股：理论基础与中国实践 [J]. 国际金融研究，2018 (12)：9.

[38] 李湖生. 应急管理阶段理论新模型研究 [J]. 中国安全生产科学技术，2010，6 (5)：18-22.

［39］李健. 市场化债转股的运作模式、实施困境与改革路径研究［J］. 金融监管研究，2018，79（7）：20-36.

［40］李立. 企业筹资渠道和筹资方式的组合策略［J］. 时代金融，2014（21）：111.

［41］李娜. 国有企业债转股的意义及运作中的现实问题与对策建议［J］. 财会学习，2019（28）：2.

［42］李燕. 企业财务风险成因分析及其控制［J］. 会计之友，2008（5）：32-33.

［43］连赐佳. 新零售背景下永辉超市战略转型及其效果研究［D］. 郑州：河南财经政法大学会计学院，2019.

［44］林心. 香港资本市场私有化方式研究［J］. 广东经济. 2013（4）. 13-15.

［45］刘红霞，张也林. 以主成分分析法构建企业财务危机预警模型［J］. 中央财经大学学报，2004（4）：70-75.

［46］刘冀生. 企业战略管理——不确定性环境下的战略选择及实施［M］. 北京：清华大学出版社，2016.

［47］刘磊，陈欢，谢晓俊. 业绩"暴雷"与并购商誉会计计量——基于高升控股并购案例的分析［J］. 会计之友，2019（23）：34-38.

［48］刘宁. 基于公司治理视角的国有企业债转股研究［J］. 商业会计，2017（12）：90-92.

［49］刘青，陶攀，洪俊杰. 中国海外并购的动因研究——基于广延边际与集约边际的视角［J］. 经济研究，2017，52（1）：28-43.

［50］刘帅帅. 我国企业跨国并购的现状及动因分析［J］. 市场研究，2020（2）：46-48.

［51］刘晓，高燕，龙子午. 债转股对国营企业与民营企业绩效影响的实证分析［J］. 武汉轻工大学学报，2019，38（2）：7.

［52］刘彦美. 企业偿债能力分析研究［J］. 财会学习，2021（14）：167-168.

［53］刘洋. 跨国并购的动因理论研究综述［J］. 中国商贸，2011（18）：197-198.

［54］卢轶. 中概股私有化原因及风险分析［J］. 会计师，2016（4）：78-79.

［55］毛蕴诗，舒强. 以剥离为特征的全球性公司重构及其对中国企业的启示［J］. 华南理工大学学报（社会科学版），2003（4）：64-69.

［56］聂弯. 并购对企业绩效的影响——以云南白药为例［J］. 企业经济，2017，36（11）：55-61.

［57］彭金媛，张敏. 资产出售、股权性质与融资约束［J］. 财会通讯，2018（3）：61-65.

［58］钱鑫，朱信凯. 中国企业海外并购的动因分析［J］. 现代管理科学，2015（6）：30-32.

［59］饶静，万良勇. 企业财务危机解救机制选择的影响因素研究——基于中国上市公司的经验证据［J］. 华东经济管理，2017，31（3）：179-184.

［60］邵泽祥. 中概股私有化退市的问题探究——以聚美优品为例［J］. 中国市场，

2016（20）：142-143.

[61] 石玉冰．论企业集团文化对财务控制的影响［J］．机械管理开发，2005（6）：106-107.

[62] 宋林，彬彬．我国上市公司跨国并购动因及影响因素研究——基于多项 Logit 模型的实证分析［J］．北京工商大学学报（社会科学版），2016，31（5）：98-106.

[63] 宋旭琴，蓝海林，向鑫．相关多元化与归核化的研究综述［J］．科学学与科学技术管理，2007（1）：9-13.

[64] 苏小东．企业并购对财务绩效影响实证研究——基于国内并购与海外并购的比较分析［J］．财会通讯，2013（29）：21-24.

[65] 苏新龙，陈雨萌．现行会计准则下的商誉会计问题探析［J］．财务与会计，2019（8）：48-50.

[66] 孙承新．债转股对我国企业治理结构影响探究［J］．现代工业经济和信息化，2017，7（10）：2.

[67] 涂毅．最佳资本结构与财务危机成本初探［J］．湖北商业高等专科学校学报，2000（2）：24-27.

[68] 汪军．创业板上市公司融资结构与研发投入研究［J］．财会月刊，2019（4）：48-58.

[69] 王静一．国外企业危机管理研究的新进展：相关文献综述［J］．科学学与科学技术管理，2007（6）：144-147.

[70] 王满仓，佘镜怀，王伟．现代企业危机管理理论综述［J］．经济学动态，2004（3）：80-83.

[71] 王晔．国有企业与民营企业跨国并购的动因与比较［J］．商业经济研究，2018（8）：101-105.

[72] 王玉文．企业财务危机成因探析［J］．税务与经济，2006（2）：101-103.

[73] 王正斌，洪安玲．我国上市公司分拆行为的分析与思考［J］．管理世界，2004（5）：138-139.

[74] 韦东明，顾乃华，徐扬．"一带一路"倡议与中国企业海外并购：来自准自然实验的证据［J］．世界经济研究，2021（12）：116-129+134.

[75] 卫霞．价值论视域下的商誉本质研究［J］．经济问题，2017（12）：124-128.

[76] 魏闪闪，杨超，尹涵．我国企业跨国并购的动因和策略选择［J］．中国集体经济，2019（35）：11-12.

[77] 翁姿．生物医药行业上市公司融资行为的解析［J］．现代商业，2012（11）：159-160.

[78] 吴先明，张雨．海外并购提升了产业技术创新绩效吗——制度距离的双重调节作用［J］．南开管理评论，2019，22（1）：4-16.

[79] 谢德仁，廖珂．控股股东股权质押与上市公司真实盈余管理［J］．会计研究，2018，370（8）：21-27.

［80］徐光鲁，马超群，刘伟，等．信息披露与IPO首日回报率［J］．中国管理科学，2018，26（10）：10-19.

［81］徐琴．中国企业海外并购绩效评价实证研究［J］．贵州财经大学学报，2018（5）：55-63.

［82］薛爽，王禹．科创板IPO审核问询有助于新股定价吗？——来自机构投资者网下询价意见分歧的经验证据［J］．财经研究，2022，48（1）：138-153.

［83］闫增辉，杨丽丽．双向资金占用下终极控制人与资本结构［J］．经济与管理研究，2015，36（4）：128-135.

［84］严复海，李焕生．我国企业资产剥离研究综述［J］．财会通讯，2014：105-107.

［85］姚颐，赵梅．中国式风险披露、披露水平与市场反应［J］．经济研究，2016，51（7）：158-172.

［86］野田武辉．企业危机预警［M］．北京：北京时事出版社，1999.

［87］余鹏翼，王满四．国内上市公司跨国并购绩效影响因素的实证研究［J］．会计研究，2014（3）：64-70+96.

［88］余绪缨．企业理财学［M］．沈阳：辽宁人民出版社，1995.

［89］俞丽丽，黄冬莹，詹伟．浅谈生产运营数字化经营［J］．现代商业，2012（19）：86-87.

［90］张诚，王欢明，柯昌华．科技型中小企业金融资源的配对优化研究——基于企业生命周期理论视角［J］．技术经济与管理研究，2015（6）：34-38.

［91］张丹，王宏，戴昌钧．我国上市公司智力资本信息披露的市场效应研究——基于上市公司IPO招股说明书的经验证据［J］．软科学，2008（11）：13-18.

［92］张陶勇，陈焰华．股权质押、资金投向与公司绩效——基于我国上市公司控股股东股权质押的经验数据［J］．南京审计学院学报，2014，11（6）：63-70.

［93］张喜东．我国企业现金流管理问题及对策探析［J］．南阳师范学院学报，2010，9（7）：15-17.

［94］张新民．偶发原因致企业临时性财务危机：特征与对策［J］．财会月刊，2020（11）：3-7.

［95］张业修．企业财务危机管理探析［J］．四川会计，2001（10）：27-28.

［96］张雨，吴先明．海外并购、产业创新绩效与工业生产率增长——传导机制及其检验［J］．山西财经大学学报，2018，40（12）：15-29.

［97］赵爱玲．企业财务危机的识别与分析［J］．财经理论与实践，2000（6）：69-72.

［98］赵国忠．中国上市公司财务困境成因及相关对策实证研究［D］．长春：吉林大学，2008.

［99］赵树群．上市公司私有化始末——盛大网络私有化退市案例研究［J］．中外企业家，2013（24）：84-87；101.

［100］赵振洋，邓银龙，钱肖依. 收益法在游戏类无形资产价值评估中的应用［J］. 中国资产评估，2019（1）：37-42.

［101］郑国坚，林东杰，林斌. 大股东股权质押、占款与企业价值［J］. 管理科学学报，2014，17（9）：72-87.

［102］周恩静，刘小差，向文礼. 中外银行并购绩效之动因模式的比较研究［J］. 新金融，2013（1）：53-57.

［103］周玉笛. 基于"两步走"模式的市场化债转股研究——以中国重工为例［J］. 财会通讯，2021（24）：77-81.

［104］朱华桂，庄晨. 基于协同效应的企业技术并购绩效研究——以上市公司为例［J］. 软科学，2016，30（7）：58-61+69.

［105］朱艳. 突发事件应急管理生命周期研究［J］. 中国新技术新产品，2012（1）：251.

［106］JORION P. Financial risk manager handbook［M］. 6th ed. New York：Wiley，2011.

［107］BEAVER W H. Financial ratios and predictors of failure［J］. Journal of Accounting Research，1966，4（1）：71-111.

［108］BERLER A A，MEANS G C. The modern corporation and private property［M］. New York，NY：MacMillan，1932.

［109］DEMSETZ H，LEHN K. The structure of corporate ownership：causes and consequences［J］. Journal of Political Economy，1985（93）：1155-1177.

［110］DOLLEY J. Characteristics and procedure of common stock splits-ups［J］. Harvard Business Review，1933，11（3）：16-326.

［111］FINK S. Crisis management：planning for the invisible［M］. New York：American Management Association，1986.

［112］GILSON S C. Management turnover and financial distress［J］. Journal of Financial Economics，1989（25）：241-262.

［113］JOHN K. Managing financial distress and valuing distressed securities：a survey and a research agenda［J］. Financial Management，1993（7）：76-78.

［114］LANG L，POULSEN A，STULZ R. Asset sales，firm performance，and the agency costs of manage rial discretion［J］. Journal of Financial Economics，1995，37（1）：3-38.

［115］MARKIDES C C. Diversification，refocusing，and economic performance［M］. Cambridge，MA：MIT Press，1995.

［116］MORRIS R. The distributions of estimators of financial risk under an asymmetric laplace［J］. Computational Statistics，1997（5）：12-15.

［117］ROSS S A. Practical risk management［M］. London：McGraw Hill，2000.

［118］SHARMA S，MAHAJAN V. Early warning indicators of business failure［J］.

Journal of Marketing, 1980 (44): 80-89.

[119] SIRMON D G, HITT M A, IRELAND R D. Managing firm resources in dynamic environments to create value: looking inside the black box [J]. Social Science Electronic Publishing, 2007, 32 (1): 273-292.

[120] STEWART C, MYERS, et al. Corporate financing and investment decisions when firms have information that investors do not have [J]. Journal of Financial Economics, 1984 (13): 187-221.

[121] ZUCKERMAN E.W. Focusing the corporate product: securities analysts and de-diversification [J]. Administrative Science Quarterly, 2000 (45): 591-619.